JĘZYK ANGIELSKI
DLA POCZĄTKUJĄCYCH

IRENA
DOBRZYCKA

BRONISŁAW
KOPCZYŃSKI

JĘZYK ANGIELSKI
DLA POCZĄTKUJĄCYCH

WIEDZA
POWSZECHNA

Okładka	ALEKSANDER BARNAŚ
Recenzent wyd. I	OSKAR CHOMICKI
Konsultacja	ANNE DILLEY
Ilustracje	s. 57, 62, 68, 81, 105, 112, 118, 119, 135, 155, 228, 262, 335, 341, 349, 377 IGOR MONIATOWSKI
Redaktor	PIOTR LAZAR
Redaktorzy techniczni	MARIA KUCHARSKA ANDRZEJ MIREK
Korektor	MARIA ALEKSANDROW
Skład	OFI – KRYSTYNA FANKULEWSKA

Wydawnictwo prowadzi sprzedaż wysyłkową książek
za zaliczeniem pocztowym.

PW „Wiedza Powszechna"
ul. Jasna 26, 00-054 Warszawa, tel. (0-22) 827 07 99, fax w. 131
e-mail: wiedza@medianet.pl
www.wiedza.pl

Wydanie XXX, nowe opracowanie   2002 r.

Druk i oprawa	Białostockie Zakłady Graficzne SA Al. Tysiąclecia Państwa Polskiego 2, 15-111 Białystok

ISBN   83-214-1250-5

SPIS TREŚCI

- CZASOWNIK to have – CZAS TERAŹNIEJSZY – FORMA TWIERDZĄCA
- KONSTRUKCJA there is ..., there are ...
ĆWICZENIA

CZASOWNIK to return
WYMOWA KOŃCÓWKI -ed
- ODPOWIEDZI TWIERDZĄCE I PRZECZĄCE (DŁUGIE I KRÓTKIE)
- CZAS PRZESZŁY PROSTY *SIMPLE PAST TENSE* - CZASOWNIKI NIEREGULARNE
  CZASOWNIK to do
  CZASOWNIK to ride
- ZAIMEK WZGLĘDNY who
ĆWICZENIA

- ZAIMKI OSOBOWE - PRZYPADKI
- CZASOWNIKI NIEREGULARNE
ĆWICZENIA

- CZAS PRZYSZŁY PROSTY *FUTURE SIMPLE TENSE*
  CZASOWNIK to come
  FORMY ŚCIĄGNIĘTE
- LICZEBNIKI PORZĄDKOWE
- KONSTRUKCJA going to
- CZASOWNIKI NIEREGULARNE - cd.
ĆWICZENIA

- ODPOWIEDZI KRÓTKIE - cd.
- ZAIMEK who W DRUGIM PRZYPADKU
- KONSTRUKCJE So am I, So do I, So can I, So has I itp.
- CZASOWNIKI NIEREGULARNE - cd.
ĆWICZENIA

- DOPEŁNIACZ SAKSOŃSKI - cd.
- ZAIMKI ZWROTNE
- ZAIMKI NIEOKREŚLONE the other, both
- IMIESŁÓW BIERNY
- STOSOWANIE ZAIMKÓW W ODNIESIENIU DO ZWIERZĄT - cd.
- TWORZENIE RZECZOWNIKÓW OD CZASOWNIKÓW
- CZAS TERAŹNIEJSZY - WYRAŻANIE CZYNNOŚCI PRZYSZŁEJ
ĆWICZENIA

- CZASOWNIKI NIEREGULARNE - cd.
- CZASOWNIKI ZŁOŻONE fall in, go into itp.
ĆWICZENIA

- CZAS PRZESZŁY ZŁOŻONY *PRESENT PERFECT TENSE*

- ODPOWIEDZI TWIERDZĄCE I PRZECZĄCE (DŁUGIE I KRÓTKIE)
- STOSOWANIE CZASÓW PRZESZŁYCH
- ZAIMKI NIEOKREŚLONE another, other, others
- CZASOWNIKI NIEREGULARNE – cd.
ĆWICZENIA

- EKWIWALENT can - to be able to
CWICZENIA

- ZDANIA WARUNKOWE Z if - cd.
- PYTANIA ROZŁĄCZNE PO ZDANIACH PRZECZĄCYCH
- SŁOWOTWÓRSTWO - TWORZENIE PRZYMIOTNIKÓW - PRZEDROSTEK un-
ĆWICZENIA

- BEZOKOLICZNIK CZASU PRZESZŁEGO
- PRZYMIOTNIKI I PRZYSŁÓWKI W TEJ SAMEJ FORMIE
- SŁOWOTWÓRSTWO - TWORZENIE PRZYMIOTNIKÓW - PRZYROSTEK -y
- RZECZOWNIKI - RODZAJ - cd.
ĆWICZENIA

- ZAIMKI each other, one another
- SZYK WYRAZÓW W ZDANIU
- CZASOWNIKI Z PRZYIMKAMI - STRONA BIERNA
- PRZYSŁÓWEK neither
- BIERNIK (PRZYPADEK DOPEŁNIENIA) Z BEZOKOLICZNIKIEM BEZ to
ĆWICZENIA

- STOSOWANIE shall, will - cd.
- LICZEBNIKI - UŁAMKI
- PRZYMIOTNIKI I PRZYSŁÓWKI - STOPNIOWANIE - cd.
ĆWICZENIA

- SŁOWOTWÓRSTWO - TWORZENIE PRZYMIOTNIKÓW - PRZYROSTEK -ful
- STOSOWANIE like, as
- CZAS PRZYSZŁY DOKONANY *FUTURE PERFECT TENSE*
ĆWICZENIA

- ZAIMKI few, little
- IMIESŁOWY - cd.
- CZASOWNIKI - TRYB WARUNKOWY W CZASIE PRZESZŁYM
- ZDANIA WARUNKOWE - cd.
ĆWICZENIA

- ZDANIA CELOWE - cd.
- PRZYIMKI at, in
ĆWICZENIA

WSTĘP

Podręcznik ten jest przeznaczony przede wszystkim dla osób, które chcą się uczyć języka angielskiego samodzielnie. Może być też wykorzystany w nauczaniu zbiorowym pod kierunkiem nauczyciela. Na początku każdej lekcji są wyszczególnione zawarte w niej zagadnienia gramatyczne. Pierwsza część lekcji (tekst, dialog, limeryki itp.) jest nagrana – oznaczona 𝄞. Po niej podano słowniczek i wybrane zwroty. Druga część to objaśnienia fonetyczne i omówienie zagadnień gramatycznych, poparte przykładami. Trzecią część stanowią ćwiczenia.

Przyswajanie materiału lekcji rozpoczynamy od przeczytania słowniczka i wszystkich objaśnień. Następnie czytamy tekst (najlepiej kilkakrotnie), słuchając jednocześnie nagrań i zwracając uwagę na wymowę. W początkowych lekcjach korzystamy dodatkowo z transkrypcji umieszczonej pod tekstem, a potem staramy się czytać poprawnie na głos, patrząc tylko na tekst właściwy.

Jeśli w trakcie czytania tekstu napotykamy nieznane lub zapomniane wyrazy i trudności gramatyczne, zaglądamy do słowniczka lekcyjnego, zestawu wybranych zwrotów lub do słownika umieszczonego na końcu podręcznika oraz korzystamy z objaśnień. Tekst każdej lekcji należy przeczytać na głos, sprawdzając w razie potrzeby wymowę, a następnie przetłumaczyć.

Po przeczytaniu tekstu i wysłuchaniu nagrania (ze zwróceniem szczególnej uwagi na wymowę), uczący się powinien przestudiować jeszcze raz cały słowniczek lekcyjny oraz objaśnienia fonetyczne i gramatyczne. Potem należy przeczytać tekst ponownie na głos, sprawdzając w kluczu, czy wszystko zostało właściwie zrozumiane.

Następnie należy się nauczyć na pamięć wybranych z tekstu zdań, w których występują nowe formy gramatyczne, zwłaszcza trudniejsze, a także tych, w których występują wyrazy lub zwroty trudne do zapamiętania. Tekstów krótkich, np. dialogów, najlepiej uczyć się na pamięć w całości, podobnie jak wierszy i przysłów.

Ćwiczenia należy odrabiać samodzielnie w osobnym zeszycie i dopiero po napisaniu całego ćwiczenia sprawdzić w kluczu, czy zostało dobrze wykonane.

Ćwiczenia fonetyczne, z których część jest nagrana – oznaczona ∩, wymagają, aby uczący się uważnie i głośno przeczytał podane wyrazy lub zdania, zwracając uwagę na wybrany problem wymowy, np. na sposób wymawiania jakiejś samogłoski, na odróżnianie zbliżonych do siebie dźwięków, na akcent wyrazowy.

Uczący się, który, dokładnie przerabiając materiał, doszedł do lekcji 32, może już łączyć naukę z podręcznika z lekturą łatwych tekstów angielskich (np. utworów pisarzy angielskich) adaptowanych do użytku szkolnego.

Kontynuowanie nauki zaleca się na podstawie drugiej części niniejszego podręcznika, zatytułowanej *Język angielski dla zaawansowanych*, tych samych autorów, gdzie uczący się znajdzie rozszerzenie zakresu słownictwa i uzupełnienie zagadnień gramatycznych.

LITEROWANIE *Spelling*

Mówimy często, że w języku angielskim „nie czyta się tak, jak się pisze". Dlatego też niezwykle ważną umiejętnością w posługiwaniu się tym językiem jest tzw. spelling, czyli literowanie wyrazów. Na s. 23 podane są nazwy liter alfabetu angielskiego.

Wyraz wymawiany [hi:l] to dwa zupełnie różne słowa: **heal** *uzdrawiać* – ejcz i: ej el – oraz **heel** *pięta* – ejcz dabl i: el (nie mówimy i: i:, lecz 'dabl' *podwójne* i:), a nie zawsze można wywnioskować z kontekstu, o które znaczenie chodzi. W przypadku imion, nazwisk, adresów, nazw geograficznych itp. spelling jest konieczny, szczególnie w rozmowach telefonicznych, np. wyraz **Leicester** (miasto w Anglii) wymawiamy ['lestə]! Nazwiska natomiast mogą brzmieć różnie mimo takiej samej pisowni, np. **Levin** ['lewin] lub [li'wajn]; może też być odwrotnie, np. **Barcklay** lub **Berkeley** ['ba:kly].

SAMOGŁOSKI DŁUGIE I KRÓTKIE

W języku angielskim samogłoski wymawiamy albo dłużej niż w języku polskim, albo krócej. Od tej zróżnicowanej wymowy zależy, czy będziemy właściwie zrozumiani, ponieważ zmienia ona znaczenie podobnie z pozoru brzmiących wyrazów, np. **heal** [hi:l] *uzdrawiać*, **hill** [hyl] *wzgórze*; **beat** [bi:t] *bić*, **bit** [byt] *kawałek*.

SPÓŁGŁOSKI DŹWIĘCZNE I BEZDŹWIĘCZNE

Spółgłoski dźwięczne, jak **b**, **d**, **g**, wymawiamy z udziałem drgania strun głosowych [b, d, g], spółgłoski bezdźwięczne, jak **p**, **t**, **k**, bez udziału drgania strun głosowych [p, t, k]. W języku polskim na końcu wyrazów wszystkie spółgłoski stają się bezdźwięczne. Mówimy [sat], a nie [sad], choć piszemy *sad*. Natomiast w języku angielskim spółgłoski dźwięczne pozostają dźwięczne również na końcu wyrazów np.

dog [dog], a nie [dok]
egg [eg], a nie [ek]
Bob [bob], a nie [bop]
bread [bred], a nie [bret]
five [fɑjw], a nie [fɑjf]
pens [penz], a nie [pens]
smooth [smu:ð], a nie [smu:θ]

Wymowa spółgłosek bezdźwięcznych [p, t, k] jest inna niż w języku polskim, gdy występują one przed samogłoską w sylabie akcentowanej. Wymawiane są wtedy z lekkim przydechem, np. **park** [pɑ:k], **pocket** [ˈpokyt], **take** [tejk], **tennis** [ˈtenys], **king** [kyŋ], **kitchen** [ˈkyczən] (porównaj nagranie lekcji 47).

WYMOWA [r]

W angielszczyźnie brytyjskiej [r] wymawiamy wtedy, gdy w wyrazie występuje po nim samogłoska, np. **pronunciation** [prəˌnɑnsyˈejszn], **very** [ˈwery], **pretty** [ˈpryty], jak również wtedy, gdy dany wyraz kończy się na **r**, a następny rozpoczyna samogłoską, np. **mother of** [ˈmaðər əw], **are on** [ɑ:r on].

Jeśli zaś po **r** występuje inna spółgłoska, to nie jest ono wymawiane, np. **understand** [ˌandəˈstænd]. Nie wymawiamy go też, gdy następny wyraz rozpoczyna się spółgłoską, np. **Mr Johnson** [ˈmystə ˈdżonsn] lub gdy wyraz z końcowym **r** występuje na końcu zdania, np. **Andy is his brother.** [ˈændy yz hyz ˈbraðə].

AKCENT

W odróżnieniu od języka polskiego w języku angielskim akcent może padać na różne sylaby w wyrazie, musimy więc zapamiętać, jaki jest akcent w każdym nowym słowie. W słowniczku, w transkrypcji wyrazów dwu- i wielosylabowych, akcent został oznaczony znakiem ['] przed silniej wymawianą sylabą, np. **yellow** ['jelou] *żółty*.

W wyrazach wielosylabowych mamy czasem drugi, słabszy akcent, jak np. w słowie **understand** [ˌandə'stænd] *rozumieć*. Najpierw stawiamy lekki akcent na sylabę **un**, a potem mocniejszy akcent na **stand**. Akcent poboczny został oznaczony znakiem [ˌ] przed odpowiednią sylabą, np. **pronunciation** [prəˌnansy'ejszn] *wymowa*.

W języku mówionym niektóre słowa akcentujemy mocniej – powstaje w ten sposób akcent zdaniowy. Ma on charakter rytmiczny i pada na ważniejsze słowa w zdaniu. Są to przeważnie rzeczowniki, przymiotniki, przysłówki, zaimki wskazujące i pytające oraz czasowniki główne.

FORMY MOCNE I SŁABE

W języku angielskim jest dużo krótkich wyrazów (m.in. zaimki osobowe i czasowniki posiłkowe), które mają dwie formy wymowy, tzw. formę mocną, kiedy chcemy któryś z nich zaakcentować w zdaniu oraz formę słabą, kiedy tego słowa nie akcentujemy. Wymawiamy je wtedy krócej i/lub słabiej, a samogłoski [æ, e, ɑ:, ɔ:, o, y] redukujemy do [ə], np. wyraz **have** wymawiamy w pozycji nieakcentowanej [həw], a w akcentowanej – [hæw].

Have you really seen him? [həw]
Czy naprawdę go widziałeś?
Yes, I have. [hæw]
Tak, widziałem.

W pierwszym przypadku **have** nie jest akcentowane i należy je wymawiać [həw]. W mowie potocznej **have** często skracamy do samego [w]. Dlatego w słowniku w niektórych wypadkach jest podawana więcej niż jedna wymowa.

Czasownik posiłkowy **to have** w 3.os. lp ma kilka form słabych. O wyborze każdej z nich decyduje rodzaj poprzedzającej ją głoski (kończącej poprzedni wyraz):

has

- forma słaba [həz] niezależna od kontekstu, częściej spotykana w języku oficjalnym
- forma słaba [əz] po spółgłoskach syczących [s, z, sz, ż, cz, dż]
- forma słaba [s] po spółgłoskach bezdźwięcznych [p, t, k, f, θ]
- forma słaba [z] po spółgłoskach dźwięcznych [b, d, g, w, n, m] i po samogłoskach [y, ə]

Są też wyrazy, które mają kilka form słabych w zależności od tego, jaką głoską rozpoczyna się następny wyraz:

the

- forma słaba [ðy] przed samogłoskami, np. **the apple** [ðy 'æpl]
- forma słaba [ðə] przed spółgłoskami, np. **the boy** [ðə 'boj]

to

- forma słaba [tu] przed samogłoskami, np. **to ask** [tu 'ɑ:sk]
- forma słaba [tə] przed spółgłoskami, np. **to go** [tə 'gou]

Formy mocne **the** [ði:] i **to** [tu:] – niezależnie od tego, jaką głoską rozpoczyna się następny wyraz – stosujemy wtedy, kiedy chcemy coś szczególnie zaakcentować.

Podobna zasada dotyczy czasownika posiłkowego **to be** w 3. os. lp – **is** (zob. lekcja 5).

MOWA A PISMO – FORMY ZWYKŁE I ŚCIĄGNIĘTE

Omówione wyżej formy słabe [s] i [z] są przedstawiane w zapisie ortograficznym jako **'s**.

Dla języka angielskiego jest charakterystyczne łączenie dwóch krótkich wyrazów w jeden:

I am = **I'm**
I have = **I've**
he is = **he's**
he has = **he's**
does not = **doesn't**
did not = **didn't**
you will = **you'll**

Łączymy przede wszystkim zaimki osobowe z czasownikami posiłkowymi i modalnymi. Tę skróconą formę nazywamy formą ściągniętą.

Skracamy:

am → 'm – I'm
are → 're – we're, they're
is → 's – he's, she's, it's
have → 've – I've, you've, they've
has → 's – he's, she's, it's
had, would → 'd – she'd, you'd
will, shall → 'll – we'll, you'll
not → n't – isn't, doesn't, don't, can't

Stosując formy zwykłe i ściągnięte, należy pamiętać o różnicy między językiem pisanym a mówionym. W języku mówionym używamy najczęściej form ściągniętych. W oficjalnych dokumentach (listach, podaniach, raportach), a także w opowiadaniach (w narracji) nie stosujemy form ściągniętych. Mogą one jednak występować w tekstach pisanych, np. w listach do znajomych oraz w dialogach jako zapis żywej mowy. Taka właśnie zasada została przyjęta w podręczniku. Aby przyzwyczaić uczącego się do stosowania form ściągniętych, w wielu ćwiczeniach podajemy uwagę: „pamiętaj o stosowaniu form ściągniętych".

INTONACJA

Każdy język ma właściwą sobie intonację. Polega ona na tym, że mówiąc, zmieniamy wysokość głosu.

W zdaniach pytających, na które odpowiadamy „tak" lub „nie", intonacja idzie w górę:

Is your window open? ↗ Czy twoje okno jest otwarte?

W zdaniu twierdzącym i rozkazującym – opada:

Yes, it is open. ↘↘ Tak, ono jest otwarte.
Open the window! ↘ Otwórz okno!

Kiedy chcemy szczególnie podkreślić jakieś słowo, wyodrębnić je spośród całego zdania, wymawiamy je z intonacją opadająco-wznoszącą:

My book is red, yours ↘↗ **is green.**

Intonacji można się nauczyć jedynie przysłuchując się językowi mówionemu. Podręczniki stanowią tu tylko pomoc dodatkową.

CZASOWNIKI GŁÓWNE, POSIŁKOWE I MODALNE

Czasowniki główne w języku angielskim to takie, które oznaczają jakąś czynność lub stan, np. **to drink** *pić,* **to think** *myśleć.* Inne czasowniki spełniają funkcje gramatyczne, służą m.in. do tworzenia czasów złożonych, zdań pytających i przeczących (czasowniki posiłkowe **to be, to have, to do**) i do komunikowania stosunku mówiącego do treści swojej wypowiedzi (czasowniki modalne **can, could, may, might, will, would** – wyrażają możliwość, przypuszczenie itp.).

Niektóre czasowniki mogą być zarówno czasownikami głównymi, jak i posiłkowymi, np. **to be** znaczy *być,* ale służy również do tworzenia czasów ciągłych, **to have** znaczy *mieć,* lecz spełnia także funkcję czasownika posiłkowego w czasach złożonych, **to do** *robić* służy też do tworzenia zdań pytających i przeczących.

SKRÓTY

Stosując się do najnowszych zasad pisowni angielskiej, skróty podano bez kropek, np. **am, pm, Mrs, Mr, GPO, MP, TV, VIP.**

ZNAKI FONETYCZNE

SAMOGŁOSKI

Symbol	Wyraz	Wymowa	Uproszczony opis dźwięku
[i:]	Peter sea three	['pi:tə] [si:] [θri:]	zbliżone do polskiego i, ale wymawiane długo
[y]	his tennis	[hyz] ['tenys]	między polskim i a y
[e]	egg head	[eg] [hed]	zbliżone do polskiego e
[æ]	cat passenger pack	[kæt] ['pæsyndżə] [pæk]	krótki dźwięk pośredni między polskim a i e, wymawiany przy szeroko otwartych ustach
[ɑ:]	ask arm car	[ɑ:sk] [ɑ:m] [kɑ:]	zbliżone do polskiego a, ale wymawiane długo; bardziej gardłowe
[ɑ]	cut money	[kɑt] ['mɑny]	zbliżone do polskiego a
[o:]	hall port	[ho:l] [po:t]	zbliżone do polskiego o, ale wymawiane długo
[o]	wash lot	[ᵘosz] [lot]	między polskim o i a
[u:]	rule you	[ru:l] [ju:]	zbliżone do polskiego u, ale wymawiane długo
[u]	put foot	[put] [fut]	jak polskie u
[ə:]	sir heard	[sə:] [hə:d]	dźwięk zbliżony do polskiego e, ale wymawiany długo z językiem uwypuklonym, przy czym koniuszek języka jest lekko oparty o podstawę dolnych zębów
[ə]	about brother beautiful	[ə'baut] ['braðə] ['bju:təful]	dźwięk jak [ə:], tylko krótki; występuje wyłącznie w pozycjach nieakcentowanych

DWUGŁOSKI

[ej]	late	[lejt]	jak polskie **ej**
	rain	[rejn]	
[oj]	boil	[bojl]	jak polskie **oj**
	boy	[boj]	
[aj]	lie	[laj]	jak polskie **aj**
	time	[tajm]	
[ou]	cold	[kould]	zbliżone do polskiego **ou**
	go	[gou]	
	boat	[bout]	
[au]	how	[hau]	jak polskie **au**
	out	[aut]	
[iə]	here	[hiə]	rozpoczyna się dźwiękiem pośrednim między
	beer	[biə]	polskim **i** a **y** i przechodzi w dźwięk [ə]
	hear	[hiə]	
[eə]	tear	[teə]	rozpoczyna się polskim dźwiękiem **e** i prze-
	there	[ðeə]	chodzi w dźwięk [ə]
[uə]	sure	[szuə]	rozpoczyna się polskim dźwiękiem **u** i prze-
	you're	[juə]	chodzi w dźwięk [ə]

SPÓŁGŁOSKI

[t]	about	[ə'baut]	zbliżone do polskiego **t**, ale koniuszek języka
	put	[put]	dotyka górnych dziąseł, a nie zębów
	ten	[ten]	
[d]	day	[dej]	zbliżone do polskiego **d**, ale koniuszek języka
	delicate	['delykyt]	dotyka górnych dziąseł, a nie zębów
[p]	pray	[prej]	jak polskie **p**
	place	[plejs]	
[b]	bed	[bed]	jak polskie **b**
	book	[buk]	
[k]	black	[blæk]	jak polskie **k**
	school	[sku:l]	
[g]	get	[get]	jak polskie **g**
	egg	[eg]	
[f]	for	[fo:]	jak polskie **f**
	enough	[y'naf]	

Symbol	Wyraz	Wymowa	Uproszczony opis dźwięku
[w]	even have	[ˈiːwən] [hæw]	jak polskie **w**
[m]	make mother	[mejk] [ˈmaðə]	jak polskie **m**
[n]	no hand	[nou] [hænd]	zbliżone do polskiego **n**, ale koniuszek języka dotyka górnych dziąseł, a nie zębów
[ŋ]	long finger	[loŋ] [ˈfyŋgə]	nosowy, tylnojęzykowy, zbliżony do dźwięku nosowego w polskim wyrazie **bank** lub **gong**
[l]	left rule	[left] [ruːl]	zbliżone do polskiego **l**
[θ]	thin south	[θyn] [sauθ]	wymawiając, zbliżamy koniuszek języka do górnych zębów; struny głosowe nie drgają
[ð]	then father	[ðen] [ˈfaːðə]	wymawiając, zbliżamy koniuszek języka do górnych zębów; struny głosowe drgają
[s]	see place	[siː] [plejs]	jak polskie **s**
[z]	please beds zone	[pliːz] [bedz] [zoun]	jak polskie **z**
[sz]	push sugar	[pusz] [ˈszugə]	zbliżone do polskiego **sz**, ale wymawiane bardziej miękko
[ż]	pleasure measure	[ˈpleżə] [ˈmeżə]	zbliżone do polskiego **ż**, ale wymawiane bardziej miękko
[cz]	picture chair	[ˈpykczə] [czeə]	zbliżone do polskiego **cz**, ale wymawiane bardziej miękko
[dż]	George jam	[dżoːdż] [dżæm]	zbliżone do polskiego **dż**, ale wymawiane bardziej miękko
[r]	red rock	[red] [rok]	zbliżone do polskiego **r**, ale koniuszek języka uderza o podniebienie tylko raz
[ᵘ]	walk we	[ᵘoːk] [ᵘiː]	zbliżone do polskiego **ł** w języku potocznym
[j]	onion yellow	[ˈanjən] [ˈjelou]	jak polskie **j**
[h]	hot hair	[hot] [heə]	zbliżone do polskiego **h**, ale słabsze

ALFABET ANGIELSKI

A	a	[ej]
B	b	[bi:]
C	c	[si:]
D	d	[di:]
E	e	[i:]
F	f	[ef]
G	g	[dżi:]
H	h	[ejcz]
I	i	[aj]
J	j	[dżej]
K	k	[kej]
L	l	[el]
M	m	[em]
N	n	[en]
O	o	[ou]
P	p	[pi:]
Q	q	[kju:]
R	r	[a:]
S	s	[es]
T	t	[ti:]
U	u	[ju:]
V	v	[wi:]
W	w	['dablju:]
X	x	[eks]
Y	y	[^{u}aj]
Z	z	[zed]

LESSON ONE
THE FIRST LESSON 1

This is a dog and that is a dog.
['ðys yz ə 'dog ænd 'ðæt yz ə 'dog]

This is a boy.
['ðys yz ə 'boj]

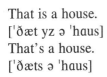

That is a house.
['ðæt yz ə 'haus]
That's a house.
['ðæts ə 'haus]

This is a girl.
['ðys yz ə 'gə:l]

That is a tree.
['ðæt yz ə 'tri:]
That's a tree.
['ðæts ə 'tri:]

This is a book.
['ðys yz ə 'buk]

That is a rose.
['ðæt yz ə 'rouz]
That's a rose.
['ðæts ə 'rouz]

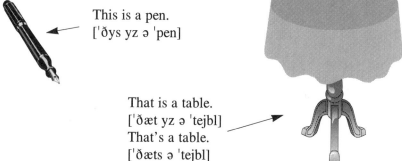

This is a pen.
['ðys yz ə 'pen]

That is a table.
['ðæt yz ə 'tejbl]
That's a table.
['ðæts ə 'tejbl]

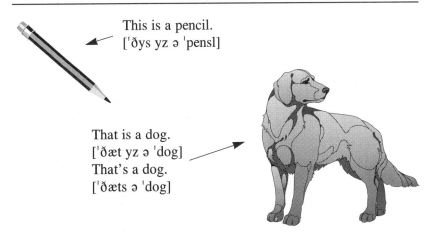

This is a pencil.
['ðys yz ə 'pensl]

That is a dog.
['ðæt yz ə 'dog]
That's a dog.
['ðæts ə 'dog]

What is this?   Co to jest?
What is that?   Co to jest (*to drugie*)?

What is this?
['ᵘot yz 'ðys]

What's this?
['ᵘots 'ðys]

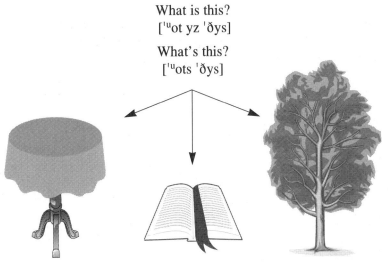

It is a table.
[yt yz ə 'tejbl]

It's a table.
[yts ə 'tejbl]

It is a book.
[yt yz ə 'buk]

It's a book.
[yts ə 'buk]

It is a tree.
[yt yz ə 'tri:]

It's a tree.
[yts ə 'tri:]

What is that?
['ᵁot yz 'ðæt]

What's that?
['ᵁots 'ðæt]

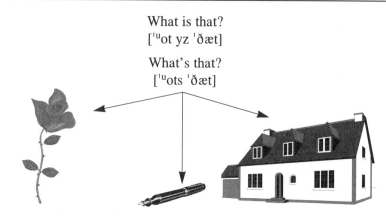

It is a rose.
[yt yz ə 'rouz]

It's a rose.
[yts ə 'rouz]

It is a pen.
[yt yz ə 'pen]

It's a pen.
[yts ə 'pen]

It is a house.
[yt yz ə 'haus]

It's a house.
[yts ə 'haus]

📖 THIS IS A BOY, THAT IS A GIRL

This is a house, that's a tree. What's this? It's a table.
['ðys yz ə 'haus, 'ðæts ə 'tri:] ['ᵁots 'ðys] [yts ə 'tejbl]
What's that? It's a table, too. This is a boy, that's a girl.
['ᵁots 'ðæt] [yts ə 'tejbl, 'tu:] ['ðys yz ə 'boj, 'ðæts ə 'gə:l]
This is a pen and that's a pen.
['ðys yz ə 'pen ənd 'ðæts ə 'pen]
This is a rose and that's a rose, too.
['ðys yz ə 'rouz ənd 'ðæts ə 'rouz, 'tu:]

SŁOWNICZEK

a [ə] *przedimek nieokreślony*
and [ænd, ənd] i; a
book [buk] książka
boy [boj] chłopiec
dog [dog] pies

first [fə:st] pierwszy
girl [gə:l] dziewczyna, dziewczynka
house [haus] dom
is [yz] jest (*3. os. lp czasownika* **to be**)
it [yt] to (*znaczy też* ono)

lesson [lesn] lekcja
one [ᵘan] raz; jeden
pen [pen] pióro
pencil [pensl] ołówek
rose [rouz] róża
table [tejbl] stół
that [ðæt] to; tamten, tamta, tamto

the first lesson [ðə ˈfə:st ˌlesn] lekcja
pierwsza
this [ðys] to; ten, ta, to
too [tu:] także, również
tree [tri:] drzewo
what [ᵘot] co

OBJAŚNIENIA FONETYCZNE

Od samego początku nauki należy zwracać baczną uwagę na transkrypcję fonetyczną, określającą sposób wymawiania wyrazów angielskich za pomocą symboli zaczerpniętych z polskiej pisowni (oprócz kilku znaków odpowiadających dźwiękom nie występującym w języku polskim, tj. æ, ə, ŋ, θ, ð). Jest ona podana po każdym wyrazie w słowniczkach lekcyjnych i w słowniku zbiorczym angielsko-polskim.

Dwukropek umieszczony po symbolach fonetycznych samogłosek wskazuje, że samogłoskę tę należy wymawiać przeciągle, dłużej niż polską, np. **tree** [tri:], **girl** [gə:l], **first** [fə:st].

W wyrazie **tree** podwójne e wymawiamy [i:]. W wyrazie **girl** dźwięk oznaczony symbolem [ə:] jest dźwiękiem pośrednim między [e] i [o].

Przedimek nieokreślony **a** najczęściej wymawiamy jako dźwięk zbliżony do polskiego [e] wymówionego krótko, z językiem uwypuklonym – oznaczamy go symbolem [ə].

Wymowa **r** w języku angielskim jest inna niż w polskim. Przy polskim [r] język drga bardzo intensywnie, przy angielskim [r] język uderza o podniebienie tylko raz, np. **tree** [tri:]. Co więcej, należy pamiętać, że **r** nie wymawiamy przed spółgłoską, np. **girl** [gə:l], **first** [fə:st].

W wyrazach **this** i **that** spotykamy dźwięk oznaczony symbolem [ð], którego wymowa sprawia Polakom najwięcej trudności (zob. s. 22).

Uwaga! Wyrazy należy łączyć w grupy znaczeniowe i czytać jednym ciągiem, np.
This is a rose.
[ˈðys‿yz‿ə‿ˈrouz], a nie [ðys yz ə rouz].

GRAMATYKA

● **PRZEDIMEK NIEOKREŚLONY a**

Rzeczowniki w języku angielskim są na ogół poprzedzone krótkim słówkiem **a** (przedimek nieokreślony) lub **the** (przedimek określony – zob. s. 59), np. **a boy** lub **the boy**; **a table** lub **the table**.

Przedimek nieokreślony **a** [ə] stawiamy przed rzeczownikiem w liczbie pojedynczej, a więc oznaczającym jedną osobę lub jeden przedmiot (bliżej nieokreślone), np. **a girl** (*jakaś*) *dziewczynka*; **a house** (*jakiś*) *dom*. Przedimek nieokreślony nie ma odpowiednika w języku polskim, ale czasami tłumaczymy go za pomocą wyrazów *jakiś*, *pewien*.

- **ZAIMEK PYTAJĄCY what**

Zaimek **what** [ᵘot] *co* jest używany w odniesieniu do przedmiotów i zwierząt, np. **What is this?** *Co to jest?*

Uwaga! Szyk wyrazów w pytaniach w języku angielskim jest inny niż w języku polskim. Po angielsku pytamy: **What is this?** *dosł.* Co jest to?

- **ZAIMKI this, that, it**

Zaimka **this** *to* używamy, wskazując jakąś osobę lub przedmiot, np. **This is a boy.** *To jest chłopiec.*
Zaimka **that** *to* (*drugie, inne*) używamy, wskazując na drugą osobę lub przedmiot (w odróżnieniu od wskazanej przed chwilą), np. **That is a girl.** *To jest dziewczyna.*
Zaimka **it** *to* używamy, odpowiadając na pytanie **What is this?** *Co to jest?* lub **What is that?** *Co to jest (to drugie)?* **It is a dog.** *To jest pies.*

- **FORMY ŚCIĄGNIĘTE**

Przy stosowaniu form zwykłych (**What is this?**) i ściągniętych (**What's this?**) należy pamiętać o różnicy między językiem pisanym a językiem mówionym. W mowie potocznej używamy zwykle form ściągniętych:

What's this? [ᵘots 'ðys]
That's ['ðæts] ...
It's [yts] ...

ĆWICZENIA

① Odpowiedz na pytania:

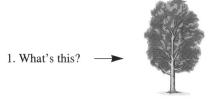

1. What's this? ⟶

2. What's that? ⟶

3. What's this? ⟶

4. What's that? ⟶

② W miejsca wykropkowane wstaw właściwy rzeczownik:

1. This is ... ⟶

2. That's ... ⟶

3. This is ... ⟶

4. That's ... ⟶

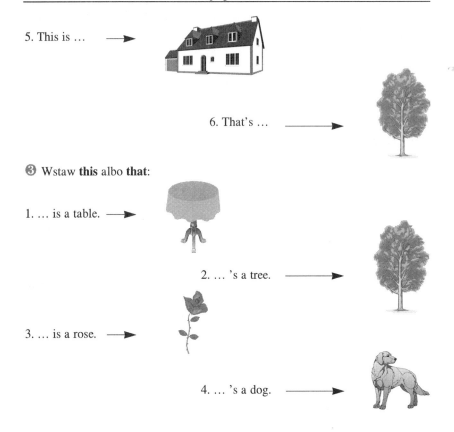

5. This is ...

6. That's ...

❸ Wstaw **this** albo **that**:

1. ... is a table.

2. ... 's a tree.

3. ... is a rose.

4. ... 's a dog.

❹ Przetłumacz (pamiętaj o stosowaniu form ściągniętych):

1. To jest pióro, a to jest ołówek.
2. To jest drzewo, a to jest dom.
3. Co to jest?
4. To jest ołówek.
5. Co to jest (*to drugie*)?

- **ZAIMKI WSKAZUJĄCE** this, that
- **ZAIMEK PYTAJĄCY** who

This dog is big. →

That dog is small. ←

This pen is long. →

That pencil is short. ←

This boy is tall. →

That girl is short. ←

This rose is red. →

That tree is green. ←

Who is this? (= Who's this?)

It is Joan. [yt yz 'dżoun]   It is Rick. [yt yz 'ryk]
It's Joan. [yts 'dżoun]   It's Rick. [yts 'ryk]

Who is that? (= Who's that?)

It is Mr Johnson.   It is Mrs Johnson.
[yt yz 'mystə 'dżonsn]   [yt yz 'mysyz 'dżonsn]
It's Mr Johnson.   It's Mrs Johnson.
[yts 'mystə 'dżonsn]   [yts 'mysyz 'dżonsn]

📖 IT IS MR JOHNSON

This is a house and that's a house. This house is big, that house is small.
['ðys yz ə 'haus ənd 'ðæts ə 'haus] ['ðys 'haus yz 'byg, 'ðæt 'haus yz 'smo:l]
What's this? It's a tree. This tree is green.
['ᵘots 'ðys] [yts ə 'tri:] ['ðys 'tri: yz 'gri:n]

Who's this? It's Mr Johnson.
['hu:z 'ðys] [yts 'mystə 'dżonsn]
Who's that? It's Mrs Johnson.
['hu:z 'ðæt] [yts 'mysyz 'dżonsn]
Mr Johnson is tall, Mrs Johnson is tall, too.
['mystə 'dżonsn yz 'to:l, 'mysyz 'dżonsn yz 'to:l, 'tu:]
Who's this boy? It's Rick. Who's that girl? It's Joan.
['hu:z ˌðys 'boj] [yts 'ryk] ['hu:z ˌðæt 'gə:l] [yts 'dżoun]
Rick is tall, Joan is short. This pen is long, that pencil is short.
['ryk yz 'to:l, 'dżoun yz 'szo:t] ['ðys 'pen yz 'loŋ, 'ðæt 'pensl yz 'szo:t]
What's that? It's a table.
['ᵘots 'ðæt] [yts ə 'tejbl]

SŁOWNICZEK

big [byg] duży
green [gri:n] zielony
Joan [dżoun] *imię żeńskie*
Johnson [dżonsn] *nazwisko*
long [loŋ] długi
red [red] czerwony
Rick [ryk] *zdrobniała forma imienia*
  Richard ['ryczəd]

second ['sekənd] drugi
short [szo:t] krótki; niski
small [smo:l] mały
tall [to:l] wysoki
two [tu:] dwa
who [hu:] kto

Mr ['mystə] pan ⎫
Mrs ['mysyz] pani ⎭ *skróty używane przed nazwiskiem*

OBJAŚNIENIA FONETYCZNE

Pionowa kreseczka postawiona u góry przed sylabą oznacza, że sylabę tę trzeba wymówić mocniej, np. ['mystə].

wh – najczęściej wymawiamy [ᵘ], np. **what** [ᵘot]; wyjątkowa wymowa to [h] w wyrazie **who** [hu:].

W wyrazie **long** [loŋ] występuje dźwięk oznaczony symbolem [ŋ] (zob. s. 22).

sh – najczęściej wymawiamy [sz], np. **short** [szo:t].

c i **ck** – wymawiamy [k], np. **second** ['sekənd], **Rick** [ryk]; **c** wymawiamy również [s], np. **pencil** [pensl].

Literze **j** odpowiada głoska [dż], np. **Johnson** [dżonsn] – litery **h** w tym wyrazie nie wymawiamy.

GRAMATYKA

● **ZAIMKI WSKAZUJĄCE this, that**

Zaimka wskazującego **this** [ðys] *ten, ta, to* używamy, wskazując na osobę lub przedmiot znajdujące się blisko mówiącego, a zaimka wskazującego **that** [ðæt] *tamten, tamta, tamto* używamy, wskazując na osobę lub przedmiot znajdujące się dalej od osoby mówiącej, np. **This girl is tall, that girl is short.** *Ta dziewczyna jest wysoka, tamta (dziewczyna) jest niska.*

● **ZAIMEK PYTAJĄCY who**

Zaimek **who** [hu:] *kto* jest używany w odniesieniu do ludzi. Na pytanie **Who is this?** (= **Who's this?**) *Kto to jest?* odpowiadamy, podając imię lub nazwisko osoby, np. **Who is this? – It's Rick. Who's that? – It's Joan Johnson.**

Przypominamy! Szyk wyrazów w pytaniach w języku angielskim jest inny niż w języku polskim (zob. lekcja 1).

Przy stosowaniu form zwykłych i ściągniętych należy pamiętać o różnicy między językiem pisanym a mówionym. W mowie potocznej najczęściej używamy form ściągniętych, np. **who's** [hu:z], a nie **who is**.

ĆWICZENIA

❶ W miejsce kropek wstaw odpowiedni przymiotnik:

1. This pen is ... ⟶

2. That pencil is ...

3. This house is ... ⟶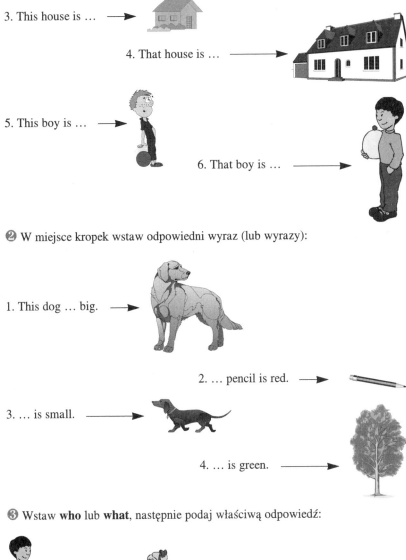

4. That house is ... ⟶

5. This boy is ... ⟶

6. That boy is ... ⟶

② W miejsce kropek wstaw odpowiedni wyraz (lub wyrazy):

1. This dog ... big. ⟶

2. ... pencil is red. ⟶

3. ... is small. ⟶

4. ... is green. ⟶

③ Wstaw **who** lub **what**, następnie podaj właściwą odpowiedź:

1. ... 's this?　　2. ... 's this?　　3. ... 's this?

4. ... 's this?

5. ... 's this?

④ Wyszukaj w lekcji i przepisz wszystkie wyrazy z długimi samogłoskami [u:], [i:], [o:], [ə:], np. **tall**.

⑤ Przetłumacz (pamiętaj o stosowaniu form ściągniętych):

Kto to jest? To jest pan Johnson. Pan Johnson jest wysoki. Ta dziewczyna jest duża, a tamten chłopiec jest mały. Ta róża jest czerwona. Tamto pióro jest krótkie. Ten ołówek jest zielony. Tamten dom jest duży. Ten chłopiec jest niski.

- RZECZOWNIKI – RODZAJ
- ZAIMKI OSOBOWE he, she, it
- DOPEŁNIACZ SAKSOŃSKI

Mr Johnson is a man. He is a man.
['mystə 'dżonsn yz ə 'mæn] [hi: yz ə 'mæn]
Pan Johnson jest mężczyzną. On jest mężczyzną.

Rick is a boy. He is big.
['ryk yz ə 'boj] [hi: yz 'byg]
Rick jest chłopcem. On jest duży.

Mrs Johnson is a woman. She is pretty.
['mysyz 'dżonsn yz ə 'ᵘumən] [szi: yz 'pryty]
Pani Johnson jest kobietą. Ona jest ładna.

Joan is a girl. She is Rick's* sister.
['dżoun yz ə 'gə:l] [szi: yz 'ryks 'systə]
Joan jest dziewczynką. Ona jest siostrą Ricka.

This is a pen. It is blue.
['ðys yz ə 'pen] [yt yz 'blu:]
To jest pióro. Ono jest niebieskie.

That is a rose. It is red.
['ðæt yz ə 'rouz] [yt yz 'red]
To jest róża. Ona jest czerwona.

A tree is green. It is green.
[ə 'tri: yz 'gri:n] [yt yz 'gri:n]
Drzewo jest zielone. Ono jest zielone.

* Na potrzeby tej lekcji pomijamy wszystkie formy ściągnięte – 's oznacza tutaj tylko dopełniacz saksoński, a nie formę ściągniętą utworzoną od **is**.

📖 THAT IS JOAN'S DOG ...

Who is this man? It is Mr Johnson, Rick and Joan's father.
['hu: yz 'ðys 'mæn] [yt yz 'mystə 'dżonsn, 'ryk ənd 'dżounz 'fa:ðə]
He is a tall man. This is his wife, Margaret. She is a pretty woman.
[hi: yz ə 'to:l 'mæn] ['ðys yz hyz 'ᵘajf, 'ma:gərət] [szi: yz ə 'pryty 'ᵘumən]
Rick is Mr Johnson's son and Joan is his daughter. She is pretty.
['ryk yz 'mystə 'dżonsnz 'san ənd 'dżoun yz hyz 'do:tə] [szi: yz 'pryty]
Mrs Johnson is Rick and Joan's mother. Rick is Joan's brother.
['mysyz 'dżonsn yz 'ryk ənd 'dżounz 'maðə] ['ryk yz 'dżounz 'braðə]
That is Joan's dog, Binkie. What is that?
['ðæt yz 'dżounz 'dog, 'bynky] ['ᵘot yz 'ðæt]
It is Mr Johnson's house and that is his garden.
[yt yz 'mystə 'dżonsnz 'haus ənd 'ðæt yz hyz 'ga:dn]
His house is big.
[hyz 'haus yz 'byg]

That is Joan's dog, Binkie

SŁOWNICZEK

Binkie ['bynky] *imię psa*
blue [blu:] niebieski
brother ['braðə] brat
daughter ['do:tə] córka
father ['fa:ðə] ojciec
garden [ga:dn] ogród
he [hi:] on
his [hyz] jego
man [mæn] mężczyzna
Margaret ['ma:gərət] *imię żeńskie*

mother ['maðə] matka
pretty ['pryty] ładny
she [szi:] ona
sister ['systə] siostra
son [san] syn
third [θə:d] trzeci
three [θri:] trzy
wife [ᵘajf] żona
woman ['ᵘumən] kobieta

GRAMATYKA

● **RZECZOWNIKI – RODZAJ**

W odróżnieniu od innych języków (w tym również polskiego) w języku angielskim rzeczowniki nie mają rodzaju w znaczeniu gramatycznym, lecz rodzaj tzw. naturalny, np. wyraz **a man** *mężczyzna* – jest rodzaju męskiego; wyraz **a girl** *dziewczyna* – jest rodzaju żeńskiego. Natomiast rzeczowniki nieżywotne, tj. nazwy przedmiotów lub pojęć, oraz rzeczowniki oznaczające zwierzęta i rośliny są rodzaju nijakiego, np. **a pen** *pióro*, **a rose** *róża*, **a dog** *pies*.

• **ZAIMKI OSOBOWE he, she, it**

Zaimki osobowe mają rodzaj gramatyczny:

he [hi:] on
she [szi:] ona
it [yt] ono

Jeżeli rzeczownik chcemy zastąpić zaimkiem, to rzeczownik rodzaju męskiego, np. **a father, a son, Rick** itd., zastępujemy zaimkiem **he** *on*, rzeczownik rodzaju żeńskiego, np. **a daughter, Mrs Johnson** itd., zastępujemy zaimkiem **she** *ona*, a rzeczownik rodzaju nijakiego, np. **a tree, a book, a table** itd., zastępujemy zaimkiem **it** *ono*.

Uwaga! Zastępując zaimkiem rzeczownik oznaczający jakieś zwierzę, często używamy zaimka odnoszącego się do ludzi (**he** *on*, **she** *ona* zamiast **it** *ono*), zwłaszcza jeżeli chodzi o naszych ulubieńców.

• **DOPEŁNIACZ SAKSOŃSKI**

Dopełniacz saksoński, czyli drugi przypadek rzeczowników żywotnych, tj. oznaczających ludzi i zwierzęta, tworzymy bardzo często przez dodanie do rzeczownika końcówki 's, np.

Joan's dog pies Joan
Mr Johnson's son syn pana Johnsona

Mr Johnson is Rick and Joan's father.
Pan Johnson jest ojcem Ricka i Joan. (*w tym wypadku końcówkę* 's *stawiamy tylko przy drugim rzeczowniku*)

Uwaga! Należy pamiętać, że po polsku mówimy: *Córka pana Johnsona,* po angielsku zaś: **Mr Johnson's daughter** (*dosł.* Pana Johnsona córka).

O innej formie stosowanej przy tworzeniu drugiego przypadka rzeczowników będzie mowa w lekcji 9.

ĆWICZENIA

❶ Obok każdego rzeczownika postaw odpowiedni zaimek osobowy (**he, she** lub **it**), np. **a rose** – **it**:

1. a man – ... 2. a girl – ... 3. a book – ... 4. a tree – ... 5. a woman – ... 6. a boy – ...

❷ Wstaw odpowiedni zaimek osobowy:

1. This is Mr Johnson, ... is tall. 2. That is Mrs Johnson, ... is pretty. 3. Joan is pretty, ... is Rick's sister. 4. A tree is green, ... is green. 5. Rick is a boy, ... is big.

❸ Wstaw właściwy wyraz, wybierając z podanych w nawiasie:

1. Mr Johnson is a ... (father, wife). 2. Joan is a ... (boy, girl). 3. Mrs Johnson is a ... (man, woman). 4. Rick is a ... (daughter, son). 5. Binkie is a ... (book, dog).

❹ Wstaw odpowiednie rzeczowniki określające stopień pokrewieństwa wymienionych osób, np. **Mrs Johnson is Rick's mother**:

1. Mr Johnson is Rick's ... 2. Mrs Johnson is Joan's ... 3. Mrs Johnson is Mr Johnson's ... 4. Joan is Rick's ... 5. Joan is Mrs Johnson's ... 6. Rick is Joan's ...

❺ Przetłumacz:

1. Joan jest córką pana Johnsona, ona jest ładna. 2. Pan Johnson jest ojcem Ricka. 3. To jest dom pana Johnsona. 4. To jest Binkie, pies Joan. 5. To jest ołówek, on jest czerwony. 6. To jest książka, ona jest mała.

- **RZECZOWNIKI** – cd.
- **ZAIMKI OSOBOWE I, you**
- **CZASOWNIK to be** – ZDANIA TWIERDZĄCE, PYTAJĄCE I PRZECZĄCE
- **ODPOWIEDZI TWIERDZĄCE I PRZECZĄCE** (DŁUGIE I KRÓTKIE; FORMY ŚCIĄGNIĘTE)
- **STOSOWANIE no, not**

📖 RICK ISN'T A STUDENT

Mr Johnson is a teacher. Andy is his brother. He's a student.
['mystə 'dżonsn yz ə 'ti:czə] ['ændy yz hyz 'braðə] [hi:z ə 'stju:dənt]
Rick isn't a student. Mrs Johnson is a dentist, she isn't a teacher.
['ryk 'yznt ə 'stju:dənt] ['mysyz 'dżonsn yz ə 'dentyst, szi: 'yznt ə 'ti:czə]
Mr Johnson is tall.
['mystə 'dżonsn yz 'to:l]
Andy isn't as tall as his brother, but he isn't short.
['ændy 'yznt əz 'to:l əz hyz 'braðə, bat hi: 'yznt 'szo:t]
This is Mr Johnson's house. It's big and very nice.
['ðys yz 'mystə 'dżonsnz 'haus] [yts 'byg ənd 'wery 'najs]
Is this his garden? Yes, it is.
[yz 'ðys hyz 'ga:dn] ['jes, yt 'yz]

I'm Steve Johnson.
[ajm 'sti:w 'dżonsn]
I'm a teacher.
[ajm ə 'ti:czə]
This is my wife, Margaret.
['ðys yz 'maj 'ᵘajf, 'ma:gərət]
She's a dentist.
[szi:z ə 'dentyst]
This is Rick, my son, and that's Joan, my daughter.
['ðys yz 'ryk, maj 'san, ənd 'ðæts 'dżoun, maj 'do:tə]

I'm Margaret Johnson.
['ajm 'ma:gərət 'dżonsn]
I'm a dentist.
[ajm ə 'dentyst]
My husband is a teacher.
[maj 'hazbənd yz ə 'ti:czə]
He's a good teacher.
[hi:z ə 'gud 'ti:czə]

My son Rick is a big boy and my daughter Joan is pretty.
[maj 'san 'ryk yz ə 'byg 'boj ənd maj 'do:tə 'dżoun yz 'pryty]

- Are you a teacher, Steve?
  ['a: ju ə 'ti:czə, 'sti:w]
- Yes, I am.
  ['jes, aj 'æm]
- Is Margaret a teacher, too?
  [yz 'ma:gərət ə 'ti:czə, 'tu:]
- No, she isn't, she's a dentist.
  ['nou, szy 'yznt, szyz ə 'dentyst]

SŁOWNICZEK

am ⎫
are ⎭ *zob.* **GRAMATYKA**

Andy ['ændy] *imię męskie*
as ... as ... [əz ... əz ...] tak ... jak ...
  (*w przeczeniu* **not so ... as ...**
  [not sou ... əz ...])
be [bi:] być
but [bat] ale, lecz
dentist ['dentyst] dentysta, dentystka
four [fo:] cztery
fourth [fo:θ] czwarty
good [gud] dobry
husband ['hazbənd] mąż

I [aj] ja
my [maj] mój, moja, moje
nice [najs] miły, przyjemny
no [nou] nie (*występujące samodzielnie*)
not [not] nie (*występujące po czasowniku*)
Steve [sti:w] *imię męskie*
student ['stju:dənt] student, uczeń
teacher ['ti:czə] nauczyciel, nauczycielka
very ['wery] bardzo
yes [jes] tak
you [ju, *akcentowany* ju:] *tu*: ty

OBJAŚNIENIA FONETYCZNE

Przypominamy, że w przeciwieństwie do języka polskiego w języku angielskim rozróżniamy samogłoski długie i krótkie. W poniższych wyrazach występują samogłoski długie:

you [ju:], **who** [hu:], **two** [tu:]
four [fo:]
Steve [sti:w], **three** [θri:]

Wyraz **you** ma formę mocną – jeśli jest akcentowany – [ju:] i słabą [ju], podobnie jak wyraz **who**: [hu:] i [hu].

GRAMATYKA

● **RZECZOWNIKI** – cd.

Przed nazwami własnymi nie stawiamy przedimków, np. **Rick, Joan, Andy** itd.

Niektóre rzeczowniki, np. **a teacher, a dentist, a student** mają jednakową postać dla rodzaju męskiego i żeńskiego.

● **ZAIMKI OSOBOWE I, you**

I [aj] *ja* piszemy zawsze wielką literą.
Wyraz **you** [ju:] *ty*; *wy* znaczy również *Pan, Pani, Państwo* (w rozmowie lub w liście).

● **CZASOWNIK to be**

Czasownik **to be** [tə 'bi:] *być* ma w czasie teraźniejszym trzy formy:
am [æm, əm], **are** [a:, ə], **is** [yz].

I am (= **I'm**)	ja jestem
you are (= **you're**)	ty jesteś
he is (= **he's**)	on jest
she is (= **she's**)	ona jest
it is (= **it's**)	ono jest

Przypominamy! **It** tłumaczymy również jako *to*, np. **It's a pen.** *To jest pióro.* **It's a girl.** *To jest dziewczyna* (zob. lekcja 1).

ZDANIA TWIERDZĄCE

Podmiot	Orzeczenie złożone	
I	am	a man.
You	are	a girl.
He	is	a boy.
Steve	is	a teacher.

ZDANIA PYTAJĄCE

Orzeczenie	Podmiot	Orzeczenie
Am	I	a man?
Are	you	a girl?
Is	he	a teacher?

Zdania pytające tworzymy przez inwersję, czyli odwrócenie szyku wyrazów, np. **I am** – **Am I?** *Ja jestem* – *Czy ja jestem?*

ZDANIA PRZECZĄCE

Podmiot	Orzeczenie	Słowo przeczące	Orzeczenie
I	am	not	a dentist.
You	are	not	a teacher.
It	is	not	a house.

Zdania przeczące tworzymy przez dodanie do czasownika wyrazu **not**, np. **he is not** *on nie jest*.

Słowo przeczące **not** stoi po czasowniku i występuje zawsze w połączeniu z tym czasownikiem, nigdy samodzielnie.

Uwaga! W języku angielskim formy osobowe czasownika **to be** żawsze są używane w połączeniu z zaimkami osobowymi. Po polsku mówimy: *jestem, jesteś*. Po angielsku zaś nigdy nie powiemy: **am**, **are**, tylko: **I am**, **you are** itd.

● **ODPOWIEDZI TWIERDZĄCE I PRZECZĄCE** (DŁUGIE I KRÓTKIE; FORMY ŚCIĄGNIĘTE)

Pytania	Odpowiedzi twierdzące		krótkie
	długie		
	formy zwykłe	formy ściągnięte	
Am I a teacher?	Yes, you are a teacher.	Yes, you're a teacher.	Yes, you are.
Are you a student?	Yes, I am a student.	Yes, I'm a student.	Yes, I am.
Is he tall?	Yes, he is tall.	Yes, he's tall.	Yes, he is.
Is Joan pretty?	Yes, Joan is pretty.	Yes, Joan's pretty.	Yes, she is.
Is it a table?	Yes, it is a table.	Yes, it's a table.	Yes, it is.

Uwaga! W mowie potocznej najczęściej udzielamy odpowiedzi krótkich.
W odpowiedziach twierdzących krótkich nie stosujemy form ściągniętych.

Czasownik **to be** w 3. os. lp (**is**) w mowie potocznej ulega ściągnięciu
nie tylko wtedy, gdy występuje z zaimkiem (**he's, she's, it's, that's,
who's**), ale również wtedy, gdy poprzedza go rzeczownik, np. **Joan's
pretty = Joan is pretty.**

Pytania	Odpowiedzi przeczące długie	
	formy zwykłe	formy ściągnięte
Am I a student?	No, you are not a student.	No, you aren't a student.
		No, you're not a student.
Are you tall?	No, I am not tall.	No, I'm not tall.
Is he short?	No, he is not short.	No, he isn't short.
		No, he's not short.
Is she pretty?	No, she is not pretty.	No, she isn't pretty.
		No, she's not pretty.
Is it a pen?	No, it is not a pen.	No, it isn't a pen.
		No, it's not a pen.

Pytania	Odpowiedzi przeczące krótkie	
	formy zwykłe	formy ściągnięte
Am I a student?	No, you are not.	No, you aren't [ɑ:nt].
		No, you're [juə] not.
Are you tall?	No, I am not.	No, I'm [ɑjm] not.

Pytania	Odpowiedzi przeczące krótkie	
	formy zwykłe	formy ściągnięte
Is he short?	No, he is not.	No, he isn't [yznt]. No, he's [hyz] not.
Is she pretty?	No, she is not.	No, she isn't [yznt]. No, she's [szyz] not.
Is it a pen?	No, it is not.	No, it isn't. No, it's [yts] not.

Uwaga! Odpowiedzi przeczących z wyrazem **not**, który nie uległ ściągnięciu, używamy na ogół, aby wyrazić nasz silny sprzeciw. W takich zdaniach najmocniejszy akcent pada właśnie na **not**.

- **STOSOWANIE no, not**

No, she is not (= isn't) a teacher.
Nie, ona nie jest nauczycielką.

Wyraz **no** [nou] *nie* występuje samodzielnie (podobnie jak francuskie **non** lub niemieckie **nein**).

Wyrazu **not** [not] *nie* używamy zawsze w połączeniu z innymi wyrazami, najczęściej z czasownikami (podobnie jak francuskie **ne pas** lub niemieckie **nicht**).

W języku polskim w obu wypadkach użyjemy słowa *nie*, np. **No, it isn't red.** *Nie, to nie jest czerwone.*

ĆWICZENIA

❶ Wstaw brakujące czasowniki **am, are, is**:

1. Steve ... very tall. 2. I ... a teacher. 3. This book ... red. 4. You ... a student. 5. Joan ... a pretty girl.

❷ Zamień na formę pytającą (= zdania pytające):

1. Rick's a big boy. 2. A tree is green. 3. Margaret is tall. 4. She's pretty. 5. I'm a teacher. 6. You're a student.

③ Powyższe zdania zamień na formę przeczącą (pamiętaj o stosowaniu form ściągniętych).

④ Odpowiedz na następujące pytania, dając odpowiedzi długie, krótkie i w formie ściągniętej:

1. Is Mr Johnson a teacher? 2. Is Margaret a teacher, too? 3. Is Andy a student? 4. Is Rick a dentist? 5. Are you a teacher? 6. Is Andy as tall as his brother?

⑤ Przetłumacz:

1. Andy jest studentem. 2. On nie jest tak wysoki jak Steve. 3. Pan Johnson jest nauczycielem, on nie jest dentystą. 4. Ten dom jest duży. 5. Czy ty jesteś studentem? 6. Czy Joan jest ładna? 7. Ta książka jest zielona, ona nie jest czerwona. 8. To jest ołówek, on jest krótki.

5 LESSON FIVE
THE FIFTH LESSON

Andy is a student.

Phil and Ian are students.

This is Andy's desk.

These are Rick's and Joan's desks.

One finger.

Five fingers.

☐ ARE THOSE PENS?

What's this? It's Andy's desk. What are these? These are his books.
['ᵘots 'ðys] [yts 'ændyz 'desk] ['ᵘot ɑ: 'ði:z] ['ði:z ɑ: hyz 'buks]
Is that his book, too? No, it's Rick's book.
[yz 'ðæt hyz 'buk, 'tu:] ['nou, yts 'ryks 'buk]
Andy's books are on his desk.
['ændyz 'buks ɑ:r on hyz 'desk]
Are those pens? No, they aren't. What are they? These are pencils.
['ɑ: ˌðouz 'penz] ['nou, ðej 'ɑ:nt] ['ᵘot 'ɑ: 'ðej] ['ði:z ɑ: 'pensylz]
Are they red? No, they're green.
['ɑ: ðej 'red] ['nou, ðeə 'gri:n]
Who are those young men? They're Andy's friends, Phil and Ian.
['hu: ɑ: 'ðouz 'jaŋ 'men] [ðeə 'ændyz 'frendz, 'fyl ənd 'i:ən]
Phil's English. Is Ian English, too? No, he's Polish.
['fylz 'yŋglysz] [yz 'i:ən 'yŋglysz, 'tu:] ['nou, hi:z 'poulysz]
Are you Polish or German? I'm Polish.
['ɑ: ju 'poulysz o: 'dżə:mən] [ɑjm 'poulysz]
Rick and Joan, are you Scottish? No, we're English.
['ryk ənd 'dżoun, 'ɑ: ju 'skotysz] ['nou, ᵘyər 'yŋglysz]

A man: Are you Mr Johnson?
Andy: Yes, I am.
A man: Are you Steve Johnson?
Andy: No, my name's Andy. Steve's my brother.

SŁOWNICZEK

child [czɑjld] dziecko
children ['czyldrən] dzieci
desk [desk] biurko
English ['yŋglysz] angielski
fifth [fyfθ] piąty
finger ['fyŋgə] palec
five [fɑjw] pięć
friend [frend] przyjaciel, przyjaciółka
German ['dżə:mən] niemiecki

Ian ['i:ən] imię męskie
leg [leg] noga
name [nejm] imię
on [on] na
or [o:] czy; albo
Phil [fyl] imię męskie
Polish ['poulysz] polski; **I'm Polish.**
   Jestem Polakiem. Jestem Polką.
Scottish ['skotysz] szkocki

these [ði:z] ci, te (*lm od* **this**)
they [ðej] oni, one
thick [θyk] gruby (*np. o zeszycie*)
those [ðouz] tamci, tamte (*lm od* **that**)

we [ᵘi:] my
you [ju] ty; wy
young [jaŋ] młody
your [jo:] twój; wasz

WYBRANE ZWROTY

It's Andy's desk. = **It is Andy's desk.**
Are you Polish? Czy jesteś Polakiem?
What's your name? Jak masz na imię?, Jak się nazywasz?
My name's [nejmz] **Andy.** = **My name is Andy.**
Steve's [sti:wz] **my brother.** = **Steve is my brother.**

OBJAŚNIENIA FONETYCZNE

a wymawiamy w języku angielskim w różny sposób:

[æ]	[a:]
man [mæn]	**father** ['fa:ðə]
has [hæz]	**Margaret** ['ma:gərət]
that [ðæt]	**garden** [ga:dn]

[ej]	[ə]	[o:]
table [tejbl]	**woman** [ᵘumən]	**small** [smo:l]
name [nejm]	**German** ['dżə:mən]	**tall** [to:l]

sh wymawiamy [sz], np. **Polish** ['poulysz].

Formę ściągniętą **are** w połączeniu z **they**, czyli **they're**, wymawiamy [ðeə].

GRAMATYKA

• RZECZOWNIKI – LICZBA MNOGA

Liczbę mnogą tworzymy najczęściej przez dodanie do rzeczownika w liczbie pojedynczej litery **s** wymawianej [z] lub [s]. Po samogłosce lub spółgłosce dźwięcznej wymawiamy ją [z], np. **a pen** [pen] – **pens** [penz], **a dog** [dog] – **dogs** [dogz]. Po spółgłosce bezdźwięcznej wymawiamy ją [s], np. **a book** [buk] – **books** [buks]. Jeżeli rzeczownik zakończony jest na [s] lub [z], to w formach liczby mnogiej końcówkę wymawiamy [yz], np. **a house** [haus] – **houses** ['hauzyz], **a rose** [rouz] – **roses** ['rouzyz]. Należy pamiętać, że w lp wyraz **house** kończy się bezdźwięcznym [s], ale w lm zamieniamy je na dźwięczne [z].

Jednak nie do wszystkich rzeczowników w języku angielskim dodajemy w lm literę **s**. Do wyjątków należą m.in. **a man** [mæn] – **men** [men], **a woman** [ˈᵘumən] – **women** [ˈᵘymyn], **a child** [czɑjld] – **children** [ˈczyldrən].

Przed rzeczownikami w lm nigdy nie stawiamy przedimka **a**, np. **a garden** – **gardens**, **a tree** – **trees**.

• **WYMOWA FORM ŚCIĄGNIĘTYCH**

Formę ściągniętą czasownika **to be** w 3. os. lp ('s) wymawiamy w trojaki sposób:

[z] – jeśli rzeczownik bądź zaimek kończy się na samogłoskę lub spółgłoskę dźwięczną: **Andy is** = **Andy's** [ˈændyz], **Binkie is** = **Binkie's** [ˈbynkyz], **he is** = **he's** [hi:z] lub [hyz], **my name is** = **my name's** [mɑj ˈnejmz], **Steve is** = **Steve's** [sti:wz];

[s] – jeśli rzeczownik bądź zaimek kończy się na spółgłoskę bezdźwięczną: **the desk is** = **the desk's** [ðə ˈdesks], **Rick is** = **Rick's** [ryks], **it is** = **it's** [yts];

[yz]– jeśli rzeczownik kończy się na [s] lub [z]: **that rose is** = **that rose's** [ðæt ˈrouzyz].

• **PRZYMIOTNIKI**

Przymiotniki angielskie nie odmieniają się przez przypadki i liczby i nie mają końcówki rodzajowej, np. **red** *czerwony, czerwona, czerwone, czerwonemu* itd.

a *thick* pencil	two *thick* pencils
a *tall* man	three *tall* men
a *pretty* girl	five *pretty* girls
a *tall* woman	four *tall* women

Przymiotnik stawiamy przed rzeczownikiem, między przedimkiem a rzeczownikiem, np. **a tall woman**.

• **ZAIMKI WSKAZUJĄCE** these, those

Zaimek **these** to forma lm od **this**, a zaimek **those** to forma lm od **that**.

this	→	these
this desk		these desks
this leg		these legs

that	→	those
that house		those houses
that tree		those trees

• **ZAIMKI OSOBOWE** we, you, they

we ['ʷiː] my   you [juː] wy   they [ðej] oni, one

I'm a student.	We're students.
You're a tall man.	You're tall men.
He's a teacher.	They're teachers.
She's a dentist.	They're dentists.
It's a table.	They're tables.

Uwaga! Zaimek **you** używany jest zarówno w liczbie pojedynczej, jak i mnogiej i znaczy *ty* lub *wy*. Zaimek **they** odnosi się do ludzi, do zwierząt i do przedmiotów.

• **CZASOWNIK to be** – cd.

Czasownik ten ma w liczbie mnogiej tylko jedną formę: **are** [ɑː, ə].

FORMA TWIERDZĄCA

we are	(my) jesteśmy
you are	(wy) jesteście
they are	(oni, one) są

FORMA PYTAJĄCA

Are we?	Czy (my) jesteśmy?
Are you?	Czy (wy) jesteście?
Are they?	Czy (oni, one) są?

FORMA PRZECZĄCA

we are not (= aren't)	(my) nie jesteśmy
you are not (= aren't)	(wy) nie jesteście
they are not (= aren't)	(oni, one) nie są

- **ODPOWIEDZI TWIERDZĄCE I PRZECZĄCE** (DŁUGIE I KRÓTKIE; FORMY ŚCIĄGNIĘTE)

Pytania	Odpowiedzi twierdzące		krótkie
	długie		
	formy zwykłe	formy ściągnięte	
Are we tall?	Yes, you are tall.	Yes, you're tall.	Yes, you are.
Are you students?	Yes, we are students.	Yes, we're students.	Yes, we are.
Are they English?	Yes, they are English.	Yes, they're English.	Yes, they are.

Przypominamy! W mowie potocznej najczęściej udzielamy odpowiedzi krótkich.

Pytania	Odpowiedzi przeczące długie	
	formy zwykłe	formy ściągnięte
Are we short?	No, you are not short.	No, you aren't short.
		No, you're not short.
Are you teachers?	No, we are not teachers.	No, we aren't teachers.
		No, we're not teachers.
Are they Polish?	No, they are not Polish.	No, they aren't Polish.
		No, they're not Polish.

Pytania	Odpowiedzi przeczące krótkie	
	formy zwykłe	formy ściągnięte
Are we short?	No, you are not.	No, you aren't [ɑːnt].
		No, you're [juə] not.
Are you teachers?	No, we are not.	No, we aren't [ɑːnt].
		No, we're [ᵘyə] not.
Are they Polish?	No, they are not.	No, they aren't.
		No, they're [ðeə] not.

Przypominamy! Odpowiedzi przeczących z wyrazem **not**, który nie uległ ściągnięciu, zwykle używamy, aby wyrazić nasz silny sprzeciw. W takich
zdaniach najmocniejszy akcent pada właśnie na **not**.

Czasownik **to be** w 3. os. lp (**is**) w mowie potocznej ulega ściągnięciu nie tylko wtedy, gdy występuje z zaimkiem, ale również
wtedy, gdy poprzedza go rzeczownik, np. **my name's = my
name is, Steve's my brother = Steve is my brother.**

ĆWICZENIA

❶ Ćwicz na głos:

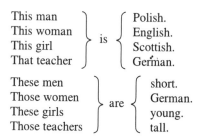

❷ Zamień na liczbę mnogą:

1. This table is long. 2. That woman is pretty. 3. He's (= He is) a tall man. 4. She's (= She is) a dentist. 5. This is a rose, it's (= it is) red. 6. This is Rick's book.

❸ Zamień na liczbę pojedynczą (pamiętaj o stosowaniu form ściągniętych):

1. Those dogs are big. 2. These men are very tall. 3. Girls are pretty. 4. Those roses are red. 5. They are good boys.

❹ Wstaw **am, is** lub **are**:

1. We ... teachers. 2. Phil and Andy, you ... students. 3. I ... a tall girl. 4. This book ... on Andy's desk. 5. Steve's house ... very big. 6. Those pencils ... red.

❺ Odpowiedz na pytania, podając a) odpowiedzi długie, b) odpowiedzi krótkie, c) formy ściągnięte:

1. Are Andy's books on his desk? 2. Are Phil and Ian his friends? 3. Is Phil Polish? 4. Are you German? 5. Is Rick Scottish? 6. Is Margaret Steve's wife?

❻ Zamień na pytania:

1. We are (= We're) Rick's friends. 2. They are (= They're) English students. 3. You are (= You're) good boys. 4. I am (= I'm) Scottish. 5. Those houses are small.

❼ Przetłumacz (pamiętaj o stosowaniu form ściągniętych):

1. Czy oni są studentami? 2. Czy wy jesteście Szkotami? 3. Nie, oni nie są Szkotami, są Anglikami. 4. Jestem przyjacielem Iana. 5. On jest Polakiem.

LESSON SIX
THE SIXTH LESSON **6**

- **PRZEDIMEK OKREŚLONY** the
- **CZASOWNIK to have – CZAS TERAŹNIEJSZY** – FORMA TWIERDZĄCA
- **KONSTRUKCJA there is ..., there are ...**

📖 ANDY'S ROOM

This is Andy's room. It is very nice. It has a large window. The walls are blue and the floor is brown. There is a bed in the corner. The bed is long and comfortable. Near the bed there is a small table. A lamp and a book are on the table. There is a cupboard near the door – Andy's clothes are there. There are three chairs and two armchairs in the room. On the walls there are four nice pictures. Who is this young man near the window? Is it Andy? No, it is not Andy, it is his friend Phil.

- Is Andy's room nice?
- Yes, it's very nice. My room's nice, too. I have a large desk in it and a comfortable armchair.
- You have a comfortable bed there, I suppose.
- Of course, I have.

SŁOWNICZEK

armchair ['a:mczeə] fotel
bed [bed] łóżko
brown [braun] brązowy
chair [czeə] krzesło
clothes [klouðz] odzież, ubrania
comfortable ['kamftəbl] wygodny
corner ['ko:nə] kąt; róg
cupboard ['kabəd] szafa; szafka
door [do:] drzwi
floor [flo:] podłoga
happy ['hæpy] zadowolony, szczęśliwy
has *zob.* GRAMATYKA
have [həw, *akcentowany* hæw] mieć
in [yn] w

lamp [læmp] lampa
large [la:dż] duży
near [niə] blisko, koło; obok
picture ['pykczə] obraz
room [ru:m] pokój
six [syks] sześć
sixth [syksθ] szósty
the [ðə – *przed spółgłoskami*] *przedimek okreslony*
there [ðeə] tam
there is ⎤
there are ⎦ *zob.* GRAMATYKA
wall [ᵘo:l] ściana; mur
window ['ᵘyndou] okno

WYBRANE ZWROTY

I suppose [aj sə'pouz] przypuszczam, sądzę
of course [əw 'ko:s] oczywiście
my room's [ru:mz] nice = my room is nice

OBJAŚNIENIA FONETYCZNE

Litery r nie wymawiamy na końcu wyrazu, np. there [ðeə], father ['fa:ðə], mother ['maðə]. Jeżeli jednak następny wyraz rozpoczyna się od samogłoski, wówczas w wymowie łączymy obydwa wyrazy i wymawiamy r, np. there is [ðər_yz], there are [ðər_ə]. Porównaj nagranie z s. 51: Andy's books are on his desk. ['ændyz 'buks a:r on hyz 'desk].

Zwracamy uwagę, że oo możemy wymówić w trojaki sposób:

– długie [o:]   floor [flo:], door [do:]
– krótkie [u]   book [buk]
– długie [u:]   room [ru:m]

GRAMATYKA

- ## PRZEDIMEK OKREŚLONY the

Przedimek określony **the** stawiamy przed rzeczownikami w lp i lm. We wszystkich rodzajach ma on tę samą formę, np. **the boy – the boys; the woman – the women; the book – the books**. Używamy go, gdy mówimy o rzeczy znanej lub bliżej określonej. Nie ma on odpowiednika w języku polskim, podobnie jak przedimek nieokreślony **a**. Czasami jednak tłumaczymy go jako: *ten, ta, to, ci, te*, np.

I have a rose. The rose is red.
Mam różę. (Ta) róża jest czerwona.
There's a bed in Andy's room. The bed is comfortable.
W pokoju Andy'ego jest łóżko. (To) łóżko jest wygodne.

- ## CZASOWNIK to have – CZAS TERAŹNIEJSZY

Czasownik **to have** ma w czasie teraźniejszym dwie formy: **have** [həw, *akcentowany* hæw] i **has** [həz, *akcentowany* hæz].

FORMA TWIERDZĄCA

I have	(ja) mam	**we have**	(my) mamy
you have	(ty) masz	**you have**	(wy) macie
he has	(on) ma	**they have**	(oni, one) mają
she has	(ona) ma		
it has	(ono) ma		

I have a lamp on my table.
(Ja) mam lampę na (moim) stole.
You have a nice room.
(Ty) masz ładny (= przyjemny) pokój.
Steve has a house. He has a garden, too.
Steve ma dom. (On) ma także ogród.
Margaret has a son. She has a daughter, too.
Margaret ma syna. (Ona) ma także córkę.
This table has four legs. It's big.
Ten stół ma cztery nogi. (On) jest duży.
You and I have two desks. We have two chairs, too.
Ty i ja mamy dwa biurka. (My) mamy także dwa krzesła.
Rick and Joan have a dog. They are happy.
Rick i Joan mają psa. (Oni) są szczęśliwi.

• **KONSTRUKCJA there is ..., there are ...**

Język angielski ma szczególną konstrukcję wyrażającą fakt istnienia danej osoby lub przedmiotu:

there is (= **there's** [ðəz])	jest, znajduje się
there are	są, znajdują się

There is (= **There's**) **a pen on the floor.**
Na podłodze leży (*dosł.* jest) pióro.
There is (= **There's**) **a cupboard in the room.**
W pokoju stoi (*dosł.* jest) szafa.
There are four pictures on the wall.
Na ścianie są cztery obrazy.

ĆWICZENIA

❶ Ćwicz na głos:

$$\left.\begin{array}{l} \text{I} \\ \text{You} \\ \text{Rick and Joan} \end{array}\right\} \text{have} \left\{\begin{array}{l} \text{a picture} \\ \text{a table} \\ \text{a bed} \end{array}\right\} \text{in the room.}$$

$$\left.\begin{array}{l} \text{Andy} \\ \text{She} \\ \text{Margaret} \end{array}\right\} \text{has} \left\{\begin{array}{l} \text{a chair} \\ \text{a cupboard} \\ \text{a desk} \end{array}\right\} \text{in the room.}$$

❷ Wstaw **have** lub **has**:

1. Rick and Joan ... a big dog. 2. Andy ... a large window in his room. 3. We ... three red roses. 4. They ... a son and a daughter. 5. Phil ... two sisters.

❸ Wstaw odpowiedni czasownik, wybierając z podanych w nawiasie:

1. Ian ... Polish (has, is). 2. We ... a big garden (are, have). 3. Rick ... a sister (is, has). 4. They ... English (have, are). 5. I ... a book on the table (have, am).

❹ Wstaw **there is** lub **there are**:

1. ... a picture on the wall. 2. ... two books on the floor. 3. ... a cupboard in the room. 4. ... six trees in the garden. 5. ... a chair near the door.

❺ Wstaw przedimek **a** lub **the**:

1. This is ... lamp, ... lamp is green. 2. There is ... man in the room, ... man is

young. 3. Margaret has three roses, ... roses are red. 4. There are two desks in the room, ... desks are large.

⑥ Odpowiedz na pytania, dając krótkie odpowiedzi:

1. Is Andy's room nice? 2. Is Mr Johnson a tall man? 3. Is Joan a pretty girl? 4. Are Rick and Joan in Andy's room? 5. Is his cupboard near the door? 6. Are his clothes in the cupboard? 7. Is the floor green? 8. Are the walls red? 9. Is his bed short?

⑦ Przetłumacz:

1. W pokoju Andy'ego znajdują się dwa fotele. 2. One są bardzo wygodne. 3. W pokoju jest także szafa. 4. Andy ma w niej swoje ubrania. 5. Ja mam duże biurko koło okna. 6. Koło drzwi znajduje się mały stół. 7. Na (tym) stole jest jakaś książka. 8. My mamy dom i ogród. 9. Oni mają trzy córki.

7 LESSON SEVEN
THE SEVENTH LESSON

📖 THE JOHNSONS' GARDEN

The Johnsons have a house. Have they a garden, too? Yes, they have.
This is their garden. There are big trees and beautiful flowers in it. Under
a tree there is a small table and two chairs. On the table there is a jug and
two cups. There are four apples and three pears on the plate. What colour are they? The apples are red and the pears are yellow. Who is in the
garden? Rick and Joan are in the garden. Rick has a big ball in his hands,
his sister has not a ball, she has a pear in her hand. Her dog, Binkie, is
under the table. Binkie is a black poodle. He is as black as coal.

- Have you a dog, Joan?
- Yes, I have.
- What's his name?
- Binkie.

- Is there a table in the garden?
- Yes, there is.
- Are there six cups on the table?
- No, there are only two.

- Has Andy a car?
- No, he hasn't.
- Has Mr Johnson a car?
- Yes, he has.
- Is it red?
- No, it isn't.
- What colour is it?
- It's blue.

SŁOWNICZEK

apple [æpl] jabłko
ball [bo:l] piłka
beautiful [ˈbju:təful] piękny
black [blæk] czarny
car [ka:] samochód, auto
coal [koul] węgiel
colour [ˈkalə] kolor
cup [kap] filiżanka
flower [ˈflauə] kwiat
hand [hænd] ręka
its [yts] jego (rodzaj nijaki)
jug [dżag] dzbanek

only [ˈounly] tylko
pear [peə] gruszka
plate [plejt] talerz
poodle [pu:dl] pudel
seven [sewn] siedem
seventh [sewnθ] siódmy
their [ðeə] ich
the Johnsons [ðə ˈdżonsnz] państwo
   Johnsonowie
under [ˈandə] pod
yellow [ˈjelou] żółty

WYBRANE ZWROTY

What colour is it? Jakiego to jest koloru?, Jaki to ma kolor?
On the table there is ... Na stole jest ...
She has a pear in her hand. Ona ma w ręce (*dosł.* w swojej ręce) gruszkę.

OBJAŚNIENIA FONETYCZNE

ck czytamy [k], np. **black** [blæk].
ch czytamy zwykle [cz], np. **chair** [czeə].
u czytamy bardzo często jak krótkie [a], np. **jug** [dżag]; **cup** [kap]; **under** ['andə].
the przed samogłoskami wymawiamy [ðy], np. **the apple** [ðy æpl].

GRAMATYKA

- **CZASOWNIK to have – CZAS TERAŹNIEJSZY**

FORMA PYTAJĄCA

Have I?	Czy (ja) mam?
Have you?	Czy (ty) masz?
Has he?	Czy (on) ma?
Has she?	Czy (ona) ma?
Has it?	Czy (ono) ma?
Have we?	Czy (my) mamy?
Have you?	Czy (wy) macie?
Have they?	Czy (oni, one) mają?

FORMA PRZECZĄCA

I have not (= **haven't**)	(ja) nie mam
you have not	(ty) nie masz
he has not (= **hasn't**)	(on) nie ma
she has not	(ona) nie ma
it has not	(ono) nie ma
we have not	(my) nie mamy
you have not	(wy) nie macie
they have not	(oni, one) nie mają

• **ODPOWIEDZI TWIERDZĄCE I PRZECZĄCE** (DŁUGIE I KRÓTKIE; FORMY ŚCIĄGNIĘTE)

Pytania	Odpowiedzi twierdzące	
	długie	krótkie
Have I a pear?	Yes, you have a pear.	Yes, you have.
Have you a ball?	Yes, I have a ball.	Yes, I have.
Has Steve a car?	Yes, Steve has a car.	Yes, he has.
Has Joan a dog?	Yes, Joan has a dog.	Yes, she has.
Has this table four legs?	Yes, this table has four legs.	Yes, it has.
Have we a book?	Yes, you have a book.	Yes, you have.
Have you a desk?	Yes, we have a desk.	Yes, we have.
Have they a house?	Yes, they have a house.	Yes, they have.

	Odpowiedzi przeczące	
długie	krótkie	
	formy zwykłe	formy ściągnięte
No, you have not a pear.	No, you have not.	No, you haven't [hæwnt].
No, I have not a ball.	No, I have not.	No, I haven't.
No, Steve has not a car.	No, he has not.	No, he hasn't [hæznt].
No, Joan has not a dog.	No, she has not.	No, she hasn't.
No, this table has not four legs.	No, it has not.	No, it hasn't.
No, you have not a book.	No, you have not.	No, you haven't.
No, we have not a desk.	No, we have not.	No, we haven't.
No, they have not a house.	No, they have not.	No, they haven't.

Przypominamy! W mowie potocznej najczęściej udzielamy odpowiedzi krótkich.

• **PYTANIA Is there ...?, Are there ...?**

W pytaniach konstrukcję **there is ...**, **there are ...** zamieniamy na: **Is there?** *Czy jest?*, *Czy się znajduje?*, **Are there?** *Czy są?*, *Czy się znajdują?*, np.

There is a cupboard in the room. – Is there a cupboard in the room?
W pokoju jest szafa. – Czy w pokoju jest szafa?
There are two cups on the table. – Are there two cups on the table?
Na stole są dwie filiżanki. – Czy na stole są dwie filiżanki?

Is there a pear on the plate?	**Yes, there is.**
	No, there is not.
	No, there isn't.
Are there big trees in the garden?	**Yes, there are.**
	No, there are not.
	No, there aren't.

● **PRZEDIMEK the** – cd.

Przedimek **the** przed nazwiskiem w lm wskazuje, że chodzi o rodzinę, np. **the Johnsons** (*państwo*) *Johnsonowie*.

● **PRZYIMKI**

Przyimki w języku angielskim wymagają szczególnej uwagi. Są to krótkie wyrazy, jak: **in, on, under, near** itd., stawiane przy rzeczownikach, zaimkach, przymiotnikach i czasownikach, określające ich stosunek do innych wyrazów w zdaniu. Występując po czasownikach, nadają im różne znaczenia (zob. lekcja 17 i lekcja 25).

in w (czymś *lub* kimś)

Rick and Joan are in the garden.
Rick i Joan są w ogrodzie.
Rick has a big ball in his hands.
Rick ma dużą piłkę w rękach.
Is there a table in the room?
Czy w pokoju jest stół?

on na (czymś *lub* kimś)

On the table there is a jug and two cups.
Na stole jest dzbanek i dwie filiżanki.
There are four apples on the plate.
Na talerzu są cztery jabłka.

under pod (czymś *lub* kimś)

Under a tree there is a small table and two chairs.
Pod drzewem znajduje się stolik i dwa krzesła.
Binkie is under the table.
Binkie jest pod stołem.

ĆWICZENIA

① Ćwicz na głos:

There's { a window / a door / a floor }
There are { four walls / four corners / three armchairs } in the room.

② Zamień na formę pytającą:

1. There's a lamp on my table. 2. There are two boys in the room. 3. There's a big tree in the garden. 4. There are seven apples on the plate.

③ Zamień na formę pytającą i przeczącą:

1. I have a red apple. 2. Steve has a blue car. 3. We have five pears. 4. Joan has a black poodle. 5. They have a nice room. 6. Steve and Margaret have a beautiful garden.

④ Przeczytaj tekst lekcji jeszcze raz bardzo uważnie i wstaw brakujące wyrazy (nie zaglądając do tekstu):

1. There are big ... and ... flowers in the garden. 2. Under a tree there is a ... table and two ... 3. On the table ... a plate, a ... and two ... 4. There are four ... and three ... on the plate. 5. What colour are they? The apples are ... and the pears are ... 6. Binkie's (= Binkie is) as ... as ...

⑤ Wstaw odpowiednią formę czasownika **to be** lub **to have** – **am, is, are, have** lub **has**:

1. Phil ... English. 2. Andy ... two friends. 3. I ... a black poodle. 4. My dog ... as black as coal. 5. We ... two sons and three daughters. We ... very happy. 6. Rick and Joan ... in the garden. 7. They ... seven beautiful roses. 8. My car ... red.

⑥ Wstaw **in, on** lub **under**:

1. There's a lamp ... the table. 2. I have a desk ... my room. 3. A plate is ... the table and a dog is ... the table. 4. There are four apples ... the plate. 5. Have you a cupboard ... your room?

⑦ Przetłumacz (pamiętaj o stosowaniu form ściągniętych):

1. Państwo Johnsonowie mają niebieski samochód. 2. Czy ty także masz samochód (*dosł.* samochód także)? 3. Pod drzewem znajduje się wygodny fotel. 4. Ta róża jest piękna. 5. Na stole jest (= znajduje się) tylko jeden dzbanek. 6. Jakiego koloru jest dzbanek? 7. On jest zielony.

8 LESSON EIGHT
THE EIGHTH LESSON

- **CZAS TERAŹNIEJSZY CIĄGŁY** *PRESENT CONTINUOUS TENSE*
  CZASOWNIK to read – FORMA TWIERDZĄCA, PYTAJĄCA I PRZECZĄCA
- **ODPOWIEDZI TWIERDZĄCE I PRZECZĄCE** (DŁUGIE I KRÓTKIE; FORMY ŚCIĄGNIĘTE)
- **CZASOWNIKI W BEZOKOLICZNIKU A CZASOWNIKI W CZASIE CIĄGŁYM**
- **ZAIMKI DZIERŻAWCZE PRZYMIOTNE**

📖 THE JOHNSONS IN THE GARDEN 🎧

It is Saturday. The day is fine. The sun is shining and the sky is blue. The Johnsons are in the garden. Margaret is sitting on a chair and reading a book. Andy and Sue are sitting at the table, under a tree. They are having tea and talking. Sue is Andy's girlfriend. She is a pretty girl. Steve is not sitting at the table, he is digging the garden. He has a big spade in his hands. Rick is helping his father. Is Joan helping her father, too? No, she is not. She is playing with a ball. What is Binkie doing? Binkie is lying on the grass and sleeping.

– What are you doing, Rick?
– I'm helping my father.
– Oh, you're a good boy.

– Who's playing with a ball?
– Joan.
– Is Binkie playing, too?
– No, he's lying on the grass.

– Is Andy digging the garden?
– No, he isn't. He's sitting under
a tree and talking with Sue.
– And what's Margaret doing?
– She's reading a book.

SŁOWNICZEK

at [ət] przy; w
day [dej] dzień
dig [dyg] kopać (*np. dół*)
do [du:] czynić, robić
eight [ejt] osiem
eighth [ejtθ] ósmy
family ['fæmyly] rodzina
fine [fɑjn] piękny
girlfriend ['gə:lfrend] sympatia, dziewczyna
grass [grɑ:s] trawa
help [help] pomagać
her [hə] jej
lie [lɑj] leżeć
oh [ou] o!, ach!, och!

play [plej] bawić się; grać
read [ri:d] czytać
Saturday ['sætədej] *lub* ['sætədy]
sobota
shine [szɑjn] świecić
sit [syt] siedzieć
sky [skɑj] niebo
sleep [sli:p] spać
spade [spejd] łopata
Sue [su:] *imię żeńskie*
sun [sɑn] słońce
talk [to:k] rozmawiać
tea [ti:] herbata
with [ᵘyð] z (kimś *lub* czymś)

WYBRANE ZWROTY

at the table przy stole
to have tea pić herbatę

OBJAŚNIENIA FONETYCZNE

Literę **y** wymawiamy [y] lub [ɑj], np. **family** ['fæmyly], **sky** [skɑj].
W wyrazach **tea** i **read** litery **ea** wymawiamy [i:].
Należy zwrócić uwagę na wymowę wyrazów **day** i **Saturday**. Pierwszy wymawiamy [dej], a drugi ['sætədej] lub ['sætədy].
W wyrazie **talk** [to:k] nie wymawiamy [l].

GRAMATYKA

• CZAS TERAŹNIEJSZY CIĄGŁY *PRESENT CONTINUOUS TENSE*

Czas teraźniejszy ciągły tworzymy za pomocą formy osobowej czasownika posiłkowego **to be** i czasownika głównego z końcówką **-ing**. Używamy go dla wyrażenia czynności odbywającej się w danej chwili.

CZASOWNIK to read

FORMA TWIERDZĄCA

I am reading	(ja właśnie teraz) czytam,
[ɑj əm 'ri:dyŋ]	(ja) jestem w trakcie czytania
you are reading	(ty) czytasz
he is reading	(on) czyta
she is reading	(ona) czyta
we are reading	(my) czytamy
you are reading	(wy) czytacie
they are reading	(oni, one) czytają

FORMA PYTAJĄCA

Am I reading?	Czy (ja) czytam?
Are you reading?	Czy (ty) czytasz?
Is he reading?	Czy (on) czyta? *itd.*

FORMA PRZECZĄCA

I am not reading	(ja) nie czytam
you are not reading	(ty) nie czytasz, (wy) nie czytacie
he is not reading	(on) nie czyta *itd.*

Podmiot	Czasownik **to be**	Czasownik główny z końcówką **-ing**
I	am	reading.
You	are	helping.
Steve	is	sleeping.
They	are	playing.

• **ODPOWIEDZI TWIERDZĄCE I PRZECZĄCE** (DŁUGIE I KRÓTKIE; FORMY ŚCIĄGNIĘTE)

Pytania	Odpowiedzi twierdzące		krótkie
	długie		
	formy zwykłe	formy ściągnięte	
Are you digging the garden? Is Sue talking with Andy?	Yes, I am digging the garden. Yes, she is talking with Andy.	Yes, I'm digging the garden. Yes, she's talking with Andy.	Yes, I am. Yes, she is. *itd.*

Przypominamy! W odpowiedziach twierdzących krótkich nie stosujemy form ściągniętych.

Pytania	Odpowiedzi przeczące długie	
	formy zwykłe	formy ściągnięte
Are you talking? Is Binkie sleeping?	No, I am not talking. No, Binkie is not sleeping.	No, I'm not talking. No, Binkie isn't sleeping. No, Binkie's not sleeping. *itd.*

Pytania	Odpowiedzi przeczące krótkie	
	formy zwykłe	formy ściągnięte
Are you talking? Is Binkie sleeping?	No, I am not. No, he is not.	No, I'm not. No, he isn't. No, he's not. *itd.*

Przypominamy! W mowie potocznej najczęściej udzielamy odpowiedzi krótkich.

• **CZASOWNIKI W BEZOKOLICZNIKU A CZASOWNIKI W CZASIE CIĄGŁYM**

to do	czynić, robić	**I am doing**	(właśnie) robię	
to help	pomagać	**I am helping**	–"–	pomagam

to read	czytać	I am reading	(właśnie)	czytam
to lie	leżeć	I am lying	-"-	leżę
to sleep	spać	I am sleeping	-"-	śpię
to play	bawić się	I am playing	-"-	bawię się
to talk	rozmawiać	I am talking	-"-	rozmawiam
to dig	kopać (dół)	I am digging	-"-	kopię
to sit	siedzieć	I am sitting	-"-	siedzę

Uwaga! Jeżeli czasownik jednosylabowy jest zakończony na spółgłoskę poprzedzoną pojedynczą samogłoską (jedna litera), wówczas dodając końcówkę **-ing**, podwajamy tę spółgłoskę, np. **dig** – **digging**; **sit** – **sitting**.

Dodając końcówkę **-ing** do czasownika **lie**, zamieniamy **i** na **y** oraz opuszczamy literę **e**: **lying**.

• ZAIMKI DZIERŻAWCZE PRZYMIOTNE

my [mɑj]	mój, moja, moje
your [jo:]	twój, twoja, twoje
	wasz, wasza, wasze
his [hyz]	jego
her [hə:]	jej
its [yts]	jego
our [ɑuə]	nasz, nasza, nasze
their [ðeə]	ich

Należy pamiętać, że w języku angielskim występuje rodzaj naturalny. Stąd też zaimek dzierżawczy **its** odnoszący się do przedmiotów i zwierząt może być przetłumaczony na polski jako *jego* lub *jej*, np. **its leg** *jego noga, jej noga*.

I have a desk. My desk is (= desk's) brown.
Mam biurko. Moje biurko jest brązowe.
You have a pear. Your pear is (= pear's) yellow.
Ty masz gruszkę. Twoja gruszka jest żółta.
Steve (= He) has a spade. His spade is (= spade's) big.
Steve (= On) ma łopatę. Jego łopata jest duża.
She has a daughter. Her daughter is (= daughter's) pretty.
Ona ma córkę. Jej córka jest ładna.
This room (= It) is nice. Its walls are blue.
Ten pokój (= On) jest ładny. Jego ściany są niebieskie.
We have two roses. Our roses are red.
Mamy dwie róże. Nasze róże są czerwone.

You have a dog. Your dog is (= dog's) small.
Macie psa. Wasz pies jest mały.
They have a car. Their car is (= car's) black.
Oni mają samochód. Ich samochód jest czarny.

Przypominamy! W mowie potocznej często stosujemy formy ściągnięte, np. **Their car's black.**

Uwaga! Zaimki dzierżawcze przymiotne w języku angielskim są nieodmienne, np. **my** *mój, moja, moje, mojego, moim* itp. Są one zawsze używane w połączeniu z rzeczownikiem, np. **my table** *mój stół*; **his son** *jego syn*.

Przed rzeczownikiem nigdy nie stawiamy jednocześnie przedimka i zaimka dzierżawczego przymiotnego.

ĆWICZENIA

❶ Ćwicz na głos:

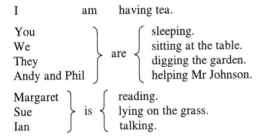

I   am   having tea.

You ⎱
We   ⎰ are ⎱ sleeping.
They   sitting at the table.
Andy and Phil   digging the garden.
          helping Mr Johnson.

Margaret ⎱
Sue   ⎰ is ⎱ reading.
Ian   lying on the grass.
       talking.

❷ Odpowiedz na pytania (pamiętaj o stosowaniu form ściągniętych):

1. Are the Johnson family in the garden? 2. Is the day fine? 3. Is the sun shining in the sky? 4. What's (= What is) Margaret doing? 5. Is Steve lying on the grass and sleeping? 6. What's he doing? 7. What has he in his hands? 8. Is Rick helping his father? 9. What's Joan doing? 10. Is Andy reading a book? 11. What's Andy doing?

❸ Zamień na formę pytającą i przeczącą ('s oznacza tutaj formę ściągniętą od **is**):

1. The sky's (= The sky is) blue. 2. The day's fine. 3. Joan's helping her mother. 4. Binkie's playing in the garden. 5. Andy and Sue are having tea. 6. Rick's sitting on the grass.

❹ Zamień na liczbę mnogą ('s oznacza tutaj formę ściągniętą od **is**):

1. The boy's (= The boy is) reading a book. 2. The woman's sitting at the table. 3. A man's digging the garden. 4. I'm lying on the grass. 5. She's having tea.

⑤ Wstaw właściwy zaimek dzierżawczy przymiotny (**my, your** itd.):

1. We have a garden, ... garden is big. 2. Steve and Margaret have a daughter, ... daughter is pretty. 3. I have a red pencil, ... pencil is long. 4. He has a bed in ... room. 5. You have a dog, is ... dog yellow? 6. Has she a cup in ... hand?

⑥ Napisz (zgodnie z tekstem), co robią:

1. Margaret 2. Steve 3. Andy and Sue 4. Rick 5. Joan 6. Binkie

⑦ Przetłumacz (pamiętaj o stosowaniu form ściągniętych):

1. Państwo Johnsonowie siedzą przy stole i piją herbatę. 2. Czy Andy rozmawia ze swoją sympatią? 3. Tak, oni siedzą pod drzewem i rozmawiają. 4. Margaret pomaga swojemu mężowi. 5. Binkie nie bawi się piłką. 6. Czy Rick leży na trawie? 7. Czy ty czytasz książkę? 8. Czy Steve kopie w ogrodzie? 9. My nie siedzimy na trawie.

⑧ Przeczytaj kilkakrotnie na głos: 🎧

[ej] they, table, spade, day, play
[aj] I, lie, five, shine
[a] under, cup, jug, sun, son

- ZAIMKI NIEOKREŚLONE some, any
- RZECZOWNIKI – DRUGI PRZYPADEK
- PRZYSŁÓWEK either

MRS JOHNSON IS LAYING THE TABLE

This is the dining room. Mrs Johnson is laying the table for dinner. Joan is helping her mother. Her mother is putting plates, spoons, forks and knives on the table. Joan is carrying a plate. There are some apples and pears on it. The family are sitting at the table and having dinner.

This is the kitchen and this is the stove. The sink is near the stove. Mr Johnson is standing near the sink. He is washing the dirty plates. The kitchen is clean and nice. In the middle of the kitchen there is a table. What is on the table? There are some eggs in a bowl, a loaf of bread, a jug of milk, butter and a sugar bowl. Are there any cups on the table? No, there are not any cups on the table, they are in the cupboard.

Mrs Johnson: Are there any eggs in the kitchen, Joan?

Joan: Yes, Mum, there are some eggs in the bowl on the table.

Mrs Johnson: Are there any clean plates on the table?

Joan: No, there aren't. I'm afraid there aren't any clean cups, either. Dad's washing the dirty plates and cups.

Mrs Johnson: Oh, Steve, hurry up!

Mr Johnson: Steady, steady. I have only two hands.

Mrs Johnson: Of course, you have.

Rick: Dad has only two hands, Mum.

Mr Johnson: But I have a good idea. You have two hands, Margaret, and Joan has two hands, you together have four hands. Please, come here and wash these dirty plates and cups.

Sue: Are there any trees in the garden, Andy?
Andy: Yes, there are. There are some flowers, too.
Sue: Are there any apples on this tree?
Andy: No, there aren't. And I'm afraid there aren't any apples on that
tree, either.

SŁOWNICZEK

any ['eny] jakiś, jakikolwiek, żaden
both [bouθ] obaj, obie
bowl [boul] miska
bread [bred] chleb
but [bʌt] ale, lecz
butter ['bʌtə] masło
carry ['kæry] nieść
clean [kli:n] czysty
come [kʌm] przyjść
dad [dæd] tata
dining room ['dajnyŋ ru:m] jadalnia
dinner ['dynə] obiad
dirty ['də:ty] brudny
eat [i:t] jeść
egg [eg] jajko
either ['ajðə] zob. GRAMATYKA
for [fə] do; dla; na
fork [fo:k] widelec
here [hiə] tutaj

hurry ['hary] śpieszyć się
idea [aj'diə] pomysł
kitchen ['kyczən] kuchnia
knife [najf] nóż
knives [najwz] noże
loaf [louf] bochenek
middle [mydl] środek
milk [mylk] mleko
mum [mʌm] mama
put [put] kłaść
sink [syŋk] zlew
some [sʌm] kilka, trochę, niektórzy
spoon [spu:n] łyżka
stand [stænd] stać
stove [stouw] piec; kuchenka gazowa
sugar ['szugə] cukier
sugar bowl ['szugə boul] cukierniczka
wash [ᵘosz] myć (się); prać

WYBRANE ZWROTY

She is laying the table for dinner. Ona nakrywa (stół) do obiadu.
the family are sitting rodzina siedzi (*gdy mówimy o członkach rodziny razem*)
the family is rodzina jest (*gdy mówimy o rodzinie jako o jednostce*)
in the middle w środku, na środku
a loaf of bread bochenek chleba
I'm afraid ... [ə'frejd] Obawiam się ...
Dad's [dædz] **washing ...** = **Dad is washing ...**
Hurry up! Pośpiesz się!
Steady! ['stedy] Spokojnie!
I have a good idea. Mam dobry pomysł.
please [pli:z] proszę

OBJAŚNIENIA FONETYCZNE

W wyrazie **knife** nie wymawiamy litery **k** – [najf].
W wyrazie **spoon** podwójne **o** wymawiamy [u:] – [spu:n].

GRAMATYKA

- **ZAIMKI NIEOKREŚLONE some, any**

Some [sam] *kilka, trochę, jakiś, któryś, niektórzy* – używamy w zdaniach twierdzących.
Any ['eny] *jakiś, jakikolwiek, żaden* – używamy w pytaniach i zdaniach przeczących.

There are some pencils on the table.
Na stole jest kilka ołówków.
We have some chairs in our room.
Mamy kilka krzeseł w naszym pokoju.
She has some beautiful roses.
Ona ma kilka pięknych róż.
Are there any clothes in the cupboard?
Czy w szafie są (jakieś) ubrania?
Have you any pictures in your room?
Czy masz jakieś obrazy w swoim (*dosł.* twoim) pokoju?
Has he any dogs in the house?
Czy on ma jakieś psy w domu?
There aren't any pictures in the book.
W książce nie ma (żadnych) obrazków.
We haven't any clean cups in the kitchen.
Nie mamy (żadnych) czystych filiżanek w kuchni.
She hasn't any flowers on the table.
Ona nie ma (żadnych) kwiatów na stole.

- **RZECZOWNIKI – DRUGI PRZYPADEK**

Dopełniacz tworzymy za pomocą przyimka **of** postawionego przed rzeczownikiem, np.

a loaf of bread	bochenek chleba
a cup of tea	filiżanka herbaty
a jug of milk	dzbanek mleka
a picture of a woman	obraz kobiety (= przedstawiający kobietę)

Przypominamy, że przy rzeczownikach żywotnych, oznaczających ludzi i zwierzęta, stosujemy także inną formę, tzw. dopełniacz saksoński, o którym była mowa w lekcji 3. Można powiedzieć np. **the son of my friend** lub **my friend's son**, co w obu wypadkach oznacza: *syn mojego przyjaciela*.

● **PRZYSŁÓWEK** either

Either ['ɑjðə] w zdaniach przeczących oznacza *także*.

Andy hasn't any pencils, he hasn't any pens, either.
Andy nie ma ołówków, on nie ma także piór.
There aren't any forks on the table, there aren't any knives there, either.
Na stole nie ma widelców, nie ma tam także noży.

Either w znaczeniu *także* umieszczamy na końcu zdania.

Uwaga! **Too** w znaczeniu *także* nie jest stosowane w zdaniach przeczących.

ĆWICZENIA

❶ Ćwicz na głos:

Have you any { cups / plates / jugs } in your kitchen? { Yes, I have some. / No, I haven't any. / Yes, I have some. }

Has Margaret any { spoons / forks / knives } in her kitchen? { Yes, she has some. / No, she hasn't any. / Yes, she has some. }

❷ Odpowiedz na pytania (pamiętaj o stosowaniu form ściągniętych):

1. Is Margaret laying the table for dinner? 2. What's (= What is) she putting on the table? 3. What's Joan carrying? 4. What's on the plate? 5. Is Mr Johnson standing near the sink? 6. What's he doing? 7. Is the kitchen dirty? 8. Is there a table in the middle of the kitchen? 9. Are there any eggs on the table? 10. Is there a jug of milk in the kitchen? 11. Are there any clean cups on the table?

❸ Wstaw odpowiedni zaimek dzierżawczy przymiotny:

Przykład: Andy has a desk in ... room.
            Andy has a desk in his room.

1. Sue has a cup of tea in ... hands. 2. Steve has some clothes in ... cupboard. 3. The Johnsons have a son, ... name is Rick. 4. We have some beautiful roses in ... garden. 5. Have they any trees in ... garden? 6. I have three pictures in ... book.

④ Wstaw **some** lub **any**:

1. Are there ... spoons on the table? 2. There aren't ... knives in the kitchen. 3. There are ... women in the house. 4. Have you ... books on your desk? 5. We have ... roses in our garden. 6. Have they ... chairs in the dining room?

⑤ Wstaw odpowiedni czasownik: **helping, standing, washing, putting, laying, sitting.**

1. Mum is ... the table for dinner. 2. Joan is ... her mother. 3. Margaret is ... plates, spoons, forks and knives on the table. 4. The family are ... at the table. 5. Mr Johnson is ... near the sink. 6. He's ... the dirty plates.

⑥ Ćwicz na głos:

1. Rick hasn't any pictures in his book. Joan hasn't any pictures in her book, either. 2. I'm not English, you're not English, either. 3. You're not a student, Steve isn't a student, either. 4. Phil hasn't a car, we haven't a car, either.

⑦ Przetłumacz (pamiętaj o stosowaniu form ściągniętych):

1. Sue nakrywa (właśnie) stół do obiadu. 2. Joan pomaga swemu bratu. 3. One kładą noże i widelce koło talerzy. 4. Czy na stole są jakieś czyste filiżanki? 5. Obawiam się, że nie ma żadnych. 6. Oni nie mają żadnych obrazów w kuchni. My także nie mamy obrazów w naszej kuchni (*dosł.* my nie mamy żadnych obrazów w naszej kuchni także). 7. W jadalni nie ma (żadnych) łóżek. 8. Moje biurko stoi koło okna. 9. Rick siedzi na trawie pod drzewem.

10 LESSON TEN
THE TENTH LESSON

- CZAS TERAŹNIEJSZY PROSTY *SIMPLE PRESENT TENSE* – FORMA TWIERDZĄCA
- ZAIMKI NIEOKREŚLONE **some, any** – cd.

- What are you doing, Sue?
- I'm making some cakes.
  I often make cakes on Friday.

Andy and I are having tea.
We often have tea together.

Ellen and Ian are dancing.
They often dance together.

Andy is coming late.
He often comes late.

📖 SUE IS HAVING SOME FRIENDS

Sue lives in London. She has two rooms, a bathroom and a kitchen. Her bedroom is not large but it is very nice. Her bed is comfortable, a small table stands near the bed. There are some books on the table. When Sue is in bed, she often reads. She goes to bed late but she sleeps very well. Is she going to bed now? No, she is standing near a small table in her kitchen. She is wearing a pink dress and a nice white apron. She is making some cakes. She is having some friends today.

There is a bowl on the table, some flour in a small bag, some sugar in the sugar bowl and some eggs on a plate. Sue has butter and a spoon in her hands. She is putting some butter in the bowl. Sue often makes cakes and her friends say they are very good.

There is a knock at the door. Ellen, Phil and Ian are coming. Where is Andy? Oh, Andy often comes late. He laughs and says: "Better late than never".

Better late than never

Ellen: Sue, are you in the kitchen?
Sue: Yes, I am.
Ellen: Are you making tea?
Sue: No, I'm not. I'm making sandwiches.
Ellen: Is Andy there?
Sue: Yes, he is.
Ellen: What's he doing?
Sue: He's talking and washing the dirty plates.

- Is there any sugar in the sugar bowl?
- Yes, there is, but there isn't any butter on the plate.
- Is there any milk in the cup?
- No, there isn't any in the cup, but there's some in the jug.

SŁOWNICZEK

apron [ejprn] fartuszek
bag [bæg] torba, worek
bathroom ['bɑ:θru:m] łazienka

bedroom ['bedru:m] sypialnia
better ['betə] lepiej
cake [kejk] ciastko, ciasto

dance [dɑ:ns] tańczyć; taniec
dress [dres] suknia, sukienka
Ellen ['elən] *imię żeńskie*
flour ['flauə] mąka
Friday ['frɑjdej] *lub* ['frɑjdy] piątek
go [gou] iść; jechać
home [houm] dom rodzinny
knock [nok] pukanie
knock at ['nok ət] pukać do
late [lejt] późno
laugh [lɑ:f] śmiać się
live [lyw] mieszkać; żyć
London ['landən] Londyn
make [mejk] robić; produkować

never ['newə] nigdy
now [nau] teraz
often [ofn] często
pink [pyŋk] różowy
sandwich ['sænᵘydż] kanapka
say [sej] mówić, rzec
than [ðən] niż, aniżeli
to [tə] do
today [tə'dej] dzisiaj
together [tə'geðə] razem
wear [ᵘeə] nosić (na sobie)
when [ᵘen] kiedy
where [ᵘeə] gdzie
white [ᵘɑjt] biały

WYBRANE ZWROTY

on Friday w piątek
Sue is having some friends. Sue przyjmuje gości (= przyjaciół).
at home w domu
to go to bed iść spać (= iść do łóżka)
in bed w łóżku
to make cakes piec (= robić) ciastka

OBJAŚNIENIA FONETYCZNE

Literę c czytamy [s] lub [k], np. dance [dɑ:ns], cake [kejk].
Wyrazy flower *kwiat* i flour *mąka* wymawiamy jednakowo ['flauə].
Należy zwrócić uwagę na wymowę długiego [ɑ:] w wyrazie laugh [lɑ:f].

Wymów kilkakrotnie na głos:
[ej] apron [ejprn], cake [kejk], late [lejt], make [mejk], say [sej],
     today [tə'dej]
[eə] where [ᵘeə], wear [ᵘeə]
[æ] bag [bæg], have [hæw], man [mæn]

GRAMATYKA

● CZAS TERAŹNIEJSZY PROSTY *SIMPLE PRESENT TENSE*

Czas teraźniejszy prosty różni się od czasu teraźniejszego ciągłego tym, że
wyraża on stan, w którym się znajdujemy, lub czynność powtarzaną często
albo też taką, której wykonywanie należy do naszych zwyczajów, np.

She lives in London.
Ona mieszka w Londynie. (*w ogóle, zwykle*)
I often go to bed late.
Często chodzę spać późno. (*mam taki zwyczaj*)

Przypominamy, że czas teraźniejszy ciągły mówi o czynności, która trwa w chwili obecnej, np.

Sue's making sandwiches.
Sue (*właśnie teraz*) robi kanapki.
Are you going to bed?
Czy idziesz spać (*właśnie teraz*)?

FORMA TWIERDZĄCA

Czas teraźniejszy prosty czasowników tworzymy za pomocą bezokolicznika bez wyrazu **to**. Pierwsza i druga osoba liczby pojedynczej i wszystkie osoby liczby mnogiej są jednakowe, a więc:

I sleep well.	Ja śpię (= sypiam) dobrze. (= Zwykle śpię dobrze.)
You sleep well.	Ty śpisz (= sypiasz) dobrze.
We sleep well.	My śpimy (= sypiamy) dobrze.
You sleep well.	Wy śpicie (= sypiacie) dobrze.
They sleep well.	Oni śpią (= sypiają) dobrze.

I often read in bed. Często czytam w łóżku.
You often go to bed late. Często chodzisz późno spać.
We often sleep well. Zazwyczaj śpimy dobrze.
They often talk. Oni często rozmawiają.

W 3. os. lp do czasownika dodajemy końcówkę **-s**, a więc:

He sleeps well.	On śpi (= sypia) dobrze.
She sleeps well.	Ona śpi (= sypia) dobrze.

He often reads in bed. On często czyta w łóżku.
Sue often sleeps well. Sue zazwyczaj śpi dobrze.
Andy often talks. Andy często rozmawia.

Końcówkę **-s** wymawiamy [z] w czasownikach zakończonych na samogłoskę lub spółgłoskę dźwięczną, np. **he reads** [ri:dz], **she digs** [dygz], **it stands** [stændz] – [dz] wymawiamy dźwięcznie, każdą głoskę osobno.
Końcówkę **-s** wymawiamy [s] w czasownikach zakończonych na spółgłoskę bezdźwięczną, np. **he sleeps** [sli:ps], **he talks** [to:ks].

Czasowniki zakończone na spółgłoski syczące [s, z, sz, ż, cz, dż] przyjmują w 3. os. lp końcówkę **-es**, wymawianą [yz], np.

he washes ['ᵘoszyz]   on myje

Czasowniki **do, go** przybierają w 3. os. lp także końcówkę **-es** (a nie **-s**), wymawianą [z]:

he does [dɑz]   on robi
he goes [gouz]   on idzie

Przypominamy! W zdaniach zawsze stawiamy zaimki osobowe.
3. os. lp ma końcówkę **-s** lub **-es**.

- **ZAIMKI NIEOKREŚLONE some, any** – cd.

Rzeczowniki niepoliczalne, np. **milk** *mleko,* **tea** *herbata,* **butter** *masło,* **sugar** *cukier* itp., występują przeważnie w liczbie pojedynczej. Nie stawiamy przed nimi przedimka nieokreślonego **a**, często jednak stawiamy zaimek nieokreślony **some** albo **any**, np. **some milk** *jakieś mleko, trochę mleka,* **any sugar** *jakiś cukier, trochę cukru.*

There's some butter/flour/bread/sugar in the kitchen.
Is there any tea/milk/butter in the house?
There is not (= isn't) any bread/butter/tea in the cupboard.

ĆWICZENIA

❶ Odpowiedz na pytania (pamiętaj o stosowaniu form ściągniętych):

1. Where is Sue? 2. Is she standing near a table? 3. What's on the table? 4. What's on the plate? 5. What's in the small bag? 6. What has Sue in her hands? 7. What's she putting in the bowl?

❷ Zamień na liczbę mnogą:

1. I'm reading a book. 2. He sleeps well. 3. He sits on a chair. 4. This table is (= table's) brown. 5. That spoon is (= spoon's) dirty. 6. She has a pink apron.

❸ Wstaw odpowiednią formę podanego czasownika:

1. We ... to bed late (goes, go). 2. I often ... apples (eat, eats). 3. He ... very well

(dance, dances). 4. She ... cakes in the kitchen (make, makes). 5. They ... in a big house (live, lives). 6. The table ... near the door (stand, stands).

④ Wstaw **is** lub **are**:

1. There ... some milk in the jug. 2. There ... some cups in the cupboard. 3. ... there any flour in that bag? 4. ... there any apples in the garden? 5. ... there any flowers in your bedroom?

⑤ Zamień na formę pytającą i przeczącą (pamiętaj o stosowaniu form ściągniętych):

1. There's some flour in the bowl. 2. There are some flowers in the garden. 3. There's some tea in the cup. 4. There are some cakes on the plate. 5. They have some beautiful dresses. 6. He has some books on his desk. 7. There are some clean spoons on the table.

⑥ Przeczytaj uważnie tekst i wstaw brakujące wyrazy:

1. Sue ... in London. 2. Her ... is not large but it is very ... 3. When she is in bed she often ... 4. She ... to bed late but she ... very well. 5. Sue ... near a small table in her ... 6. She ... a pink dress and a nice white ... 7. She is making some ... 8. Sue has ... and a spoon in her hands. 9. She ... some butter in the ...

⑦ Przetłumacz (pamiętaj o stosowaniu form ściągniętych):

1. Czy ty (właśnie teraz) czytasz książkę? 2. My często siedzimy w ogrodzie. 3. Rick (właśnie) leży na trawie. 4. Sue i Andy często tańczą razem. 5. Oni (właśnie teraz) tańczą. 6. Steve chodzi spać (*dosł.* do łóżka) późno. 7. Ale on śpi bardzo dobrze. 8. Margaret (właśnie) robi ciastka. 9. Czy w cukierniczce jest cukier? 10. Mamy trochę mąki w torebce (*dosł.* małej torbie).

11 LESSON ELEVEN
THE ELEVENTH LESSON

- CZAS TERAŹNIEJSZY PROSTY *SIMPLE PRESENT TENSE* – FORMA PYTAJĄCA I PRZECZĄCA
- ODPOWIEDZI TWIERDZĄCE I PRZECZĄCE (DŁUGIE I KRÓTKIE)
- CZASOWNIKI – TRZECIA OSOBA LICZBY POJEDYNCZEJ – WYMOWA KOŃCÓWEK

📖 SOME CONVERSATIONS

– Who's that tall man over there?
– That? It's Steve Johnson, my
  neighbour.
– And who's that pretty woman?
– It's his wife, Margaret. They
  live in that big house with
  a garden.

– Have you a dog, Rick?
– No, I haven't, but my sister has.
– Is her dog white?
– No, Binkie's black. He's as black as coal.

– Is Margaret in the dining room?
– Yes, she is.
– What's she doing?
– She's laying the table for dinner.
– Is Joan helping her?
– No, she isn't. She's washing her
  hands in the bathroom.

– What colour is your new dress, Sue?
– It's blue.
– Do you like blue dresses?
– Yes, I do. And I like pink dresses, too.

- Where is Steve?
- He's in the garden.
- Is he digging the garden?
- No, he isn't. He often digs the garden but he doesn't do it every day.

- Where does Binkie sleep?
- He usually sleeps in Joan's room.
- Does he sleep in the dining room, too?
- Oh yes, sometimes he does.
- Where is he now?
- He's in my bedroom.
- Is he lying under your bed?
- No, he isn't.
- Is he on your bed?
- No, he isn't on my bed, either. He's sitting in my armchair.

SŁOWNICZEK

blue [blu:] niebieski
conversation [ˌkonwəˈsejszn] rozmowa
eleven [yˈlewn] jedenaście
every [ˈewry] każdy
like [lajk] lubić
neighbour [ˈnejbə] sąsiad, sąsiadka

new [nju:] nowy
over [ˈouwə] ponad
sometimes [ˈsamtajmz] czasami, niekiedy
usual [ˈju:żuəl] zwykły
usually [ˈju:żuəly] zwykle, zazwyczaj

WYBRANE ZWROTY

over there tam
Binkie's [ˈbynkyz] black = Binkie is black
every day codziennie (dosł. każdego dnia)
bread and butter chleb z masłem

OBJAŚNIENIA FONETYCZNE

Należy pamiętać:

a) o łączeniu wyrazów w grupy, np. **it is** czyta się jak jeden wyraz [yt‿'yz];

b) o akcentowaniu najważniejszych wyrazów w zdaniu, np. **My pen is not blue.**
[mɑj 'pen yz 'not 'blu:];

c) o długich samogłoskach, np.

[ɑ:] **large, father, Margaret, garden, car, grass, bathroom, dance**;
[i:] **green, tea, tree, clean, read, three, teacher, sleep**;
[ə:] **first, girl, third**;
[o:] **tall, floor, door, short, talk, small, wall, ball, corner, daughter**;
[u:] **who, blue, do, new, too, two, spoon**;

d) o niewymawianiu końcowego **r** lub **re**, np. **your** [jo:], **where** [ᵘeə], **floor** [flo:], **chair** [czeə]. Jeśli jednak następny wyraz rozpoczyna się od samogłoski, to **r** końcowe wymawiamy, np. **where is** ... [ᵘeər yz], **the chair is** ... [ðə 'czeər yz];

e) o stosowaniu form ściągniętych, np. **it is** w mowie potocznej **it's** – wymawiamy [yts]. Także **it is not** skracamy do **it isn't** [yt 'yznt] lub **it's not** [yts 'not].

GRAMATYKA

● **CZAS TERAŹNIEJSZY PROSTY** *SIMPLE PRESENT TENSE*

FORMA PYTAJĄCA

Do I read?	Czy (ja) czytam?
Do you read?	Czy (ty) czytasz? Czy (wy) czytacie?
Do we read?	Czy (my) czytamy?
Do they read?	Czy (oni, one) czytają?
Does he read?	Czy (on) czyta?
Does she read?	Czy (ona) czyta?

Kiedy zadajemy komuś pytanie po polsku, zaczynamy zdanie:

a) albo od wyrazu *czy* w pytaniach ogólnych, tj. takich, na które należy odpowiedzieć *tak* lub *nie*, np. *Czy twój brat wrócił do domu?*, *Czy masz dużo książek?*

b) albo od zaimków i przysłówków pytających w pytaniach szczegóło-
wych, na które odpowiemy inaczej niż *tak* lub *nie*, np. *Kto był u was?,
Kiedy widziałeś ten film?*

W języku polskim szyk wyrazów w pytaniu może być różny. Podmiot
może stać przed orzeczeniem lub po nim, np. *Czy twój brat wrócił do
domu?, Czy wrócił twój brat do domu?* W języku angielskim szyk wyrazów w zdaniu pytającym jest stały.

Wiemy już, że formę pytającą zdań z czasownikami **to have** i **to be**
tworzymy przez przestawienie wyrazów w zdaniu: orzeczenie stawiamy przed podmiotem, np.

The bed is long. – **Is the bed long?**
Łóżko jest długie. – Czy łóżko jest długie?
He has a book. – **Has he a book?**
On ma książkę. – Czy on ma książkę?

W odniesieniu do czasowników głównych (regularnych i nieregularnych) formę pytającą czasu teraźniejszego tworzymy za pomocą czasownika **do**, stawiając go w odpowiedniej osobie przed podmiotem.
Czasownik główny stoi w formie bezokolicznika bez wyrazu **to**, czyli
występuje bez żadnych końcówek, np. **read, sleep, stand**.

You read in bed. – **Do you read in bed?**
Czytasz w łóżku. – Czy czytasz w łóżku?
You sleep well. – **Do you sleep well?**
Sypiasz dobrze. – Czy dobrze sypiasz?

Do I read in bed? Czy czytam w łóżku?
Do you like apples? Czy lubisz jabłka?
Do we wash the car? Czy myjemy samochód?
Do they sleep well? Czy oni dobrze śpią?

W pytaniach w 3. os. lp musimy użyć czasownika **do** również w 3. os. lp,
a więc **does**.

He reads books.	**Does he read books?**
On czyta książki.	Czy on czyta książki?
The table stands near the window.	**Does the table stand near the window?**
Stół stoi blisko okna.	Czy stół stoi blisko okna?

Does Andy often come late? Czy Andy często się spóźnia?
Does Binkie sleep in the armchair? Czy Binkie śpi w fotelu?
Does Sue often make cakes? Czy ona często piecze ciastka?
Does he like bread and butter? Czy on lubi chleb z masłem?

Uwaga! Należy pamiętać, że w powyższych przykładach **do** jest czasownikiem posiłkowym, a nie partykułą pytającą jak polskie *czy*.

W pytaniach zaczynających się od **Who** i **What** nie stosujemy czasownika **do**, jeżeli pytamy o podmiot. Będzie o tym mowa w lekcji 34.

FORMA PRZECZĄCA

I do not read (= **I don't** [dount] **read**)	(ja) nie czytam
you do not read (= **you don't read**)	(ty) nie czytasz
we do not read (= **we don't read**)	(my) nie czytamy
you do not read (= **you don't read**)	(wy) nie czytacie
they do not read (= **they don't read**)	(oni, one) nie czytają
he does not read (= **he doesn't** [dʌznt] **read**)	(on) nie czyta
she does not read (= **she doesn't read**)	(ona) nie czyta

Formę przeczącą czasu teraźniejszego prostego tworzymy za pomocą czasownika **do** (a nie samego przeczenia **not**). Czasownik główny występuje w bezokoliczniku bez wyrazu **to**, np. **read**, a czasownik **do** odmienia się przez osoby, a więc w 3. os. lp przybiera formę **does**.

W mowie potocznej formy **do not** skracamy do **don't** wymawianego [dount] i **does not** – do **doesn't** wymawianego [dʌznt], np.

Ellen and her friend don't (= **do not**) **live in London.**
Ellen i jej przyjaciele nie mieszkają w Londynie.
He doesn't (= **does not**) **sleep well.**
On nie sypia dobrze.

I don't read in bed. Nie czytam w łóżku.
You don't like apples. Nie lubisz jabłek.
We don't wash the car. Nie myjemy samochodu.
You don't like cakes. Wy nie lubicie ciastek.
They don't sleep well. Oni nie śpią dobrze.

He doesn't come late. On się nie spóźnia.
She doesn't like apples. Ona nie lubi jabłek.

- **ODPOWIEDZI TWIERDZĄCE I PRZECZĄCE** (DŁUGIE I KRÓTKIE)

Pytania	Odpowiedzi długie	Odpowiedzi krótkie
Do I dance well?	Yes, you dance well.	Yes, you do.
	No, you don't dance well.	No, you don't.
Do you like milk?	Yes, I/we like milk.	Yes, I/we do.
	No, I/we don't like milk.	No, I/we don't.
Do we read books?	Yes, you read books.	Yes, you do.
	No, you don't read books.	No, you don't.
Do they sleep well?	Yes, they sleep well.	Yes, they do.
	No, they don't sleep well.	No, they don't.
Does he eat dinner late?	Yes, he eats dinner late.	Yes, he does.
	No, he doesn't eat dinner late.	No, he doesn't.
Does she like roses?	Yes, she likes roses.	Yes, she does.
	No, she doesn't like roses.	No, she doesn't.
Does your bed stand near the window?	Yes, my bed stands near the window.	Yes, it does.
	No, my bed doesn't stand near the window.	No, it doesn't.

Uwaga! W mowie potocznej najczęściej udzielamy odpowiedzi krótkich.

- **CZASOWNIKI – TRZECIA OSOBA LICZBY POJEDYNCZEJ – WYMOWA KOŃCÓWEK**

Jeśli czasownik kończy się na spółgłoskę dźwięczną lub samogłoskę, końcówkę 3. os. lp wymawiamy [z].

[z]

to dig kopać (*np.* dół)	**he digs** [dygz]
to read czytać	**she reads** [ri:dz]
to stand stać	**it stands** [stændz]
to wear nosić (na sobie)	**she wears** [ᵘeəz]
to lie leżeć	**he lies** [lɑjz]
to lay kłaść	**she lays** [lejz]
to say mówić, powiedzieć	**he says** [sez]
to play grać, bawić się	**he plays** [plejz]
to come przyjść	**he comes** [kɑmz]
to live żyć, mieszkać	**she lives** [lywz]
to shine świecić	**it shines** [szɑjnz]
to go iść, jechać	**she goes** [gouz]
to do robić, czynić	**he does** [dɑz]
to carry nieść	**he carries** ['kæryz]

Uwaga! W czasownikach zakończonych na **y** poprzedzone spółgłoską w 3. os. lp **y** zamieniamy na **i** i dodajemy końcówkę **-es**, np. **carry – he carries**.

Przypominamy! Czasowniki **do** i **go** w 3. os. lp przybierają wyjątkową formę, zamiast **-s** mają końcówkę **-es**.

Jeśli czasownik kończy się na spółgłoskę syczącą (dźwięczną lub bezdźwięczną), końcówkę 3. os. lp wymawiamy [yz].

[yz]

to dance tańczyć	**she dances** ['dɑ:nsyz]
to wash myć, prać	**he washes** ['ᵘoszyz]

Jeśli czasownik kończy się na spółgłoskę bezdźwięczną, końcówkę 3. os. lp wymawiamy [s].

[s]

to sit siedzieć	**he sits** [syts]
to sleep spać	**she sleeps** [sli:ps]
to talk rozmawiać	**he talks** [to:ks]
to eat jeść	**he eats** [i:ts]
to put kłaść	**he puts** [puts]
to knock stukać, pukać	**she knocks** [noks]
to laugh śmiać się	**she laughs** [lɑ:fs]
to make robić, produkować	**she makes** [mejks]

ĆWICZENIA

❶ Odpowiedz krótko na następujące pytania twierdząco i przecząco (pamiętaj o stosowaniu form ściągniętych):

1. Does Andy often lie on the grass? 2. Do you go to bed late? 3. Does Sue sometimes wear a pink dress? 4. Do Steve and Margaret like their garden? 5. Does Rick play with a ball?

❷ Wstaw odpowiednią formę czasownika, wybierając z podanych w nawiasie:

1. He often ... the garden (is digging, dig, digs). 2. What's she doing? She ... the table for tea (is laying, lays, lay). 3. We often ... together (are dancing, is dancing, dance). 4. They sometimes ... (are lying, lie, lies). 5. The day is fine, the sun ... (shines, shine, is shining).

③ Odpowiedz na pytania pełnymi zdaniami (pamiętaj o stosowaniu form ściągniętych):

1. Is your room comfortable? 2. Do you read in your bedroom? 3. Where does your lamp stand? 4. Are your chairs new? 5. Does your bed stand near the window? 6. Where does Sue live? 7. Is Andy a dentist? 8. Has Joan a black poodle? 9. Are Sue's cakes good? 10. Are there any pictures in your room?

④ Udziel odpowiedzi krótkich na następujące pytania (pamiętaj o stosowaniu form ściągniętych):

Przykład: Does he live in that small house?
– No, he doesn't.
albo
– Yes, he does.

1. Do you like flowers? 2. Does Sue like cakes? 3. Do we often wash our hands? 4. Do you go to bed late? 5. Do you read in bed? 6. Have you a lamp in your room? 7. Are you tall? 8. Have you any friends? 9. Do you live in London? 10. Are you English?

⑤ Wstaw zaimki dzierżawcze przymiotne:

Przykład: We like ... house.
We like our house.

1. Is she wearing ... new dress? 2. Joan has a dog, ... dog is small. 3. We have a car, ... car is red. 4. They have a house, ... house is very nice. 5. Do you sleep in ... bedroom? 6. Steve's (= Steve is) carrying ... spade. 7. Andy's (= Andy is) dancing with ... girlfriend.

⑥ Przetłumacz (pamiętaj o stosowaniu form ściągniętych):

1. Jakiego koloru jest jej sukienka? 2. Czy lubisz czerwone róże? 3. Ja nie mieszkam w Londynie. 4. Czy oni często jedzą jabłka? 5. Gdzie ty mieszkasz? 6. Margaret niesie (właśnie teraz) zielony dzbanek. 7. W dzbanku jest trochę mleka. 8. Czy masz trochę masła? 9. Czy jest bochenek chleba na stole? 10. Ja lubię herbatę, ale nie lubię mleka.

12 LESSON TWELVE
THE TWELFTH LESSON

- PRZYMIOTNIKI – STOPNIOWANIE
- KONSTRUKCJA as ... as ..., not as ... as ...
- PRZEDIMEK NIEOKREŚLONY an
- WYMOWA PRZEDIMKA OKREŚLONEGO the

📖 ALICE IS THE PRETTIEST GIRL

Margaret is in Mrs Gill's lounge. Mrs Gill is her neighbour. She is not old, but she is older than Margaret. She has three daughters. Helen is the oldest. Ann is younger than Helen and Alice is the youngest. Alice is prettier than her sisters, she is the prettiest girl in her school.

Margaret likes Mrs Gill a lot. When she has time she goes to see her, they sit in the lounge in front of the fireplace, drink tea or coffee and talk.

Mrs Gill: How are you today, Margaret?

Margaret: I'm very well, thank you. And you?

Mrs Gill: I'm fine, thanks. And how is Steve?

Margaret: He's fine, thanks, but he's very busy today. He's mending the gate and painting the fence.

Mrs Gill: My husband isn't as clever as your husband, Margaret.

Margaret: But he's a very good doctor. He's better than Dr Green, he's the best doctor in town.

Mrs Gill: Hm, perhaps he is. But I usually mend things at home. Another cup of tea, Margaret?

Margaret: Yes, please.

He's the best doctor in town

9

Helen: What are you reading, Alice?

Alice: I'm reading the text of my English lesson.

Helen: Is it difficult?

Alice: No, it isn't, but some words are difficult. "Beautiful" is a difficult word.

Helen: Is "cupboard" more difficult?

Alice: Yes, it is. And "comfortable" is the most difficult word.

SŁOWNICZEK

Alice ['ælys] *imię żeńskie*
Ann [æn] *imię żeńskie*
another [ə'naðə] *tu:* jeszcze jedna
best [best] najlepszy
busy ['byzy] zajęty
clever ['klewə] zdolny, zręczny, sprytny
coffee ['kofy] kawa
difficult ['dyfyklt] trudny
doctor ['doktə] doktor, lekarz
drink [dryŋk] pić
fence [fens] płot
fireplace ['fajəplejs] kominek
front [frant] front, przód
gate [gejt] furtka; brama
Helen ['helən] *imię żeńskie*
how [hau] jak
lounge [laundż] salon
mend [mend] naprawiać

more [mo:] więcej, bardziej
most [moust] najwięcej, najbardziej
much [macz] dużo
not as ... as ... [not əz ... əz ...] nie tak ... jak ...
old [ould] stary
orange ['oryndż] pomarańcza
paint [pejnt] malować
prettier ['prytyə] ładniejszy, ładniejsza
prettiest ['prytyyst] najładniejszy, najładniejsza
school [sku:l] szkoła
thank [θæŋk] dziękować
thing [θyŋ] rzecz
time [tajm] czas
town [taun] miasto
twelve [tᵘelw] dwanaście
well [ᵘel] dobrze; no, więc
word [ᵘə:d] słowo

WYBRANE ZWROTY

a lot bardzo
in front of [yn 'frant əw] przed
How are you? Jak się masz?
How is Steve? Jak się ma Steve?
I'm very well ⎫
I'm fine ⎬ (mam się) dobrze
thank you dziękuję (ci)
thanks *pot.* dzięki, dziękuję

GRAMATYKA

• PRZYMIOTNIKI – STOPNIOWANIE

short [szo:t] krótki	**nice** [nɑjs] miły
shorter ['szo:tə] krótszy	**nicer** ['nɑjsə] milszy
the shortest [ðə 'szo:tyst] najkrótszy	**the nicest** [ðə 'nɑjsyst] najmilszy
big [byg] duży	**dirty** ['də:ty] brudny
bigger ['bygə] większy	**dirtier** ['də:tyə] brudniejszy
the biggest [ðə 'bygyst] największy	**the dirtiest** [ðə 'də:tyyst] najbrudniejszy

Przypominamy, że w języku angielskim przymiotniki nie mają rodzajów, nie odmieniają się przez przypadki i liczby.

Stopień wyższy przymiotnika tworzymy przez dodanie końcówki. Przymiotniki jednosylabowe i niektóre dwusylabowe przybierają końcówkę **-er**. Jeżeli przymiotnik jest zakończony na **-e**, w stopniu wyższym dodajemy tylko **-r**, np.

Ann is younger than Helen.
Ann jest młodsza od Helen.
Your mother is older than my daughter.
Twoja matka jest starsza od mojej córki.
She's nicer than her sister.
Ona jest milsza niż jej siostra.

Stopień najwyższy tworzymy, dodając do stopnia równego końcówkę **-est** lub **-st** przy przymiotnikach zakończonych na **-e**, np.

Lesson one is the shortest.
Pierwsza lekcja jest najkrótsza.
Helen is the oldest.
Helen jest najstarsza.
A pretty girl is the nicest.
Ładna dziewczyna jest najmilsza.
My house is big, Mrs Gill's house is bigger, but Steve's house is the biggest.
Mój dom jest duży, dom pani Gill jest większy, ale dom Steve'a jest największy.
My cake is small, your cake is smaller, but that cake is the smallest.
Moje ciastko jest małe, twoje ciastko jest mniejsze, ale tamto ciastko jest najmniejsze.
My hands are dirty, Joan's hands are dirtier, and Rick's hands are the dirtiest.
Moje ręce są brudne, ręce Joan są brudniejsze, a ręce Ricka są najbrudniejsze.

Uwaga! Przymiotnik w stopniu najwyższym poprzedzamy przedimkiem określonym **the**.

W przymiotnikach jednosylabowych, zakończonych na spółgłoskę poprzedzoną pojedynczą samogłoską, w stopniu wyższym i najwyższym podwajamy spółgłoskę, np. **big – bigger – the biggest** (ale wymawiamy tylko jeden dźwięk [g]). W przymiotnikach zakończonych na **y** przy stopniowaniu **y** zamieniamy na **i** i dodajemy końcówkę **-er** w stopniu wyższym oraz końcówkę **-est** w stopniu najwyższym, np. **dirty – dirtier – the dirtiest**.

Przymiotniki o większej liczbie sylab i niektóre dwusylabowe stopniujemy przez poprzedzenie ich przysłówkami **more** w stopniu wyższym i **most** w stopniu najwyższym (w języku polskim są podobne formy: *bardziej interesujący, bardziej przebiegły, najbardziej odpowiedni*), np.

"Beautiful" is a difficult word.
„Beautiful" jest trudnym wyrazem.
Is "cupboard" more difficult?
Czy „cupboard" jest trudniejszy?
"Comfortable" is the most difficult word.
„Comfortable" jest najtrudniejszym wyrazem.

Niektóre przymiotniki stopniujemy nieregularnie, np.

good [gud] dobry
better ['betə] lepszy
the best [ðə best] najlepszy

My pen isn't good, your pen is better, and that's the best pen.
Moje pióro nie jest dobre, twoje pióro jest lepsze, a tamto pióro jest najlepsze (*dosł.* tamto jest najlepsze pióro).

● **KONSTRUKCJA as ... as ..., not as ... as ...**

Przy porównaniu w stopniu równym stosujemy konstrukcję **as ... as ...**, w zdaniach przeczących – **not as ... as ...**

Binkie's as black as coal.
Binkie jest (tak) czarny jak węgiel.
The walls are as white as milk.
Ściany są (tak) białe jak mleko.
My husband isn't as clever as your husband.
Mój mąż nie jest tak zdolny jak twój (mąż).
These teachers aren't as old as your father.
Ci nauczyciele nie są tak starzy jak twój ojciec.

● **PRZEDIMEK NIEOKREŚLONY** an

An – przedimek nieokreślony stawiamy przed wyrazami zaczynającymi się na samogłoskę, np. **an orange, an apple, an old chair.**

Przypominamy! Przed wyrazami zaczynającymi się na spółgłoskę stawiamy przedimek nieokreślony **a**, np. **a table, a chair, a dog.**

● **WYMOWA PRZEDIMKA OKREŚLONEGO** the

The – przedimek określony – stawiamy zarówno przed wyrazami zaczynającymi się na spółgłoskę, jak i na samogłoskę, np. **the orange, the
chair**, jednak jego wymowa w obu przypadkach nieco się różni:

– **the** [ðə] przed wyrazem zaczynającym się na spółgłoskę, np. **the pen**
[ðə‿ˈpen], **the dog** [ðə‿ˈdog],
– **the** [ðy] przed wyrazem zaczynającym się na samogłoskę, np. **the
apple** [ðy‿ˈæpl].

Wymowę [ði:] stosujemy w szczególnych sytuacjach – niezależnie od
tego, jaką głoską rozpoczyna się następny wyraz.

ĆWICZENIA

❶ Ćwicz na głos:

Ellen ⎫   ⎧ tall.
Margaret ⎬ is ⎨ taller.
Steve ⎭   ⎩ the tallest.

Sue ⎫   ⎧ short.
Rick ⎬ is ⎨ shorter.
Joan ⎭   ⎩ the shortest.

My sister ⎫   ⎧ nice.
Ann ⎬ is ⎨ nicer.
Alice ⎭   ⎩ the nicest.

❷ Odpowiedz na pytania:

1. Who's (= Who is) older: Mrs Gill or Margaret? 2. Who's younger: Helen or
Ann? 3. Who's the prettiest girl in school? 4. Does Margaret like Mrs Gill?
5. Does she often visit her? 6. Where do they sit? 7. What do they drink? 8. Is Mr

Gill a good doctor? 9. Is Dr Green better than Dr Gill? 10. Who's the best doctor in town? 11. Is "cupboard" a difficult word?

❸ Podaj stopień wyższy i najwyższy przymiotników:

1. pretty 2. long 3. beautiful 4. good 5. difficult

❹ Wstaw odpowiednią formę przymiotnika, wybierając z podanych w nawiasie:

1. Steve's (= Steve is) ... (tall, taller, the tallest) than Andy. 2. Alice's (= Alice is) ... (short, shorter, the shortest) girl in town. 3. Mr Johnson's (= Mr Johnson is) ... (good, better, the best) teacher in school. 4. Binkie's (= Binkie is) ... (small, smaller, the smallest) than Rick.

❺ Wstaw przedimek a lub an:

1. ... chair isn't as comfortable as ... armchair. 2. We have ... old cupboard in our bedroom. 3. ... orange is better than ... pear. 4. ... tree is bigger than ... flower. 5. ... egg is white.

❻ Przetłumacz (pamiętaj o stosowaniu form ściągniętych):

1. On nie jest stary, ale jest starszy niż mój ojciec. 2. Moja szafa jest lepsza niż szafa pani Gill. 3. Ta róża jest najpiękniejszą różą (*dosł.* najpiękniejsza) w ogrodzie. 4. Twoje ciastka są dobre, ciastka Sue są lepsze, ciastka mojej mamy są najlepsze. 5. Jak się masz? 6. Dziękuję, bardzo dobrze. 7. A jak się ma twój ojciec? 8. Siedzi (w tej chwili) w wygodnym fotelu przed kominkiem. 9. My często siedzimy przed kominkiem. 10. Binkie śpi pod moim łóżkiem.

❼ Powtarzaj na głos kilka razy:

1. difficult ['dyfyklt] 2. thanks [θæŋks] 3. thing [θyŋ] 4. orange ['oryndż] 5. another [ə'naðə]

13 LESSON THIRTEEN
THE THIRTEENTH LESSON

- **CZASOWNIKI** – **TRYB ROZKAZUJĄCY**
- **ZAIMEK one**
- **KONSTRUKCJA** there is no ..., the are no ...

📖 MR JOHNSON IS MENDING THE FENCE

Mr Johnson is very busy today. He is mending the fence in his garden.
Rick and Joan are playing in front of the house, but they are not looking
very happy. They are not happy when their father mends things.
– But why?
– Why? Well, listen carefully, please.

Mr Johnson: Rick!
Rick: Yes, Dad.
Mr Johnson: I want a hammer. Please go to
the garage and fetch it.
Rick goes to the garage.
Joan!
Joan: Yes, Daddy.
Mr Johnson: Joan, there's a box on the table in the garden. There are
some nails in it, I think.
Rick's carrying a big hammer.
Rick: Here you are, Dad. Is this the one?
Mr Johnson: No, it isn't. It's too big. I want
a smaller one.
Rick goes to the garage.
Joan: There's no box on the table, Dad.
Mr Johnson: Perhaps it's on the grass, under the table.
Joan: There's no box under the table, either. Oh, Dad, look!
The box is here, on the grass, near the fence. But there
aren't any nails in it, it's empty.
Rick's carrying a small hammer.
Mr Johnson: Oh, this will do. Now, go and bring me some nails from
the garage.

Rick: Oh, Dad! Again?
Mr Johnson: Rick, be a good boy and help your
                Daddy. Oh yes, and bring some
                screws.
Rick: Anything else?
Mr Johnson: A screwdriver, of course.

Rick goes to the garage.
                Joan, my dear, there's my pipe on the table in the lounge,
                go and fetch it for your Daddy.
Joan: Have you any matches, Dad?
Mr Johnson: No, I haven't. Bring me a box of matches, too.
Joan goes to the house.
                Andy! Where are you?
Andy: I'm here. In the lounge.
Mr Johnson: Andy, please come and help me with this fence. Rick,
                go ... Joan, bring me ...

SŁOWNICZEK

again [ə'gen] znów
anything ['enyθyŋ] coś, cokolwiek
box [boks] pudełko
bring [bryŋ] przynieść
careful ['keəful] uważny
carefully ['keəfly] uważnie
dad [dæd] tata
daddy ['dædy] tatuś
dear [diə] drogi, droga
else [els] inny; jeszcze (*w złożeniach*)
empty ['empty] pusty
fetch [fecz] przynieść
from [from] z; od
garage ['gæra:ż] garaż
hammer ['hæmə] młotek

listen [lysn] słuchać, przysłuchiwać się
look [luk] wyglądać; patrzeć
match [mæcz] *tu:* zapałka
me [mi:, my] mnie, mi
nail [nejl] gwóźdź
no [nou] nie; żaden
one [ᵘan] *zob.* GRAMATYKA
perhaps [pə'hæps] może
pipe [pajp] fajka
screw [skru:] śrubka
screwdriver ['skru:‚drajwə] śrubokręt
thirteen [‚θə:'ti:n] trzynaście
too [tu:] zbyt, zanadto
want [ᵘont] chcieć; potrzebować
why [ᵘaj] dlaczego

WYBRANE ZWROTY

Anything else? (Czy) coś jeszcze?
Here you are. Proszę (*gdy komuś coś podajemy*).
This will do. Ten wystarczy. Ten się nadaje.

OBJAŚNIENIA FONETYCZNE

[ŋ]: **bring** [bryŋ], **anything** ['enyθyŋ], **long** [loŋ], **reading** ['ri:dyŋ] – nosowe [ŋ], na końcu nie wymawiamy dźwięku [g].

GRAMATYKA

• CZASOWNIKI – TRYB ROZKAZUJĄCY

Formę trybu rozkazującego 2. os. lp i lm (*ty, wy*) tworzymy przez użycie czasownika w formie bezokolicznika bez wyrazu **to**, np. **to read**
czytać – **read!** *czytaj!*

Go to the garage and bring me some nails.
Idź do garażu i przynieś mi kilka gwoździ.
Andy, help me.
Andy, pomóż mi.
Joan, come here.
Joan, chodź tu.

Aby polecenie brzmiało uprzejmie, często dodajemy słowo **please** *proszę*, a więc:

Help me, please.
Pomóż mi, proszę.
Come here, please.
Przyjdź (= Chodź) tu, proszę.
Andy, please come and help me.
Andy, proszę, chodź tu i pomóż mi.

• ZAIMEK one

Aby uniknąć powtarzania tego samego rzeczownika, bardzo często
używamy zaimka **one**. Zamiast powiedzieć:

This hammer is big, I want a smaller hammer.
mówimy:
This hammer is big, I want a smaller one.

This rose is red, that one is yellow.
Ta róża jest czerwona, tamta – żółta.
What book have you here? – **I have a nice one.**
Jaką masz tu książkę?   – (Mam) ładną.

● **KONSTRUKCJA there is no ..., there are no ...**

Konstrukcja **there is no** ..., **there are no** ... odpowiada polskiemu *nie ma*, np.

There is no box.
Nie ma pudełka.
There are no nails.
Nie ma gwoździ.

To samo można wyrazić za pomocą **not any** (zob. lekcja 10), np.

There isn't any book on the table.
There is (= There's) no book on the table. } Na stole nie ma książki.

There aren't any nails in the box.
There are no nails in the box. } W pudełku nie ma gwoździ.

ĆWICZENIA

❶ Ćwicz na głos:

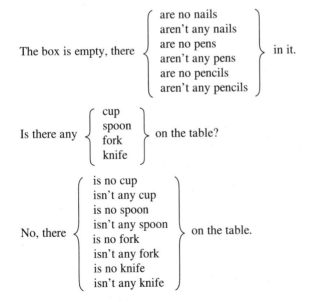

The box is empty, there {
are no nails
aren't any nails
are no pens
aren't any pens
are no pencils
aren't any pencils
} in it.

Is there any {
cup
spoon
fork
knife
} on the table?

No, there {
is no cup
isn't any cup
is no spoon
isn't any spoon
is no fork
isn't any fork
is no knife
isn't any knife
} on the table.

Have you any { bread? butter? milk? tea? }   No, I have no { bread. butter. }   No, I haven't any { milk. tea. }

② Odpowiedz na pytania:

1. What's Mr Johnson doing? 2. Does he want a big hammer or a small one? 3. Where are the hammers? 4. Where is the box? 5. Are there any nails in the box? 6. Where is Mr Johnson's pipe? 7. Has he any matches? 8. Where is Andy?

③ Zamień na formę przeczącą:

Przykład: We have some books in our room.
We have no books in our room.

1. They have some flowers in their garden. 2. Margaret has some new dresses. 3. He has a dog. 4. There's some bread on the plate. 5. There are some pictures in my sister's room.

④ Zamień na formę pytającą:

Przykład: We eat dinner late.
Do we eat dinner late?

1. She goes to school every day. 2. Andy usually sleeps long. 3. Joan plays with her dog. 4. I sit in my armchair every day. 5. We like dogs. 6. They eat bread and butter.

⑤ Przetłumacz (pamiętaj o stosowaniu form ściągniętych):

1. Joan, przynieś mi bochenek chleba, proszę. 2. Steve często naprawia płot w swoim ogrodzie. 3. On (właśnie) naprawia furtkę. 4. Proszę, przynieś mi pudełko zapałek. 5. Czy coś jeszcze? 6. Na stole jest śrubokręt. 7. Idź, proszę, do garażu i przynieś mi trzy gwoździe. 8. Gdzie jest twoje pudełko? 9. Może (ono jest) pod stołem.

LESSON FOURTEEN
THE FOURTEENTH LESSON 14

- **CZASOWNIKI MODALNE can, may** – FORMA TWIERDZĄCA, PYTAJĄCA I PRZECZĄCA
- **RZECZOWNIKI ZAKOŃCZONE NA f LUB fe – LICZBA MNOGA**
- **ZAIMKI WSKAZUJĄCE that, those** – cd.
- **RZECZOWNIKI I ZAIMKI – TRZECI PRZYPADEK**
- **ZAIMEK WZGLĘDNY which**

📖 IAN'S STUDY

Ian is showing John his rooms. One is his bedroom and one is his study. In the latter room he can learn and read. He has two shelves for his books and a desk on which there are books, pens, pencils and exercise books. The sofa which is near the shelf is brown. He can lie on it when he has time. When Ian has his friends at home they can sit in his comfortable armchairs which are also brown. They can sit and have a cup of tea.

I'm studying hard now

John: Good afternoon, Ian.
Ian: Hello, John.
John: May I come in?
Ian: Come in, of course. How are you?
John: Very well, thank you. What are you doing?
Ian: I'm doing my exercises. I'm studying hard now.
John: May I smoke?
Ian: Yes. Have a cigarette. If you have to ...
John: Thanks. Well, these are your new rooms. This one's very nice. Do you sleep here?
Ian: No, this isn't my bedroom. Now I have two rooms.
John: That's very comfortable!
Ian: Well, yes, it is. Sit down, please. Tea's ready.

SŁOWNICZEK

also [ˈoːlsou] także, również
can [kæn] *czasownik modalny zob.*

GRAMATYKA

certainly [ˈsəːtnly] oczywiście, z pewnością
cigarette [ˌsygəˈret] papieros
exercise [ˈeksəsajz] ćwiczenie
exercise book [ˈeksəsajz ˌbuk] zeszyt
football [ˈfutboːl] piłka nożna
hard [haːd] pilnie; ciężko
hello [həˈlou] cześć, serwus
horse [hoːs] koń
the latter [ðə ˈlætə] ten drugi (*zawsze z the*)

little [lytl] mały; mało
may [mej] *czasownik modalny zob.*

GRAMATYKA

one [ᵘan] *tu:* jeden
play [plej] grać; bawić się
ready [ˈredy] gotowy
ride [rajd] jechać
shelf [szelf] półka
shelves [szelwz] półki
smoke [smouk] palić, zapalić
sofa [ˈsoufə] kanapa, tapczan
speak [spiːk] mówić
study [ˈstady] studiować; gabinet
which [ᵘycz] który, która, które

WYBRANE ZWROTY

good afternoon [gud ˌaːftəˈnuːn] dzień dobry (*po południu*)
Come in. [ˌkam ˈyn] Wejdź!, Proszę wejść!, Proszę!
to study hard pilnie się uczyć
Have a cigarette. Zapal (*dosł.* papierosa).
If you have to Jeśli musisz
sit down [ˌsyt ˈdaun] siadaj, proszę siadać
just now właśnie teraz, akurat teraz, obecnie
This one's [ᵘanz] **very nice.** = **This one is very nice.**
Tea's [tiːz] **ready.** = **Tea is ready.**

OBJAŚNIENIA FONETYCZNE

[ɑ:] **are, armchair, afternoon, hard**
[ə:] **learn, certainly**
[o:] **for, also, of course**

r w środku i na końcu wyrazu nie wymawiamy.

Which wymawiamy [ᵘycz] lub [hᵘycz] ([h] wymawiamy bardzo słabo).

GRAMATYKA

- **CZASOWNIKI MODALNE** *can, may*

Can – wyraża umiejętność wykonania
jakiejś czynności.
May – wyraża możliwość, zgodę lub
zezwolenie na wykonanie czynności.

I can mogę, jestem w stanie, potrafię, umiem
I may mogę, wolno mi

I can ride this horse

CZASOWNIK *can*

FORMA TWIERDZĄCA

		FORMA PYTAJĄCA	
I can	mogę	**Can I?**	Czy mogę?
you can	możesz	**Can you?**	Czy możesz?
he can	(on) może	**Can he?**	Czy (on) może?
she can	(ona) może	**Can she?**	Czy (ona) może?
it can	(ono) może	**Can it?**	Czy (ono) może?
we can	możemy	**Can we?**	Czy możemy?
you can	możecie	**Can you?**	Czy możecie?
they can	(oni, one) mogą	**Can they?**	Czy (oni, one) mogą?

FORMA PRZECZĄCA

I cannot ['kænot], **I can't** [kɑ:nt]	nie mogę
you cannot, you can't	nie możesz
he cannot, he can't	(on) nie może
she cannot, she can't	(ona) nie może
it cannot, it can't	(ono) nie może
we cannot, we can't	nie możemy

| you cannot, you can't | nie możecie |
| they cannot, they can't | (oni, one) nie mogą |

I cannot ride this one

CZASOWNIK may

FORMA TWIERDZĄCA

I may	mogę, wolno mi
you may	możesz
he may	(on) może
she may	(ona) może
it may	(ono) może
we may	możemy
you may	możecie
they may	(oni, one) mogą

FORMA PYTAJĄCA

May I?	Czy mogę?
May you?	Czy możesz?
May he?	Czy (on) może?
May she?	Czy (ona) może?
May it?	Czy (ono) może?
May we?	Czy możemy?
May you?	Czy możecie?
May they?	Czy (oni, one) mogą?

FORMA PRZECZĄCA

I may not	nie mogę
you may not	nie możesz
he may not	(on) nie może
she may not	(ona) nie może
it may not	(ono) nie może

we may not	nie możemy
you may not	nie możecie
they may not	(oni, one) nie mogą

May i **can** należą do grupy czasowników modalnych (modal verbs). Charakteryzują się one tym, że:

a) w 3. os. lp czasu teraźniejszego nie dodajemy do nich końcówki **-s**;

b) nie mają formy bezokolicznika jak inne czasowniki, np. **to have, to go** itd., występują zawsze w formie osobowej, np. **I can, he can, they may** itd.;

c) następujący po nich bezokolicznik stosujemy bez wyrazu **to**, np. **I may go** itd.;

d) w zdaniach pytających i przeczących nie stosujemy czasownika posiłkowego **do**.

Uwaga! Inne czasowniki modalne zob. lekcje: 15, 29, 34.

I can speak English, but I cannot speak German.
Umiem mówić po angielsku, ale nie umiem mówić po niemiecku.
Joan can play with a ball, but she cannot play football.
Joan umie bawić się piłką, ale nie umie grać w piłkę nożną.
I cannot ride this one.
Na tym (koniu) nie mogę jeździć.
May I go now? – Yes, you may.
Czy mogę teraz iść? – Tak, możesz.
May I come in? – Certainly, you may.
Czy mogę wejść? – Oczywiście, możesz.
It may be good.
To może być dobre.
He may come here today.
Być może on przyjdzie tu dzisiaj.

● **RZECZOWNIKI ZAKOŃCZONE NA f LUB fe – LICZBA MNOGA**

Tworząc liczbę mnogą rzeczowników zakończonych na **f** lub **fe**, literę **f** zastępujemy literą **v** i dodajemy końcówkę **-es** lub **-s**.

a shelf [szelf] półka	**shelves** [szelwz] półki
a wife [ᵘajf] żona	**wives** [ᵘajwz] żony
a knife [najf] nóż	**knives** [najwz] noże

- **ZAIMKI WSKAZUJĄCE that, those** – cd.

  Those books are for his friends.
  Tamte książki są dla jego przyjaciół.

  Those jest formą liczby mnogiej zaimka wskazującego **that**.
  That i **those** używamy w stosunku do osób i rzeczy znajdujących się
  dalej (w przestrzeni), a **this** i **these** – do bliższych. Możemy również
  użyć opozycji **this** – **that** lub **these** – **those**, gdy mówimy o osobach
  i rzeczach znajdujących się w tej samej odległości, ale chcemy zazna-
  czyć różnicę między nimi (w domyśle *ten drugi, ta druga, te obok, ci
  obok*).

- **RZECZOWNIKI I ZAIMKI** – **TRZECI PRZYPADEK**

  Ian is showing John his rooms.
  Ian pokazuje Johnowi swoje pokoje.

Podmiot	Orzeczenie	Dopełnienie dalsze	Dopełnienie bliższe
Ian	is showing	John	his rooms.
You	give	me	new books.
He	is giving	the boy	an apple.

  Taki układ zdania wskazuje, że wyrazy **John, me** i **the boy** są w trze-
  cim przypadku. W języku angielskim nie odmieniamy rzeczowników
  i zaimków za pomocą końcówek jak w polskim (*Johnowi, mi, temu
  chłopcu*) i trzeci przypadek musimy oddać poprzez szyk wyrazów
  w zdaniu: dopełnienie dalsze stawiamy przed dopełnieniem bliższym.
  Jest jeszcze drugi sposób oddania trzeciego przypadka, o czym będzie
  mowa w lekcji 31.

- **ZAIMEK WZGLĘDNY which**

  Zaimek względny **which** używany jest tylko w stosunku do rzeczy, np.

  The desk on which there are books.
  Biurko, na którym leżą (*dosł.* są) książki.
  The sofa which is near the shelf.
  Kanapa, która stoi (*dosł.* jest) blisko półki.

They can sit in the armchairs which are brown.
Mogą usiąść w fotelach, które są brązowe.

ĆWICZENIA

❶ Ćwicz na głos:

Steve		dance		he		paint the fence.
Margaret		make tea		she		mend a door.
Ian	can	read	but	he	can't	play football.
Sue		speak English		she		make cakes.
Andy		ride a horse		he		speak German.

❷ Odpowiedz na pytania (pamiętaj o stosowaniu form ściągniętych):

1. What's Ian doing? 2. Does he study in his bedroom? 3. Does he smoke in his study? 4. Is Ian English? 5. What's on his desk? 6. Where is his sofa? 7. What colour is it? 8. Where are Ian's books? 9. Can he make tea? 10. Does John smoke cigarettes?

❸ Odmień przez wszystkie osoby:

1. Do I read a new lesson? Do you read a new ... *itd.* 2. I don't read these exercises. You don't read these ... *itd.*

❹ Zamień na formę pytającą i przeczącą:

1. We can mend a fence. 2. She can ride a horse. 3. Steve can paint a fence. 4. Joan may come in. 5. They can speak German. 6. Rick may eat that apple.

❺ Przetłumacz:

1. Czy mogę wejść? 2. Oczywiście, proszę, wejdź. 3. Jak się masz? 4. Co robisz (właśnie teraz)? 5. Czy mogę wypić filiżankę herbaty? 6. To jest bardzo wygodny pokój. 7. Siadaj, herbata jest gotowa. 8. Możesz położyć się na mojej kanapie. 9. Gdzie są twoje książki? 10. One są na półkach. 11. Ten pokój jest duży, a tamten mały. 12. Ta filiżanka herbaty jest dla ciebie, a tamta dla mnie. 13. Jem to jabłko, a tamto jest na stole.

15 LESSON FIFTEEN
THE FIFTEENTH LESSON

- **CZASOWNIK MODALNY must** – FORMA TWIERDZĄCA, PYTAJĄCA I PRZECZĄCA
- **CZASOWNIKI – TRYB ROZKAZUJĄCY** – FORMA PRZECZĄCA
- **ZAIMEK it W ZDANIACH BEZOSOBOWYCH**

📖 PHIL AND IAN

Breakfast is ready. Phil is drinking his third cup of tea. Ian comes in.
Phil: Hello, Ian. You're late.
Ian: Yes. I mustn't be late, I have classes this morning.
He sits down and eats his cold cereal. Then he has his bacon and eggs.
Phil: Do you have bread or toast with bacon and eggs?
Ian: Usually toast.
Phil: I'll make your toast.
Ian: Thanks. I'm lucky you're a good lad.
Phil: Get a move on! Eat up!
Phil makes the toast in a toaster. Then he pours out a cup of tea for Ian.

A friend in need is a friend indeed

Phil: Have some bread and butter with marmalade.
Ian: No, thank you. There isn't time.
He drinks up his tea very quickly.
Ian: Now, I'm ready to go. It's late indeed, we must hurry up.
Both of them are hurrying away to their classes.

Phil: Good morning, Mr Smith. How are you today?
Mr Smith: I'm fine, thanks, and how are you, Phil?
Phil: Very well, thank you. May I introduce my Polish friend, Ian?
Mr Smith: How do you do?
Ian: How do you do?

SŁOWNICZEK

bacon ['bejkən] bekon
breakfast ['brekfəst] śniadanie
cereal ['siəriəl] płatki śniadaniowe
class [klɑ:s] klasa; lekcja
classes ['klɑ:syz] zajęcia, kurs, ćwiczenia
cold [kould] zimny; zimno, na zimno
down [daun] w dół
drink up [ˌdryŋk 'ap] wypić
indeed [yn'di:d] naprawdę, rzeczywiście
introduce [ˌyntrə'dju:s] przedstawiać
(kogoś komuś)
lad [læd] chłopiec, chłopak
love [lɑw] kochać
lucky ['lɑky] szczęśliwy, mający
szczęście
marmalade ['mɑ:məlejd] dżem (z owoców cytrusowych, np. pomarańczowy)

mile [mɑjl] mila (1609 m)
morning ['mo:nyŋ] rano
must [mɑst] *czasownik modalny zob.*
  GRAMATYKA
need [ni:d] potrzebować; potrzeba
out [aut] poza, na zewnątrz
piece [pi:s] kawałek
quickly ['kᵘykly] szybko
sit down [ˌsyt 'daun] siadać
Smith [smyθ] *nazwisko*
take [tejk] brać; jeść
then [ðen] wtedy, potem; zatem,
więc
toast [toust] grzanka, tost
toaster ['toustə] opiekacz, toster
up [ap] w górę, do góry
yet [jet] jeszcze (*w zdaniach przeczących*)

WYBRANE ZWROTY

to be ready być gotowym
to be late spóźniać się; **You're late.** Spóźniłeś się.
to make toast zrobić grzankę
Get a move on! Pośpiesz się!
Eat up! Jedz (dalej)!, Zjedz wszystko!
to pour out nalewać

to be lucky mieć szczęście
to have no time nie mieć czasu
to take ⎫
to have ⎭ **breakfast, dinner** jeść śniadanie, obiad
yes, please tak, proszę ⎫ *odpowiedzi na zaproszenie do jedzenia*
no, thank you nie, dziękuję ⎭
to hurry up śpieszyć się
to hurry away pośpiesznie oddalać się
good morning [gud 'mo:nyŋ] dzień dobry
thanks *pot.* dzięki, dziękuję
I mustn't [mɑsnt] (= **I must not**) nie wolno mi
it's late indeed jest naprawdę późno
How do you do? *formułka powitalna, stosowana przy przedstawianiu się komuś po raz pierwszy (odpowiada się tym samym zwrotem); stosowana coraz rzadziej*

OBJAŚNIENIA FONETYCZNE

W wyrazach **go, cold, toast** wymawiamy dwudźwięk [ou] – [gou], [kould], [toust].

GRAMATYKA

- **CZASOWNIK MODALNY must**

FORMA TWIERDZĄCA	FORMA PYTAJĄCA	FORMA PRZECZĄCA

I	I?	I
you	you?	you
he	he?	he
she } must Must { she?		she } mustn't
it	it?	it
we	we?	we
you	you?	you
they	they?	they

I must	muszę	Must I?	Czy (ja) muszę?	I mustn't	nie wolno mi
you must	musisz	Must you?	Czy (ty) musisz?	you mustn't	nie wolno ci
itd.		*itd.*		*itd.*	

Jak widać, w 3. os. lp nie dodajemy końcówki **-s** – wyraz **must** odmienia się jak **may** i **can** i należy do tej samej grupy czasowników modalnych.

W formie przeczącej **must** zmienia znaczenie. **I must not** (= **mustn't**) nie znaczy *nie muszę*, tylko: *nie powinienem, nie wolno mi*.

You must take this spoon, you mustn't take that one.
Musisz wziąć tę łyżkę, nie wolno ci brać tamtej.
Joan must drink milk, she mustn't drink black coffee.
Joan musi pić mleko, nie wolno jej pić czarnej kawy.
It's (= **It is**) **late, you must go to bed. You mustn't play in the garden.**
Jest późno, musisz iść spać. Nie wolno ci się bawić w ogrodzie.
Rick must be a good boy, he mustn't smoke.
Rick musi być grzecznym chłopcem, nie wolno mu palić.
Binkie, you mustn't sleep on Joan's bed!
Binkie, nie wolno ci spać na łóżku Joan!
We mustn't eat green apples.
Nie wolno nam jeść zielonych jabłek.
They mustn't read in bed.
Nie wolno im czytać w łóżku.

- **CZASOWNIKI – TRYB ROZKAZUJĄCY**

FORMA PRZECZĄCA

Don't (= **Do not**) **speak!**	Nie mów!
Don't read!	Nie czytaj!
Don't sleep!	Nie śpij!

Formę przeczącą trybu rozkazującego tworzymy, stawiając przed czasownikiem w bezokoliczniku (bez słówka **to**) czasownik **do** i wyraz **not** (najczęściej używane są formy ściągnięte, jak w powyższych przykładach). Formę trybu rozkazującego ma tylko 2. os. lp i lm, dla pozostałych osób stosuje się specjalną konstrukcję, o której będzie mowa w lekcji 33.

- **ZAIMEK** *it* **W ZDANIACH BEZOSOBOWYCH**

W poniższych zdaniach została użyta konstrukcja bezosobowa.

It is (= **It's**) **late.**
Jest późno.
It's a nice day.
Jest ładny dzień.

It's four miles to London.
Do Londynu są cztery mile.
It's cold.
Jest zimno.

Uwaga! Strona bierna czasownika, którą często tłumaczymy na język polski przez konstrukcje bezosobowe, jest omówiona w lekcji 37.

ĆWICZENIA

❶ Ćwicz na głos:

This apple is green.
This knife is dirty.
My dress is old.   I want   a red / a clean / a new / a long / a small   one.
This pencil is short.
This hammer is big.

❷ Zamień na formę pytającą:

1. Rick must go to school. 2. He's late. 3. I want cereal for breakfast. 4. The young men are hurrying away. 5. We learn English. 6. John smokes cigarettes. 7. Those men sit in the armchairs. 8. You speak Polish. 9. She has a cup of tea. 10. Phil is making coffee.

❸ Zamień na formę przeczącą (pamiętaj o stosowaniu form ściągniętych):

1. John must do it. 2. He's lucky. 3. I can make you some sandwiches. 4. I take milk with my tea. 5. It's late. 6. This man smokes cigarettes. 7. They take the books from the shelf. 8. They may go to you. 9. Your pencil lies under the chair. 10. He has a box of matches.

❹ Wstaw brakujące wyrazy:

1. Ian's breakfast is ... the table. 2. Phil's (= Phil is) coming ... 3. He drinks a cup of tea ... milk. 4. They're hurrying ... their lesson. 5. He's sitting down ... the table. 6. He isn't yet ready ... go out.

❺ Napisz formy ściągnięte pełnymi wyrazami:

1. You're not ready yet. 2. I'm not. 3. I'm late. 4. It's here. 5. I don't. 6. He doesn't sleep long. 7. She hasn't a book. 8. I can't move this desk. 9. He mustn't be late. 10. Don't go out!

❻ Podaj wyrazy o przeciwnym znaczeniu:

1. small 2. long 3. tall 4. young 5. clean

❼ Odpowiedz na pytania:

     Przykład: What's in the box? (nails)
               There are some nails in the box.

1. What's in the bag? (flour)
2. What's on the desk? (books)

3. What's in the room? (tables)
4. What's in the bowl? (eggs)
5. What's on the plate? (pears)
6. What's in the jug? (milk)

⑧ Przekształć zdania według następującego wzoru:

Przykład: This pear is green and that pear is yellow.
This pear is green and that one is yellow.

1. This jug is white and that jug is blue. 2. This hand is clean and that hand is dirty. 3. I have a long dress and you have a short dress. 4. This isn't a red pencil; it's a blue pencil. 5. They haven't a big house, they have a small house. 6. Don't take a green apple, take a red apple.

⑨ Przetłumacz (pamiętaj o stosowaniu form ściągniętych):

1. Ian ma szczęście. 2. Czy ty jesz (= jadasz) chleb z masłem? 3. Mama nalewa jej filiżankę herbaty. 4. Nie lubię zimnych płatków. 5. Musisz zjeść grzankę z dżemem. 6. Jest późno, pośpiesz się! 7. Pośpiesz się! Zjedz wszystko! 8. Jemu nie wolno palić papierosów. 9. Binkie musi spać na podłodze; jemu nie wolno spać na łóżku Ricka. 10. Ona umie mówić po polsku, ale nie umie mówić po niemiecku.

16 LESSON SIXTEEN
THE SIXTEENTH LESSON

- KONSTRUKCJE Z much, many, a lot of
- ZAIMKI DZIERŻAWCZE
- ZESTAWIENIE ZAIMKÓW OSOBOWYCH, DZIERŻAWCZYCH PRZYMIOTNYCH
  I DZIERŻAWCZYCH
- RZECZOWNIKI ZAKOŃCZONE NA SPÓŁGŁOSKI SYCZĄCE – LICZBA MNOGA

📖 BREAKFAST

It is time for breakfast. An Englishman usually starts it with fruit juice. It may be apple, tomato, orange juice, etc. Then he has cereal. The English like bacon very much so, after cereal, they often take bacon and eggs. They do not eat much bread but have toast and marmalade instead. You may have no bacon, or cereal but when there is no marmalade or jam, it is not a good English breakfast. Some Englishmen drink coffee, some – tea, usually with milk.

An apple a day keeps the doctor away

In Poland we usually have bread, white or brown, or rolls with butter. Some people like cheese or boiled eggs, soft or hard. We usually drink coffee. I drink mine with milk. English people drink tea or coffee from cups; in Poland many people drink tea from glasses. Their tea is very strong and dark brown when it is Indian, or light green when it is Chinese; ours is light brown. They drink it with a lot of milk and sugar.

– What does Margaret like for breakfast?
– She likes toast and coffee.
– How much toast does she eat?
– Two or three pieces.
– Does she drink much coffee?
– No, not very much. Only one cup.
– What does Steve like for breakfast?
– He likes bacon and eggs very much.
– How many eggs does he usually eat?
– He eats two or three.

An onion a day keeps everybody away

– What do you have for breakfast?
– I usually have fruit juice, cereal, some toast and coffee.
– Does your sister take a big breakfast?
– Oh yes, she does. She likes food.
– She must be very fat.
– The boys say she's fat!

– Why do Englishmen drink their tea from cups?
– Because they drink beer or whisky from glasses.

SŁOWNICZEK

after [ˈɑːftə] po
away [əˈᵘej] z dala
because [byˈkoːz] ponieważ
beer [biə] piwo
begin [byˈgyn] rozpoczynać
boil [bojl] gotować
boiled [bojld] gotowany
cheese [cziːz] ser
China [ˈczajnə] Chiny
Chinese [ˌczajˈniːz] chiński
dark [dɑːk] ciemny
etc. [etˈsetrə] et cetera, i tak dalej
everybody [ˈewrybody] każdy
fat [fæt] gruby; tłusty
food [fuːd] jedzenie, żywność
fruit [fruːt] owoc
glass [glɑːs] *tu*: szklanka
hard [hɑːd] *tu*: twardy; na twardo
Indian [ˈyndjən] indyjski, hinduski
instead of [ynˈsted əw] zamiast

jam [dżæm] dżem
juice [dżuːs] sok
keep [kiːp] trzymać
light [lajt] jasny; jasno
like [lajk] lubić
mine [majn] mój, moja, moje, *zob.*
  GRAMATYKA
newspaper [ˈnjuːsˌpejpə] gazeta
onion [ˈanjən] cebula
ours [ˈauəz] nasz, nasza, nasze, *zob.*
  GRAMATYKA
people [piːpl] ludzie
Poland [ˈpoulənd] Polska
roll [roul] *tu*: bułka
so [sou] więc, a więc
soft [soft] miękki; na miękko
strong [stroŋ] mocny
whisky [ˈᵘysky] whisky, wódka
  szkocka
without [ᵘyðˈaut] bez

WYBRANE ZWROTY

It is time for ... Czas na ...
a lot of [ə ˈlot əw] dużo, mnóstwo
Englishman [ˈyŋglyszmən] Anglik, **Englishmen** [ˈyŋglyszmən], **the English,**
  English people Anglicy

to start with zaczynać od
to like ... **very much** bardzo ... lubić
you may have no bacon można nie jeść bekonu (*często używana forma bezosobowa; zaimek* you *nie odnosi się do konkretnej osoby*)
at breakfast time w czasie śniadania, przy śniadaniu
an apple a day jedno jabłko dziennie
brown bread ciemny chleb
Chinese tea chińska herbata

OBJAŚNIENIA FONETYCZNE

Należy zwrócić uwagę na wymowę wyrazów **light** [lajt], **people** [pi:pl], **usually** ['ju:żuəly].

GRAMATYKA

- **KONSTRUKCJE Z much, many, a lot of**

Much *dużo* – stosujemy przy rzeczownikach niepoliczalnych, wyrażających masę, płyn, pojęcia oderwane itp.
Many *wiele, dużo* – stosujemy w lm przy rzeczownikach policzalnych.
A lot of *dużo, mnóstwo* – stosujemy przy rzeczownikach policzalnych i niepoliczalnych.
Much stosujemy często w takich zwrotach, jak np.

He likes bacon very much.
On bardzo lubi bekon.
Thank you very much.
Dziękuję bardzo.
He drinks too much.
On za dużo pije.

I don't eat much bread for breakfast

She's much shorter than her brother.
Ona jest o wiele (= dużo) niższa od swojego brata (*dosł.* niż jej brat).
My apple is much better than yours.
Moje jabłko jest dużo lepsze niż twoje.

Much i **many** używamy w zdaniach twierdzących, w pytaniach i w przeczeniach.

A lot of na ogół używamy w zdaniach twierdzących.

There are many apples and pears here

How much?
How many? } Jak dużo?, Jak wiele?, Ile?

How much sugar is there in the sugar bowl?	There isn't much.
How much flour is there in the bag?	There is a lot.
How much bread is there on the plate?	There isn't much.
How much bacon is there on the table?	There is a lot.
How many boxes are there in your room?	There aren't many.
How many people are there in the town?	There are a lot.
How many trees are there in the garden?	There aren't many.
How many flowers are there in the lounge?	There are a lot.

My father has a lot of books; I haven't many books.
Mój ojciec ma dużo książek; ja nie mam dużo książek.
Have they many apples in the garden?
Czy oni mają dużo jabłek w ogrodzie?
**No, they haven't many apples but they have
a lot of pears.**
Nie, oni nie mają dużo jabłek, ale mają
dużo gruszek.

I can see a lot of milk here

- **ZAIMKI DZIERŻAWCZE**

Zaimki dzierżawcze przymiotne **my**, **your**, **his** itd., o których była mowa w lekcji 8, występują zawsze w połączeniu z rzeczownikiem, np.

My coffee is good.
Moja kawa jest dobra.
Her dress is blue.
Jej suknia jest niebieska.

Zaimki dzierżawcze zastępują rzeczowniki z zaimkami dzierżawczymi przymiotnymi.

mine [mɑjn]	mój, moja, moje
yours [joːz]	twój, twoja, twoje; wasz, wasza, wasze
his [hyz]	jego
hers [həːz]	jej
ours [ɑuəz]	nasz, nasza, nasze
theirs [ðeəz]	ich

We usually drink coffee for breakfast; I drink mine with milk.
Zwykle pijemy kawę na śniadanie; ja piję swoją (*zamiast*: swoją kawę) z mlekiem.
This is my cup; this cup is mine.
To jest moja filiżanka; ta filiżanka jest moja.
These are our apples; mine are red.
To są nasze jabłka; moje są czerwone.
That's your glass; it's yours.
To jest twoja szklanka; ona jest twoja.
Those are your books; they're yours.
To są twoje książki; one są twoje.
Is this bread yours? Yes, it's mine.
Czy to twój chleb? Tak, mój.
This is John's toast; it's his.
To jest grzanka Johna; to jest jego grzanka (*dosł.* ona jest jego).
I'm eating my toast; he's eating his.
Ja jem swoją (*dosł.* moją) grzankę; on je swoją.
That's Ellen's dress; it's her dress; it's hers.
To jest sukienka Ellen; to jest jej sukienka; ona (*dosł.* to) jest jej.
We have a red car. The red car is ours.
Mamy czerwone auto. (To) czerwone auto jest nasze.
They often drink milk; Joan drinks hers from a cup.
Oni często piją mleko; Joan pije swoje z filiżanki.

- **ZESTAWIENIE ZAIMKÓW OSOBOWYCH, DZIERŻAWCZYCH PRZYMIOTNYCH I DZIERŻAWCZYCH**

Zaimki osobowe	Zaimki dzierż. przym.	Zaimki dzierżawcze
I	**my** book	The book is **mine.**
you	**your** horse	The horse is **yours.**
he	**his** garden	The garden is **his.**
she	**her** room	The room is **hers.**
it	**its** legs	–
we	**our** apples	The apples are **ours.**
you	**your** tables	The tables are **yours.**
they	**their** house	The house is **theirs.**

Uwaga! 3. os. lp rodzaju nijakiego nie ma zaimka dzierżawczego.

- **RZECZOWNIKI ZAKOŃCZONE NA SPÓŁGŁOSKI SYCZĄCE – LICZBA MNOGA**

    a glass   **glasses** [ˈglɑːsyz]
    a box   **boxes** [ˈboksyz]

Rzeczowniki zakończone na spółgłoski syczące (m.in. **s, z, x**) w lm przyjmują końcówkę **-es**, wymawianą [yz].

ĆWICZENIA

❶ Ćwicz na głos:

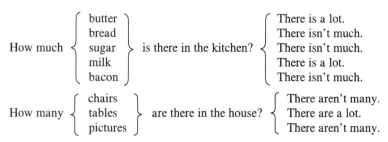

How much { butter, bread, sugar, milk, bacon } is there in the kitchen? { There is a lot. There isn't much. There isn't much. There is a lot. There isn't much. }

How many { chairs, tables, pictures } are there in the house? { There aren't many. There are a lot. There aren't many. }

❷ Wstaw **much, many** lub **a lot of**:

1. You haven't ... tea in your cup. 2. Ellen has ... pears in her hands. 3. This house hasn't ... comfortable rooms. 4. Are there ... glasses on the table? 5. He has ...

books. 6. This woman has ... apples. 7. Is there ... butter on his bread? 8. You mustn't eat ... onions.

③ Wstaw odpowiedni zaimek dzierżawczy lub dzierżawczy przymiotny:

Przykład: You haven't much tea in ... cup.
You haven't much tea in your cup.

1. John hasn't much bacon on ... plate. 2. We have a white cupboard in ... kitchen. 3. Steve has a big house, it's ... 4. They have a lot of pictures, is that picture ...? 5. What time do you have ... breakfast? 6. Sue has a lot of new dresses, ... dresses are nice. 7. Is this book yours? – Yes, it's ...

④ Zamień na dopełniacz saksoński:

Przykład: The son of Dr Gill.
Dr Gill's son.

1. The garden of Mr Johnson. 2. The daughter of my friend. 3. The picture of my mother. 4. The car of his girlfriend. 5. The dog of his daughter. 6. The dress of their sister.

⑤ Wstaw odpowiednie przyimki (**in, under, on, at, with, to, for**):

1. The sun's (= The sun is) shining ... the sky. 2. Margaret's (= Margaret is) sitting ... a chair ... the garden. 3. Steve's (= Steve is) sitting ... the table. 4. Rick's (= Rick is) playing ... a ball. 5. Ian has two shelves ... his room. 6. There are some plates ... the table. 7. The books are ... his friends. 8. The young men are hurrying ... their classes. 9. Binkie's (= Binkie is) sleeping ... the table. 10. Get a move ... 11. I like coffee ... milk.

⑥ Przetłumacz:

1. Lubię herbatę z mlekiem. 2. Te kwiaty są ich, one są z ich ogrodu. 3. Nasze jabłka są czerwone, jakiego koloru są wasze? 4. Anglik zawsze zaczyna swoje śniadanie od soku z owoców. 5. Oni często jedzą jajka na bekonie (*dosł.* bekon i jajka). 6. Co jadasz na śniadanie? 7. Zwykle piję kawę na śniadanie. 8. Ich herbata jest bardzo mocna, czy twoja jest także mocna?

17 LESSON SEVENTEEN
THE SEVENTEENTH LESSON

- OKREŚLENIA CZASU
- CZASOWNIKI Z PRZYIMKAMI
- LICZEBNIKI GŁÓWNE
- PYTANIE O WIEK, PODAWANIE WIEKU

What time is it?
What's the time?

It's five am.
It's five o'clock.
It's five past ten.
It's a quarter past eleven.
It's half past eleven.
It's twelve o'clock.
It's a quarter to two.
It's two pm.
It's ten to nine.

It's ten to two

📖 MR SMITH

At six o'clock in the morning Mr Smith is still sleeping. Every morning at seven o'clock his alarm clock rings. Mr Smith wakes up and stays in bed for ten minutes. Then at ten past seven he jumps out of bed and goes to the bathroom. There he shaves and washes. At half past seven he comes back to his bedroom, takes off his pyjamas and puts on his clothes.

At eight o'clock he has his breakfast (he always has it at that time), and reads the newspaper. At twenty past eight he is ready to go to his office. He walks there every day.

Mr Smith works in his office from 9 am till 5 pm with one hour break for lunch. The break usually is from one to two pm. He has his lunch in a restaurant near the office.

At five o'clock Mr Smith walks back home. At a quarter to seven he sits down to dinner. (He always eats it at that time.) After dinner, at about eight o'clock, he sits in a comfortable armchair, smokes his pipe and reads. At 10 pm he goes to bed. (He always goes to bed at the same time.)
In the morning, on his way to the office, Mr Smith sometimes meets Helen Gill, his neighbour.

Mr Smith: It's a fine day today, Helen.
Helen: Oh yes, Mr Smith, it is.
Mr Smith: You look very nice, Helen. Every day you look nicer.
Helen: Thank you, Mr Smith.

The conversation is usually very short but Mr Smith is very happy and thinks Helen is the nicest girl in town.
What does Helen think? Oh, it's her secret.

– Good morning, Mr Smith.
– Good morning, Mr Johnson.
– What's the time, please?
– It's a quarter to nine.
– Thank you, Mr Smith.

– Good afternoon, Andy. How are you?
– I'm fine, thanks. What time is it, please?
– I haven't a watch, but I think it must be about ten past six.
– Oh, it's late. I must hurry up.
– Oh, Andy, you're always late.

SŁOWNICZEK

about [ə'baut] o; około
alarm clock [ə'la:m klok] budzik
always ['ɔ:lᵘəz] *lub* ['ɔ:lᵘejz] zawsze
am [ˌej'em] = **ante meridiem** przed
    południem
back [bæk] *tu:* z powrotem

before [by'fo:] przed
break [brejk] przerwa
clock [klok] zegar
    5 o'clock [fajw ə'klok] godzina piąta
come back [ˌkam 'bæk] wracać
evening ['i:wnyŋ] wieczór

half [hɑːf] pół, połowa
halves [hɑːwz] połowy
hour [ˈauə] godzina
jump [dżamp] skakać, skoczyć
    jump out [ˌdżamp ˈaut] wyskoczyć
lunch [lancz] lunch, posiłek południowy
meet [miːt] spotykać, spotkać
minute [ˈmynyt] minuta
noon [nuːn] południe (= godzina 12)
office [ˈofys] biuro, urząd
past [pɑːst] po
pipe [pɑjp] fajka
pm [ˌpiːˈem] = post meridiem po południu
put on [ˌput ˈon] zakładać, ubierać się
pyjamas [pəˈdżaːməz] piżama

quarter [ˈkᵘoːtə] kwadrans
restaurant [ˈrestəront] *lub* [ˈrestərõ],
  [ˈrestərɑːnt], [ˈrestərənt] restauracja
ring [ryŋ] dzwonić
secret [ˈsiːkryt] tajemnica, sekret
shave [szejw] golić się
stay [stej] przebywać, pozostawać; pobyt
still [styl] jeszcze, nadal
take off [ˌtejk ˈof] zdejmować
think [θyŋk] myśleć
wake [ᵘejk] budzić
    wake up [ˌᵘejk ˈap] obudzić się
walk back [ˌᵘoːk ˈbæk] wracać pieszo
watch [ᵘocz] zegarek
work [ᵘəːk] pracować; praca

WYBRANE ZWROTY

in the morning rano
in the afternoon po południu
in the evening wieczorem
at noon w południe

What time is it?
What's the time? } Która godzina?

It's five am. Jest piąta rano.
It's five o'clock. Jest (godzina) piąta.
It's five past ten. Jest pięć po dziesiątej.
It's a quarter past eleven. Jest kwadrans po jedenastej.
It's half past eleven. Jest wpół do dwunastej (*dosł.* pół po jedenastej).
It's a quarter to two. Jest za piętnaście druga (*dosł.* kwadrans do drugiej).
It's two pm. Jest druga po południu.
It's ten to nine. Jest za dziesięć dziewiąta (*dosł.* dziesięć do dziewiątej).

OBJAŚNIENIA FONETYCZNE

Należy zwrócić uwagę na prawidłowe wymawianie słowa **quarter** [ˈkᵘoːtə] oraz na łączenie wyrazów, np. **wake up** [ˌᵘejk‿ˈap], **jump out** [ˌdżamp‿ˈaut], **take off** [ˌtejk‿ˈof], **put on** [ˌput‿ˈon].

Symbol [õ] oznacza nosowe [o].

GRAMATYKA

• OKREŚLENIA CZASU

Wyrazy **sometimes** *czasem*, **usually** *zwykle*, **often** *często*, **always** *zawsze*, **never** *nigdy* nie określają dokładnie, kiedy dana czynność się odbywa. W zdaniu stawiamy je najczęściej po podmiocie, np.

I usually read in bed.
Zwykle czytam w łóżku.
He always has it at eight o'clock.
On zawsze je (*dosł.* ma) je (= śniadanie) o ósmej.
Sue often makes cakes.
Sue często piecze (*dosł.* robi) ciastka.
He never eats his lunch at home.
On nigdy nie je lunchu w domu.

Uwaga! Przysłówek **never** wyraża przeczenie – używając go w zdaniu, nie dajemy drugiego przeczenia przy orzeczeniu.

Określenia czasu **in the morning** *rano*, **in the evening** *wieczorem*, **every day** *codziennie*, **after dinner** *po obiedzie* itp. stawiamy na początku lub na końcu zdania, np.

In the morning Mr Smith sometimes meets Helen.
(*lub* **Mr Smith sometimes meets Helen in the morning.**)
Pan Smith czasami rano spotyka Helen.
Mr Johnson often washes the dirty plates after dinner.
Pan Johnson często zmywa brudne talerze po obiedzie.
He walks there every day.
On chodzi tam codziennie.

Jeśli w zdaniu orzeczeniem jest czasownik **to be**, **to have** lub czasownik modalny **can**, **must**, to określenia czasu stawiamy przeważnie po nich, np.

Oh, Andy, you're always late.
Och, Andy, ty się zawsze spóźniasz.
Mrs Gill has always a lot of work to do at home.
Pani Gill ma zawsze dużo roboty (*dosł.* do zrobienia) w domu.
Binkie can sometimes sleep on Joan's bed.
Binkie może czasem spać na łóżku Joan.
Rick must always wash his hands before dinner.
Rick zawsze musi myć ręce przed obiadem.

• CZASOWNIKI Z PRZYIMKAMI

At seven o'clock Mr Smith wakes up.
At ten past seven he jumps out of bed.
At half past seven he comes back to his room.
He takes off his pyjamas and puts on his clothes.

Często przyimek postawiony po czasowniku uwypukla czynność wyrażoną przez ten czasownik albo nadaje mu nowy odcień znaczeniowy, np. **wake** *budzić się* – **wake up** *obudzić się, przebudzić się*; **jump** *skakać* – **jump out** *wyskoczyć*; **put** *kłaść* – **put on** *zakładać, ubierać się* itd.

• LICZEBNIKI GŁÓWNE

1	**one** [ᵘɑn] jeden, jedna	16	**sixteen** [ˌsyksˈtiːn]
2	**two** [tuː] dwa, dwie	17	**seventeen** [ˌsewnˈtiːn]
3	**three** [θriː] trzy *itd.*	18	**eighteen** [ˌejˈtiːn]
4	**four** [foː]	19	**nineteen** [ˌnɑjnˈtiːn]
5	**five** [fɑjw]	20	**twenty** [ˈtᵘenty]
6	**six** [syks]	21	**twenty-one** [ˌtᵘentyˈᵘɑn]
7	**seven** [sewn]	22	**twenty-two** [ˌtᵘentyˈtuː]
8	**eight** [ejt]	30	**thirty** [ˈθəːty]
9	**nine** [nɑjn]	40	**forty** [ˈfoːty]
10	**ten** [ten]	50	**fifty** [ˈfyfty]
11	**eleven** [yˈlewn]	60	**sixty** [ˈsyksty]
12	**twelve** [tᵘelw]	70	**seventy** [ˈsewnty]
13	**thirteen** [ˌθəːˈtiːn]	80	**eighty** [ˈejty]
14	**fourteen** [ˌfoːˈtiːn]	90	**ninety** [ˈnɑjnty]
15	**fifteen** [ˌfyfˈtiːn]	100	**a hundred** [ə ˈhɑndrəd]

• PYTANIE O WIEK, PODAWANIE WIEKU

Pytając o wiek, mówimy np.

How old are you? Ile masz lat? (*dosł.* Jak stary jesteś ty?)
How old is he? Ile on ma lat?
How old are they? Ile oni mają lat?

Mówiąc o wieku ludzi, używamy czasownika **to be** w odpowiedniej formie i liczebnika głównego.
Możemy także dodać **years old** (*dosł.* lat stary).

I'm (= I am) nineteen.
Mam dziewiętnaście lat.
You're (= You are) seven.
Masz siedem lat.
She's (= She is) twenty-five.
Ona ma dwadzieścia pięć lat.
We're (= We are) 30 years old.
Mamy (po) 30 lat.

ĆWICZENIA

❶ Ćwicz na głos:

I wake up at seven o'clock.
You have a cup of coffee at a quarter past seven.
We go to the office about half past seven.
They eat apples at eight o'clock.
They read the newspaper at ten to nine.

❷ Odpowiedz na pytania (pamiętaj o stosowaniu form ściągniętych):

1. What's the time? 2. How many hours are there in a day? 3. What do you do at eight in the morning? 4. Where are you at 4 am? 5. What do you do half an hour before breakfast? 6. What colour is your clock? 7. Are you at home at seven pm? 8. How many minutes are there in a quarter of an hour? 9. What time do you have dinner? 10. How long do you sleep? 11. Who works in the office? 12. Does Mr Smith wash at nine o'clock?

❸ Napisz następujące godziny pełnymi słowami, np. **a quarter past two**:

1. – 3.15 2. – 4.30 3. – 8.50 4. – 9.30 5. – 10.05 6. – 7.45 7. – 10.45
8. – 11.25 9. – 12.00 10. – 12.35

❹ Zamień na formę twierdzącą (pamiętaj o stosowaniu form ściągniętych):

1. Is it six o'clock? 2. Have you a watch? 3. Is it half past four? 4. Does Mr Smith jump out of his bed? 5. Does he start his breakfast at 8 o'clock? 6. Is his breakfast ready? 7. Does he walk to his office? 8. Does he read a newspaper at breakfast time? 9. Is it 7 am? 10. Do you work in the afternoon?

❺ Zamień na liczbę mnogą:

1. There's a pen on the desk. 2. A woman's (= A woman is) walking to the office. 3. He goes in his car to London every morning. 4. Don't take down this picture. 5. This student works very hard. 6. The girl has a rose in her hand.

⑥ Wstaw **some** albo **any**:

1. There aren't ... apples on the table. 2. Have you ... books on the shelves? 3. Are there ... young men in the town? 4. We have ... flowers in the garden. 5. Steve has ... coffee in his cup. 6. Is there ... milk in the jug? 7. She has ... new dresses.

⑦ Wstaw brakujące wyrazy:

1. Every morning Mr Smith's clock ... at seven o'clock. 2. Mr Smith wakes ... and ... in bed for ten minutes. 3. Then at ten past seven he ... of bed and goes to the ... 4. There he ... and washes. 5. At half past seven he ... to his bedroom, ... his pyjamas and ... his clothes. 6. At eight o'clock he ... his breakfast.

⑧ Podaj pełnymi słowami czas wskazany na poszczególnych tarczach zegarowych:

⑨ Przetłumacz:

1. O piątej rano pan Smith jeszcze śpi. 2. Każdego ranka (= co rano) (on) budzi się o godzinie siódmej. 3. (On) pozostaje w łóżku przez 5 minut. 4. (On) zawsze wyskakuje z łóżka i idzie do łazienki. 5. Czy (ty) golisz się codziennie? 6. Pan Smith goli się każdego ranka. 7. O wpół do ósmej (on) wraca do sypialni i ubiera się (*dosł.* zakłada swoje ubranie). 8. Joan zdejmuje (właśnie) różową sukienkę i zakłada niebieską piżamę. 9. Codziennie o godzinie ósmej jemy śniadanie. 10. Ojciec czyta gazetę przy śniadaniu (= w czasie śniadania). 11. Oni pracują w biurze od dziewiątej rano do piątej po południu.

18 LESSON EIGHTEEN
THE EIGHTEENTH LESSON

📖 A BUSY MAN

Ian: Hello, Matt! I'm so glad to see you. When I want to speak to my friends, I go to the club café, and they're usually there in the morning, but you're never there.

Matt: I can't. I'm too busy.

Ian: Are you telling me you have no time?! Don't lie to me. You do nothing!

Matt: I do!

Ian: Really? What time do you get up?

Matt: At eight, or half past eight.

Ian: So you're ready at half past nine.

Matt: No, I'm not. I must have a bath and then dress.

Ian: That's half an hour.

Matt: No, much more. It takes an hour. Then there's breakfast. That takes half an hour, so I'm ready at a quarter to ten, or at ten. My classes are at half past ten, and two hours later I go home to have my lunch.

Ian: Then you have nothing to do till three o'clock.

Matt: Yes, but I must rest a little and ring up some friends.

Ian: And what do you do when the afternoon classes are over?

Matt: I go to the library, to the café to have a cup of tea, then I walk to my club to see if there are any letters for me, read the papers, talk with friends. And – gosh! – it's a quarter to seven! I must run home and dress for dinner. Bye-bye!

Ian: Stop! Come to my place after dinner.

Matt: I can't. I'm busy. I'm going to the cinema with Ellen. Goodbye!

He never shuts the door

SŁOWNICZEK

a little [ə 'lytl] trochę
bath [bɑ:θ] kąpiel; wanna
café ['kæfej] kawiarnia
cinema ['synymə] kino
club [klʌb] klub
dress [dres] ubierać się
get up [ˌget 'ʌp] wstawać
glad [glæd] zadowolony
if [yf] czy; jeżeli
letter ['letə] list; litera
library ['lɑjbrəry] biblioteka
lie [lɑj] kłamać
Matt [mæt] *imię męskie*

nothing ['nʌθyŋ] nic
paper ['pejpə] papier; gazeta
place [plejs] miejsce
rest [rest] odpoczynek; odpoczywać, wypoczywać
run [rʌn] biec, biegać
see [si:] widzieć, zobaczyć
stop [stop] zatrzymać
tell [tel] mówić, powiedzieć, opowiadać, opowiedzieć; kazać
then [ðen] potem, wtedy, więc
till [tyl] do, aż do
walk [ᵘo:k] chodzić, spacerować

WYBRANE ZWROTY

I'm glad to see you. Cieszę się, że cię widzę.
a club café kawiarnia klubowa
Really? Naprawdę?, Czyżby?
to have no time nie mieć czasu
Don't lie to me. Nie kłam.
to go home iść do domu
So you're ready at nine. Tak więc jesteś gotowy o dziewiątej.
to ring up a friend zadzwonić (= zatelefonować) do przyjaciela
to be over skończyć się
Gosh! Rety!, O rety!
to run home biec do domu
I must rest a little. Muszę chwilę odpocząć.
Bye-bye! [ˌbɑj'bɑj] Do zobaczenia!, Pa, pa!
Come to my place. Przyjdź do mnie.
to go to the cinema iść do kina
Goodbye! [gud'bɑj] Do widzenia!
breakfast is over śniadanie skończone
at home w domu

OBJAŚNIENIA FONETYCZNE

W języku angielskim samogłoska [i:] nie zmiękcza poprzedzającej ją spółgłoski, np. see wymawiamy [si:], a nie [śi:].
Należy zwrócić uwagę na poprawną wymowę słowa **home** [houm].
Wymowa **I can't**: Anglicy mówią [ɑj 'kɑ:nt], Amerykanie [ɑj 'kænt].

GRAMATYKA

- ## PRZECZENIA

You are never there.	**You have no time.**
Nigdy cię tam nie ma.	Nie masz czasu.
You do nothing.	**There are no flowers.**
Nic nie robisz.	Nie ma kwiatów.
I have not any books. ⎱ Nie mam książek. **I have no books.** ⎰	

W języku angielskim może występować w zdaniu tylko jeden wyraz przeczący, np. **never**, **not**, **no** lub **nothing**. W języku polskim możemy użyć dwóch lub więcej wyrazów o charakterze przeczącym, np. *Nigdy nikogo tam nie widziałam.*

ĆWICZENIA

❶ Ćwicz na głos:

Matt ⎫			⎧ goes to the club café.
Phil ⎪			gets up at 7 am.
Andy ⎬	never		has breakfast at 8 am.
John ⎪			drinks orange juice in the morning.
Ian ⎭			goes to bed at 9 pm.

❷ Zamień na formę przeczącą (pamiętaj o stosowaniu form ściągniętych):

1. I'm very glad to see you. 2. I want to speak to John. 3. You're always there. 4. I have some friends in England. 5. There are some books on the shelf. 6. It takes an hour. 7. He eats a red apple. 8. She's drinking coffee. 9. We have some time to walk. 10. They're good students.

❸ Wstaw brakujące wyrazy:

1. I'm so glad ... see you. 2. My friends go ... the club café ... the morning. 3. You are ready ... half past eight. 4. What time do you get ...? 5. You have nothing to do ... three o'clock. 6. I must ring ... my friends. 7. What do you do when your classes are ...? 8. I must run home and dress ... dinner. 9. I'm going to the cinema ... Ellen.

❹ Napisz następujące zdania we wszystkich osobach (pamiętaj o stosowaniu form ściągniętych):

Przykład: I'm taking my book from the shelf. The book is mine.

⑤ Napisz pełnymi słowami, która jest godzina:

1. It's 8.45.   2. It's 11.30.   3. It's 3.17.   4. It's 5.37.   5. It's 12.05.

⑥ Daj krótkie odpowiedzi przeczące na następujące pytania (pamiętaj o stosowaniu form ściągniętych):

1. Is Ian glad to see Matt? No, he ... 2. Can Binkie shut the door? No, ... 3. Is your breakfast over? No, ... 4. Does Matt go to the café? No, ... 5. Is it a quarter to seven? No, ... 6. Does your father read the paper before breakfast? No, ... 7. Is Ian going to the cinema with Sue? No, ... 8. Are his classes at half past ten? No, ... 9. Can Matt go to the club café? No, ...

⑦ Wstaw **am, is** albo **are**:

1. Where ... Steve sitting? 2. John and Phil ... standing near the window. 3. Where ... Ian standing? 4. You ... reading a book. 5. ... I carrying a jug of milk? 6. What ... those women doing?

⑧ Przekształć zdania:

Przykład: These are my roses.
          These roses are mine.

1. This is your dog. 2. That's (= That is) her car. 3. This is his house. 4. These aren't my letters. 5. Is this your dog? 6. This is our library. 7. That's their club. 8. Is this your coffee?

⑨ Ułóż pytania do poniższych zdań, rozpoczynając od podanych słów.

Przykład: The book is on the shelf. Where ...?
          Where is the book?

1. Rick's (= Rick is) standing near the gate. Where ...? 2. The plates and cups are in the cupboard. Where ...? 3. Sue's making cakes. What ...? 4. Matt's ringing up his friend. What ...? 5. John's lying on his sofa. Where ...? 6. Matt must rest a little. What ...? 7. He's eating an apple. What ...? 8. The lamp's on the table. Where ...?

⑩ Przetłumacz:

1. Lunch się skończył (*dosł.* jest skończony) i Matt biegnie do domu. 2. Idę z Joan do kina. 3. Czy ludzie lubią pracować? 4. Matt nie lubi pracować. 5. Co robisz po obiedzie? 6. Przyjdź do mnie na filiżankę kawy. 7. O której godzinie wstajesz? 8. O której godzinie pan Smith idzie do biura? 9. Kiedy zaczynasz lekcje? 10. Czy jego brat jest bardzo zajęty? 11. Gdzie jest gazeta? 12. Czy Andy czyta gazetę codziennie?

- **CZASOWNIK to be – CZAS PRZESZŁY** – FORMA TWIERDZĄCA, PYTAJĄCA I PRZECZĄCA
- **CZASOWNIK to have – CZAS PRZESZŁY** – FORMA TWIERDZĄCA, PYTAJĄCA I PRZECZĄCA
- **CZAS PRZESZŁY CIĄGŁY** *PAST CONTINUOUS TENSE*
- **PRZYSŁÓWEK too**

📖 WHERE IS THE PEN?

Phil cannot find his pen. It is a new pen, a very good one. It is not on the table, it is not in his pockets. Phil is looking into the drawer of his desk – he usually puts the pen there when he does not work – but there is nothing inside. He looks behind the picture of his girlfriend, then under the desk, behind the bed. He takes down the books from the shelf high above the fireplace to see whether the pen is lying there.

Where can the pen be?

He cannot find it. It is a quarter to eight and Phil wants to begin his English exercise. He must hurry up. Where can the pen be?

Yesterday at noon it was certainly in the drawer and in the evening he had it at the classes. Was it in his desk in the morning before breakfast? It was in his pocket when he was going to his classes. He had it in his hand when he was showing it to some friends in the club and they were admiring it. He had it in his pocket when he was having lunch at home, so it wasn't in the club.

It is getting late, it is thirteen minutes past eight. Phil sits down at his desk and takes out a pencil. He opens his exercise book and there he sees ... his pen! It is lying inside his English exercise book.

- Were Matt and Ellen at the cinema
  in the afternoon?
- Yes, they were.
- Was Ian there, too?
- No, he wasn't.
- Where was Ian?
- He was in the library.

- Were you at the football match yesterday, Matt?
- No, I wasn't.
- Why not?
- I had no time. I was very busy.
- Oh, were you?
- Yes, I had some friends at home yesterday.

- Yesterday I was at the cinema with my girlfriend.
- What were they showing?
- It was a film called "Where do you come from?"
- Was it good?
- Very. The actress was very beautiful.

SŁOWNICZEK

above [ə'baw] nad, ponad
actress ['æktrys] aktorka
admire [əd'majə] podziwiać
behind [by'hajnd] za, z tyłu
drawer [dro:] szuflada
film [fylm] film
find [fajnd] znaleźć
get [get] dostać się
had [hæd] *czas przeszły od* **to have**
high [haj] wysoki; wysoko
inside [yn'sajd] wewnątrz, w środku

into ['yntə] do (do środka, do wewnątrz)
match [mæcz] *tu*: mecz
open ['oupən] otwierać
pen [pen] wieczne pióro
pocket ['pokyt] kieszeń
show [szou] pokazać
was [ᵘoz, ᵘəz] ⎫
were [ᵘə:, ᵘə] ⎬ *czas przeszły od* **to be**
whether ['ᵘeðə] czy
yesterday ['jestədy] *lub* ['jestədej] wczoraj

WYBRANE ZWROTY

to look into zaglądać do środka
He takes down the books to see ... Zdejmuje książki, żeby zobaczyć ...
at the classes na lekcjach, na ćwiczeniach
It's getting late. Robi się późno.
to take out wyjmować

OBJAŚNIENIA FONETYCZNE

Wyraz **was** ma dwie formy wymowy: mocną [ᵘoz], kiedy jest akcentowany, np. **It was certainly in the drawer. Was it in his desk in the morning before breakfast?** oraz słabą [ᵘəz], kiedy akcentowane są inne sąsiadujące z nim wyrazy, np. **He had it in his hand when he was showing it to some friends.**

Akcentowany wyraz **were** wymawiamy [ᵘə:] lub [ᵘeə], ale najczęściej stosowana jest nieakcentowana forma słaba [ᵘə].

GRAMATYKA

• **CZASOWNIK to be – CZAS PRZESZŁY**

Was Ian there?
Czy Ian tam był?
I wasn't there.
Nie byłem tam.
Where were they?
Gdzie oni byli?

FORMA TWIERDZĄCA

I was	byłem, byłam
you were	byłeś, byłaś
he was	(on) był
she was	(ona) była
it was	(ono) było
we were	byliśmy, byłyśmy
you were	byliście, byłyście
they were	(oni) byli, (one) były

FORMA PYTAJĄCA

| Was I? | Czy byłem, byłam? |
| Were you? | Czy byłeś, byłaś? |

Was he?	Czy (on) był?
Was she?	Czy (ona) była?
Was it?	Czy (ono) było?
Were we?	Czy byliśmy, byłyśmy?
Were you?	Czy byliście, byłyście?
Were they?	Czy (oni) byli, (one) były?

FORMA PRZECZĄCA

I was not (*forma ściągnięta*: wasn't)	nie byłem, nie byłam
you were not (= weren't)	nie byłeś, nie byłaś
he was not (= wasn't)	(on) nie był
she was not (= wasn't)	(ona) nie była
it was not (= wasn't)	(ono) nie było
we were not (= weren't)	nie byliśmy, nie byłyśmy
you were not (= weren't)	nie byliście, nie byłyście
they were not (= weren't)	(oni) nie byli, (one) nie były

W czasie przeszłym czasownik **to be** ma dwie formy: **was** w 1. i 3. os. lp i **were** w 2. os. lp i we wszystkich osobach lm.

Uwaga! W czasie teraźniejszym, zarówno w języku polskim, jak i w angielskim, w formach czasowników nie rozróżniamy rodzajów, np. **he is, she is** *on jest, ona jest*; **they are** *oni są, one są*. Ale w czasie przeszłym, gdy w języku polskim odróżniamy rodzaje (*byłem, byłam; byliście, byłyście*), w języku angielskim forma męska i żeńska pozostaje taka sama (**I was**; **you were**).

• **CZASOWNIK to have – CZAS PRZESZŁY**

Czasownik **to have** w czasie przeszłym ma we wszystkich osobach tę samą formę – **had**.

FORMA TWIERDZĄCA

I		miałem, miałam
you		miałeś, miałaś
he		(on) miał
she	**had**	(ona) miała
it		(ono) miało
we		mieliśmy, miałyśmy
you		mieliście, miałyście
they		(oni) mieli, (one) miały

FORMA PYTAJĄCA

Had	I?	Czy miałem, miałam?
	you?	Czy miałeś, miałaś?
	he?	Czy (on) miał?
	she?	Czy (ona) miała?
	it?	Czy (ono) miało?
	we?	Czy mieliśmy, miałyśmy?
	you?	Czy mieliście, miałyście?
	they?	Czy (oni) mieli, (one) miały?

FORMA PRZECZĄCA

I had not (*forma ściągnięta* = hadn't)	nie miałem, nie miałam
you had not (= hadn't)	nie miałeś, nie miałaś
he had not (= hadn't)	(on) nie miał
she had not (= hadn't)	(ona) nie miała
it had not (= hadn't)	(ono) nie miało *itd.*

- **CZAS PRZESZŁY CIĄGŁY** *PAST CONTINUOUS TENSE*

He had it in his hand when he was showing it.
On miał je w ręce, kiedy je pokazywał (*właśnie wtedy*).

Czas przeszły ciągły tworzymy podobnie jak czas teraźniejszy ciągły.

CZAS TERAŹNIEJSZY CIĄGŁY

I am showing
you are showing *itd.*

CZAS PRZESZŁY CIĄGŁY

I was showing	we were showing
you were showing	you were showing
he was showing	they were showing
she was showing	
it was showing	

Czasownik główny przyjmuje końcówkę **-ing** i jest poprzedzony czasownikiem posiłkowym **was** lub **were** w zależności od osoby.

Czas przeszły ciągły wyraża czynności, które trwały w określonym czasie w przeszłości lub też wtedy, gdy miało miejsce jakieś (nagłe) wydarzenie.

When Sue was in the garden, Steve was painting the fence.
Kiedy Sue była w ogrodzie, Steve (*właśnie*) malował płot.
When Rick opened the door, Binkie was drinking milk from the bowl.
Kiedy Rick otworzył drzwi, Binkie (*właśnie*) pił mleko z miski.

Formy pytającą i przeczącą czasu przeszłego ciągłego tworzymy analogicznie do form w czasie teraźniejszym ciągłym:

Was I showing?
Were you showing? *itd.*
I was not (= I wasn't) showing.
You were not (= weren't) showing. *itd.*

• **PRZYSŁÓWEK too**

Przysłówka **too** w znaczeniu *zbyt, zbytnio, zanadto* używamy przed przymiotnikiem lub innym przysłówkiem.

I'm too busy.
Jestem zbyt zajęty.
That is too much.
To za dużo.
You are getting up too late, Matt.
Wstajesz za późno, Matt.
Not too late to have my breakfast.
Nie za późno, żeby zjeść śniadanie.
But too late for your classes.
Ale za późno na lekcje.
But not too late to go to the cinema.
Ale nie za późno, żeby iść do kina.

ĆWICZENIA

❶ Ćwicz na głos:

I Phil Ian John Andy	was	at the football match in the library in the club in the bathroom at the cinema	yesterday.

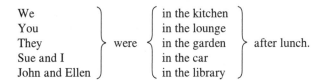

We ⎫
You ⎪
They ⎬ were { in the kitchen / in the lounge / in the garden / in the car / in the library } after lunch.
Sue and I ⎪
John and Ellen ⎭

❷ Wstaw brakujące wyrazy:

1. Phil cannot find ... pen. 2. He's looking ... the picture of his girlfriend. 3. His shelf is high ... the fireplace. 4. Yesterday, at noon, the pen was in the ... 5. In the evening he ... it at the classes. 6. He's looking ... the drawer but there's nothing ... 7. He's taking down the books from the shelf to see ... the pen is there. 8. He usually ... the pen into the drawer. 9. It was in his ... when he was going to his classes.

❸ Odmień przez wszystkie osoby:

1. I was at home (you were at home, he was at home itd.).
2. Was I in front of the fireplace?
3. I was showing Ian a pen.

❹ Zamień na czas przeszły:

Przykład: My pencil is here.
My pencil was here.

1. My pen is there. 2. Your coffee is cold. 3. For breakfast I have two pieces of toast. 4. He has no time for more bread and butter. 5. His friends are admiring his new study. 6. We're washing our hands. 7. He's lying in bed now. 8. She isn't in bed. 9. They aren't in the office. 10. I'm going to the cinema with Ellen. 11. The pen is in my pocket. 12. I'm showing Phil my room. 13. They're having their lunch. 14. Is it in your desk?

❺ Zamień na formę pytającą:

Przykład: He was ready to go to the library.
Was he ready to go to the library?

1. He was ready to go to the office. 2. You were sitting in a comfortable armchair. 3. Those eggs were boiled. 4. She was a good friend. 5. He had two watches in his desk. 6. They had some good pictures in their room. 7. Her rolls were too hard. 8. She had a small lamp above her bed. 9. They were admiring her watch. 10. There were some nice dresses in her cupboard.

❻ Przeczytaj uważnie tekst lekcji jeszcze raz i odpowiedz na pytania (pamiętaj o stosowaniu form ściągniętych):

1. What's Phil doing? 2. Was he doing it yesterday? 3. Can he find his pen? 4. Is the pen lying on the shelf? 5. Where was the pen yesterday at noon? 6. Where was it when Phil was going to his classes? 7. Where was Phil's pen when he was showing it to some friends in the club? 8. Where was the pen when Phil was having lunch at home? 9. Was it in the club? 10. Where is the pen lying?

❼ Przetłumacz (pamiętaj o stosowaniu form ściągniętych):

1. Phil nie może znaleźć swojego nowego pióra. 2. (Ono) leżało wczoraj w jego zeszycie i leży tam także dzisiaj. 3. Nie ma go (*dosł.* ono nie jest) na stole, nie ma go także w kieszeni (*dosł.* w kieszeni także). 4. Phil wkłada zwykle swoje pióro do szuflady. 5. On zagląda do szuflady. 6. Tam nie ma nic w środku. 7. Czy ono jest pod krzesłem? 8. Wczoraj Phil był w kinie ze swoją sympatią (= dziewczyną). 9. Czy Ian był tam także? 10. Kiedy Ellen była w klubie, (jej) przyjaciółki podziwiały jej sukienkę. 11. Andy i Sue jedli wczoraj lunch w restauracji. 12. Robi się późno, (ja) muszę iść do domu.

❽ Przeczytaj kilkakrotnie na głos: 🎧

[ᵁ]   was, were, we, watch, when, word, work
[ɑj] behind, find, I, my, fine, mine, lie
[ð]   this, that, these, those, they, then
[θ]   thanks, thing, third, thirteen, think

LESSON TWENTY
THE TWENTIETH LESSON **20**

- **CZAS PRZESZŁY PROSTY** *SIMPLE PAST TENSE* – **CZASOWNIKI REGULARNE**
  CZASOWNIK to return
  WYMOWA KOŃCÓWKI -ed
- **ODPOWIEDZI TWIERDZĄCE I PRZECZĄCE** (DŁUGIE I KRÓTKIE)
- **CZAS PRZESZŁY PROSTY** *SIMPLE PAST TENSE* – **CZASOWNIKI NIEREGULARNE**
  CZASOWNIK to do
  CZASOWNIK to ride
- **ZAIMEK WZGLĘDNY** who

THE TIGER AND THE YOUNG LADY

There was a tiger who lived in Riga near the home of a young lady. He liked speaking to her. She was pretty and she smiled very often. She did not work much. She did not do her lessons, she did not like to walk or run and so she was much too fat. The tiger was old and thin.

One day the young lady wanted to ride on the tiger. The tiger was very glad. But the ride was not very long. When did they return from the ride? They returned after the tiger's lunch, which was very good. When they returned the tiger was smiling and he was very happy. Did the young lady smile? Oh no, she did not smile, she was inside the tiger.

There was a young lady of Riga,
Who smiled when she rode on a tiger.
They returned from the ride
With the lady inside
And the smile on the face of the tiger.

Joan:	Do tigers live in England?
Mother:	No, they live in India.
Joan:	Do they eat people?
Mother:	Yes, they sometimes do.

Mr Smith: Does your mother take you to the Zoo, Rick?
Rick:　　　Yes, Mr Smith. She sometimes does.
Mr Smith: Which animals do you like best?
Rick:　　　Oh, I like big animals like tigers, lions and elephants.

SŁOWNICZEK

ago [ə'gou] temu (*w zwrotach*: rok
　temu, dawno temu)
animal ['ænyməl] zwierzę
count [kaunt] liczyć
elephant ['elyfənt] słoń
face [fejs] twarz
ladies ['lejdyz] panie; damy
lady ['lejdy] pani; dama
lion ['lajən] lew
load [loud] ładować, załadować
return [ry'tə:n] wracać, wrócić
ride [rajd] przejażdżka

ride [rajd] jechać, jeździć (konno, na
　rowerze itp.), przejechać się; *nieregu-
　larny*
Riga ['ri:gə] *lub* ['rajgə] Ryga
rode [roud] *czas przeszły od* to ride
smile [smajl] uśmiechać się, uśmiechnąć
　się; uśmiech
thin [θyn] chudy
tiger ['tajgə] tygrys
young lady [ˌjaŋ 'lejdy] panna,
　dziewczyna; młoda dama
zoo [zu:] zoo, ogród zoologiczny

WYBRANE ZWROTY

one day pewnego dnia
she rode on a tiger pojechała na tygrysie

OBJAŚNIENIA FONETYCZNE

Wymowa i rytm wiersza:

[ðeə 'ᵘoz ə jaŋ 'lejdy əw 'rajgə]
[hu: 'smajld ᵘen szi: 'roud on ə 'tajgə]
[ðej ry'tə:nd from ðə 'rajd]
['ᵘyð ðə 'lejdy yn'sajd]
[ənd ðə 'smajl on ðə 'fejs əw ðə 'tajgə]

GRAMATYKA

● **CZAS PRZESZŁY PROSTY** *SIMPLE PAST TENSE* – **CZASOWNIKI REGULARNE**

Język angielski ma kilka czasów przeszłych (m.in. czas przeszły prosty
i czas przeszły ciągły).

Czas przeszły prosty czasowników regularnych tworzymy przez dodanie -ed lub -d do bezokolicznika (bez to), np. **to return** – **I returned**; **to like** – **I liked**.

He lived in Riga.	**Did the young lady smile?**
On mieszkał w Rydze.	Czy dziewczyna się uśmiechała?
He liked speaking to her.	**She did not work much.**
Lubił z nią rozmawiać.	Nie pracowała dużo.
She smiled very often.	**She did not do her lessons.**
Ona się często uśmiechała.	Nie odrabiała lekcji.
They returned from the ride.	**She did not like to walk.**
Powrócili z przejażdżki.	Nie lubiła spacerować.
The lady wanted to ride on the tiger.	**She did not smile.**
Pani chciała jechać na tygrysie.	Nie uśmiechała się.
When did they return from the ride?	
Kiedy wrócili z przejażdżki?	

CZASOWNIK to return

FORMA TWIERDZĄCA

I returned [ry'tə:nd]	wróciłem, wróciłam
you returned	wróciłeś, wróciłaś
he returned	(on) wrócił
she returned	(ona) wróciła
it returned	(ono) wróciło
we returned	wróciliśmy, wróciłyśmy
you returned	wróciliście, wróciłyście
they returned	(oni) wrócili, (one) wróciły

FORMA PYTAJĄCA

Did [dyd] **I return?**	Czy wróciłem, wróciłam?
Did you return?	Czy wróciłeś, wróciłaś?
Did he return?	Czy (on) wrócił?
Did she return?	Czy (ona) wróciła? *itd.*

FORMA PRZECZĄCA

I did not (= **didn't**) [dydnt] **return**	nie wróciłem, nie wróciłam
you did not (= **didn't**) **return**	nie wróciłeś, nie wróciłaś
he did not (= **didn't**) **return**	(on) nie wrócił
she did not (= **didn't**) **return**	(ona) nie wróciła *itd.*

Uwaga! Powyższe formy ściągnięte, podobnie jak omówione już formy ściągnięte, używane są w mowie potocznej i w listach prywatnych.

WYMOWA KOŃCÓWKI -ed W ZALEŻNOŚCI OD KONTEKSTU: [d], [t], [yd].

Bezokolicznik Infinitive	Czas przeszły prosty Simple Past Tense	Uwagi
to live to smile to return to shave	I lived [lywd] he smiled [smajld] we returned [ryˈtə:nd] he shaved [szejwd]	Po spółgłoskach dźwięcznych, np. [w, l, n], wymawiamy [d]; e nie wymawiamy.
to like to work to walk to stop	I liked [lajkt] she worked [ᶷə:kt] you walked [ᶷo:kt] he stopped [stopt]	Po spółgłoskach bezdźwięcznych, np. [k, p], wymawiamy [t]; e nie wymawiamy. W piśmie podwajamy końcową spółgłoskę występującą po akcentowanej samogłosce (np. stop – stopped).
to want to count to load	I wanted [ˈᶷontyd] I counted [ˈkauntyd] he loaded [ˈloudyd]	Po [t] i [d] -ed wymawiamy [yd].
to hurry to carry	he hurried [ˈharyd] you carried [ˈkæryd]	-y zamieniamy na -i, -ied wymawiamy [yd].

• **ODPOWIEDZI TWIERDZĄCE I PRZECZĄCE** (DŁUGIE I KRÓTKIE)

Pytania	Odpowiedzi długie	Odpowiedzi krótkie
Did I dance well?	Yes, you danced well. No, you did not dance well. No, you didn't dance well.	Yes, you did. No, you did not. No, you didn't.
Did you work hard?	Yes, I/we worked hard. No, I/we didn't work hard.	Yes, I/we did. No, I/we didn't.
Did he live here?	Yes, he lived here. No, he didn't live here.	Yes, he did. No, he didn't.
Did she love him?	Yes, she loved him. No, she didn't love him.	Yes, she did. No, she didn't.
Did it stop?	Yes, it stopped. No, it didn't stop.	Yes, it did. No, it didn't.
Did we count the forks?	Yes, you counted the forks. No, you didn't count the forks.	Yes, you did. No, you didn't.
Did they like her?	Yes, they liked her. No, they didn't like her.	Yes, they did. No, they didn't.

Uwaga! W mowie potocznej najczęściej udzielamy odpowiedzi krótkich.

● **CZAS PRZESZŁY PROSTY** *SIMPLE PAST TENSE*
CZASOWNIKI NIEREGULARNE

Czasowniki nieregularne mają odrębne formy w czasie przeszłym (nie dodajemy końcówki **-ed**), np.

to ride [rɑjd] *jechać (konno, na rowerze)*
czas przeszły prosty: **I rode, you rode, he rode** itd.

to do
czas przeszły prosty: **I did, you did, he did** itd.

CZASOWNIK to do

FORMA TWIERDZĄCA

I did [dyd]	zrobiłem, zrobiłam
you did	zrobiłeś, zrobiłaś
he did	(on) zrobił
she did	(ona) zrobiła
it did	(ono) zrobiło
we did	zrobiliśmy, zrobiłyśmy
you did	zrobiliście, zrobiłyście
they did	(oni) zrobili, (one) zrobiły

FORMA PYTAJĄCA

Did I do?	Czy zrobiłem, zrobiłam?
Did you do?	Czy zrobiłeś, zrobiłaś?
Did he do?	Czy (on) zrobił?
Did she do?	Czy (ona) zrobiła?
Did it do?	Czy (ono) zrobiło?
Did we do?	Czy zrobiliśmy, zrobiłyśmy?
Did you do?	Czy zrobiliście, zrobiłyście?
Did they do?	Czy (oni) zrobili, (one) zrobiły?

FORMA PRZECZĄCA

I did not (= I didn't) do	nie zrobiłem, nie zrobiłam
you didn't do	nie zrobiłeś, nie zrobiłaś
he didn't do	(on) nie zrobił
she didn't do	(ona) nie zrobiła
we didn't do	nie zrobiliśmy, nie zrobiłyśmy
you didn't do	nie zrobiliście, nie zrobiłyście
they didn't do	(oni) nie zrobili, (one) nie zrobiły

CZASOWNIK to ride

FORMA TWIERDZĄCA   FORMA PYTAJĄCA

I rode	jechałem, jechałam	**Did I ride?**	Czy jechałem, jechałam?
you rode	jechałeś, jechałaś	**Did you ride?**	Czy jechałeś, jechałaś?
he rode	(on) jechał	**Did he ride?**	Czy (on) jechał?
she rode	(ona) jechała	**Did she ride?**	Czy (ona) jechała?
we rode	jechaliśmy, jechałyśmy	**Did we ride?**	Czy jechaliśmy, jechałyśmy?
you rode	jechaliście, jechałyście	**Did you ride?**	Czy jechaliście, jechałyście?
they rode	(oni) jechali, (one) jechały	**Did they ride?**	Czy (oni) jechali, (one) jechały?

FORMA PRZECZĄCA

I did not (= didn't) ride	nie jechałem, nie jechałam
you didn't ride	nie jechałeś, nie jechałaś
he didn't ride	(on) nie jechał
she didn't ride	(ona) nie jechała
we didn't ride	nie jechaliśmy, nie jechałyśmy
you didn't ride	nie jechaliście, nie jechałyście
they didn't ride	(oni) nie jechali, (one) nie jechały

Uwaga! Formy czasu przeszłego czasownika **to do** – **did** używamy do tworzenia pytań i przeczeń w czasie przeszłym tak samo jak **do** i **does** w czasie teraźniejszym.

Czasu przeszłego prostego używamy do wyrażenia przeszłego stanu lub czynności, która odbyła się w określonym momencie w przeszłości. Czas ten może być określony datą, godziną lub liczbą dni (lat), które upłynęły od tamtego momentu, np.

I lived in London in 1974.
Mieszkałam w Londynie w roku 1974.

Często używamy wyrazu **ago**, np.

I moved my desk two days ago.
Przesunęłam swoje (*dosł.* moje) biurko dwa dni temu.

● **ZAIMEK WZGLĘDNY who**

The man who is standing there is my brother.
Człowiek, który tam stoi, jest moim bratem.

There was a tiger who lived in Riga.
Był sobie tygrys, który mieszkał w Rydze.

Zaimek względny **who** *który, która* itd. jest stosowany w odniesieniu do osób (wprowadza zdanie z informacją dotyczącą opisywanej osoby). W tekście użyto go żartobliwie, mówiąc o tygrysie jak o człowieku.

ĆWICZENIA

❶ Ćwicz na głos:

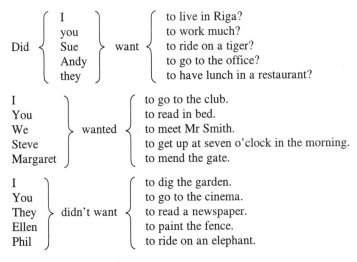

❷ Odpowiedz na pytania (pamiętaj o stosowaniu form ściągniętych):

1. Where did the tiger live? 2. Where did the young lady live? 3. Was she nice? 4. Did she often smile? 5. Did the young lady work hard? 6. Was she thin? 7. What did she want to do one day? 8. Was the tiger fat? 9. Did the tiger eat the young lady?

❸ Zamień na czas przeszły:

1. My daughter hurries home. 2. I don't see your clock. 3. He walks with his girl-friend. 4. Ellen likes marmalade. 5. The girl is running from your home to mine. 6. The young man returns home at eleven o'clock. 7. Our apples are as good as theirs. 8. My mother doesn't lie on her sofa. 9. Do you drink tea with milk? 10. That word is very difficult. 11. What do you do at eight? 12. He does it well.

④ Zamień na formę pytającą i przeczącą (pamiętaj o stosowaniu form ściągniętych):

Przykład: I lived in Riga.
　　　　　Did you live in Riga?
　　　　　I didn't live in Riga.

1. Phil returned from the club at seven o'clock. 2. Yesterday Rick played in the garden. 3. Steve painted the fence from 11 am till 2 pm. 4. The young lady rode on the tiger. 5. They walked to the library. 6. They were sitting in the garden. 7. He was reading a book. 8. I was making cakes. 9. He counted the pictures in his book. 10. He carried a box of matches.

⑤ Podaj przymiotniki w nawiasach w stopniu wyższym lub najwyższym:

Przykład: Rick is (tall) than Joan.
　　　　　Rick is taller than Joan.

1. The chair is (small) than the table. 2. This exercise is (difficult) than that one. 3. This word is the (difficult) in the lesson. 4. Mr Gill's house is (large) than mine. 5. Helen is the (nice) girl in town. 6. Is your pen (good) than hers? 7. This red rose is the (beautiful) in my garden. 8. My pencil is (long) than yours.

⑥ Wstaw odpowiednią formę czasownika, wybierając z podanych w nawiasach:

1. Yesterday I ... (play, played, am playing) football. 2. Every day Mr Smith ... (is working, worked, works) hard in his office. 3. Every morning he ... (shaved, is shaving, shaves) in the bathroom. 4. What's Joan doing? She ... (washes, is washing, washed) her hands. 5. Did he ... (stopped, stop, stops) the car? 6. Does she often ... (walked, walks, walk) to the library?

⑦ Przetłumacz:

1. Ona nie lubiła ciężko pracować. 2. Phil chciał się przejechać na tygrysie. 3. Rick był wczoraj w ogrodzie zoologicznym. 4. Czy pan Smith lubi Helen? 5. Czy policzyłeś krzesła w swoim (*dosł.* twoim) pokoju? 6. Mam dużo książek na swojej (*dosł.* mojej) półce. 7. Lubię siedzieć w wygodnym fotelu przed kominkiem. 8. Twój pies jest bardzo gruby, on za dużo je. 9. Ona wczoraj późno wróciła z przejażdżki. 10. Czy lubicie białe róże? 11. Joan niesie (właśnie teraz) trochę kwiatów do jadalni.

⑧ Przeczytaj kilkakrotnie każdy wyraz na głos, zwracając uwagę na wyraźne wymawianie ostatniej głoski:

[z] apples, rooms, boys, smiles, pears, girls, pens
[d] bed, bread, cold, friend, hand, good, and
[w] five, twelve, give, I've, love, live

- ZAIMKI OSOBOWE – PRZYPADKI
- CZASOWNIKI NIEREGULARNE

📖 A LONDON STREET 🎧

Father: That's Piccadilly Circus.
Little boy: Yes, Dad, but where are the animals?
The little boy did not know that Piccadilly Circus was a meeting place of six streets in the heart of London and that he could not see any animals there, except dogs perhaps. He could see many cars, large red buses and lots of people going here and there. Green, yellow and red traffic lights control the traffic. From Piccadilly Circus you can go to Piccadilly the street, in which there are some of the best shops and restaurants in London.

At night Piccadilly Circus is lit by great numbers of colourful advertisements. All foreign people come to it and look at the lights changing colours. The beautiful statue of Eros stands high in the middle of it. When you want to have a good time, you must go to Leicester Square where every second building is a cinema, a theatre or a café. There you can see one of the deepest underground railway stations. By day Leicester Square is a fine, broad and busy London street, and at night it is still more attractive with its changing lights and great numbers of people walking up and down the street.

– Is London a big town?
– Yes, very big.
– How many people live in it?
– Over seven million.

– What is the City?
– It's the business part of London.
– Is it very large?
– No, about a square mile.

– Are there any nice places in London?
– Oh yes, Hyde Park and Kensington Gardens.
– Do English people love London?
– They run away from it if they can.
– Do they hate London?
– No, they love to live in the country.

SŁOWNICZEK

advertisement [əd'wə:tysmənt] reklama; ogłoszenie
attractive [ə'træktyw] atrakcyjny, efektowny
broad [bro:d] szeroki
building ['byldyŋ] budynek

bus [bas] autobus
business ['byznys] sprawa; interes, biznes
change [czejndż] zmieniać; przebierać się; zmiana; *także* reszta (drobne pieniądze)

circus [ˈsəːkəs] cyrk; okrągły plac
city [ˈsyty] miasto; the City centrum
(finansowe Londynu)
colourful [ˈkaləful] kolorowy
control [kənˈtroul] kontrolować, regulować
could [kud] czas przeszły od can
country [ˈkantry] tu: wieś
deep [diːp] głęboki
Eros [ˈiərɔs] lub [ˈeros] Eros
except [ykˈsept] z wyjątkiem
foreign [ˈforən] zagraniczny
give [gyw] dawać; nieregularny
hate [hejt] nienawidzić
heart [haːt] serce
Hyde Park [ˌhajd ˈpaːk] nazwa parku
w Londynie
Kensington Gardens [ˌkenzyŋtən
ˈgaːdnz] nazwa parku w Londynie
light [lajt] światło; zapalać; oświetlać;
zob. GRAMATYKA
(the) lights [(ðə) ˈlajts] tu: światła
reklam
lit [lyt] oświetlony

meeting place [ˈmiːtyŋ ˌplejs] miejsce
spotkania
million [ˈmyljən] milion
night [najt] noc
number [ˈnambə] liczba, cyfra
part [paːt] część
Piccadilly [ˌpykəˈdyly] nazwa ulicy
i placu w Londynie
place [plejs] miejsce
railway [ˈrejlᵘej] kolej
run away [ˌran əˈᵘej] uciekać
shop [szop] sklep; warsztat
square [skᵘeə] kwadrat; prostokątny
plac, ulica ze skwerem, zielenią pośrodku; kwadratowy
station [stejszn] stacja, dworzec
statue [ˈstæczuː] lub [ˈstætjuː] posąg
street [striːt] ulica
theatre [ˈθiətə] teatr
traffic [ˈtræfyk] ruch uliczny
traffic lights [ˈtræfyk lajts] sygnalizacja świetlna
underground [ˈandəgraund] kolej
podziemna, metro; podziemny

WYBRANE ZWROTY

you see widzisz, rozumiesz
he could not see nie widział (dosł. nie mógł widzieć)
lots of = a lot of
great numbers of dużo
here and there tu i tam
at night w nocy
to look at patrzeć na
to have a good time zabawić się, przyjemnie spędzić czas
every second building co drugi budynek
underground railway station stacja metra
by day w dzień
up and down tam i z powrotem

OBJAŚNIENIA FONETYCZNE

W wyrazach night, right, light grupę liter -ight wymawiamy [ajt].

GRAMATYKA

● **ZAIMKI OSOBOWE - PRZYPADKI**

Przypadek podmiotu		Przypadek dopełnienia	
I	ja	**me**	mi, mnie, mną
you	ty	**you**	ci, ciebie, cię, tobą, tobie
he	on	**him**	jemu, jego, go, nim
she	ona	**her**	jej, niej, ją, nią
it	ono	**it**	jemu, je, nim
we	my	**us**	nam, nas, nami
you	wy	**you**	wam, was, wami
they	oni, one	**them**	im, ich, je, nimi

W języku angielskim zaimki osobowe mają tylko dwie formy: pierwszą – odpowiadającą polskiemu mianownikowi, tzw. przypadek podmiotu oraz drugą – odpowiadającą pozostałym przypadkom, tzw. przypadek dopełnienia (pomijamy tutaj dopełniacz saksoński – Saxon genitive).

Show me your home.
Pokaż mi swój dom.
Take me with you.
Zabierz mnie ze sobą.
The book is for me.
Ta książka jest dla mnie.
Come with me.
Chodź ze mną.
I'm showing you a picture.
Pokazuję ci obrazek.
She saw you at the cinema.
Ona widziała cię w kinie.
We're going with you.
Idziemy z tobą.

Give him a cup of tea.
Daj mu filiżankę herbaty.
We saw him there.
Widzieliśmy go tam.
The letter is for him.
Ten list jest do (*dosł.* dla) niego.
We're sitting with him.
Siedzimy z nim.

Steve loves her very much.
Steve bardzo ją kocha.
He's going with her to London.
On jedzie z nią do Londynu.
He's smiling at her.
On się do niej uśmiecha.

The apple is good, eat it.
Jabłko jest dobre, zjedz je.
Here is a plate, put your cake on it.
Tu jest talerz, połóż na nim swoje ciastko.

She often gives us some flowers.
Ona często daje nam kwiaty.
Phil saw us in the club yesterday.
Phil widział nas wczoraj w klubie.
Rick wants to go with us.
Rick chce iść z nami.

I'm giving you two books.
Daję wam dwie książki.
He saw you there.
On was tam widział.
We're going with you.
Idziemy z wami.

Mum is giving them some bread and butter.
Mama daje im chleb z masłem.
She has three daughters, she loves them.
Ona ma trzy córki, ona je kocha.
The boys are there, I can see them.
Chłopcy są tam, widzę ich.

● **CZASOWNIKI NIEREGULARNE**

Czasowniki nieregularne mają odrębne formy czasu przeszłego i imiesłowu biernego, którego zastosowanie w tworzeniu czasów złożonych i strony biernej omówimy w dalszych lekcjach.

Czasowniki nieregularne (których jest dość dużo) będą podawane stopniowo. Ich trzech form należy się nauczyć na pamięć.

Bezokolicznik Infinitive	Czas przeszły Past tense	Imiesłów bierny Past participle
come [kam] przyjść	came [kejm]	come [kam]
do [du:] robić, czynić	did [dyd]	done [dan]
give [gyw] dać	gave [gejw]	given [gywn]
go [gou] iść; jechać	went [ᵘent]	gone [gon]
know [nou] wiedzieć, znać	knew [nju:]	known [noun]
light [lajt] zapalić	lighted ['lajtyd] lit [lyt]	lighted ['lajtyd] lit [lyt]
ride [rajd] jechać	rode [roud]	ridden [rydn]
run [ran] biegać	ran [ræn]	run [ran]
see [si:] widzieć	saw [so:]	seen [si:n]
show [szou] pokazać	showed [szoud]	shown [szoun]
sit [syt] siedzieć	sat [sæt]	sat [sæt]
sleep [sli:p] spać	slept [slept]	slept [slept]
speak [spi:k] mówić	spoke [spouk]	spoken ['spoukən]
stand [stænd] stać	stood [stud]	stood [stud]
take [tejk] brać	took [tuk]	taken ['tejkən]

I often come here on Sunday.
Często przychodzę tu w niedzielę.
Yesterday I came here, too.
Wczoraj też tu byłem (*dosł.* przyszedłem).

We sometimes give her some flowers.
Czasami dajemy jej kwiaty.

I do my lessons carefully.
Odrabiam (swoje) lekcje starannie.
I did my lessons before dinner.
Odrobiłam (swoje) lekcje przed obiadem.

We gave her three roses.
Daliśmy jej trzy róże.

Every morning they go to the office.
Codziennie rano (oni) idą do biura.
They went to the office.
Oni poszli do biura.

I know it now.
Teraz to wiem.
I knew it yesterday, too.
Wiedziałem o tym także wczoraj.

We light cigarettes with matches.
Zapalamy papierosy zapałkami.
We lighted (= lit) them five minutes ago.
Zapaliliśmy je pięć minut temu.

She often rides on a horse.
Ona często jeździ konno.
Yesterday she rode on a tiger.
Wczoraj pojechała na tygrysie.

Binkie runs in the garden.
Binkie biega po (*dosł.* w) ogrodzie.
He ran to the kitchen.
On pobiegł do kuchni.

I can see Joan under the tree.
Widzę Joan pod drzewem.
I saw her there in the morning.
Widziałem ją tam rano.

I often show them my garden.
Często pokazuję im mój ogród.
I showed them my flowers yesterday.
Pokazałam im wczoraj moje kwiaty.

He usually sits on a chair.
On zwykle siedzi na krześle.
He sat on the grass after dinner.
On siedział po obiedzie na trawie.

She sleeps well.
Ona śpi dobrze.
She slept a very long time.
Ona spała bardzo długo.

He often speaks to us.
On często rozmawia z nami.
He spoke to them.
On rozmawiał z nimi.

The lamp stands on the table.
Lampa stoi na stole.
Yesterday it stood on the desk.
Wczoraj stała na biurku.

I often take my dog with me.
Często zabieram ze sobą swojego psa.
I took him with me to the shop.
Wziąłem go ze sobą do sklepu.

ĆWICZENIA

❶ Ćwicz na głos:

Give
- me a cup of coffee.
- him a red rose.
- her some bread and butter.
- us a book.
- them a box of matches.

I can see
- you in the garden.
- him in the shop.
- her in the street.
- them in the theatre.

Odpowiedz na pytania:

1. Where is Piccadilly Circus? 2. What can you see in the middle of it? 3. What colour are the traffic lights? 4. Can you see any animals in Piccadilly Circus? 5. Where do you go when you want to have a good time? 6. What can you see in Leicester Square? 7. Where can you see one of the deepest underground railway stations? 8. When is Leicester Square more attractive, by day or at night?

Wstaw brakujące zaimki osobowe:

1. This lamp must not stand here, take ... to your bedroom. 2. My sister is at home, I can see ... sitting by the fireplace. 3. Do you know my friend? Certainly, I know ... very well. 4. My brother didn't see your car, show ... to him. 5. We have nothing for breakfast, please give ... some rolls. 6. Your daughter is very nice, I like ... very much. 7. Take this rose, it's for ... 8. I have nothing to read, please give ... an English paper. 9. Here are four letters, read ... now.

Zamień na pytania:

1. That dress was blue. 2. She returned from Piccadilly. 3. The bus stopped in front of the railway station. 4. English people like animals. 5. The little boy played near the fireplace. 6. The old man rode with his sons. 7. Your mother gave us some apples. 8. He smoked twenty cigarettes a day. 9. My friend was sleeping in his clothes. 10. Every day has twenty-four hours. 11. Phil knew London very well. 12. She didn't speak to a student.

Przeczytaj uważnie tekst lekcji jeszcze raz i wstaw brakujące słowa:

1. The little boy didn't know that Piccadilly Circus was ... of six streets in the ... of London. 2. He could see large red ... 3. Green, yellow and red traffic ... control the ... 4. At night Piccadilly Circus is lit by great numbers of colourful ... 5. By day Leicester Square is a fine, busy London ... 6. At night it's still more ...

Zamień na przeczenia (pamiętaj o stosowaniu form ściągniętych):

1. He works until six o'clock every day. 2. I can speak German. 3. Andy usually goes out in the evening. 4. He often drinks orange juice. 5. This horse is very strong. 6. I keep my books on the shelf. 7. We like cheese and boiled eggs. 8. English people drink tea from glasses. 9. They start their breakfast at eight o'clock.

Przetłumacz:

1. Piccadilly Circus jest w Londynie. 2. Nie widziałam (*dosł.* nie mogłam widzieć) tam żadnych zwierząt z wyjątkiem psów. 3. Codziennie widać (*dosł.* możesz widzieć) tam duże czerwone autobusy, jadące tu i tam. 4. Sygnalizacja świetlna regu-

luje ruch uliczny. 5. Na tej ulicy są najlepsze restauracje i sklepy. 6. W nocy ulice są oświetlone kolorowymi reklamami. 7. Andy patrzył na zmieniające się światła (*dosł.* światła zmieniające kolory). 8. Posąg Erosa jest bardzo piękny. 9. Jeśli chcesz się zabawić, musisz iść na Leicester Square. 10. Tam są najlepsze teatry i kawiarnie w Londynie.

LESSON TWENTY-TWO
THE TWENTY-SECOND LESSON

📖 IAN'S ILL

Last Monday Ian caught a cold and the doctor told him to stay in bed.
He has a cough and a sore throat. Yesterday he had a bad headache, too.
He can listen to the radio, which stands on the small table near his bed,
and he can read books. Yet it is rather boring to stay in bed so Ian is going to write a letter to his friend Phil.

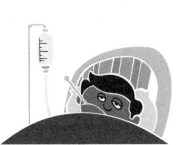

The doctor said you'll be all right in three days

2 Cambridge Street
London
October 1st, 2000

Dear Phil,

I'm sorry I can't call on you tomorrow night but I caught a cold last
Monday and I'm still lying in bed. I think I'll be all right on Sunday, but
now I must stay at home. I think it's rather boring, though I have a fine*

---

* Formy ściągnięte stosujemy również w listach prywatnych.

*radio by my bed and a lot of books. But, you see, I can't read or listen
to the radio the whole day and there's nothing more I can do, so for me
the day has thirty or forty hours! Will you be so kind as to come and see
me tomorrow? And, please, bring the magazine you showed me last Sunday, the one with nice advertisements.
I shall be very glad to see you.*

*Yours,
Ian*

PS If you can't come, please, write.

Phil: Hello, Ian. How are you feeling now?
Ian: Not very well, I'm afraid.
Phil: The doctor said you'll be all right in three days.
Ian: That's good.
Phil: I have some pills for you, and some magazines.
Ian: Thank you very much. Sit down, please.

SŁOWNICZEK

all right [ˌoːl ˈrajt] w porządku, dobrze
bad [bæd] zły, niedobry
boring [ˈboːryŋ] nudny
by [baj] przy; przez
call on [ˌkoːl ˈon] odwiedzić, zajść do
Cambridge [ˈkejmbrydż] *miasto w Anglii*
catch [kæcz] chwytać
cold [kould] *tu:* przeziębienie
cough [kof] kaszel; kasłać
headache [ˈhedejk] ból głowy
ill [yl] chory
kind [kajnd] uprzejmy, dobry
last [laːst] ostatni
magazine [ˈmægəziːn] czasopismo ilustrowane
Monday [ˈmandej] *lub* [ˈmandy] poniedziałek
nurse [nəːs] pielęgniarka
October [okˈtoubə] październik
pill [pyl] pigułka

PS [ˌpiː ˈes] = **postscript** [ˈpousskrypt]
postscriptum
radio [ˈrejdiou] radio
rather [ˈraːðə] raczej
shall [szəl] *czasownik posiłkowy zob.*
GRAMATYKA
sore [soː] chory, bolący
sorry [ˈsory] zmartwiony
Sunday [ˈsandej] *lub* [ˈsandy] niedziela
tell [tel] mówić, powiedzieć, opowiadać, opowiedzieć; kazać; *nieregularny*
though [ðou] chociaż
throat [θrout] gardło
tomorrow [təˈmorou] jutro
whole [houl] cały, całkowity
will [ᵘyl] *czasownik posiłkowy zob.*
GRAMATYKA
write [rajt] pisać; *nieregularny*
yet [jet] jednak

WYBRANE ZWROTY

to have a cold być zaziębionym
a sore throat ból gardła
he had a bad headache strasznie bolała go głowa
listen to the radio słuchać radia
it is rather boring to raczej nudne
I'm sorry. Przykro mi. Przepraszam.
tomorrow night jutro wieczorem
to catch a cold zaziębić się
on Sunday w niedzielę
last Sunday w zeszłą niedzielę
the last Sunday ostatnia niedziela
will you be so kind as to ... bądź tak łaskaw ..., czy byłbyś łaskaw ...
Yours ... Twój ..., Twoja ... (*w zakończeniu listu do znajomych*)

DNI TYGODNIA

Sunday	['sandej]	*lub*	['sandy]	niedziela
Monday	['mandej]	-II-	['mandy]	poniedziałek
Tuesday	['tju:zdej]	-II-	['tju:zdy]	wtorek
Wednesday	['ᵘenzdej]	-II-	['ᵘenzdy]	środa
Thursday	['θə:zdej]	-II-	['θə:zdy]	czwartek
Friday	['frajdej]	-II-	['frajdy]	piątek
Saturday	['sætədej]	-II-	['sætədy]	sobota

Uwaga! Nazwy dni tygodnia zawsze piszemy dużą literą.

OBJAŚNIENIA FONETYCZNE

Zauważ, że wyraz **day** wymawiamy [dej], a w **Sunday**, **Monday** itd. nieakcentowane litery **ay** wymawiamy [ej] lub [y]: ['sandej] *lub* ['sandy] itd.

GRAMATYKA

• CZAS PRZYSZŁY PROSTY *FUTURE SIMPLE TENSE*

Czas przyszły czasowników regularnych i nieregularnych, z wyjątkiem czasowników modalnych, tworzymy za pomocą czasowników posiłkowych **will** i **shall** oraz bezokolicznika wybranego czasownika głównego. **Shall** używamy tylko z 1. os. lp i lm, **will** możemy stosować ze wszystkimi osobami, np. **I shall be very glad. Will you be so kind?**

CZASOWNIK to come

FORMA TWIERDZĄCA

I will come *lub* I shall come	przyjdę
you will come	przyjdziesz
he, she, it will come	(on, ona, ono) przyjdzie
we will come *lub* we shall come	przyjdziemy
you will come	przyjdziecie
they will come	(oni, one) przyjdą

FORMA PYTAJĄCA

Will I come? *lub* Shall I come?	Czy przyjdę?
Will you come?	Czy przyjdziesz?
Will he, she, it come?	Czy (on, ona, ono) przyjdzie?
Will we come? *lub* Shall we come?	Czy przyjdziemy?
Will you come?	Czy przyjdziecie?
Will they come?	Czy (oni, one) przyjdą?

FORMA PRZECZĄCA

I will not come *lub* I shall not come	nie przyjdę
you will not come	nie przyjdziesz
he, she, it will not come	(on, ona, ono) nie przyjdzie
we will not come *lub* we shall not come	nie przyjdziemy
you will not come	nie przyjdziecie
they will not come	(oni, one) nie przyjdą

I'll be very glad to see you.
Będzie mi bardzo miło (*dosł.* będę bardzo zadowolony) cię zobaczyć.
You'll stay in bed tomorrow.
Zostaniesz jutro w łóżku.
Phil will bring him some books and magazines.
Phil przyniesie mu kilka książek i czasopism.
We'll go to London after dinner.
Po obiedzie pojedziemy do Londynu.
Ellen and Ian will go to the cinema on Sunday.
Ellen i Ian pójdą do kina w niedzielę.
I shan't play football on Saturday.
Nie będę grał w piłkę nożną w sobotę.
You won't go to school this morning.
Nie pójdziesz dziś rano do szkoły.
Sue won't make cakes today.
Sue nie będzie dziś piec (*dosł.* robić) ciastek.

We won't smoke cigarettes.
Nie będziemy palić papierosów.
They won't learn German.
(Oni, One) nie będą się uczyć niemieckiego.

FORMY ŚCIĄGNIĘTE

Czasowniki posiłkowe służące do tworzenia czasu przyszłego prostego ulegają bardzo często ściągnięciu z zaimkami osobowymi.

I'll be; I'll take	=	**I shall be, I will be; I shall take, I will take**
you'll be; you'll take	=	**you will be; you will take**
I shan't [ʃɑːnt] go	=	**I shall not go**
you won't [ᵘount] go	=	**you will not go**

Will Ian stay in bed tomorrow?	Yes, he will.	No, he won't.
Will you bring me some books?	Yes, I will.	No, I won't.
Will they come to us next week?	Yes, they will.	No, they won't.

● **LICZEBNIKI PORZĄDKOWE**

Liczebniki porządkowe tworzymy przez dodanie końcówki **-th** do liczebników głównych – wyjątki: **first, second, third** (inne nieregularności zob. lekcja 33).

1st	(the) first	[fəːst]	pierwszy
2nd	(the) second	[ˈsekənd]	drugi
3rd	(the) third	[θəːd]	trzeci
4th	(the) fourth	[foːθ]	czwarty
5th	(the) fifth	[fyfθ]	piąty
6th	(the) sixth	[syksθ]	szósty
7th	(the) seventh	[sewnθ]	siódmy
8th	(the) eighth	[ejtθ]	ósmy
9th	(the) ninth	[najnθ]	dziewiąty
10th	(the) tenth	[tenθ]	dziesiąty

Liczebniki porządkowe najczęściej występują z przedimkiem określonym **the**.

ZAPISYWANIE I ODCZYTYWANIE DATY

October 1st, 2002 lub **1st Oct., 2002**
czytamy:
October the first lub **the first of October, two thousand and two**

● **KONSTRUKCJA** going to

Konstrukcji **going to** używamy do wyrażenia zamiaru wykonania jakiejś czynności, np.

I'm going to read a book.
Mam zamiar czytać książkę.
Ian is going to write a letter.
Ian zamierza napisać list.
What are you going to do?
Co zamierzasz robić?
She's going to be a teacher.
Ona ma zamiar zostać nauczycielką.
John was going to write a letter.
John miał zamiar (= zamierzał) napisać list.

Następujący po tej konstrukcji czasownik, który określa, jaką czynność zamierzamy wykonać, stawiamy w bezokoliczniku.

● **CZASOWNIKI NIEREGULARNE** – cd.

Bezokolicznik Infinitive	Czas przeszły Past tense	Imiesłów bierny Past participle
be [bi:] być	**was** [ᵘoz] **were** [ᵘə:]	**been** [bi:n]
bring [bryŋ] przynosić	**brought** [bro:t]	**brought** [bro:t]
catch [kæcz] łapać, chwytać	**caught** [ko:t]	**caught** [ko:t]
eat [i:t] jeść	**ate** [et] *lub* [ejt]	**eaten** [i:tn]
feel [fi:l] czuć	**felt** [felt]	**felt** [felt]
find [fɑjnd] znaleźć	**found** [fɑund]	**found** [fɑund]
have [hæw] mieć	**had** [hæd]	**had** [hæd]
lie [lɑj] leżeć	**lay** [lej]	**lain** [lejn]
read [ri:d] czytać	**read** [red]	**read** [red]
say [sej] mówić, powiedzieć	**said** [sed]	**said** [sed]
tell [tel] mówić, powiedzieć, opowiadać, opowiedzieć; kazać	**told** [tould]	**told** [tould]
think [θyŋk] myśleć	**thought** [θo:t]	**thought** [θo:t]
write [rɑjt] pisać	**wrote** [rout]	**written** [rytn]

Uwaga! Czasownik **read** [ri:d] w drugiej i trzeciej formie wymawiamy [red].

Czasowniki nieregularne mogą mieć:

a) wszystkie trzy formy jednakowe, np.

put kłaść   **put**   **put**

b) pierwszą i trzecią formę jednakową, np.

come przyjść   **came**   **come**

c) drugą i trzecią formę jednakową, np.

bring przynosić **brought** **brought**

d) trzy różne formy, np.

eat jeść   **ate**   **eaten**

Niektóre czasowniki mają dwie odmiany: regularną i nieregularną, np.

light zapalać   **lighted**   **lighted**
                     lit   **lit**

ĆWICZENIA

❶ Ćwicz na głos:

		write a letter to my son.
		listen to the radio.
What are you going }	I'm going to	help my mother in the kitchen.
to do this afternoon? }		meet my friends in the club.
		dig the garden.
		do my English exercises.

❷ Odpowiedz na pytania (pamiętaj o stosowaniu form ściągniętych):

1. When did Ian catch a cold? 2. Will he go to his friend Phil? 3. When will Ian be all right? 4. What's he doing in bed? 5. What will his friend give him? 6. When did Ian write the letter? 7. How did Ian begin his letter? 8. What do you do on Monday? 9. What time do you get up on Sunday? 10. What will you do tomorrow?

❸ Zamień na czas przyszły:

1. Phil plays football on Saturday. 2. Mr Smith rests after dinner. 3. I walk in the garden on Sunday. 4. The red light stops the cars in the street. 5. The tiger returned to Riga. 6. The fat lady didn't smile. 7. We do a lot of English exercises.

④ Wstaw właściwy zwrot, wybrany z podanych w nawiasie:

1. ... we get up and dress (Last Monday, In the morning). 2. English people usually have tea ... (at night, in the afternoon). 3. The cinema usually begins ... (tomorrow, at six o'clock). 4. We don't work on ... (Tuesday, Sunday). 5. Today is Friday, ... will be Saturday (yesterday, tomorrow). 6. Ian caught a cold ... (last Friday, last Monday). 7. We have lunch ... (at night, at noon).

⑤ Zamień na formę pytającą i przeczącą (pamiętaj o stosowaniu form ściągniętych):

1. Joan plays in the garden every day. 2. She writes her Polish exercise. 3. I can come to you tomorrow. 4. Ian's going to write a letter to Phil. 5. Mr Smith will meet Helen on his way home. 6. He has a new radio by his bed. 7. Ellen went to the cinema yesterday. 8. We like to read in bed.

⑥ Podaj czasowniki umieszczone w nawiasach w czasie przeszłym prostym:

1. After dinner she (go) to the garden. 2. Yesterday Rick (catch) a cold, and his Mum (tell) him to stay in bed. 3. Phil (eat) his lunch very quickly and (go) out. 4. Joan (find) three apples under a tree. 5. I (lie) in bed and (read) a book. 6. He (think) it (be) rather boring. 7. She (have) a lot of nice dresses.

⑦ Przetłumacz (pamiętaj o stosowaniu form ściągniętych):

1. Czerwone światło zatrzymało samochód. 2. Jutro wrócę późno. 3. On nie wrócił z wami. 4. Nie znam go. 5. Czy jesteś teraz chory? 6. On słuchał radia o wpół do piątej. 7. Teraz jestem zajęty, ale myślę, że będę miał czas jutro. 8. Jej siostra czyta gazetę, która była w twoim biurku. 9. On uważa (*dosł.* myśli), że lekcja siódma jest dosyć nudna. 10. Kiedy zacząłeś się uczyć angielskiego? 11. Czy jesteście zwykle w domu o wpół do dziesiątej? 12. Twoja córka nie chce iść z nami.

⑧ Przeczytaj kilkakrotnie na głos:

[r] wymawiane: very, everybody, hurry, read, breakfast, green, red, tree
[r] niewymawiane: morning, dark, first, learn, warm, girl, garden

LESSON TWENTY-THREE
THE TWENTY-THIRD LESSON
23

WHO'S IAN?

Peter: Do you know Ian?

Paul: Yes, I do. He's an English boy, or rather a young man whose family lives in London. He's got a sister, and I think he's studying something.

Peter: You're wrong. He isn't English, he's a Pole. And his family doesn't live in England; they're at home, in their own country. But you're right about his sister, and when you say he's studying in London.

I've got a boyfriend

Paul: But, look here. "Ian" is an English name. Can you translate it into Polish? And he speaks English very well, and he watches football …

Peter: You're right. In England almost every young man watches football and so does Ian: "In Rome do as Rome does".

Paul: You see, I thought he was English because they call him Ian. Why did his mother give him an English name?

Peter: She didn't. His real name is Jan but when he came to England, they called him "Ian".

Paul: Now I see I didn't know him; and what is he doing in London?

Peter: He's improving his English and learning commercial correspondence. He's a nice guy. I like him and hope to see more of him.

Paul: So do I.

He likes animals. So do I

– Are you English?
– No, I'm Polish. I come from Poland.
– Is it very far from England?
– No, it's about a two hours' flight by plane.
– Is there any other way of going to Poland?
– Yes, by ship.
– Does it take long?
– Two days.

SŁOWNICZEK

almost ['o:lmoust] prawie
boyfriend ['bojfrend] sympatia, chłopak
call [ko:l] wołać; nazywać
commercial [kə'mə:szəl] handlowy
correspondence [ˌkorə'spondəns] korespondencja
different ['dyfrənt] różny, odmienny

far [fɑ:] daleki; daleko
flight [flɑjt] lot
guy [gɑj] facet, gość
hope [houp] nadzieja; mieć nadzieję
improve [ym'pru:w] poprawić, polepszyć
learn [lə:n] uczyć się

other [ˈʌðə] inny
Paul [pɔ:l] *imię męskie*
Peter [ˈpi:tə] *imię męskie*
plane [plejn] samolot
Pole [poul] Polak
real [riəl] rzeczywisty, prawdziwy
right [rɑjt] słuszny; właściwy
Rome [roum] Rzym
ship [szyp] statek, okręt

something [ˈsʌmθyŋ] coś, cokolwiek
translate [trænsˈlejt] tłumaczyć
translate into [trænsˈlejt yntə] tłumaczyć na
watch [ᵘocz] obserwować, oglądać
way [ᵘej] droga, sposób
whose [hu:z] którego, czyj
wrong [roŋ] zło; zły, niewłaściwy

WYBRANE ZWROTY

He's got a sister. = **He has got a sister.**
I have got, he has got itd. ja mam, on ma itd. *potoczna forma, często używana zamiast* **I have, he has** itd.
to be wrong mylić się
You're wrong. Mylisz się.
to be right mieć rację
at home w domu; w kraju
You're right. Masz rację.
in Rome do as Rome does [yn ˈroum ˈdu: əz ˈroum ˈdaz] w Rzymie czyń, jak Rzym czyni – *przysłowie*; *inna wersja*: jeśli wlazłeś między wrony, musisz krakać jak i one
look here popatrz (no), słuchaj (no), zobacz (no)
I hope to see more of him. Mam nadzieję, że będę go widywał częściej.
two hours' flight dwugodzinny lot
any other way of going to … jakiś inny sposób dostania się do …
to take long długo trwać
Does it take long? Czy to długo trwa?

OBJAŚNIENIA FONETYCZNE

Zwróć uwagę, że **w** nie wymawiamy w wyrazach **who** [hu:], **whose** [hu:z] i **wrong** [roŋ]. Podstawowa wymowa **w** to [ᵘ], np. **we** [ᵘi:], **warm** [ᵘo:m] itd.

GRAMATYKA

• **ODPOWIEDZI KRÓTKIE** – cd.

Jeżeli w pytaniu użyte są czasowniki **to be** i **to have** (jako czasowniki główne i posiłkowe) lub czasowniki modalne, wówczas w krótkich odpowiedziach twierdzących i przeczących powtarzamy ten czasownik w tej samej osobie i w tym samym czasie, co w pytaniu. Jeżeli zaś użyte są czasowniki główne, stosujemy czasownik posiłkowy **do**.

Are you drinking?	**Yes, I am.**	**No, I'm not.**
Is the doctor at home?	**Yes, he is.**	**No, he isn't.**
Have you got a fireplace?	**Yes, I have.**	**No, I haven't.**
Can you speak English?	**Yes, I can.**	**No, I can't.**
Do you know Ian?	**Yes, I do.**	**No, I don't.**
Does the student come here?	**Yes, he does.**	**No, he doesn't.**
Did she give him an English name?	**Yes, she did.**	**No, she didn't.**

● **ZAIMEK who W DRUGIM PRZYPADKU**

Whose desk is it?
Czyje to biurko?
This is the man whose brother is your teacher.
To jest (ten) pan, którego brat jest twoim nauczycielem.

Whose *czyj, którego, której, których* to forma drugiego przypadka zaimka **who**.

● **KONSTRUKCJE So am I, So do I, So can I, So has she** itp.

You are glad, and so am I.
Jesteś zadowolony i ja też.
I have time, and so has Ellen.
Mam czas i Ellen też.
She can swim. So can I.
Ona umie (*dosł.* może) pływać. Ja też.
They must come, and so must you.
Oni muszą przyjść i ty też.
She may sleep, and so may John.
Ona może spać i John też.
She likes animals. So do I.
Ona lubi zwierzęta. Ja też.

W zdaniach potwierdzających wypowiedź (odpowiadają one polskim *ja też, ty też, on też* itd.) stosujemy w języku angielskim szczególną konstrukcję. Używamy przysłówka **so** oraz czasownika posiłkowego lub modalnego występującego w poprzednim zdaniu albo czasownika **do**, jeżeli w poprzednim zdaniu występuje czasownik główny. Czasownik

musi być w tej samej osobie i w tym samym czasie, co w zdaniu poprzednim, podmiot zaś następuje po orzeczeniu, np. **So do I. So does
Ellen. So can you.**

- **CZASOWNIKI NIEREGULARNE** – cd.

Bezokolicznik Infinitive	Czas przeszły Past tense	Imiesłów bierny Past participle
get [get] otrzymać, dostać **learn** [lə:n] uczyć się	**got** [got] **learned** [lə:nd] **learnt** [lə:nt]	**got** [got] **learned** [lə:nd] **learnt** [lə:nt]

Uwaga! Czasownik **to learn** ma dwie formy – regularną **learned** i nieregularną
learnt.

ĆWICZENIA

① Ćwicz na głos:

Ian learns commercial correspondence.
He speaks English very well.
Peter likes him and hopes to see more of him. } So do I.
Ellen runs a mile.
Phil goes to the club every day.

② Odpowiedz na pytania:

1. Did Paul think that Ian was English? 2. Where does Ian's family live? 3. Has Ian
got a sister? 4. What's he learning in London? 5. Does he watch football? 6. Do
young men in Poland smoke? 7. Is "Ian" an English name? 8. Do you smoke?
9. Do you study commercial correspondence? 10. Does Peter like Ian?

③ Odmień przez wszystkie osoby:

I was very glad the watch was for me.

④ Zamień na czas przeszły:

1. Matt is a busy man. 2. She hopes to see you. 3. What do you have instead of tea?
4. He doesn't go to the library. 5. The young lady of Riga smiles when she rides on
a tiger. 6. I don't see any animals in that street. 7. Does the teacher know you?
8. She gets up late. 9. They drink too much. 10. The doctor says "how do you do"

to everybody. 11. Phil writes a fine letter. 12. I can see you better from that window. 13. People are happiest at home. 14. He can show me the way to the station. 15. A railway station is very attractive for little John.

⑤ Uzupełnij zdania angielskim odpowiednikiem zwrotu „ja też":

Przykład: I like him, so do I.
1. Sue can dance very well, ... 2. Rick must stay in bed, ... 3. He is tall, ... 4. They have a lot of flowers in the garden, ... 5. You are a student, ... 6. She gets up late on Sunday, ...

⑥ Przetłumacz:

1. Ty jesteś zadowolony, ja też. 2. Ja mam czas, Ellen też. 3. Tapczan jest brązowy, szafa również. 4. Oni mają dużo mleka, my też. 5. Mogę wam dać nowe czasopismo, on też. 6. Psy są silnymi zwierzętami, tygrysy również. 7. Peter ma radio, Ian również. 8. Wszyscy pracują (dosł. każdy pracuje) w biurze, moja siostra też. 9. Ian uczy się korespondencji handlowej. 10. Masz rację, w Londynie nie ma tygrysów. 11. Paul nie ma racji, rodzina Iana nie mieszka w Anglii. 12. Przetłumacz to na angielski.

⑦ Podziel na dwie grupy fonetyczne wyrazy wymawiane z [ɑ:] i [ɑ]:

after, bus, butter, bath, cupboard, comfortable, club, class, country, can't, dark

⑧ Przeczytaj kilkakrotnie na głos: 🎧

[ɑ:] father, heart, armchair
[ɑ] shut, much, but

LESSON TWENTY-FOUR
THE TWENTY-FOURTH LESSON

24

- DOPEŁNIACZ SAKSOŃSKI – cd.
- ZAIMKI ZWROTNE
- ZAIMKI NIEOKREŚLONE the other, both
- IMIESŁÓW BIERNY
- STOSOWANIE ZAIMKÓW W ODNIESIENIU DO ZWIERZĄT – cd.
- TWORZENIE RZECZOWNIKÓW OD CZASOWNIKÓW
- CZAS TERAŹNIEJSZY – WYRAŻANIE CZYNNOŚCI PRZYSZŁEJ

📖 AT PHIL'S

Phil is half sitting, half lying on a settee with Bonzo, a fine terrier, by his side. Andy placed himself on a chair opposite him with a large piece of paper in one hand and a brush in the other.
Ian and Matt come into the room.

Ian: Hello, boys!

Phil: How are you, Ian?

Ian: Thank you, I'm all right, my cold's over.

Matt: Good afternoon, everybody. Oh, I see, painting is Andy's new hobby!

Andy: I'm going to be a painter.

Matt: On Monday you said you wanted to be a great writer.

Andy: Certainly. I can do both.

Ian: What a queer picture you are painting!

Andy: It isn't finished yet, how do you like it?

Ian: Well, I think his hair's a bit too long.

Matt: And it isn't too smooth.

He will stay at home

Andy: It's Phil's fault. Why didn't he brush it better?

Phil: I think it's more natural.

Matt: But his eyes aren't brown, they're rather green.

Ian: And why is his nose so long? You must make it a little shorter.

Andy: You, guys, find fault with everything. Now you will say that his mouth is too large, or that the ears are in the wrong place!

Ian: But they are!

Matt: Never mind the painting, we came to ask you both to come with us to see a great football match. There'll be many guys from our classes.

Phil: I'm coming. I don't know about Andy ...

Matt: Sue and Julia are going with us. Both girls say ...

Phil: Sue? So Andy is coming too!

Bonzo: Woof, woof!

Phil: Oh, Bonzo, you won't go, you'll stay at home.

Ian: (*who is still looking at the picture*) Gosh! But what's that!?

Andy: Can't you see? That's the tail!

Matt: Whose tail? Phil's tail!?

Andy: Nonsense, I'm painting Bonzo, not Phil.

SŁOWNICZEK

bit [byt] kawałek
  a bit [ə 'byt] trochę
Bonzo ['bonzou] *imię psa*
both [bouθ] obaj, obie; zarówno
brush [brɑsz] szczotka, pędzel; szczotkować
ear [iə] ucho
everything ['ewryθyŋ] wszystko
eye [ɑj] oko
fault [fo:lt] błąd; wina
finish ['fynysz] kończyć
great [grejt] wielki
hair [heə] włosy; sierść (*rzeczownik niepoliczalny, używany w lp*)
himself *zob.* GRAMATYKA
hobby ['hoby] hobby, konik, ulubione zajęcie
Julia ['dżu:liə] *imię żeńskie*
mind [mɑjnd] zważać na
mouth [mɑuθ] usta; pysk (*rzeczownik niepoliczalny, używany w lp*)

natural ['næczrəl] naturalny
never mind [ˌnewə 'mɑjnd] mniejsza o to, drobnostka
nonsens ['nonsəns] nonsens
nose [nouz] nos
opposite ['opəzyt] przeciwny; naprzeciwko
paint [pejnt] malować
painter ['pejntə] malarz
painting ['pejntyŋ] obraz; malowanie
place oneself [ˌplejs ᵘan'self] ulokować się, usadowić się
queer [kᵘiə] dziwny
settee [se'ti:] kanapa, sofa
side [sɑjd] bok, strona
smooth [smu:ð] gładki
tail [tejl] ogon
terrier ['teriə] terier
woof [ᵘuf] hau (*wyraz naśladujący szczekanie psa*)

WYBRANE ZWROTY

at Phil's (= **at Phil's home**) u Phila (w domu)
by his side u jego boku
cold's = **cold is**
What a queer picture! Co za dziwny obraz!
What a clever dog! Jaki mądry pies!
What a fine book! Jaka piękna książka!
How do you like it? Jak ci/wam się to podoba?
hair's = **hair is**
to find fault with krytykować
never mind (the painting) mniejsza o (malowanie)
there'll [ðəl] **be** = **there will be**
that's = **that is**

OBJAŚNIENIA FONETYCZNE

Litery **ai** w sylabie akcentowanej wymawiamy [ej], np. **tail** [tejl], **paint** [pejnt].

GRAMATYKA

- **DOPEŁNIACZ SAKSOŃSKI** – cd.

Dopełniacz saksoński stosujemy w odniesieniu do rzeczowników żywotnych, osób, zwierząt oraz w pewnych określeniach dotyczących miar, wag i czasu, jak również w niektórych zwrotach idiomatycznych. Tworzy się go:

a) w liczbie pojedynczej przez dodanie apostrofu ' i litery **s** (**'s**), np.

Whose tail? Czyj ogon?   **Bonzo's tail?** Ogon Bonza?
the boy chłopiec   **the boy's room** pokój chłopca

b) w liczbie mnogiej, przy rzeczownikach zakończonych na **-s** lub **-es**, przez dodanie samego apostrofu, np.

the boys chłopcy   **the boys' room** pokój chłopców

Jeżeli rzeczowniki w liczbie mnogiej nie mają końcówki **-s**, tworzymy dopełniacz saksoński, dodając apostrof i **s** jak w liczbie pojedynczej, np.

the woman kobieta   **the woman's room** pokój kobiety
the women kobiety   **the women's room** pokój kobiet

Przed rzeczownikiem poprzedzonym dopełniaczem saksońskim nie stawiamy przedimka, stawiamy go przed dopełniaczem saksońskim:

the girl's dress a nie: **girl's the dress**

● **ZAIMKI ZWROTNE**

to place oneself [ᵘan'self]	ulokować się
I placed myself [maj'self]	ulokowałem się, ulokowałam się
you placed yourself [jo:'self]	ulokowałeś się, ulokowałaś się
he placed himself [hym'self]	on się ulokował
she placed herself [hə:'self]	ona się ulokowała
it placed itself [yt'self]	ono się ulokowało
we placed ourselves [auə'selwz]	ulokowaliśmy się, ulokowałyśmy się
you placed yourselves [jo:'selwz]	ulokowaliście się, ulokowałyście się
they placed themselves [ðəm'selwz]	oni się ulokowali, one się ulokowały

W języku polskim używamy tylko jednego zaimka zwrotnego dla wszystkich osób – *się*. W angielskim natomiast każdy zaimek osobowy ma odpowiadający mu zaimek zwrotny. Także bezokolicznik ma zaimek – **oneself**.

Andy placed himself on a chair.
Andy usadowił się na krześle.
She dressed (herself).
Ubrała się.
I wash (myself) every morning.
Myję się codziennie rano.
A man must shave (himself) to look nice.
Mężczyzna musi się golić, żeby ładnie wyglądać.

Uwaga! W języku angielskim najczęściej pomijamy zaimki zwrotne po czasownikach wyrażających codzienne czynności (odnoszące się do nas samych), np. **dress** *ubierać się*, **wash** *myć się*, **shave** *golić się*. Użycie zaimków zwrotnych po tych czasownikach sugeruje, że wykonanie czynności wiąże się z pewnymi trudnościami.

● **ZAIMKI NIEOKREŚLONE the other, both**

Zaimka nieokreślonego **the other** *ten drugi, pozostały* używamy, kiedy mówimy o jednej z dwóch osob, rzeczy lub o grupie. W liczbie mnogiej przybiera on końcówkę **-s** – **the others**.

He had a piece of paper in one hand and a brush in the other.
Miał kawałek papieru w jednej ręce i pędzel w drugiej.
One of the boys was painting, the others were looking at the picture.
Jeden z chłopców malował, pozostali się przyglądali.

Zaimek nieokreślony przymiotny **the other** *ten drugi, pozostały* jest nieodmienny, stosujemy go tylko przed rzeczownikiem, np. **the other boy, the other boys.**

Zaimek **both** *obaj, obie, oboje* itd. stawiamy przed rzeczownikiem z przedimkiem (zwykle przedimek pomijamy), a jeśli przed rzeczownikiem stoi zaimek dzierżawczy przymiotny, po **both** dodajemy **of**:

Both (the) girls ...
Obie dziewczyny ...
Both (the) cupboards are shut.
Obie szafy są zamknięte.
Both the boys are nice.
Obaj chłopcy są mili.
I know both of your brothers.
Znam obydwu twoich braci.

• IMIESŁÓW BIERNY

Imiesłów bierny (= imiesłów czasu przeszłego) czasowników regularnych tworzymy dodając do bezokolicznika końcówkę **-ed** – różnie wymawianą:

to call	nazywać	**called** [d]	nazwany
to paint	malować	**painted** [yd]	namalowany
to finish	kończyć	**finished** [t]	skończony

It isn't finished yet.
To jeszcze nie jest skończone.

Czasowniki nieregularne mają odrębne formy imiesłowu, np.

to know	znać	**known** [noun]	znany
to find	znaleźć	**found** [faund]	znaleziony
to do	robić	**done** [dan]	zrobiony

Jest to trzecia forma czasowników.

- **STOSOWANIE ZAIMKÓW W ODNIESIENIU DO ZWIERZĄT** – cd.

His mouth is too large.
On ma za duży pysk. (*dosł.* Jego pysk jest za duży.)

Kiedy mówimy o psie, używamy zaimka **he** lub **it** (**his mouth** lub **its mouth**).

- **TWORZENIE RZECZOWNIKÓW OD CZASOWNIKÓW**

Od wielu czasowników możemy utworzyć rzeczowniki, dodając do bezokolicznika końcówkę **-er** (wymawianą [ə]).

CZASOWNIK		RZECZOWNIK	
to paint	malować	**a painter** [ˈpejntə]	malarz
to teach	uczyć (kogoś)	**a teacher** [ˈtiːczə]	nauczyciel
to work	pracować	**a worker** [ˈuəːkə]	robotnik, pracownik
to read	czytać	**a reader** [ˈriːdə]	czytelnik

Jeżeli czasownik kończy się na literę **e**, dodajemy tylko końcówkę **-r**.

to write	pisać	**a writer** [ˈrajtə]	pisarz
to ride	jechać	**a rider** [ˈrajdə]	jeździec
to admire	podziwiać	**an admirer** [ədˈmajərə]	wielbiciel

Jeżeli czasownik kończy się pojedynczą spółgłoską, przed którą stoi pojedyncza samogłoska akcentowana, końcową spółgłoskę podwajamy.

| **to begin** | zaczynać | **a beginner** [byˈgynə] | początkujący |
| **to run** | biegać | **a runner** [ˈranə] | biegacz |

- **CZAS TERAŹNIEJSZY** – **WYRAŻANIE CZYNNOŚCI PRZYSZŁEJ**

Bardzo często używamy czasu teraźniejszego ciągłego (Present Continuous Tense) dla wyrażenia czynności przyszłej.

Sue and Julia are coming with us to the football match tomorrow.
Sue i Julia idą z nami jutro na mecz piłki nożnej.
So Andy's coming too.
A więc Andy również pójdzie (*dosł.* idzie).
We're going to England on Sunday.
W niedzielę jedziemy (= wyjeżdżamy) do Anglii.
What are you doing this evening?
Co robisz dziś wieczorem?

ĆWICZENIA

❶ Ćwicz na głos:

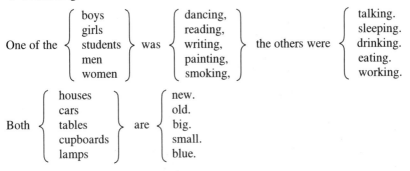

❷ Odpowiedz na pytania (pamiętaj o stosowaniu form ściągniętych):

1. Who's (= Who is) sitting on the settee? 2. What's Bonzo doing? 3. Where is Andy sitting? 4. What has he got in his hands? 5. Who comes into the room? 6. What is Andy's new hobby? 7. What's Andy going to be? 8. What did he say on Monday? 9. Is Andy a good painter? 10. Where are the boys going? 11. Who's going with them? 12. Is Bonzo going with them, too?

❸ Wstaw odpowiednie słowo pytające, wybrane z podanych w nawiasach:

1. ... did Ian and Matt come to Phil? (where, when, who) 2. ... many ears have you got? (what, when, how) 3. ... don't you eat your breakfast? (who, what, why) 4. ... shall we do tomorrow? (what, when, where) 5. ... won't you go to play football? (when, where, why) 6. ... do you like the picture of Bonzo? (what, how, which) 7. ... watch is on the table, Andy's? (why, whose, which) 8. ... is Phil's watch? Is it on the table? (why, when, where) 9. ... came to Ian when he was ill? (what, who, which) 10. ... book is yours, this or that? (whose, which, who)

❹ Odmień przez wszystkie osoby:

I often warm myself by the fireplace.

❺ Zamień na czas teraźniejszy (pamiętaj o stosowaniu form ściągniętych):

1. Peter said she was an attractive girl. 2. What was the time when she came home? 3. I'm sorry he didn't know your name. 4. His car didn't stop here. 5. Where did Sue's friend live? 6. I won't drink coffee. 7. There were four men in the office. 8. He had cheese for breakfast. 9. How many books did you read? 10. She called her daughter Julia. 11. That Englishman said goodbye in Polish. 12. I placed myself opposite the fireplace.

⑥ Połącz odpowiednio zdania z kolumny lewej ze zdaniami z kolumny prawej za pomocą spójnika **because**:

Mr Smith was very happy	it's dirty.
Ellen is going to wash her dress	he's ill.
Ian must stay in bed	he met Helen on his way home.
Sue is making some cakes	they're going to the cinema.
You must hurry	her friends are coming.
They can't come tomorrow	you're late.

⑦ Zamień na formę pytającą i przeczącą (pamiętaj o stosowaniu form ściągniętych):

1. The boy is playing in the garden. 2. The women were talking in the street. 3. Yesterday they went to the country. 4. It was raining hard last Monday. 5. There are some cups and plates on the table. 6. Sue and Julia are going with them. 7. He came to see the great football match. 8. He goes to the office every day. 9. She's going to write a letter to her mother. 10. They have some trees in the garden.

⑧ Przetłumacz:

1. Czy Bonzo siedzi obok Phila? 2. Jak się masz, Steve? 3. Malowanie jest jej nowym hobby. 4. Mam zamiar być pisarzem. 5. To jest bardzo dziwny obraz, wszystko tam jest na niewłaściwym miejscu. 6. Jego włosy są za długie. 7. Jej usta są za duże. 8. *dosł.* Ona zawsze chce wszystko. 9. Oni piją mleko rano, ja także. 10. Ten ołówek jest trochę za krótki, daj mi dłuższy. 11. On powiedział wczoraj, że chce być wielkim malarzem. 12. Ona miała duży kawałek papieru w jednej ręce i ołówek w drugiej.

- **CZASOWNIKI NIEREGULARNE** – cd.
- **CZASOWNIKI ZŁOŻONE fall in, go into** itp.

📖 IN A CAFÉ 🎧

Ellen: Two coffees, please.
Julia: … and two cakes.
Ellen: Hey, careful, Julia, you'll put on weight.
Julia: Oh, never mind. I love sweets.
Ellen: But you want to lose weight. Yesterday you said you were going on a diet.
Julia: You're right. So I'll start tomorrow.

Careful, you'll put on weight

Ian: We have a lot of apples in Poland.
Phil: Oh, have you? We usually bring them from foreign countries.
Ian: Don't you grow them at home?
Phil: Oh yes, we do, but not enough.

LIMERICK 1

There was a young lady of Lynn
Who was so exceedingly thin
That when she essayed
To drink lemonade,
She slipped through the straw and fell in.

LIMERICK 2

There was a young lady of Hyde
Who ate many apples and died.
The apples fermented
Inside the lamented
And made cider inside her inside.

SŁOWNICZEK

cider [ˈsajdə] cydr, jabłecznik
die [daj] umierać
   dying [ˈdajyŋ] umierający
diet [ˈdajət] dieta
enough [yˈnaf] dosyć, dość
essay [eˈsej] *tu*: próbować
exceedingly [ykˈsi:dyŋly] *lub* [ekˈsi:dyŋly] niezmiernie
fall [fo:l] upaść; *nieregularny*
fall in/into [ˌfo:l ˈyn/ˈyntə] wpaść; *nieregularny*
ferment [fəˈment] fermentować
funny [ˈfany] zabawny
grow [grou] hodować; rosnąć; *nieregularny*

Hyde [hajd] *nazwa własna, nazwisko*
inside [ˌynˈsajd] wnętrze; wewnątrz
the lamented [ðə ləˈmentyd] (osoba) opłakiwana
lemonade [ˌleməˈnejd] lemoniada
limerick [ˈlyməryk] limeryk
lose [lu:z] gubić, tracić; *nieregularny*
love [law] kochać, lubić
Lynn [lyn] *nazwa miejscowości*
slip [slyp] wsunąć się
start [sta:t] zaczynać
straw [stro:] słoma; słomka
sweets [sᵘi:ts] słodycze
through [θru:] przez; na wylot
weight [ᵘejt] waga

WYBRANE ZWROTY

to put on weight przybrać na wadze
to lose weight tracić na wadze
to go on a diet przejść na dietę
(be) careful uważaj, bądź ostrożny

OBJAŚNIENIA FONETYCZNE

Zwróć uwagę na wymowę samogłosek w poniższych wyrazach:

[u:] **through, blue, you, lose**
[o:] **straw, fall, also, always, ball, drawer, caught**
[ə:] **advertisement, circus, dirty, first**

GRAMATYKA

- **CZASOWNIKI NIEREGULARNE** – cd.

Bezokolicznik Infinitive	Czas przeszły Past tense	Imiesłów bierny Past participle
fall [fo:l] upaść **drink** [dryŋk] pić **grow** [grou] rosnąć **let** [let] pozwolić **make** [mejk] robić	**fell** [fel] **drank** [dræŋk] **grew** [gru:] **let** [let] **made** [mejd]	**fallen** ['fo:lən] **drunk** [drɑŋk] **grown** [groun] **let** [let] **made** [mejd]

- **CZASOWNIKI ZŁOŻONE fall in, go into** itp.

W języku polskim przedrostki zmieniają znaczenie czasowników, np. *u-paść, w-paść, wy-paść*. W angielskim podobną rolę spełniają wyrazy **in, into, back, out, off** itp., które stoją po czasowniku, np.

to fall   upadać, upaść

to fall in/into   wpaść do
to fall out   wypaść

The thin lady slipped through the straw and fell into the glass.
Szczupła pani przeleciała przez słomkę i wpadła do szklanki.
The ball fell out of the window.
Piłka wypadła przez okno.

to go   iść, chodzić

to go in/into   wejść do
to go back   wrócić
to go out   wyjść

Your room is very small, this sofa won't go in (= into) it.
Twój pokój jest bardzo mały, ta kanapa do niego nie wejdzie.

You must go back and take your coat.
Musisz wrócić i wziąć płaszcz.
Will you go out after dinner?
Czy wyjdziesz po obiedzie?

to get	dostać, dostać się
to get in	wsiąść
to get into	wejść
to get back	wrócić
to get out	wysiąść

Steve stopped his car and asked Dr Gill to get in.
Steve zatrzymał auto i zaprosił doktora Gilla, aby wsiadł.
She's so fat that she can't get into her dress.
Ona jest taka tęga, że nie może wejść w swoją suknię.
I can't get back before Saturday.
Nie mogę wrócić przed sobotą.
Phil got out of the bus and walked to the station.
Phil wysiadł z autobusu i poszedł na stację.

to come	przyjść
to come in	wejść
to come back	wrócić
to come out	wyjść

Come in, please, and sit down.
Proszę wejść i usiąść.
Mr Smith came back from the office.
Pan Smith wrócił z biura.
Come out of the room!
Wyjdź z pokoju!

to put	kłaść
to put in/into	wkładać do
to put on	włożyć, ubrać się
to put off	odkładać

Phil put his pen in the drawer.
Phil włożył pióro do szuflady.
Put on your coat (= Put your coat on), it's cold.
Włóż płaszcz, jest zimno.
Never put off till tomorrow what you can do today.
Nigdy nie odkładaj do jutra tego, co możesz zrobić dzisiaj.

to take   brać, wziąć

to take out   zabierać
to take off   zdjąć

He often takes his dog out for a walk.
On często zabiera swego psa na spacer.
Ellen took off her coat. (= Ellen took her coat off.)
Ellen zdjęła płaszcz.

ĆWICZENIA

❶ Ćwicz na głos:

Matt		a pen			the pocket.
Phil	is putting	a nail		in	the box.
Ellen		a pencil			the drawer.
Steve		a watch			the pocket.

Sue	is taking	an apple	out of	the cupboard.
Ian		a knife		the drawer.

❷ Odpowiedz na pytania:

1. Where did the thin lady live? 2. What did the lady drink? 3. Where did she fall in? 4. What did the lady of Hyde eat? 5. Where did the apples ferment? 6. Do you like apples? 7. How many apples a day do you eat? 8. Do you drink lemonade through a straw? 9. Are you thin or fat? 10. Are you tall or short?

❸ Napisz w czasie przeszłym:

1. I (to have) a nice terrier. 2. He (to be) a very good dog. 3. Every morning he (to have) breakfast with me, but he (not to drink) tea; he (to drink) milk and (to eat) bread. 4. Then we usually (to go out). 5. He (not to like) to walk in busy streets, so he (to be) very glad when we (to arrive) at some large places where there (to be) no houses or traffic. 6. At home he (to be) happy when he (can) lie in front of the fireplace. 7. I often (to have) pieces of old bread in the cupboard or my desk and he (to know) they (to be) for him. 8. So, one day, he (to open) the cupboard and (to get into) it but then he (cannot) get out. 9. That (to be) a funny picture.

④ Podaj przeciwieństwa wyrazów:

1. any 2. 10 am 3. after 4. as ... as ... 5. to begin 6. cold 7. the day 8. yes 9. everything 10. wrong

⑤ Przeczytaj na głos i napisz pełnymi słowami:

3, 13, 30, 84, 12, 14, 55, 78, 41, 19, 11, 4, 7, 40

⑥ Przekształć następujące zdania, używając konstrukcji **going to** (pamiętaj o stosowaniu form ściągniętych):

Przykład: I shall play football tomorrow.
I'm going to play football tomorrow.

1. The young lady will drink lemonade. 2. We shall read these books. 3. I shall write a letter to my friend tomorrow. 4. Andy will be a great painter. 5. Will you see us next Sunday? 6. They will finish their lesson at six o'clock. 7. Will he eat all these cakes? 8. Margaret won't (= will not) make any sandwiches today.

⑦ Napisz pełnymi słowami:

1. I'm 2. that's 3. we're 4. he's 5. it's 6. we'll 7. you aren't 8. they won't 9. he'll 10. it isn't 11. she hasn't 12. we won't

⑧ Przetłumacz (pamiętaj o stosowaniu form ściągniętych):

1. Steve zdjął książkę z półki i położył ją na stole. 2. Włóż te zeszyty do szuflady. 3. Przynieś mi pudełko zapałek. 4. Włóż płaszcz, ponieważ robi się zimno. 5. Robi się późno, muszę wracać do domu. 6. Jest bardzo ciepło, zdejmij swój (*dosł.* twój) płaszcz. 7. Zwykle wstaję późno w niedzielę. 8. Czy mogę wejść? 9. Nie wkładaj rąk do kieszeni. 10. Ona przeleciała przez słomkę i wpadła do szklanki. 11. Czy lubisz cydr? – Tak, lubię. 12. Te jabłka wkrótce się zepsują (*dosł.* sfermentują). 13. Nie wolno ci jeść zielonych gruszek. 14. Nie mam zamiaru jeść żadnych słodyczy, ponieważ chcę schudnąć (= stracić na wadze). 15. Julia tyje (= przybiera na wadze), ponieważ je za dużo ciastek.

⑨ Przeczytaj kilkakrotnie na głos:

[au] how, brown, mouth
[iə] here, near, dear
[sz] she, station, English
[cz] chair, lunch, picture, match, teach

LESSON TWENTY-SIX
THE TWENTY-SIXTH LESSON 26

- **CZAS PRZESZŁY ZŁOŻONY** *PRESENT PERFECT TENSE* – FORMA TWIERDZĄCA, PYTAJĄCA I PRZECZĄCA
- **ODPOWIEDZI TWIERDZĄCE I PRZECZĄCE** (DŁUGIE I KRÓTKIE)
- **STOSOWANIE CZASÓW PRZESZŁYCH**
- **ZAIMKI NIEOKREŚLONE** another, other, others
- **CZASOWNIKI NIEREGULARNE** – cd.

IN THE BATHROOM

Ian is standing outside the bathroom in his dressing gown with a towel in his hand. He is waiting while Phil is washing and whistling.

Ian: I say, Phil, what are you doing? You went in half an hour ago and you're still not ready.

Phil: I'm having a bath, I have washed my face, my neck, my ears, my arms and now I'm beginning to wash my left leg.

Ian: Phil, I can't wait so long! I've got a lesson.

Phil: Never mind your lesson! Sit down in the hall and read the Sunday papers. Now I'm washing the right leg. Gosh! The soap's slipped under the bath. I can't get it …

Ian: Come out with a dirty leg, we won't look.

Phil: There's another bar of soap on the washbasin. The other leg will be clean, too. Now I'm taking the towel which is hanging behind me.

Ian: Will you never come out?

Phil: Just a moment! I'm drying myself.

He whistles cheerfully.

I'm almost ready. I'm putting on my dressing gown. I'm opening the door. Bye-bye, Ian. Have a nice bath!

Ian goes into the bathroom and locks the door. But Phil comes back and knocks at the door.

Phil: I'm sorry. I've forgotten my watch, it's lying on the shelf.

Ian: Never mind your watch. Sit down on the settee in the hall and read the Sunday papers. Now I'm turning on the hot water. I'm taking off my dressing gown, I'm ...
Keep smiling!

Margaret: (*from her bedroom*) Joan, please wash yourself.

Joan: I've already washed myself, Mummy.

Margaret: Have you brushed your teeth?

Joan: Of course, I have.

Margaret: Take off your clothes, please.

Joan: One, two, three! I've taken my clothes off, Mummy.

Margaret: Now, put on your pyjamas.

Joan: One, two ... I've put them on. I'm ready to go to bed.

Margaret: Good night, dear, sleep well.

Margaret: Have you turned on the hot tap, Rick?

Rick: Yes, I have.

Margaret: Now, turn on the cold one, please.

Rick: I've already turned on both taps, Mummy.

The warm water is running into the bath.

Margaret: Rick, turn off the taps, please.

Rick: OK Mummy, I've turned them off. The water is warm, I can have my bath now.

SŁOWNICZEK

already [o:l'redy] już
arm [a:m] ramię
bar [ba:] *tu*: kostka, kawałek
body ['body] ciało
brush [brasz] *tu*: umyć, wyszczotkować
cheerfully ['cziəfəly] wesoło, pogodnie
dressing gown ['dresyŋ gaun] szlafrok
dry [draj] suszyć
forget [fə'get] zapominać; *nieregularny*
hall [ho:l] przedpokój, hol; sala
hang [hæŋ] wisieć; wieszać; *nieregularny*
hot [hot] gorący
left [left] lewy
leg [leg] noga
lock [lok] zamknąć na klucz
mummy ['mamy] mamusia

neck [nek] szyja, kark
OK [,ou'kej] dobrze, w porządku
outside [,aut'sajd] poza, na zewnątrz
soap [soup] mydło
sorry ['sory] zmartwiony
tap [tæp] kran
teeth [ti:θ] zęby
tooth [tu:θ] ząb
towel ['tauəl] ręcznik
turn [tə:n] obrócić
turn on [,tə:n 'on] odkręcić (kran); włączyć (radio)
wait [ᵘejt] czekać
warm [ᵘo:m] ciepły
washbasin ['ᵘoszbejsn] umywalka
water ['ᵘotə] woda
while [ᵘajl] podczas gdy
whistle [ᵘysl] gwizdać

WYBRANE ZWROTY

outside the bathroom przed łazienką
I've got = **I have got** ja mam
the soap's [soups] **slipped** = **the soap has slipped**
I won't = **I will not**
just a moment chwileczkę
I'm sorry przepraszam
turn on a tap odkręcić kran
turn off a tap zakręcić kran
keep smiling uśmiechnij się, bądź uśmiechnięty
good night [gud 'najt] dobranoc
this morning dziś rano

OBJAŚNIENIA FONETYCZNE

Nie wymawiamy litery **r** przed spółgłoską. Samogłoska poprzedzająca literę **r** jest zwykle długa, np.

[a:] **arm**, **large**, **heart**
[o:] **forty**, **short**
[ə:] **turn**, **dirty**

GRAMATYKA

• CZAS PRZESZŁY ZŁOŻONY *PRESENT PERFECT TENSE*

Czas przeszły złożony (Present Perfect Tense) tworzymy za pomocą czasownika posiłkowego **to have** i imiesłowu biernego danego czasownika głównego, np.

I have forgotten my watch.
Zapomniałem zegarka.
He's washed his face.
On umył twarz.

Podmiot	Czasownik posiłkowy **to have**	Imiesłów bierny	Dopełnienie
I	have	written	a letter.
They	have	written	an exercise.
Ellen	has	written	a book.

FORMA TWIERDZĄCA

I have taken	wziąłem, wzięłam
you have taken	wziąłeś, wzięłaś
he has taken	(on) wziął
she has taken	(ona) wzięła
it has taken	(ono) wzięło
we have taken	wzięliśmy, wzięłyśmy
you have taken	wzięliście, wzięłyście
they have taken	(oni) wzięli, (one) wzięły

FORMA PYTAJĄCA

Have I taken?	Czy wziąłem, wzięłam?
Have you taken?	Czy wziąłeś, wzięłaś?
Has he taken?	Czy (on) wziął?
Has she taken?	Czy (ona) wzięła?
Has it taken?	Czy (ono) wzięło?
Have we taken?	Czy wzięliśmy, wzięłyśmy?
Have you taken?	Czy wzięliście, wzięłyście?
Have they taken?	Czy (oni) wzięli, (one) wzięły?

FORMA PRZECZĄCA

I have not taken	nie wziąłem, nie wzięłam
you have not taken	nie wziąłeś, nie wzięłaś
he, she, it has not taken	(on) nie wziął, (ona) nie wzięła, (ono) nie wzięło
we have not taken	nie wzięliśmy, nie wzięłyśmy
you have not taken	nie wzięliście, nie wzięłyście
they have not taken	(oni) nie wzięli, (one) nie wzięły

● **ODPOWIEDZI TWIERDZĄCE I PRZECZĄCE** (DŁUGIE I KRÓTKIE)

Pytania	Odpowiedzi długie	Odpowiedzi krótkie
Have I been here before?	Yes, you have been here./	Yes, you have.
	Yes, you've been here.	
	No, you have not been here./	No, you have not./
	No, you haven't been here./	No, you haven't./
	No, you've not been here.	No, you've not.
Have you read [red] this book?	Yes, I have read it./	Yes, I have.
	Yes, I've read it.	
	No, I have not read it./	No, I have not./
	No, I haven't read it./	No, I haven't./
	No, I've not read it.	No, I've not.
Has he slept here?	Yes, he has slept here./	Yes, he has.
	Yes, he's slept here.	
	No, he has not slept here./	No, he has not./
	No, he hasn't slept here./	No, he hasn't./
	No, he's not slept here.	No, he's not.

Przypominamy! W mowie potocznej najczęściej udzielamy odpowiedzi krótkich.

● **STOSOWANIE CZASÓW PRZESZŁYCH**

Czasu przeszłego prostego (Simple Past Tense) używamy dla wyrażenia czynności przeszłej, jeżeli czas jej wykonania został wyraźnie określony, np. **on Monday**. Często używamy go w opowiadaniach.

You went in half an hour ago.
Wszedłeś pół godziny temu.
On Monday I finished my exercise.
W poniedziałek skończyłem swoje (*dosł.* moje) ćwiczenie.
Yesterday at 3 pm I was at home.
Wczoraj o trzeciej po południu byłem w domu.

Czasu przeszłego złożonego (Present Perfect Tense) używamy dla wyrażenia czynności przeszłej nie zakończonej i jeszcze trwającej lub dopiero co zakończonej albo też czynności zakończonej, której czas dokonania nie jest określony i której skutki jeszcze trwają.

The soap's slipped under the bath. I can't get it.
Mydło wpadło (*dosł.* prześliznęło się) pod wannę. Nie mogę go wydostać.
I've already washed myself.
Właśnie się umyłem.
Have you turned on the tap?
Czy odkręciłeś kran?
Have you brushed your teeth?
Czy umyłeś zęby?

I have just finished my exercise.
Właśnie skończyłem swoje ćwiczenie.
I've finished my exercise.
Skończyłam swoje ćwiczenie. (*obojętnie kiedy, ważne jest to, że skończyłam*)

Has Phil found his pen yet?
Czy Phil znalazł już swoje pióro?
Yes, he has.
Tak, znalazł.
When did he find it?
Kiedy je znalazł?
He found it ten minutes ago.
Znalazł je dziesięć minut temu.

Have you met Mr Smith?
Czy poznałeś pana Smitha?
Yes, I have.
Tak, poznałem.
When did you meet him?
Kiedy go poznałeś?
I met him yesterday.
Poznałem go wczoraj.

● **ZAIMKI NIEOKREŚLONE** another, other, others

Another *inny, jakiś inny, jeszcze jeden, nie ten* jest zaimkiem lub przymiotnikiem. Jako zaimka używamy go w odniesieniu do osób, zwierząt lub rzeczy tylko w liczbie pojedynczej.

This pen isn't good, bring another, please.
To nie jest dobre pióro, przynieś, proszę, inne.
They came one after another.
Przyszli jeden po drugim.

Jako przymiotnik występuje przed rzeczownikiem, np.

There's another bar of soap.
Jest inny kawałek mydła.
May I give you another cup of tea?
Czy mogę ci dać jeszcze jedną filiżankę herbaty?
I'll want another pen.
Będę potrzebował jeszcze jednego pióra.

Other *inny, drugi* jest przymiotnikiem lub zaimkiem. Rzeczownik występujący po **other** może być zarówno w liczbie pojedynczej, jak i mnogiej, np.

The other leg will be clean. (*przymiotnik*)
Druga noga będzie czysta.
This pencil is too short, try the other one. (*przymiotnik*)
Ten ołówek jest za krótki, weź ten drugi (*dosł.* spróbuj tego drugiego).
Put it in your other hand. (*przymiotnik*)
Włóż to do drugiej ręki.
Are there any other questions? (*przymiotnik*)
Czy są jakieś inne pytania?

I hope to do it some day or other. (*zaimek*)
Mam nadzieję, że zrobię to któregoś dnia (*dosł.* któregoś dnia lub innego).
One or other of you. (*zaimek*)
Jeden (*dosł.* ten lub inny) z was.
They came in one after the other. (*zaimek*)
Weszli jeden po drugim.

Others *inni, inne* jest zaimkiem, używamy go tylko w liczbie mnogiej w stosunku do osób, zwierząt i rzeczy, np.

She always thinks of others.
Ona zawsze myśli o innych.
Show me some others.
Pokaż mi jakieś inne.
Peter, among others, was there.
Między innymi był tam Peter.

● **CZASOWNIKI NIEREGULARNE** – cd.

Bezokolicznik Infinitive	Czas przeszły Past tense	Imiesłów bierny Past participle
begin [byˈgyn] zaczynać **forget** [fəˈget] zapominać **hang** [hæŋ] wisieć, wieszać **keep** [ki:p] trzymać	**began** [byˈgæn] **forgot** [fəˈgot] **hung** [haŋ] (coś) **hanged** [hæŋd] (kogoś) **kept** [kept]	**begun** [byˈgɑn] **forgotten** [fəˈgotn] **hung** [haŋ] **hanged** [hæŋd] **kept** [kept]

ĆWICZENIA

❶ Ćwicz na głos:

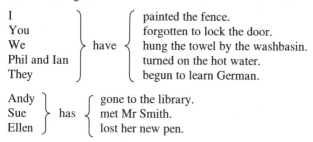

| I
You
We
Phil and Ian
They | have | painted the fence.
forgotten to lock the door.
hung the towel by the washbasin.
turned on the hot water.
begun to learn German. |

| Andy
Sue
Ellen | has | gone to the library.
met Mr Smith.
lost her new pen. |

❷ Odpowiedz na pytania:

1. Who's (= Who is) standing outside the bathroom? 2. What has he in his hand? 3. Where is Phil? 4. What's (= What is) he doing there? 5. What has slipped under the bath? 6. Can Phil get it? 7. Is there another bar of soap in the bathroom? 8. Where is the towel hanging? 9. What has Phil forgotten to take from the bathroom? 10. Where is the watch lying? 11. Is your bathroom big or small? 12. What colour are the walls? 13. Is there a washbasin in your bathroom? 14. Do you wash yourself in cold or hot water? 15. Do you clean your teeth every morning?

❸ Zamień na czas przeszły złożony (Present Perfect Tense):

1. Ian is standing outside the bathroom. 2. Phil is washing his face. 3. I'm taking my bath. 4. He's beginning to wash his left leg. 5. We're waiting for our friends.

6. They're playing football. 7. The soap is slipping under the bath. 8. Phil's taking another bar of soap. 9. Sue's coming home. 10. I'm drying myself with a towel. 11. He's putting on his dressing gown. 12. Ian goes into the bathroom and locks the door.

④ Zamień na formę pytającą i przeczącą (pamiętaj o stosowaniu form ściągniętych):

1. Steve has mended the gate. 2. They've (= They have) eaten their lunch. 3. He's going to the pictures. 4. Ian got up late yesterday. 5. She gets up at seven o'clock in the morning. 6. Rick will go to the garden after dinner. 7. We will dance tomorrow. 8. Phil has forgotten his watch in the bathroom.

⑤ Wstaw odpowiedni przyimek (**in, on, under, outside, at, to, from**):

1. The car is standing ... the garage. 2. It's 8 am. Mr Smith has gone ... the office. 3. Put these plates ... the table, please. 4. I'm taking a book ... the shelf. 5. There are some nails ... the box. 6. The soap's slipped ... the bath. 7. They're looking ... the picture. 8. There's a small shelf ... my bathroom.

⑥ Wybierz odpowiedni wyraz:

1. (Where, When, What) are you going to do after dinner? 2. (What, Who, Which) has opened the window? 3. (Who, What, Which) one of you is older, Rick or Joan? 4. (Who, When, Where) will he go to the library? 5. (Why, When, Where) do tigers live? 6. (When, Where, Why) is he so thin? Does he eat so little?

⑦ Przetłumacz (pamiętaj o stosowaniu form ściągniętych):

1. Johna nie ma w domu (*dosł.* John nie jest w domu). 2. Dlaczego się zaziębiłaś? 3. Nie mogłem napisać tego ćwiczenia, zrobię to innego dnia. 4. Wszyscy są zajęci (*dosł.* każdy jest zajęty) w poniedziałek. 5. Nie otwieraj tego okna, otwórz to drugie. 6. Proszę nam dać inne bułki zamiast tych. 7. Jedni (= Niektórzy) ludzie czekali przed dworcem, inni (= ci drudzy) poszli do domu. 8. Czy oni poszli do innej restauracji? 9. Czy wytarłeś się swoim ręcznikiem? (*użyj* dry with) 10. Jej nie wolno jeść ciastek, ona jest na diecie. 11. Czy możesz odkręcić kran z gorącą wodą? – Właśnie go odkręciłem. 12. Joan, idź do łazienki i umyj ręce. – Umyłam je i teraz są czyste. 13. Nie zamykaj drzwi na klucz!

⑧ Wstaw właściwy przymiotnik, wybrany z podanych w nawiasach:

1. The Johnsons have the (large, larger, largest) house in town. 2. Joan is (pretty, prettier, prettiest) than your sister. 3. Rick is a (tall, taller, tallest) boy, but Andy is (tall, taller, tallest). 4. Mr Smith is the (busy, busier, busiest) man in our office. 5. He's a (good, better, best) painter than Andy. 6. Bonzo is (clever, cleverer, cleverest) than Bingo.

⑨ Przeczytaj kilkakrotnie na głos:

[ə:] turn, dirty, certainly
[ɑ:] arm, bathroom, dark, car
[o:] hall, corner, daughter, boring, call, drawer
[i:] teeth, clean, easy, cheese
[u:] tooth, fool, food
[ᵘ] wait, wash, water, while, whistle
[ɑj] dry, while, my, sky, why, side
[ej] basin, wait

LESSON TWENTY-SEVEN
THE TWENTY-SEVENTH LESSON

27

- OKREŚLENIA CZASU – cd.
- IMIESŁÓW CZASU TERAŹNIEJSZEGO
- RZECZOWNIKI ODSŁOWNE
- PODWAJANIE KOŃCOWEJ SPÓŁGŁOSKI W IMIESŁOWACH

📖 A YOUNG MAN IS ALWAYS POLITE 🎧

Sue: I like your friend, Peter, he's so polite.

Andy: Oh yes. He always says "I'm so sorry".

Julia: He's my neighbour. I often see him in the garden or in the street on my way home. He always waves and smiles, and he hardly ever forgets to ask me how I am.

He always waves and smiles

Matt: When he finds his dog in his best armchair, he usually says with a friendly smile: "Excuse me, boy ..." and waits for the dog to climb down.

Andy: One day he couldn't stop talking with an old man on the bus. He sat on the old man's hat. The man said: Excuse me, you're sitting

on my hat! Peter said: Oh, I'm sorry, I'm so sorry ... The man:
Excuse me ... Peter: ... sorry ... The man: I beg your pardon ...
Peter: ... I'm sorry ... The man: Excuse me ... Peter: I'm sorry ...

Sue: Oh, Andy, that's not true!

Andy: (*grinning*) Well, no. It isn't true. But it sounds like Peter.

- Excuse me! You are sitting on my hat!
- Oh, I'm sorry.
- Never mind. That's all right.

- Excuse me, can you tell me the correct time?
- Certainly, it's now a quarter past six.
- Thank you. My watch is five minutes slow.
  Yesterday it was three minutes fast.

- Can you tell me where the nearest restaurant is?
- Of course. It's just round the corner.
- Thank you very much.
- Not at all.

SŁOWNICZEK

beg [beg] prosić, błagać, żebrać
climb [klajm] wspinać się
climb down [ˌklajm ˈdaun] schodzić,
   zejść z pewnej wysokości
correct [kəˈrekt] dokładny, poprawny;
   poprawiać
excuse [ykˈskjuːz] *lub* [ekˈskjuːz] wybaczyć
fast [faːst] szybki; szybko
friendly [ˈfrendly] przyjacielski, przyjazny

grin [gryn] uśmiechać się, szczerzyć
   zęby w uśmiechu; uśmiech
hat [hæt] kapelusz
like [lajk] *tu*: podobnie do, tak jak
pardon [paːdn] przebaczenie; przebaczać
polite [pəˈlajt] grzeczny, uprzejmy
round [raund] okrągły; dookoła
slow [slou] powolny
true [truː] prawdziwy
wave [ᵘejw] machać ręką

WYBRANE ZWROTY

on my way home gdy wracam do domu
hardly ever prawie nigdy
He asks me how I am. Pyta mnie, jak się czuję.
excuse me przepraszam (*prosząc o informację, sięgając po przedmiot leżący przed drugą osobą itp.*)
to stop talking przestać rozmawiać
on the bus w autobusie
I beg your pardon przepraszam (*szczególnie uprzejmie*)
it's true to prawda
it isn't true, that's not true to nieprawda
it sounds like ... to podobne do ...
I'm so sorry. Tak mi przykro.
my watch is slow mój zegarek się spóźnia
my watch is fast mój zegarek się śpieszy
round the corner za rogiem
not at all proszę bardzo (*uprzejma odpowiedź na podziękowanie*)

OBJAŚNIENIA FONETYCZNE

Litery **ow** wymawiamy:

[au] **how, now**
[ou] **know, yellow, window.**

GRAMATYKA

- **OKREŚLENIA CZASU** – cd.

I often see him.
Często go widuję.
He never forgets to ask me how I am.
(On) nigdy nie zapomina zapytać, jak się czuję.
We're often busy.
Często jesteśmy zajęci.
They have seldom given me books.
Rzadko dawali mi książki.

Often, never, always, usually, seldom stawiamy w czasach prostych przed czasownikami (z wyjątkiem **to be**), a w czasach złożonych – między czasownikiem posiłkowym a głównym (zob. lekcja 17).

• IMIESŁÓW CZASU TERAŹNIEJSZEGO

sleeping	śpiąc; śpiący
taking	biorąc; biorący
grinning	uśmiechając się; uśmiechający się

Imiesłów czasu teraźniejszego tworzymy, dodając do bezokolicznika końcówkę **-ing**.

We found her talking to her neighbour.
Zastaliśmy ją, gdy rozmawiała (*dosł.* rozmawiającą) z sąsiadką.
Andy came in grinning.
Andy wszedł, uśmiechając się.

• RZECZOWNIKI ODSŁOWNE

sleeping	spanie
taking	branie
grinning	uśmiechanie się

Rzeczownik odsłowny (Gerund) tworzymy tak samo jak imiesłów czasu teraźniejszego, dodając do bezokolicznika końcówkę **-ing**.

Bezokolicznik Infinitive	Rzeczownik odsłowny Gerund
walk [ᵘo:k] chodzić, spacerować **wait** [ᵘejt] czekać **open** ['oupǝn] otwierać **run** [rɑn] biegać	**walking** ['ᵘo:kyŋ] chodzenie, spacerowanie **waiting** ['ᵘejtyŋ] czekanie **opening** ['oupǝnyŋ] otwieranie, otwarcie **running** ['rɑnyŋ] bieganie

Rzeczownika odsłownego używamy po niektórych czasownikach: **to like, to begin, to hate, to stop** itd.

He couldn't (= could not) stop talking to an old man on the bus.
Wciąż rozmawiał z tym starszym człowiekiem w autobusie (*dosł.* nie mógł przestać rozmawiać).

I like riding on a bicycle.
Lubię jazdę rowerem.

When will you begin learning English?
Kiedy zaczniesz się uczyć (= naukę) angielskiego?

They hate walking in dark streets.
Bardzo nie lubią chodzić (*dosł.* chodzenia) ciemnymi ulicami.

● **PODWAJANIE KOŃCOWEJ SPÓŁGŁOSKI W IMIESŁOWACH**

Bezokolicznik	Imiesłów czasu teraźniejszego, rzeczownik odsłowny	Czas przeszły, imiesłów bierny
to grin	**grinning**	**grinned**
to run	**running**	
to begin	**beginning**	
to sit	**sitting**	
to put	**putting**	
to slip	**slipping**	**slipped**
to stop	**stopping**	**stopped**

W czasownikach jednosylabowych, kończących się samogłoską + spółgłoska, oraz w czasownikach złożonych z dwu lub więcej sylab, z których ostatnia jest akcentowana i zawiera jedną samogłoskę + jedną spółgłoskę, podwajamy ostatnią spółgłoskę przed **-ing** i **-ed**.

ĆWICZENIA

❶ Ćwicz na głos:

Excuse me, please.
{
What's the time?
Can you tell me the correct time?
What's the shortest way to the station?
Which bus goes to Piccadilly?
How can I get to Hyde Park?
}

❷ Przeczytaj uważnie dialog z początku lekcji, a następnie wstaw brakujące wyrazy:

1. I like your friend, Peter, he's so ... 2. Oh yes. He always says: "..." 3. He is my ... 4. I often see him on my ... home. 5. He ... waves and smiles, and he ... forgets to ask me how I am. 6. When he ... his dog in his best ..., he ... says with a friendly smile: "... boy" and waits for the dog to ...

❸ Odpowiedz na pytania (pamiętaj o stosowaniu form ściągniętych):

1. Why does Sue like Peter? 2. What does he always say? 3. Whose neighbour is Peter? 4. Where does Julia often see him? 5. What does he usually say to his dog sitting in his armchair? 6. When do you read your English book? 7. Did Ian lie in bed when he had a cold? 8. Did Bonzo sit by the fireplace? 9. Does your clock stand near the bed? 10. Have you often been in the country? 11. Have you begun lesson

twenty-one? 12. Is your neighbour as old as you are? 13. Who ate many apples and died? 14. Which do you prefer, tea or coffee?

④ Zamień na dopełniacz saksoński, jeśli rzeczownik określa osobę:

Przykład: the house of my friend
           my friend's house

1. The study of my teacher is blue. 2. The walls of that theatre are yellow. 3. I won't take the towel of my sister. 4. The bath of Ellen is ready. 5. The legs of your armchair are short. 6. I won't speak to the friend of your brother. 7. Don't whistle, the mother of the girl is ill. 8. Some boys stopped before the house of the doctor. 9. I always forget the name of that town.

⑤ Napisz następujące zdania, używając czasu przeszłego prostego (Simple Past Tense) lub czasu przeszłego złożonego (Present Perfect Tense):

1. Ellen (go) to bed late yesterday. 2. She just (meet) her friend. 3. When Peter (find) his dog in his armchair, he (say) with a smile: "Excuse me ..." and (wait) for the dog to climb down. 4. We (live) in this house for three weeks. 5. They (come) from England two days ago. 6. Rick (finish) his lesson, he can play now.

⑥ Napisz zdania, używając czasu teraźniejszego prostego (Simple Present Tense) lub czasu teraźniejszego ciągłego (Present Continuous Tense):

1. I often (meet) her on my way home. 2. What are you doing? – I (look) at the picture. 3. He always (come) home late. 4. Steve (paint) the fence just now. 5. I'm very busy, I (dig) the garden. 6. We can't go with you, we just (write) our English exercise.

⑦ Wstaw **a, some** lub **any**:

1. Sue has ... new hat. 2. There's ... tea in the cup. 3. There are ... cars in the street. 4. Are there ... sandwiches in the cupboard? 5. Give me ... loaf of bread, please. 6. There isn't ... milk in that jug. 7. He hasn't got ... flowers in his room.

⑧ Wyszukaj w lekcji 27 słowa zakończone dźwiękiem [z], np. **says, his.**

⑨ Przetłumacz (pamiętaj o stosowaniu form ściągniętych):

1. Która godzina? 2. Przepraszam, czy może mi pan powiedzieć, która jest godzina (*dosł.* podać dokładny czas)? 3. Przykro mi, ale nie mogę, mój zegarek się śpieszy. 4. Mój zegarek się spóźnia. 5. Który autobus jedzie do dworca? 6. Przepraszam, czy może mi pan powiedzieć, gdzie jest najbliższa restauracja? 7. Proszę uważać, pan usiadł na moich ciastkach. – Och, bardzo przepraszam. 8. Ellen jest moją sąsiadką, mieszkamy na tej samej ulicy. 9. Peter jest bardzo grzeczny, bardzo go lubimy. 10. On wczoraj usiadł na kapeluszu jakiejś pani. 11. Co ta pani powiedziała? 12. Proszę uważać, to jest mój nowy kapelusz. 13. Peter wstał i powiedział: „Bardzo przepraszam".

LESSON TWENTY-EIGHT
THE TWENTY-EIGHTH LESSON

28

- PYTANIA ROZŁĄCZNE
- ZAIMKI WZGLĘDNE who, which, that
- CZAS TERAŹNIEJSZY – WYRAŻANIE CZYNNOŚCI PRZYSZŁEJ – cd.
- CZASOWNIKI NIEREGULARNE – cd.

📖 BEFORE THE LECTURE

Sue: Did you see Jane's new dress?

Julia: No, I didn't.

Ian: Who's Jane? I don't know her. What's she like?

Sue: Ah, you know her! She's tall and fair and she has the most beautiful green eyes.

Julia: And what's the dress like?

Sue: It's really nice! That kind of pink suits her perfectly and I like the coat she bought last week.

Peter: Must you women always talk about dresses? When two girls meet, they either begin or finish by talking about clothes.

Ian: That's true. And when two Englishmen meet, they always talk about the weather.

Peter: Oh no! They don't.

Ian: I bet that every Englishman that comes in will say something about the weather.

Peter: All right. I bet you they won't. Here's John.

John: Hello, everybody! Ian, haven't you seen my ballpoint pen at your place? I've left it somewhere.

Everybody smiles.

Peter: You see, Ian, I'm right.

Ian: No, you aren't. John, are you an Englishman?

John: Certainly not! I'm a Scotsman. Sue, dear, please, lend me your pen, I can't find mine.

Barry comes in.

Barry: Hello, awful weather, isn't it?

Everybody laughs.

Barry: Why are you laughing? There's nothing funny about it. It looks like rain and I haven't got my raincoat.

Julia: Where did you leave it this time?

Barry: I was in the country for the weekend and I left all my things there.

Jane comes in, looking very nice in a green raincoat.

Jane: Hi! What an awful wind, I couldn't open my umbrella.

Everybody laughs.

What an awful wind

Jane: I don't mind the clouds and rain but I hate the wind. So does my cat.

Ian: At least there isn't fog now.

Andy: (*running in*) It's raining cats and dogs out there. Barry, you'll be wet through. Your raincoat is at my brother's in the country.

Everybody laughs.

Sue: Never mind. Jane can lend him her umbrella.

Ian: (*to Peter*) Well, Peter ... They all said something about the weather ...

Mr Green, the professor, comes in.

Mr Green: Good afternoon! It's rather cold today, isn't it?

Everybody smiles.

- What's the weather like today?
- It's windy today, and it looks like rain.
- So I must take my raincoat.
- Take your umbrella, too.
- It's been cloudy all morning, hasn't it?
- Yes, it has. I think it'll clear up after lunch.
- Perhaps it will. I like sunny weather.
- So do I.*

* **So do I.** *Ja też.* (zob. lekcja 23)

SŁOWNICZEK

ah [ɑ:] o!
all [o:l] wszystko, wszystek, wszyscy
awful ['o:ful] straszny
ballpoint pen [ˌbo:lpojnt 'pen] długopis
Barry ['bæry] *imię męskie*
bet [bet] zakład; założyć się; *nieregularny*
buy [bɑj] kupować; *nieregularny*
cat [kæt] kot
clear [kliə] przejaśnić się
cloud [klɑud] chmura
cloudy ['klɑudy] pochmurny
either ... or ... ['ɑjðə ... o: ...] albo ..., albo ...
fair [feə] piękny; jasnowłosy
fog [fog] mgła
hi [hɑj] cześć! (*na powitanie*)
Jane [dżejn] *imię żeńskie*

kind [kɑjnd] gatunek, rodzaj
leave [li:w] opuścić, pozostawić; *nieregularny*
lecture ['lekczə] wykład
lend [lend] pożyczać (komuś); *nieregularny*
perfect ['pə:fykt] doskonały
perfectly ['pə:fyktly] doskonale
professor [prə'fesə] profesor
rain [rejn] deszcz
raincoat ['rejnkout] płaszcz przeciwdeszczowy (= nieprzemakalny)
really ['riəly] rzeczywiście, naprawdę
Scotsman ['skotsmən] Szkot
somewhere ['samᵘeə] gdzieś
suit [su:t] *lub* [sju:t] pasować, być dobranym do; garnitur męski

sunny ['sʌny] słoneczny
that [ðət] który, jaki (*zaimek względny*)
umbrella [ʌm'brelə] parasol
weather ['ᵘeðə] pogoda
week [ᵘi:k] tydzień

weekend [ˌᵘi:k'end] *lub* ['ᵘi:kend] koniec tygodnia, weekend
wet [ᵘet] mokry
wind [ᵘynd] wiatr
windy ['ᵘyndy] wietrzny; wietrzno

WYBRANE ZWROTY

What's (= What is) she like? Jak ona wygląda?
How is she? Jak ona się czuje?
here's = here is
It looks like rain. Zanosi się na deszcz.
this time tym razem
I like the coat. Ten płaszcz mi się podoba.
I don't mind ... Nie zwracam uwagi na ..., Nie mam nic przeciwko ...
at least przynajmniej
It's raining cats and dogs. Leje jak z cebra.
out there na dworze
I'm wet through. Jestem kompletnie przemoczony.
at your place u ciebie w domu
What's the weather like? Jaka jest pogoda?
It's been cloudy ... **= It has been cloudy** ...
It'll clear up. Przejaśnia się. Powinno się przejaśnić. (*dosł.* Przejaśni się.)

OBJAŚNIENIA FONETYCZNE

Zwróć uwagę na wymowę samogłosek w poniższych wyrazach:

[o:] **all**, **awful**, **or** (forma słaba [ə])
[i:] **leave**, **week**, **weekend**
[u:] **suit**

GRAMATYKA

● PYTANIA ROZŁĄCZNE

You can speak English, can't you?
Umiesz mówić po angielsku, prawda?
We shall go to London, shan't we?
Pojedziemy do Londynu, prawda?
It is cold, isn't it?
Jest zimno, nieprawdaż? Zimno jest, prawda?

The professor has a raincoat, hasn't he?
Profesor ma płaszcz przeciwdeszczowy, prawda?
He has finished his lesson, hasn't he?
On skończył lekcję, prawda?
They like dogs, don't they?
Oni lubią psy, prawda?
She sleeps well, doesn't she?
Ona sypia dobrze, prawda?

Do zdania twierdzącego, np. *Dziś jest zimno*, dodajemy czasem krótkie pytanie: *czyż nie?*, *nieprawda(ż)?*, *prawda?* prosząc jak gdyby o potwierdzenie. Takie pytania (tzw. rozłączne) są w języku angielskim stosowane bardzo często. Powtarzamy w nich tylko czasownik modalny lub posiłkowy (**to be**, **to have** powtarzamy także, jeśli występują w funkcji orzeczenia) ze zdania pierwszego w tej samej osobie, w tym samym czasie, ale w formie przeczącej. W wypadku innych czasowników używamy w pytaniu rozłącznym czasownika **to do** w tej samej osobie i w tym samym czasie co w zdaniu pierwszym, w formie przeczącej.

• **ZAIMKI WZGLĘDNE who, that, which**

Who *który* – odnosi się do osób, określanych bliżej w zdaniu podrzędnym.

I know an Englishman who's a painter.
Znam pewnego Anglika, który jest malarzem.
This is the man who bought that house two days ago.
To jest ten pan, który kupił tamten dom dwa dni temu.
Do you know the student who came to the club yesterday?
Czy znasz tego studenta, który przyszedł wczoraj do klubu?
The people who live in that big house are very nice.
Ludzie, którzy mieszkają w tamtym dużym domu, są bardzo mili.

Which *który* – odnosi się do rzeczy – w zdaniach względnych, wyjaśniających przyczyny lub skutki.

In my room I have a large desk which I like very much (= and I like it).
W moim pokoju mam duże biurko, które bardzo lubię.
I hate a lesson which is too difficult (= when it's too difficult).
Nie cierpię lekcji, która jest za trudna (= jeśli jest za trudna).

That *który, jaki* – odnosi się do osób i do rzeczy.

I can't learn a lesson that's so difficult (only this lesson), I can learn the others.
Nie mogę się nauczyć tylko tej lekcji, która jest taka trudna, mogę się nauczyć (tych) innych.
This is the best book that I've got.
To jest najlepsza książka, jaką mam.
This is the tallest boy that comes to my class.
To jest najwyższy chłopiec, jaki chodzi do mojej klasy.

- **CZAS TERAŹNIEJSZY – WYRAŻANIE CZYNNOŚCI PRZYSZŁEJ** – cd.

I bet that every Englishman that comes in will say something about the weather.
Założę się, że każdy Anglik, który wejdzie (do pokoju), powie coś o pogodzie.
He says that he goes to London tomorrow.
(On) mówi, że pojedzie (= jedzie) jutro do Londynu.
They're coming to me this afternoon.
(Oni) przyjdą (= przychodzą) do mnie dziś po południu.

Dla wyrażenia czynności przyszłej często używamy czasu teraźniejszego prostego (Simple Present Tense) albo czasu teraźniejszego ciągłego (Present Continuous Tense).

- **CZASOWNIKI NIEREGULARNE** – cd.

Bezokolicznik Infinitive	Czas przeszły Past tense	Imiesłów bierny Past participle
ring [ryŋ] dzwonić **shut** [szɑt] zamykać	**rang** [ræŋ] **shut** [szɑt]	**rung** [rɑŋ] **shut** [szɑt]

ĆWICZENIA

❶ Ćwicz na głos:

I like talking about clothes,
We usually sleep well,
You always forget things,
They often talk about books,
Women usually get up about 7 am,
} don't {
I?
we?
you?
they?
they?

He likes reading in bed,			he?
Dr Gill often talks about the weather,			he?
Phil hates working hard,	}	doesn't	he?
Ellen sometimes comes home late,			she?
Sue learns Polish,			she?

Odpowiedz na pytania (pamiętaj o stosowaniu form ściągniętych):
1. What's (= What is) Jane like? 2. What's her new dress like? 3. Do women like talking about new dresses? 4. Do Englishmen like talking about the weather? 5. Is John an Englishman? 6. What has John lost? 7. Has Barry got his raincoat? 8. Why not? 9. What colour is Jane's raincoat? 10. What's the weather like? 11. Does Jane like the wind?

Wstaw odpowiednie pytanie rozłączne:

Przykład: It looks like rain, doesn't it?

1. We work very hard, ... 2. They like eating a lot, ... 3. Your sister is very pretty, ... 4. Peter always waves, ... 5. You know Jane well, ... 6. She has beautiful green eyes, ... 7. That kind of pink suits her perfectly, ... 8. He can speak English, ... 9. They have bought a new car, ... 10. He will talk about the weather, ... 11. Sue was at the theatre, ...

Utwórz rzeczownik odsłowny od czasowników podanych w nawiasach:

1. Englishmen like (to talk) about the weather. 2. Rick hates (to drink) milk for breakfast. 3. When does she begin (to clean) the rooms? 4. Andy doesn't like (to dig) the garden. 5. Steve likes (to mend) things. 6. We like (to go) to the pictures.

Wstaw **who, which** lub **whose**:

1. I have a friend ... is a doctor. 2. We met a man ... son is a student. 3. The hat ... you bought yesterday was very nice. 4. The girl ... lives in that small house is very tall. 5. John has an armchair in his room ... is very comfortable. 6. ... pen is this? Is it yours? 7. Jane has a new coat ... suits her perfectly. 8. I know a girl ... has beautiful green eyes.

W wykropkowane miejsca wstaw **almost, always, except, near, hardly ever** lub **though**:

1. It isn't very hot today ... the sun is shining. 2. Rick slipped and ... fell into the water. 3. Englishmen ... talk about the weather. 4. English boys go to school every day ... Saturday and Sunday. 5. The Johnsons live ... London. 6. He doesn't like working hard and he ... knows his lessons.

⑦ Wstaw brakujące zaimki dzierżawcze i zaimki dzierżawcze przymiotne, tj. **mine, yours** lub **my, your** itd.:

Przypominamy! Zaimek dzierżawczy przymiotny występuje zawsze przed rzeczownikiem; zaimek dzierżawczy występuje samodzielnie, bez rzeczownika.

1. Please, give me ... soap, I don't know where ... is (*dosł.* gdzie moje jest). 2. Whose coat is it, ... or ...? 3. He says that ... apples fermented. 4. All ... friends are learning commercial correspondence. 5. I put ... dress into the cupboard. 6. Where did you see ... books? 7. ... books are here, ... are in the hall (wasze są w holu). 8. Ian is studying in London; he's improving ... English. 9. How do you like ... new watch? 10. There are two straws in ... glass, and one in ... 11. Our neighbours always leave the windows open and I can listen to ... radio from ... study.

⑧ Rozwiń formę ściągniętą do pełnych wyrazów:

1. I'm 2. he doesn't 3. you can't 4. they're 5. he's 6. she won't 7. I'll 8. it's 9. we don't 10. she wasn't

⑨ Przetłumacz (pamiętaj o stosowaniu form ściągniętych):

1. Założę się, że każda kobieta, która wejdzie (do pokoju), powie coś o sukienkach. 2. Anglicy lubią rozmawiać o pogodzie, prawda? 3. Nie mogę iść do klubu, bo leje jak z cebra. 4. Pogoda jest okropna, prawda? 5. Zanosi się na deszcz, weź swój parasol. 6. Nie mam parasola, pożycz mi swój płaszcz przeciwdeszczowy. 7. Zdejmij płaszcz i kapelusz i usiądź koło kominka, jesteś kompletnie przemoczona. 8. Jaka pogoda była wczoraj? 9. Nie cierpię wychodzić, kiedy pada deszcz. Ja też. 10. Sue wygląda ładnie w swojej nowej sukience, prawda?

⑩ Przeczytaj kilkakrotnie na głos: 🎧

[l] alive, letter, lock, family, eleven
[s] whistle, washbasin, bus, us, house, this, so
[z] busy, because, as, excuse, opposite, these

LESSON TWENTY-NINE
THE TWENTY-NINTH LESSON 29

- **ZAIMKI NIEOKREŚLONE** all, both, such
- **KONSTRUKCJE** either ... or ..., neither ... nor ...
- **ZDANIA CZASOWE**
- **CZASOWNIK MODALNY** may – cd.

📖 THE PHONE CALL 🎧

The telephone rings. Barry goes to the phone.

Barry: This is Barry Gill speaking ...

Steve: (*Andy's brother*) Hello, Barry.

Barry: Hello, Steve. I was just going to ask you about that suitcase I left* at your place.

Steve: That's why I'm ringing you up. We saw it in the hall the day** you left.

Barry: When are you coming to town?

Steve: That's the question. I'm going there on Wednesday but you may need some of your things. What have you got inside?

Barry: A suit, a sports jacket, shoes and some handkerchiefs. I don't need them so badly, but my raincoat is there and the only tie that I really like.

Steve: And all your washing things are still in the bathroom.

Barry: I know, I had to buy a new toothbrush. Well ... Andy might bring the suitcase. It's neither large nor heavy.

Steve: I'm sure he'll do it as soon as he can. What day is it tomorrow?

Barry: Tuesday.

Steve: So he'll come down tomorrow.

Barry: Good. When I meet him tonight, I'll ask him to bring the things I left.

Steve: All right. And next time you come here, don't forget your head!

---

* Domyślnie: that suitcase **that** I left.

** Domyślnie: the day **that** you left.

Barry: You see, we were in such a hurry. We were rushing to catch the train.

Steve: And you almost missed the train.

Barry: But we didn't. Well, thanks so much. Say hello to your wife! Love to both of your children! Bye!

Steve: Bye!

SŁOWNICZEK

ask [ɑːsk] pytać; prosić
as soon as [əz ˈsuːn əz] skoro tylko, jak tylko
badly [ˈbædly] źle, dotkliwie, *pot.* bardzo, strasznie
both [bouθ] obaj, obie, oboje, oba
bye [bɑj] cześć! (*na pożegnanie*)
call [koːl] *tu:* rozmowa telefoniczna
handkerchief [ˈhæŋkəczyf] chustka do nosa
have to [ˈhæw tə] musieć
head [hed] głowa
heavy [ˈhewy] ciężki
hurry [ˈhɑry] *tu:* pośpiech
jacket [ˈdżækyt] marynarka, *tu:* bluza, kurtka
might [mɑjt] *czas przeszły od* **may;** *czasownik modalny wyrażający m.in. tryb warunkowy*
miss [mys] spóźnić się; chybić; stracić okazję

neither ... nor ... [ˈnɑjðə ... noː ...] ani ..., ani ...
next [nekst] następny
only [ˈounly] *tu:* jedyny
phone [foun] telefon; telefonować
phone call [ˈfoun koːl] rozmowa telefoniczna
question [ˈkᵘesczən] pytanie
rush [rɑsz] pędzić, gnać
the same [ðə ˈsejm] ten sam
shoe [szuː] but
soon [suːn] wkrótce
such [sɑcz] taki, taka, takie, tacy, takie
suit [suːt] *lub* [sjuːt] garnitur, kostium
suitcase [ˈsuːtkejs] *lub* [ˈsjuːtkejs] walizka
sure [szuə] z pewnością, pewny
telephone [ˈtelyfoun] telefon
tie [tɑj] krawat
train [trejn] pociąg
while [ᵘɑjl] podczas gdy; chwila

WYBRANE ZWROTY

This is Barry speaking. Mówi Barry.
that's why (= **that is why**) dlatego, więc
to need badly bardzo potrzebować
a sports jacket bluza, kurtka sportowa
to come down wstąpić (do kogoś)
the same day tego samego dnia
next time następnym razem

to be in a hurry śpieszyć się
in town w mieście
say hello to ... pozdrów ...
love to ... serdeczności (= uściski) dla ...

GRAMATYKA

● **ZAIMKI NIEOKREŚLONE** all, both, such

All your washing things are here.
Wszystkie twoje przybory do mycia są tutaj.
All the windows are open.
Wszystkie okna są otwarte.
All the questions are short.
Wszystkie pytania są krótkie.
Love to both of your children.
Uściski dla obojga twoich dzieci.
Both (the) dresses are pretty.
Obie suknie są ładne.
Both his jackets are dirty.
Obie jego kurtki są brudne.
He was in such a hurry.
On się tak śpieszył.
Such a heavy book!
Taka ciężka książka!

All, both, **such** stawiamy przed przedimkiem lub zaimkiem dzierżawczym przymiotnym poprzedzającym rzeczownik.

● **KONSTRUKCJE** either ... or ..., neither ... nor ...

Take either an umbrella or a raincoat.
Weź albo parasol, albo płaszcz przeciwdeszczowy.
It's neither large nor heavy.
Nie jest ani duża, ani ciężka.
I have neither time nor money.
Nie mam ani czasu, ani pieniędzy.

Neither ... **nor** ... ma znaczenie przeczące. Czasownik w zdaniu musi być w formie twierdzącej zgodnie z omówioną zasadą jednego przeczenia w języku angielskim.

● **ZDANIA CZASOWE**

When I meet him tonight, I'll ask him.
Gdy spotkam go dziś wieczorem, poproszę go.
When he comes to London, he will bring the suitcase.
Kiedy przyjedzie do Londynu, przyniesie walizkę.

W zdaniach czasowych zaczynających się od **when**, **while**, **as soon as** itd., kiedy mówimy o przyszłości, nie stosujemy w języku angielskim czasu przyszłego, lecz czas teraźniejszy.
Kiedy mówimy o przeszłości, stosujemy czasy analogicznie do języka polskiego.

When he was in the garden, he saw you.
Kiedy był w ogrodzie, zobaczył cię.
They came while we were having dinner.
Przyszli, kiedy jedliśmy obiad.
I left as soon as I got the book.
Wyszedłem, jak tylko dostałem książkę.

● **CZASOWNIK MODALNY may** – cd.

Might, czas przeszły od **may**, wyraża również tryb warunkowy.

I might come.
Mogłem przyjść.
I might bring it.
Mógłbym to przynieść.
He might take the book.
On mógłby zabrać (tę) książkę.

ĆWICZENIA

① Ćwicz na głos:

Last week {
when Barry was in the country, he left his suitcase there.
when he was there, he talked with Steve.
when he was there, he worked in the garden.
when he was there, he helped his brother.

Tomorrow {
when I go to town, I'll go to the cinema.
when I go to town, I'll buy new shoes.
when I go to town, I'll meet your wife.
when I go to town, I won't miss the train.

② Odpowiedz na pytania pełnymi zdaniami:

1. What did Barry leave at Steve's place? 2. Is Steve's home in London? 3. What was inside the suitcase? 4. What did Barry leave in the bathroom? 5. Is the suitcase heavy? 6. When will Andy go to see his brother in the country?

③ Połącz odpowiednio zdania 1–6 ze zdaniami a)–f):

1. When the weather is bad,
2. When Barry spoke to Steve on the phone,
3. As soon as breakfast is ready,
4. When Barry meets Andy tonight,
5. When John can't find his pencil,
6. As soon as the teacher said something about the weather,

a) I shall sit down and eat it.
b) we must have either a raincoat or an umbrella.
c) Sue lends him her pen.
d) everybody smiled.
e) they talked about the things Barry forgot in the country.
f) he will ask him to bring the suitcase.

④ Wstaw brakujące wyrazy:

1. My soap's slipped either under the bath or under the ... 2. This boy is dirty: he's washed neither his hands nor his ... 3. Barry's suitcase is neither ... nor heavy. 4. This is ... a Sunday paper nor a magazine. 5. Jane's dresses are either pink ... green. 6. I can't find my hat. It's neither in the hall ... in my room.

⑤ Napisz słowami następujące daty:

1996, 1852, 1066, 1216, 1951, 1975

⑥ Czy następujące twierdzenia są słuszne, czy nie? Podkreśl odpowiednio „True" (słuszne) lub „Not true" (niesłuszne):

1. Barry was in such a hurry that he missed the train. True. Not true. 2. Both your hands are clean. True. Not true. 3. When it is dark, all the cats look grey. True. Not true. 4. Both your legs are left legs. True. Not true. 5. In this book all the pictures are black and white. True. Not true. 6. Andy has painted such a funny picture of his dog. True. Not true. 7. In London all the buses are brown. True. Not true.

⑦ Przetłumacz:

1. Widziałem jego płaszcz w holu. 2. Telefon dzwoni. 3. Dzisiaj kupię nowy parasol. 4. Wszystkie twoje krawaty są zbyt długie. 5. Czasami lubię spacerować (*użyj rzeczownika odsłownego*), kiedy pada. 6. Mój młodszy brat chce mieć albo kota,

albo psa. 7. Niektórzy ludzie nie lubią ani kotów, ani psów w swoich domach.
8. Barry śpieszy się. Ja też. 9. Czy napisałeś tylko jedno ćwiczenie? 10. On zgubił
obie wasze książki.

⑧ Ćwicz na głos dźwięczne zakończenia wyrazów:

[z] shoes, things, ties, days, wives
[d] head, inside, need, rained, remembered

- TWORZENIE PRZYSŁÓWKÓW
- ZAIMKI NIEOKREŚLONE some, any, no I ICH POCHODNE
- ZAIMKI a few, a little
- PYTANIA ZALEŻNE I NIEZALEŻNE
- OPUSZCZANIE SPÓJNIKA that

📖 IN THE PARK 🎧

Andy and Sue are going home through Hyde Park. When it is raining, or they are in a hurry, they go by bus or by underground, but today the sun is shining so they can go on foot. The park is rather empty. There are only a few people for it is quite cold. Some children are running and playing while their mothers are watching them.

Two months ago, it was quite different. People were resting on the green grass, on chairs, in the sun or in the shade of fine old trees or hedges. Little babies were sleeping in their prams, older children watched black and white sheep, and birds were singing cheerfully. Now summer is over and autumn has begun. The grass is covered with yellow, red, and brown leaves, and the trees look black against the sky.

But Andy does not see anything or anybody, he has eyes only for Sue. He thinks she is the best and the most beautiful girl in England. Sue is nineteen years old, she has dark brown hair and laughing eyes. Her mouth is a little too large but she has very fine teeth and a sweet smile. On the whole she is rather good-looking and very kind-hearted, so everybody likes her and Andy is in love with her. The young people are walking slowly without a word. The girl is thinking of somebody who is coming to stay with her for a week, at the end of the month, while Andy is asking himself if he has any time to go to the cinema with Sue.

Jane: What's Sue doing in Hyde Park?
John: (*reading a paper*) What did you say?
Jane: I'm asking you what Sue is doing in Hyde Park.
John: I don't know. Just walking, I suppose.
Jane: I see. She has come to meet somebody. Who's that guy? Look at them, John. I must know who the guy is.
John: (*looking up from his paper*) Don't you know him? It's Andy.
Jane: Oh, stop reading this newspaper and listen to my questions.
John: (*putting the paper into his pocket*) Good. I'm afraid you want to know who Andy is, where he lives ...
Jane: (*laughing*) No, John. I only want to talk to you and walk in the park ... just like Sue and Andy.

SŁOWNICZEK

a few [ə 'fju:] kilka, kilkoro, parę
against [ə'genst] *lub* [ə'gejnst] przeciw, przeciwko; *tu*: na tle
a little [ə 'lytl] trochę
autumn ['o:təm] jesień
baby ['bejby] niemowlę, małe dziecko
bird [bə:d] ptak
cover ['kawə] przykryć
different ['dyfrənt] różny, odmienny
end [end] koniec; kończyć
ever ['ewə] kiedyś, kiedykolwiek
feet [fi:t] stopy
fellow ['felou] facet, człowiek
foot [fut] stopa
for [fə] *tu*: ponieważ, bo
good-looking [ˌgud'lukyŋ] ładny, przystojny
hedge [hedż] żywopłot

if [yf] *tu*: czy
kind-hearted [ˌkɑjnd'hɑ:tyd] dobry, poczciwy, życzliwy
leaf [li:f] liść
leaves [li:wz] liście
month [mɑnθ] miesiąc
nobody ['noubədy] nikt
play [plej] bawić się, grać
pram [præm] wózek dziecięcy
quite [kᵘɑjt] zupełnie, całkiem, dość
shade [szejd] cień
sheep [szi:p] owca (*lm* **sheep**)
sing [syŋ] śpiewać; *nieregularny*
somebody ['sɑmbədy] ktoś
summer ['sɑmə] lato
watch [ᵘocz] obserwować, pilnować
without [ᵘyð'ɑut] bez
year [jiə] *lub* [jə:] rok

WYBRANE ZWROTY

to go by bus jechać autobusem
to go by undeground jechać metrem
to go on foot iść pieszo
in the sun w słońcu
a month ago miesiąc temu, **two months ago** dwa miesiące temu

against the sky na tle nieba
Sue is nineteen years old. (*lub* **Sue is nineteen.**) Sue ma dziewiętnaście lat.
on the whole ogólnie biorąc
to be in love with być zakochanym w
in autumn jesienią

GRAMATYKA

• TWORZENIE PRZYSŁÓWKÓW

Od większości przymiotników możemy utworzyć przysłówki przez dodanie końcówki: **-ly**, np. **slow** → **slowly, awful** → **awfully, simple** → **simply** (e zanika), **happy** → **happily** (y zamieniamy na i).

PRZYMIOTNIKI		PRZYSŁÓWKI	
slow	powolny	**slowly**	powoli
cheerful	pogodny, wesoły	**cheerfully**	pogodnie, wesoło
awful	straszny, okropny	**awfully**	strasznie, okropnie
happy	szczęśliwy	**happily**	szczęśliwie, na szczęście
simple	prosty	**simply**	po prostu

The birds were singing cheerfully.
Ptaki śpiewały wesoło.
The young people are walking slowly.
Młodzi ludzie spacerują powoli.

• ZAIMKI NIEOKREŚLONE some, any, no I ICH POCHODNE

a) Zaimki nieokreślone **some** *jakieś, kilka, trochę*; **somebody** *ktoś*; **something** *coś* oraz przysłówek **somewhere** *gdzieś* stosujemy w zdaniach twierdzących.

Some children are running.
Kilkoro dzieci biega.
Somebody is coming to her.
Ktoś wybiera się do niej.
He says something about the weather.
On mówi coś o pogodzie.
John has left his pen somewhere.
John zostawił gdzieś swoje pióro.

b) Zaimki nieokreślone **any** *trochę, jakieś* itd.; **anybody** *ktoś*; **anything** *coś* i przysłówek **anywhere** *gdzieś* stosujemy w zdaniach pytających.

Andy asks himself if he has any time.
Andy zadaje sobie pytanie, czy ma trochę czasu.
Is there anybody in the park?
Czy jest ktoś w parku?
Have you any questions?
Czy macie jakieś pytania?
Is there anything funny here?
Czy jest w tym coś śmiesznego?
Have you seen Joan's ball anywhere?
Czy widziałeś gdzieś piłkę Joan?

c) Zaimki nieokreślone **any** *żaden*; **anybody** *nikt*; **anything** *nic* i przysłówek **anywhere** *nigdzie* stosujemy w połączeniu z formą przeczącą czasownika, np. **not ... any, not ... anybody, not ... anything.**

Andy doesn't see anything or anybody.
Andy niczego ani nikogo nie widzi.
There aren't any fruit trees here.
Nie ma tu (żadnych) drzew owocowych.
She didn't meet him anywhere.
Nigdzie go nie spotkała.
He can't find anything.
On niczego nie może znaleźć.

d) Zaimki **no** *żaden*, **nobody** *nikt*, **nothing** *nic* znaczą to samo co **any**, **anybody**, **anything**, ale łączą się z czasownikami w formie twierdzącej.

I don't know anybody in London. ⎫
I know nobody in London. ⎬ Nie znam nikogo w Londynie.
                                        ⎭

He can't find anything. ⎫
He can find nothing. ⎬ On niczego nie może znaleźć.
                                 ⎭

Często zaimki te pełnią funkcję podmiotu.

Nobody came in.
Nikt nie wszedł.
Nothing fell down from the tree.
Nic nie spadło z drzewa.

Uwaga: Proponujemy nauczyć się stosowania najpierw jednej formy, np. **not ... any**, a dopiero potem drugiej.

- **ZAIMKI a few, a little**

There are only a few people.
Jest tylko kilka osób.
She wrote a few letters.
Napisała kilka listów.
Give me a few pencils.
Daj mi kilka ołówków.
Her mouth is a little too large.
Jej usta są trochę za duże.
We have only a little time.
Mamy tylko trochę czasu.
Do you speak English? Yes, a little.
Czy mówisz po angielsku? Tak, trochę.

Zaimki nieokreślone **a few** *kilka, parę*; **a little** *trochę* mają podobne znaczenie, jednak **a few** stosujemy z rzeczownikami policzalnymi w liczbie mnogiej, np. **letters, pencils**, zaś **a little** – z niepoliczalnymi rzeczownikami materialnymi lub z rzeczownikami abstrakcyjnymi, np. **water, time** lub też samodzielnie: **Yes, a little.**

- **PYTANIA ZALEŻNE I NIEZALEŻNE**

a) **Has Andy any time to go to the cinema with Sue?**
Czy Andy ma czas, żeby pójść z Sue do kina?
Who is that fellow?
Kto to jest ten człowiek (= facet)?
Where does he live?
Gdzie on mieszka?

b) **Andy is asking himself if he has any time to go to the cinema with Sue.**
Andy zadaje sobie pytanie, czy ma czas, żeby pójść z Sue do kina.
I must know who that guy is.
Muszę wiedzieć, kto to jest.
You want to know where he lives.
Chcesz wiedzieć, gdzie on mieszka.

Pytania niezależne (grupa a) wymagają odwróconego szyku wyrazów, pytania zależne (grupa b) wymagają szyku charakterystycznego dla formy twierdzącej (**if he has any time**). Należy na tę różnicę zwrócić uwagę, gdyż w języku polskim kolejność wyrazów w obu typach pytań jest taka sama.

• **OPUSZCZANIE SPÓJNIKA** that

W mowie potocznej bardzo często opuszczamy spójnik **that** *że*.

He thinks (that) she is the most beautiful girl in England.
On myśli (= uważa), że ona jest najpiękniejszą dziewczyną w Anglii.
I know (that) you are tired.
Wiem, że jesteś zmęczony.

ĆWICZENIA

① Ćwicz na głos:

Have you seen
{ any friends in Hyde Park?
  any sheep there?
  any cats in my garden?
  any football matches in England?

Have you found
{ any newspaper on that table?
  any soap in the bathroom?
  any place in the shade?
  any new books in this shop?

② Odpowiedz na pytania (pamiętaj o stosowaniu form ściągniętych):

1. Who's (= Who is) walking in the park? 2. When do Sue and Andy usually go home by bus? 3. Are there many people in the park? 4. What's (= What is) the weather like? 5. What's the colour of the leaves? 6. Was the park empty in summer? 7. What were the younger children doing? 8. What were their mothers doing? 9. Were there any animals in Hyde Park? 10. Were people sitting in the sun or in the shade?

③ Uzupełnij brakujące przyimki:

1. They are going home ... Hyde Park. 2. When the sun is shining, they usually go ... foot. 3. In autumn the grass is covered ... yellow, red, and brown leaves. 4. Andy's (= Andy is) in love ... Sue. 5. He likes to look ... her blue eyes. 6. They're not talking, they are walking slowly ... a word.

④ Zamień na formę pytającą:

Przykład: There are some fine trees.
         Are there any fine trees?

1. There are some mothers with little babies. 2. There were some black and white sheep. 3. I can see something yellow in the grass. 4. He has found something under a hedge. 5. Somebody said that Sue's mouth was a little too large. 6. Jane is walking with somebody.

⑤ Utwórz przysłówki od następujących przymiotników:

awful, beautiful, comfortable, kind, deep, dirty, glad, heavy, strong, sweet

⑥ Wstaw **a few** lub **a little**:

1. Somebody gave John ... papers. 2. It was quite cold so there were only ... people in the park. 3. Sue's mouth is ... too large. 4. You can always find ... sheep under those trees. 5. She always finds ... time for her friends. 6. Give your cat ... milk.

⑦ Przetłumacz (pamiętaj o stosowaniu form ściągniętych):

1. Czy w Polsce jesień jest zimna? (Uwaga! Nazw pór roku w znaczeniu ogólnym używamy bez przedimka). On chce wiedzieć, czy w Polsce jesień jest zimna. 2. Czy byłeś w Hyde Parku? On cię pyta, czy byłeś w Hyde Parku. 3. Czy Sue umie (*dosł.* potrafi) śpiewać? Nikt nie wie, czy Sue umie śpiewać. 4. Czy oni lubią zabawne filmy? Nie jestem pewien, czy oni lubią zabawne filmy. 5. Czy masz wygodne buty? Pytam cię, czy masz wygodne buty.

31 LESSON THIRTY-ONE
THE THIRTY-FIRST LESSON

- CZASY CIĄGŁE
- PRZYPADEK DOPEŁNIENIA – ODPOWIEDNIK POLSKIEGO CELOWNIKA I BIERNIKA

📖 A CONVERSATION

Ian: Julia says that when she came into your room last night you were writing something funny. What was it? Could you show it to me?

Ellen: Oh yes, here it is. I had to find a few examples of the past participle of regular verbs for my next lesson.

Ian: But it's a poem, not an exercise ... And I was just going to ask you for a book of English poems.

Ellen: Well, that's not a poem really. I've heard about it from John. It's taken from a book of rhymes for children. Someone gave it to John when he was a child. He's lent the book to me for a few days. There are some regular verbs in it and I'm learning it by heart.

I'm learning it by heart

Ian: You're quite right and I can use it too. There are a few good examples. I think I'll be reading again and learning this rhyme in a moment. It will help me to remember the names of the days of the week.

SOLOMON GRUNDY

Solomon Grundy
Born on a Monday,
Christened on Tuesday,
Married on Wednesday,
Ill on Thursday,
Worse on Friday,
Died on Saturday,
Buried on Sunday.
Such was the life
Of Solomon Grundy.

SŁOWNICZEK

born [bo:n] urodzony
bury [ˈbery] pochować, pogrzebać
christen [krysn] chrzcić, nadawać imię
died [dajd] zmarły
example [ygˈzɑːmpl] *lub* [egˈzɑːmpl] przykład
hear [hiə] słyszeć; *nieregularny*
life [lajf] życie
lives [lajwz] życie (*lm od* **life**)
marry [ˈmæry] poślubić; ożenić się; wyjść za mąż
moment [ˈmoumənt] chwila, moment
participle [ˈpɑːtysypl] imiesłów

poem [ˈpouym] poemat, wiersz
regular [ˈregjulə] regularny
rhyme [rɑjm] wiersz, wierszyk; rym
so [sou] więc
Solomon Grundy [ˈsoləmən ˈgrandy] *postać z wierszyka dla dzieci*
someone [ˈsamᵘan] ktoś
use [juːz] używać, wykorzystać
use [juːs] użytek, użycie
verb [wə:b] czasownik
worse [ᵘə:s] gorszy, bardziej chory; gorzej

WYBRANE ZWROTY

last night wczoraj wieczorem
last week w zeszłym tygodniu
last month w zeszłym miesiącu
last time zeszłym razem (zob. **next time**, lekcja 29)
something funny coś śmiesznego
for a few days na parę dni
You're quite right. Masz całkowitą rację.
here it is oto … proszę

by heart na pamięć
in a moment za chwilę
on a Monday pewnego poniedziałku
on Monday w poniedziałek

OBJAŚNIENIA FONETYCZNE

Zwróć uwagę na wymowę wyrazów **bury** ['bery] i **busy** ['byzy].

GRAMATYKA

• CZASY CIĄGŁE

I am learning it by heart.
Właśnie uczę się go na pamięć.
When she came into the room, you were writing.
Kiedy weszła do pokoju, pisałeś.
Birds were singing cheerfully.
Ptaki śpiewały wesoło.
She has been reading a book for an hour.
Czytała książkę przez godzinę (*nie wiadomo, czy przeczytała*).

Znamy już czas teraźniejszy ciągły (Present Continuous Tense) i czas przeszły ciągły (Past Continuous Tense). W języku angielskim istnieje również złożony czas przeszły ciągły (Present Perfect Continuous Tense). Tak samo jak w innych czasach ciągłych wyrażamy w nim trwanie czynności, a nie to, czy czynność została dokonana czy nie. W zdaniach złożonych czynność wyrażona w czasie ciągłym ma charakter niedokonany.

When she came into the room, you were writing.
Kiedy weszła do pokoju (*czynność dokonana*), pisałeś (= byłeś w trakcie pisania; *czynność niedokonana*).

Uwaga! Czasowniki modalne **can**, **must**, **may** oraz niektóre czasowniki główne, np. **to know, to see, to hear, to like, to love, to hate** nie występują na ogół w czasach ciągłych.

• PRZYPADEK DOPEŁNIENIA – ODPOWIEDNIK POLSKIEGO CELOWNIKA I BIERNIKA

Jak już mówiliśmy, w języku angielskim rzeczowniki i zaimki osobowe mają jedynie tzw. przypadek dopełnienia, który odpowiada polskim przypadkom zależnym – biernikowi, celownikowi, narzędnikowi, miejscownikowi, np. **me** *mnie, mi, mną* itd.; **him** *jego, jemu* itd.; **us** *nas, nam* itd.

Zamiast przypadków celownika i biernika Anglicy stosują odpowiedni szyk wyrazów w zdaniu:

a) dopełnienie dalsze (tj. rzeczownik lub zaimek w przypadku dopełnienia) występuje przed dopełnieniem bliższym (tj. przed rzeczownikiem, ale nie zaimkiem).

Podmiot	Orzeczenie	Dopełnienie dalsze	Dopełnienie bliższe
	Show Pokaż	**the child** dziecku	**the picture.** obrazek.
Someone Ktoś	**gave** dał	**John** Johnowi	**the book.** książkę.
She Ona	**has lent** pożyczyła	**me** mi	**a pencil.** ołówek.

b) dopełnienie dalsze (tj. rzeczownik lub zaimek w przypadku dopełnienia) z przyimkiem **to** występuje po dopełnieniu bliższym (tj. po rzeczowniku lub zaimku w przypadku dopełnienia).

Podmiot	Orzeczenie	Dopełnienie bliższe	Dopełnienie dalsze
	Show Pokaż	**the picture** obrazek	**to the child.** dziecku.
	Show Pokaż	**it** go	**to me.** mi.
Someone Ktoś	**gave** dał	**the book** książkę	**to John.** Johnowi.
Someone Ktoś	**gave** dał	**it** ją	**to John.** Johnowi.

ĆWICZENIA

❶ Ćwicz na głos:

When Julia came into the room,   you were writing a letter.

When she came into the room,   { you were sleeping.
you were reading something.
you were singing.

When you came into the room,   { I was painting a picture.
I was sitting by the fireplace.
I was leaving it.
I was listening to the radio.

❷ Czy następujące twierdzenia są prawdziwe, czy nie? Podkreśl odpowiednio „True" lub „Not true":

1. Ellen was reading a short poem when Julia came into the room. True. Not true.
2. Ellen must write some examples of the past participle of some verbs. True. Not true. 3. Ian asks Ellen to give him a book about London. True. Not true. 4. Someone gave John the book when he was a child. True. Not true. 5. Ian doesn't want to learn the poem by heart. True. Not true. 6. The rhyme about Solomon Grundy is very short. True. Not true.

❸ Zamień na formę twierdzącą:

Przykład: I don't see any birds.
I see some birds.

1. Andy didn't kiss anybody. 2. I haven't met any good-looking girls here. 3. Nobody has learnt the rhyme. 4. She hasn't seen her brother anywhere in the house. 5. He has taken nothing from your pocket. 6. We don't know anybody called Grundy.

❹ Napisz następujące czasowniki w 3. os. lp czasu teraźniejszego prostego (Simple Present Tense) i przeszłego prostego (Simple Past Tense):

Przykład: hurry – he hurries, he hurried

marry, dry, bury, play, carry, study

❺ Ćwicz wymowę wyrazów, w których litera l nie jest wymawiana: could, half, talk, walk.

LESSON THIRTY-TWO
THE THIRTY-SECOND LESSON

32

📖 GOSSIPING

Anne has got a month's leave and she is going to spend it at the seaside, but on her way to the sea she has stopped at her sister's in London. Sue thinks it is a splendid idea and she says that having a guest is a pleasant change from her everyday work at the commercial classes. Sue's room is full of their chatter and laughter as they get ready to go to bed. Anne is already in her pyjamas, and she is sitting on the bed. She is looking over some photographs. The younger sister is doing her hair in front of the mirror.

Anne: I say, Sue, who's that guy?
She holds up a photo of some young people sitting on the steps of a house.
Sue: That's Barry. You remember, the one who's always forgetting things.
Anne: And that's Steve, Andy's brother, isn't it?
They're so much alike.
Sue: Yes, but there's ten years' difference between them, Steve is a married man, you know. That picture was taken at his place in the country.
Anne: Is that young man a student from your classes, too?
Sue: Yes, that's John. He comes from Scotland. But he isn't pleased with commercial correspondence. His uncle is a businessman and wants to make him his secretary, but I think John will give it up. He has decided to be a physician.

He has decided to be a physician

Anne: I see Julia here. She's as fat as she was at school.

Sue: She's worried about it. She has given up chocolates and sweets and has taken to playing tennis and cycling. She's doing her best to get slim.

Anne: I don't see Matt anywhere.

Sue: There must be photos of everybody. I've taken them all myself. If you open that little cupboard, you'll find more pictures.

Anne: And is he still hoping to be the manager of a big bank one day?

Sue: Yes, he is. But I don't think he'll ever be one – he's so lazy.

Anne: Is that Ellen, the Swede?

Sue: Yes, and here's a young Pole. We call him Ian for his real name is Jan. He can play the piano beautifully.

Anne: Aren't there any more foreigners?

Sue: Lots of them but not in my class. There are a few Frenchmen, two Italian sisters, a Dutch girl, who has just come from Holland, and a Spaniard, very handsome, too.

Anne: And who's that girl in riding clothes? She looks like a film star.

Sue: Don't you remember her? It's Jane. I must say she's extremely good--looking.

Anne: Oh, what a funny picture of Andy and his aunt!

Sue: (*turning red for Andy is her boyfriend*) Funny? The aunt may be funny but not Andy!

The clock on a neighbouring church tower strikes eleven.

Anne: Well, it's time to go to bed. If you don't get enough sleep, you'll feel tired tomorrow. Good night! Sleep well!

SŁOWNICZEK

alike [ə'lajk] podobny, jednakowy
Anne [æn] *imię żeńskie*
anywhere ['eny^{u}eə] (*w przeczeniach*) nigdzie, (*w pytaniach*) gdzieś
aunt [a:nt] ciotka, ciocia

bank [bæŋk] *tu:* bank
between [by't^{u}i:n] między
businessman ['byznysmən] biznesmen, człowiek interesu, handlowiec
change [czejndż] zmiana; zmienić

chatter ['czætə] gadanie; pogawędka
chocolate ['czoklyt] czekolada; czekoladka
church [czə:cz] kościół
cycle [sajkl] *tu:* jechać na rowerze
decide [dy'sajd] decydować (się)
difference ['dyfrəns] różnica
Dutch [dɑcz] holenderski
enough [y'nɑf] dosyć
everyday ['ewrydej] codzienny, co
   dzień
extremely [yk'stri:mly] *lub* [ek'stri:mly]
   niezmiernie
feel [fi:l] czuć, odczuwać; *niregu-
larny*
film [fylm] film
film star ['fylm stɑ:] gwiazda filmowa
foreigner ['forənə] cudzoziemiec
Frenchman ['frenczmən] Francuz
full [ful] pełny
give up [ˌgyw 'ɑp] zrezygnować, zaprzestać; *nieregularny*
gossip ['gosyp] plotka; plotkować
guest [gest] gość
handsome ['hænsəm] przystojny
hold [hould] trzymać; *nieregularny*
Holland ['holənd] Holandia
idea [aj'diə] pomysł, idea
Italian [y'tæljən] włoski
laughter ['lɑ:ftə] śmiech
lazy ['lejzy] leniwy

leave [li:w] *tu:* urlop
look over [ˌluk 'ouwə] przeglądać
manager ['mænydżə] kierownik,
   dyrektor
mirror ['myrə] lustro
photograph ['foutəgrɑ:f], **photo**
   ['foutou] fotografia, zdjęcie
physician [fy'zyszn] lekarz
piano [py'ænou] fortepian
pleasant [pleznt] przyjemny
please [pli:z] *tu:* podobać się
pleased with ['pli:zd ᵘyð] zadowolony z
remember [ry'membə] pamiętać
Scotland ['skotlənd] Szkocja
seaside ['si:sajd] brzeg morza, wybrzeże
secretary ['sekrətəry] sekretarz, sekretarka
slim [slym] szczupły, wysmukły
Spaniard ['spænjəd] Hiszpan
spend [spend] spędzać (czas); wydawać (pieniądze); *nieregularny*
splendid ['splendyd] wspaniały
star [stɑ:] gwiazda
step [step] stopień, schodek; krok
strike [strajk] uderzyć; *nieregularny*
Swede [sᵘi:d] Szwed, Szwedka
tired ['tajəd] zmęczony
tower ['tauə] wieża
uncle [aŋkl] wuj, stryj
worry ['ᵘary] martwić się

WYBRANE ZWROTY

at the seaside nad morzem
to take a picture (= to take a photo) zrobić zdjęcie
to do one's hair czesać się
I do my hair, she does her hair czeszę się, ona się czesze
to do one's best starać się
I do my best, she does her best staram się, jak mogę, ona stara się, jak może
at school w szkole
to be worried about something martwić się czymś
she has taken to zabrała się do, zainteresowała się (czymś)

to turn red zaczerwienić się
to get slim zeszczupleć
enough sleep dosyć (= wystarczająca ilość) snu

OBJAŚNIENIA FONETYCZNE

Litery **gh** często wymawiamy [f], np. **laughter** [ˈlɑːftə], **enough** [yˈnɑf].

GRAMATYKA

● OPUSZCZANIE PRZEDIMKA

Następujące rzeczowniki występują bez przedimka, np.

a) rzeczowniki pospolite w liczbie mnogiej, gdy są użyte w znaczeniu ogólnym: **things, dogs, windows** (lm od **a thing, a dog, a window**);
b) nazwy własne: **Anne, Peter, London, France**; nazwy dni tygodnia i miesięcy traktujemy jak nazwy własne: **Wednesday, May**;
c) rzeczowniki niepoliczalne oraz rzeczowniki abstrakcyjne: **water, rain, grass, chocolate; time, love**;
d) nazwy pór roku, posiłków, dyscyplin sportowych: **summer, autumn, dinner, tennis**;
e) rzeczowniki następujące zaraz po dopełniaczu saksońskim: **the boy's room**, a nie: **the boy's the room**;
f) gdy zwracamy się do kogoś: **Dear friend!, Young lady!**
g) gdy kogoś tytułujemy: **Doctor Smith, Professor Green**;
h) w wielu powszechnie używanych zwrotach idiomatycznych: **to go to bed, to go home, at school, at home, at church, to go by bus** itd.

(Zob. stosowanie przedimków w lekcjach: 1, 6, 12 i 37).

● ZAIMKI EMFATYCZNE

I've taken them all myself.
Ja sama je zrobiłam.
You'll do it yourselves.
Sami to zrobicie.

Zaimki emfatyczne: **myself** *ja sam*, **yourself** *ty sam*, **himself** *on sam*, **herself** *ona sama*, **itself** *ono samo*, **ourselve**s *my sami*, **yourselves** *wy* *sami*, **themselves** *oni sami, one same* mają tę samą postać, co zaimki zwrotne (zob. lekcja 24), ale inne znaczenie. Podkreślają one rolę podmiotu w zdaniu. Stawia się je na końcu zdania lub zaraz po podmiocie, np.

I must go there myself. }
I myself must go there. } Ja sam tam muszę pójść.

● **ZDANIA WARUNKOWE Z if**

If you open that little cupboard, you'll find more pictures.
Jak otworzysz tę małą szafkę, znajdziesz więcej zdjęć.
If you come late tomorrow, Ellen won't be pleased.
Jeżeli spóźnisz się jutro, Ellen nie będzie zadowolona.
If they ring you up after lunch, they'll tell you everything.
Kiedy zadzwonią do ciebie po lunchu, powiedzą ci wszystko.

W zdaniach warunkowych zaczynających się od **if** *jeżeli, jeśli, jak, kiedy,* gdzie w języku polskim zastosowalibyśmy czas przyszły, w angielskim stosujemy czas teraźniejszy (zob. lekcja 29).

● **SŁOWOTWÓRSTWO: RZECZOWNIKI I CZASOWNIKI**

RZECZOWNIK		CZASOWNIK	
colour	kolor	**to colour**	barwić
dance	taniec	**to dance**	tańczyć
cover	nakrycie	**to cover**	przykryć
radio	radio	**to radio**	przekazywać drogą radiową
rain	deszcz	**to rain**	padać

W języku angielskim często rzeczownik i czasownik ma tę samą postać.

ĆWICZENIA

❶ Ćwicz na głos:

Julia will be slimmer {
  if she gives up sweets.
  if she has only regular meals.
  if she walks more.
  if she doesn't eat chocolates.
}

If you open Sue's drawer, $\begin{cases} \text{you will see how tidy it is.} \\ \text{you will find more photos.} \\ \text{you will see her exercise books.} \\ \text{you will find her letters.} \end{cases}$

② Odpowiedz krótkimi zdaniami:

Przykład: Is he Andy's brother?
No, he isn't.

1. Is Anne Sue's sister? 2. Does Sue live in London? 3. Are both sisters going to bed? 4. Does Barry often forget things? 5. Is he Andy's brother? 6. Was the photo taken in the country? 7. Is John pleased with his classes in commercial correspondence? 8. Does he want to be his uncle's secretary? 9. Has Julia always been so fat? 10. Are there any foreigners in Sue's classes?

③ Podaj numery zdań, w których rzeczowniki występują bez przedimka:
     a) ponieważ są poprzedzone dopełniaczem saksońskim,
     b) ponieważ są rzeczownikami niepoliczalnymi.

Przykład: a) zdanie nr 6, b) zdanie nr 3

1. She's got a month's leave. 2. She's stopped at her sister's place. 3. I don't like rain. 4. Julia has given up sugar. 5. She never eats bread in the morning. 6. John's uncle is a businessman. 7. Grass is green. 8. What will you have, tea or coffee? 9. This gentleman's car was made in England. 10. Steve's hammer is in a box.

④ Wstaw **much** lub **many**:

1. Are there ... photos of Sue's friends? 2. Do you know ... English writers? 3. Has Barry ... work in his commercial classes? 4. We must hurry up, we haven't got ... time. 5. Are there ... people working in this bank? 6. I'm not sure there are ... 7. There was ... laughter when Andy said something funny. 8. There isn't ... grass in your garden. 9. How ... fireplaces are there in this house?

⑤ Podaj czasowniki w nawiasach w odpowiednim czasie:

Przykład: If you (to come) late, I shall not wait for you.
                 If you come late, I shall not wait for you.

1. If you (to come) with Sue, I'll be very happy. 2. If she (to finish) her dress tomorrow, she'll put it on. 3. If the weather (to be) fine next week, we'll have a pleasant weekend. 4. If our friends (to go) to Holland by car next summer, they'll need you. 5. If she (to give up) sweets, she may get slimmer. 6. If you (to be) near the church tower last night, you heard the tower clock quite well. 7. If I (to take) your watch yesterday, I must have it in my pocket. 8. If she (not to remember) my address, she can't find me.

⑥ Dodaj krótkie zdania twierdzące o znaczeniu „ja też":

Przykład: He likes dogs. So do I.

1. They work hard. 2. He likes cats. 3. You play tennis. 4. She reads English quite well. 5. You have a nice neighbour. 6. He has asked a few guests. 7. They have a good doctor. 8. She's already tired. 9. She's Dutch. 10. You're pleased with the seaside.

⑦ Przeczytaj na głos zdania z każdej kolumny osobno, a następnie przeczytaj je równolegle.

These boys learn English every day.   They are learning now.
They go by bus every day.   They are going by bus now.
Sue works every day.   She is working now.
We play football every day.   We are playing football now.
Andy paints every day.   He is painting now.
Ellen washes the plates every day.   She is washing the plates now.

⑧ Przetłumacz (pamiętaj o stosowaniu form ściągniętych):

1. Jestem już zmęczona. 2. Nasz dom jest między kościołem a naszą szkołą. 3. Jaka jest (what's) różnica między naszym samochodem a waszym? 4. Kiedy byłam w szkole, lubiłam czekoladę. 5. Jego wuj chce zrobić z niego swojego sekretarza (dosł. zrobić go swoim sekretarzem). 6. Młodsza siostra Anne czesze się teraz. 7. Ona czesze się co wieczór (every night). 8. Jeżeli otworzysz tę szafkę, znajdziesz więcej zdjęć. 9. Jeżeli powiesz, że Andy jest śmieszny, nie będę zadowolona. 10. Jeżeli ona pochodzi (comes from) z Holandii, musi mówić po holendersku.

⑨ Ćwicz wymowę dźwięcznego [ð] i bezdźwięcznego [θ]:

[ð] brother, mother, father, that, then, though, weather
[θ] bathroom, month, mouth, something, theatre, think, thin, through

33 LESSON THIRTY-THREE
THE THIRTY-THIRD LESSON

- CZASOWNIKI – TRYB ROZKAZUJĄCY – cd.
- RZECZOWNIKI – LICZBA MNOGA – cd.
- LICZEBNIKI PORZĄDKOWE – cd.
- CZASOWNIKI – TRYB WARUNKOWY
- NASTĘPSTWO CZASÓW

📖 DINING OUT 🎧

Ian and Peter met at the door of a well-known restaurant for a good dinner. "Let's have a drink," said Peter, and first they went to the bar at the back of the restaurant. It was a very nice place, full of people but not too noisy. Then the young men found a table for two, and Peter ordered dinner. First the waiter brought tomato soup for one of them, and clear soup for the other. It reminded Peter of a funny story he heard in his club: "A man called in a restaurant:

– Waiter!
– Yes, sir.
– What's this?
– It's bean soup, sir.
– Never mind what it has been – what is it now?"
"You know," said Ian, "when I first came to England I often found it hard to make myself understood in restaurants. One day I told the waiter to bring me soft-boiled eggs and all I got was … soda water! I had to drink it and go to some other place for a real lunch."
The waiter brought fish and then roast beef with vegetables for Ian and roast lamb with potatoes and green peas for Peter. They liked the food – meat is first-rate in this restaurant.
Peter: What will you drink? Wine or beer?
Ian: Wine, please.
Peter: And I'll have beer.
Fruit salad with cream came after the meat. They finished their dinner with coffee and crackers with cheese. For some time they listened to the pianist, who was playing all the time. Then Peter took out some money, paid the bill and both friends left the restaurant.
"Thank you so much," said Ian, "it was a very good dinner."

SŁOWNICZEK

bar [bɑ:] bar
bean [bi:n] fasola
bean soup ['bi:n ˌsu:p] zupa fasolowa
beef [bi:f] wołowina
bill [byl] rachunek
both ... and ... [bouθ ... ənd ...] i ... i ...
clear [kliə] przejrzysty, jasny
clear soup ['kliə ˌsu:p] rosół
cook [kuk] gotować
cooking ['kukyŋ] gotowanie; kuchnia
(= sposób przyrządzania potraw)
cracker ['krækə] krakers
cream [kri:m] krem; śmietana, śmietanka
dine out [ˌdɑjn 'ɑut] jeść obiad poza
domem (= na mieście)
first [fə:st] tu: najpierw; pierwszy; po
pierwsze, po raz pierwszy
first-rate [ˌfə:st'rejt] pierwszorzędny
fish [fysz] ryba
lamb [læm] jagnię; jagnięcina
let [let] pozwolić, puścić; nieregularny
meat [mi:t] mięso
middle [mydl] środek
mind [mɑjnd] zwracać uwagę na, zważać na

money ['mɑny] pieniądze (pojęcie
ogólne stosowane w lp)
noisy ['nojzy] hałaśliwy
order ['o:də] zamówić; zamówienie
pay [pej] płacić; nieregularny
pea [pi:] groch; tu: zielony groszek
pianist ['pi:ənyst] pianista
potato [pə'tejtou] ziemniak, kartofel
remind of [ry'mɑjnd əw] przypominać
(komuś o czymś)
roast beef ['roust bi:f] pieczeń wołowa,
rostbef
salad ['sæləd] sałatka
sir [sə:] pan (również tytuł szlachecki)
soda water ['soudə ᵘo:tə] woda sodowa
soup [su:p] zupa
story ['sto:ry] opowiadanie
tomato [tə'mætou] pomidor
understand [ˌandə'stænd] rozumieć;
nieregularny
vegetable ['wedżtəbl] warzywo, jarzyna
waiter ['ᵘejtə] kelner
well-known [ˌᵘel'noun] dobrze znany
wine [ᵘɑjn] wino

WYBRANE ZWROTY

let's [lets] = let us
at the back of the restaurant w głębi restauracji
Yes, sir. Tak, proszę pana.
No, sir. Nie, proszę pana.
never mind mniejsza o, nie chodzi o
I found it hard to make myself understood. Sprawiało mi trudność wyrażać się
zrozumiale.
I couldn't make myself understood. Nie mogłem się dogadać.

OBJAŚNIENIA FONETYCZNE

Zwróć uwagę na wymowę lamb [læm] i climb [klɑjm].
Litery ea często wymawiamy [i:], np. pea, meat, eat, bean.

GRAMATYKA

- **CZASOWNIKI – TRYB ROZKAZUJĄCY** – cd.

Have some wine.	Open the door.
Napij się wina. Napijcie się wina.	Otwórz drzwi. Otwórzcie drzwi.

2. os. lp i lm tworzymy za pomocą bezokolicznika bez wyrazu **to**.

Let us (= Let's) have a drink.	Let her/him wait.
Napijmy się czegoś.	Niech ona/on czeka.
Let me give it to you.	Let them wait.
Pozwól, że ci to dam.	Niech oni czekają.

1. i 3. os. lp i lm tworzymy za pomocą zwrotu z **let**. W formie przeczącej wystarczy poprzedzić rozkaz wyrazem **don't**, np. **don't drink**, **don't let him wait** (zob. lekcja 13 i 15).

- **RZECZOWNIKI – LICZBA MNOGA** – cd.

a) Rzeczowniki zakończone na **s**, **sh**, **ch**, **tch**, **x**, **o** przyjmują w lm końcówkę **-es**. Istnieją wyjątki od tej reguły, np. **pianos**, **photos**.

bus	buses	autobusy	box	boxes	pudełka
brush	brushes	szczotki	tomato	tomatoes	pomidory
church	churches	kościoły	potato	potatoes	kartofle
watch	watches	zegarki			

b) Rzeczowniki zakończone na **y** poprzedzone spółgłoską, np. **lady**: w lm **y** zamieniamy na **i** i dodajemy **es**.

lady	ladies	panie	family	families	rodziny

c) W rzeczownikach zakończonych na **f** lub **fe** literę **f** zastępujemy **v** i dodajemy **es** lub **s**.

wife	wives	żony	shelf	shelves	półki
life	lives	żywoty	leaf	leaves	liście

d) Niektóre rzeczowniki zachowały dawną, historyczną formę lm, którą obecnie nazywamy nieregularną.

man	men	mężczyźni	woman	women	kobiety
foot	feet	stopy	tooth	teeth	zęby
child	children	dzieci			

e) Niektóre rzeczowniki nie zmieniają formy w lm, np. **two fish**, **three sheep**. Gdy mówimy o różnych gatunkach ryb, możemy stosować regularną formę lm: **fishes**.

fish	ryba	**fish**	ryby
sheep	owca	**sheep**	owce
fruit	owoc	**fruit**	owoce

f) Wyraz **money** *pieniądze* nie ma lm.

Money is needed.
Pieniądze są potrzebne.

g) Wyraz **door** (lp) odpowiada polskiemu *drzwi*, ale ma również lm.

The door is open.
Te drzwi są otwarte.

We could see three doors there.
Widzieliśmy tam troje drzwi.

- **LICZEBNIKI PORZĄDKOWE** – cd.

11th	(the) eleventh	[yˈlewnθ]	jedenasty
12th	(the) twelfth	[tᵘelfθ]	dwunasty
13th	(the) thirteenth	[ˌθəːˈtiːnθ]	trzynasty
14th	(the) fourteenth	[ˌfoːˈtiːnθ]	czternasty
15th	(the) fifteenth	[ˌfyfˈtiːnθ]	piętnasty
16th	(the) sixteenth	[ˌsyksˈtiːnθ]	szesnasty
17th	(the) seventeenth	[ˌsewnˈtiːnθ]	siedemnasty
18th	(the) eighteenth	[ˌejˈtiːnθ]	osiemnasty
19th	(the) nineteenth	[ˌnɑjnˈtiːnθ]	dziewiętnasty
20th	(the) twentieth	[ˈtᵘentyəθ]	dwudziesty
21st	(the) twenty-first	[ˌtᵘentyˈfəːst]	dwudziesty pierwszy
22nd	(the) twenty-second	[ˌtᵘentyˈsekənd]	dwudziesty drugi
23rd	(the) twenty-third	[ˌtᵘentyˈθəːd]	dwudziesty trzeci
30th	(the) thirtieth	[ˈθəːtyəθ]	trzydziesty
40th	(the) fortieth	[ˈfoːtyəθ]	czterdziesty
50th	(the) fiftieth	[ˈfyftyəθ]	pięćdziesiąty
60th	(the) sixtieth	[ˈsykstyəθ]	sześćdziesiąty
70th	(the) seventieth	[ˈsewntyəθ]	siedemdziesiąty
80th	(the) eightieth	[ˈejtyəθ]	osiemdziesiąty
90th	(the) ninetieth	[ˈnɑjntyəθ]	dziewięćdziesiąty
100th	(the) hundredth	[ˈhɑndrədθ]	setny

244 Lekcja trzydziesta trzecia

Liczebniki porządkowe tworzymy przez dodanie końcówki **-th** do liczebników głównych (skrót, np. **15th**). Poprzedzamy je na ogół przedimkiem określonym **the**. W liczebnikach złożonych tylko ostatni człon zmieniamy na liczebnik porządkowy: **21st** – **twenty-first** *dwudziesty pierwszy*. Nieregularne liczebniki to: **twelfth** [tᵘelfθ] *dwunasty*, **twentieth** ['tᵘentyəθ] *dwudziesty*, **thirtieth** ['θə:tyəθ] *trzydziesty* itd.

Uwaga! W liczebnikach głównych i porządkowych od 13 do 19 oraz w liczebnikach złożonych akcent główny może padać na pierwszą sylabę, jeżeli liczebnik nie występuje samodzielnie, ale z innymi wyrazami, np. **the 'nineteenth lesson, the 'twenty-first lesson, the 'thirty-third lesson.**

- **CZASOWNIKI – TRYB WARUNKOWY**

> **What would you like to drink?**
> Czego chciałbyś się napić?
> **I'd have some fish.**
> Wziąłbym trochę ryby.

Znane już zwroty **I would like, Would you like?** oparte są na czasowniku **like** w trybie warunkowym. Tryb ten tworzymy za pomocą wyrazu **would** i bezokolicznika. W mowie potocznej **would** [ᵘud] skracamy do krótkiej formy **'d** [d]. Tak więc tryb warunkowy czasu teraźniejszego czasownika **to have** brzmi: **I would have** *wziąłbym, wzięłabym*; **we would have** *wzięlibyśmy, wzięłybyśmy*; **you, he, she, it, they would have** (*ty*) *wziąłbyś, wzięłabyś*, (*on*) *wziąłby*, (*ona*) *wzięłaby*, (*ono*) *wzięłoby*, (*oni*) *wzięliby*, (*one*) *wzięłyby*. W mowie potocznej słyszymy tylko: **I'd have, you'd have** itd.

- **NASTĘPSTWO CZASÓW**

> **Ellen said she was ill.**
> Ellen powiedziała, że jest (*dosł.* była) chora.

Użycie w zdaniu głównym czasu przeszłego prostego (**Ellen said**), wymaga użycia czasu przeszłego w zdaniu pobocznym (**she was ill**), zależnym od niego. Istnieją odstępstwa od tej zasady, ale na razie nie będziemy się nimi zajmowali.

> **Why did you think I didn't like fish?**
> Dlaczego myślałeś, że nie lubię (*dosł.* nie lubiłem) ryb?
> **I was sure you wouldn't have it.**
> Byłem pewny, że nie będziesz go jadł (= że nie jadłbyś go).

They asked him who lived there.
Zapytali go, kto tam mieszka (*dost.* mieszkał).

Gdy w zdaniu głównym mamy czas teraźniejszy, czas przyszły, czas przeszły złożony (Present Perfect Tense) lub tryb rozkazujący, w zdaniu pobocznym możemy użyć różnych czasów, odpowiednio do sytuacji, tak jak w języku polskim.

I know he is ill.
Wiem, że jest chory.
She says she lived here.
Ona mówi, że tu mieszkała.
You will tell him that I lived here.
Powiesz mu, że tu mieszkałem.
I have asked him if he will come.
Zapytałem go, czy przyjdzie.

ĆWICZENIA

❶ Ćwicz na głos:

I think {
 that he will come soon.
 that he will have some fish.
 that he will order roast beef.
}

I thought {
 that he would come soon.
 that he would have some fish.
 that he would order roast beef.
}

❷ Odpowiedz na pytania pełnymi zdaniami:

1. Where did Ian meet Peter? 2. Where was the bar? 3. Who ordered the dinner? 4. What soup did the guys have? 5. Did Ian speak English very well when he first came to England? 6. What meat did Peter order? 7. What vegetables did Peter have with roast lamb? 8. What did the young men drink: wine or beer? 9. Do you like fruit salad?

❸ Zamień na liczbę mnogą wyrazy wyróżnione pismem półgrubym.

1. In summer **my family is** at the seaside. 2. Look at **this bus. It is** quite dirty. 3. **I have ordered a cracker** with cheese. 4. **This lady is a doctor's wife.** 5. **The child has** not eaten **any tomato.** 6. **Your family lives** in a foreign **country** (kraj, *nie*: wieś). 7. There **is a** long **shelf** in **your library.**

④ Napisz początek czytanki **"Dining out"** aż do słów **"... in his club"** w czasie teraźniejszym.

⑤ Wstaw **a little** lub **some**:

1. There are ... potatoes on your plate. 2. There are ... tall mirrors in this restaurant. 3. Do you speak French? Yes, ... 4. My brother is ... too young to work as a waiter. 5. Let me take ... magazines. 6. Let's buy ... apples. 7. We don't need much time, only ...

⑥ Napisz następujące zdania w czasie przeszłym:

Przykład: I often drink milk in the morning.
I often drank milk in the morning.

1. We often meet in a restaurant. 2. I take pictures of my school friends. 3. You can come back in a quarter of an hour. 4. They play with a large ball. 5. When it's raining, we go by bus. 6. She does her exercises late in the afternoon.

⑦ Przetłumacz:

1. Chodźmy do jakiejś dobrej restauracji. 2. W tym sklepie mają dużo (a lot of) ryb. 3. On myśli, że przyjadą (to come) samochodem. 4. Oni wiedzą, że pieczone jagnię jest dobre z zielonym groszkiem. 5. Dlaczego mówisz, że te kartofle są niedobre (= nie są dobre)? 6. Ona myślała, że przyjadę pociągiem. 7. Oni wiedzieli, że Ian nie lubi tego gatunku mięsa. 8. Dlaczego powiedzieliście, że zupa jest zbyt gorąca?

⑧ Ćwicz na głos wymowę długich samogłosek: 🎧

[o:] walk, wall, warm, water
[ə:] bird, church, dirty, first, third

LESSON THIRTY-FOUR
THE THIRTY-FOURTH LESSON 34

- ZAIMKI PYTAJĄCE who, which, what
- CZASOWNIKI MODALNE – cd.
- PYTANIA BEZ CZASOWNIKA do
- RZECZOWNIK W FUNKCJI PRZYDAWKI

📖 SPELLING

Ellen: Does anybody know where I can get new English novels or short stories near here?

Ian: There's a very good bookshop in Berkeley Street.

Ellen: (*taking out her ballpoint pen*) I must write it down. How do you spell "Berkeley"?

𝓐 𝓑 𝓒 𝓓

Ian: B – A ...

John: E ...

Ian: Yes. B – E – R ... Oh, I can write the name all right but I can never remember the English alphabet.

Ellen: Those E's and A's and I's always get mixed. And I never know what Y is.

Ian: I think the alphabet isn't really so important. It's just one of the hobbies of English teachers.

John: Maybe it is. But you ought to know it. It might save you a lot of trouble.

He looks at Phil with a twinkle in his eye.

Phil: Ian, are you going to the GPO now?

Ian: I beg your pardon?

Phil: I mean on the way to the YMCA. I hope it isn't closed yet.

John: I'm going that way myself. Do you know who I met at Andy's yesterday? Michael Gill.

Phil: Yes, he's doing PE now. He was an A1 fellow.

John: His father's a VIP in TV. And do you remember his brother who was in the RAF?

Phil: Now he's an MP.
John: Yes, I heard him on the BBC.
Ian: Who are you talking about? What does it all mean?
Ellen: What are you laughing at?
Phil: We're simply speaking English.
John: You see, Ian, if you don't know that GPO are three letters, you will never find that word in your dictionary.
Ellen laughs and so does Ian.
Ian: You're right!

SKRÓTY UŻYTE W CZYTANCE

GPO [ˌdżi: pi: ˈou] – **General Post Office** [ˈdżenrəl ˈpoust ˌofys] Główny Urząd Pocztowy, Poczta Główna
YMCA [ˌuɑj em si: ˈej] – **Young Men's Christian Association** [ˈjaŋ ˈmenz ˈkryszcz əˌsousyˈejszn] Chrześcijańskie Stowarzyszenie Młodzieży Męskiej (*duży ośrodek w centrum Londynu*)
PE [ˌpi: ˈi:] – **Physical Education** [ˌfyzykl ˌedjuˈkejszn] wychowanie fizyczne
A1 [ˌej ˈuɑn] pierwszorzędny, pierwsza klasa, świetny
RAF [ˌɑ:r ej ˈef] *lub* [ræf] – **Royal Air Force** [ˌrojəl ˈeə ˌfo:s] Królewskie Siły Powietrzne
VIP [ˌwi: ɑj ˈpi:] – **Very Important Person** [ˈwery ymˈpo:tənt ˈpə:sn] bardzo ważna osobistość
TV [ˌti: ˈwi:] – **television** [ˈtelywyżn] telewizja
MP [ˌem ˈpi:] – **Member of Parliament** [ˈmembər əw ˈpa:ləmənt] członek Parlamentu (Wielkiej Brytanii)
BBC [ˌbi: bi: ˈsi:] – **British Broadcasting Corporation** [ˈbrytysz ˈbro:dka:styŋ ˌko:pəˈrejszn] Brytyjska Korporacja Radiofoniczna, BBC

SŁOWNICZEK

alphabet [ˈælfəbyt] alfabet
association [əˌsousyˈejszn] stowarzyszenie
bookshop [ˈbukszop] księgarnia
close [klouz] zamykać

dictionary [ˈdykszənry] słownik
education [ˌedjuˈkejszn] wykształcenie
important [ymˈpo:tənt] ważny
mean [mi:n] znaczyć, mieć na myśli; *nieregularny*

Michael [majkl] *imię męskie*
mix [myks] mieszać
novel [nowl] powieść
ought [o:t] *czasownik modalny wyrażający powinność, obowiązek*
person [pə:sn] osoba
post office ['poust ,ofys] urząd pocztowy

save [sejw] uratować; oszczędzać
short story [,szo:t 'story] nowela
spell [spel] literować, przeliterować, mówić tak jak się pisze, pisać poprawnie
spelling ['spelyŋ] literowanie, pisownia
trouble [trabl] kłopot
twinkle [tᵘyŋkl] błysk, migotanie

George Berkeley [dżo:dż 'ba:kly] *angielski filozof (1685–1753)*

WYBRANE ZWROTY

to write down napisać, zanotować
to get mixed mylić się, plątać się
he's doing PE studiuje wychowanie fizyczne (= na wydziale WF), jest na AWF
on the BBC w (radiu) BBC
on the radio przez radio
in TV w telewizji (*w miejscu pracy*)
on TV w telewizji (*jeśli oglądamy program*)
on the telephone przez telefon

GRAMATYKA

- **ZAIMKI PYTAJĄCE who, which, what**

W języku oficjalnym lub bardzo starannym, w oficjalnej korespondencji itp. przyimki stawiamy w języku angielskim – tak jak w polskim – przed zaimkami, których dotyczą. W języku potocznym, w krótkich pytaniach z zaimkami pytającymi, przyimki stawiamy na końcu zdania. Ponadto formę **whom** skracamy do **who**.

About whom are you talking?
Who are you talking about? } O kim mówisz?

With whom did she come?
Who did she come with? } Z kim ona przyszła?

At what are you laughing?
What are you laughing at? } Z czego się śmiejecie?

About which book are you writing?
Which book are you writing about? } O której książce piszesz?

Zaimek pytający **who** ma następującą odmianę: **who?** *kto?*, **whose?** *czyj, czyja, czyje?* itd., **whom?** *kogo?* Pytania z przyimkiem: **to whom?** *do kogo?*, **with whom?** *z kim?*, **about whom?** *o kim?* itp.

Zaimki **which** i **what** mogą występować samodzielnie lub w połączeniu z rzeczownikiem, np.

Which is mine?	**Which book did you take?**
Która jest moja?	Którą książkę wziąłeś?
Which of them is taller?	**Which brother is taller?**
Który z nich jest wyższy?	Który brat jest wyższy?
What's that?	**What room is that?**
Co to jest?	Co to za pokój?

Zaimki **which** i **what** nie odmieniają się.

● **CZASOWNIKI MODALNE** – cd.

I must write it down.	**You ought to know it.**
Muszę to zapisać.	Powinieneś to wiedzieć.
She can go.	**She could go.**
Ona może pójść.	Mogła pójść.
He may come.	**He might come.**
On może przyjść.	Mógłby przyjść.

Czasowniki modalne nie mają bezokolicznika, nie mają imiesłowów i nie dodajemy do nich końcówki **-s** w 3. os. lp. Formy pytającą i przeczącą tworzymy bez czasownika posiłkowego **do**.

Czasy przeszłe i przyszłe wymagają użycia innych czasowników.

Czasowniki w bezokoliczniku następujące po czasownikach modalnych nie są poprzedzone wyrazem **to**. Wyjątkiem jest **ought**, np.

He ought to know.	ale:	**He must know.**
Powinien znać.		Musi znać.

Ought to występuje jedynie w czasie teraźniejszym (zob. lekcja 14, 15).

● **PYTANIA BEZ CZASOWNIKA do**

Pytania bez czasownika **do** (w czasie teraźniejszym i przeszłym) to pytania z czasownikami posiłkowymi i modalnymi, a także z innymi czasownikami, jeżeli zaimki pytające **who**, **whose**, **what**, **which**, **how much**, **how many** dotyczą podmiotu.

Are you going to the GPO?
Czy idziesz na Pocztę Główną?
May I smoke?
Czy mogę zapalić?
Could you see him?
Czy mogłeś go zobaczyć?
Who came first?
Kto przyszedł pierwszy?
Whose coat hangs here?
Czyj płaszcz tutaj wisi?
What fell from the tree?
Co spadło z drzewa?
Which soap slipped under the bath?
Które mydło wpadło (dosł. ześlizgnęło się) pod wannę?
Which way looked longer?
Która droga wydawała się dłuższa (dosł. wyglądała na dłuższą)?
Which of them took my money?
Który z nich wziął moje pieniądze?
How much money lies on the desk?
Ile pieniędzy leży na biurku?
How many girls worked there?
Ile dziewcząt tam pracowało?

W pytaniach o dopełnienie używamy czasownika **do**, np.

What did you see?
Co widziałeś?

Podmiotem jest tu **you** *ty*, a **what** *co* jest dopełnieniem.

● **RZECZOWNIK W FUNKCJI PRZYDAWKI**

air powietrze + **force** siła = **Air Force** Siły Powietrzne, lotnictwo wojskowe
tomato + **soup** = **tomato soup** zupa pomidorowa
post + **office** = **post office** urząd pocztowy

W języku angielskim rzeczownik postawiony przed drugim rzeczownikiem spełnia rolę przydawki.
Ważna jest kolejność wyrazów:

glass door szklane drzwi
door glass szkło stosowane w stolarce drzwiowej

ĆWICZENIA

❶ Ćwicz na głos:

Who are you looking at?	Who do you like best?
Who are you talking about?	Who do you meet very often?
Who are you writing to?	Who do you work with?
Who are you thinking of?	Who do you study with?

❷ Odpowiedz na pytania pełnymi zdaniami:

1. What kind of book did Ellen want to buy? 2. Who told her where she could find a good bookshop? 3. Does Ian know how to spell the name of the street? 4. Can Ellen spell it? 5. What's the GPO? 6. Who has John met at Andy's? 7. What's Michael Gill studying now? 8. Where does Michael's father work? 9. Has Michael Gill any brother? 10. Do you know his name?

❸ Ćwicz na głos:

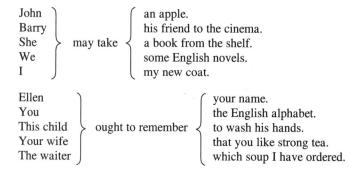

John		an apple.
Barry		his friend to the cinema.
She	may take	a book from the shelf.
We		some English novels.
I		my new coat.

Ellen		your name.
You		the English alphabet.
This child	ought to remember	to wash his hands.
Your wife		that you like strong tea.
The waiter		which soup I have ordered.

❹ Zamień na liczbę pojedynczą:

1. They ought to learn these rhymes by heart. 2. Our watches are quite good. 3. The children didn't bring any exercise books. 4. Your shelves were empty. 5. Those women look tired. 6. Let's carry Margaret's boxes.

❺ Wstaw **who, whose, which** lub **what**:

1. ... has left the door open? 2. ... plate is it, yours or mine? 3. ... soup have you ordered, clear soup or tomato soup? 4. ... has Ian learnt from his conversation about spelling? 5. ... brother is that fellow, yours or Michael's? 6. ... is going to the post office?

❻ Przetłumacz:

1. Wczoraj wróciłem do domu, kiedy tylko zaczęło padać. 2. Jeżeli znajdziesz tę

zabawną powieść, zadzwoń do mnie, proszę. 3. Jutro Michael pójdzie na pocztę, kiedy tylko (jego) lekcje się skończą (to be over). 4. Anne przyniesie chleb, zanim (before) nakryjesz do stołu. 5. We wtorek usłyszymy pana Gilla, jak (when) będzie przemawiał przez radio. 6. Twoja matka ma dużo kłopotów (*dosł.* kłopotu) ze stowarzyszeniem, którego jest członkinią (*dosł.* członkiem ona jest). 7. Nie wiem, co to słowo znaczy. 8. Czy ktoś widział ten wspaniały film?

⑦ Przeliteruj następujące wyrazy:

Przykład: association: ej es es (*lub* double es) ou si: aj ej ti: aj ou en

advertisement, bicycle, beautiful, enough

⑧ Podaj kilka wyrazów zawierających następujące dźwięki:

[ɑ:], np. class;
[o:], np. horse;
[ə:], np. bird.

35 LESSON THIRTY-FIVE
THE THIRTY-FIFTH LESSON

📖 POLITENESS

"Benham, two singles, second class, please."
Ian is buying tickets while Ellen is looking at him and smiling.

Ian: What are you laughing at?

Ellen: What you've just said reminded me of a misunderstanding I had half a year ago.

They get on the train and take opposite seats by the window. They have been invited to Steve's for the weekend.

Ian: What was your misunderstanding about?

Ellen: You know, several times when I was buying a bus ticket, I got two tickets instead of one.

Ian: Why?

Ellen: Because I usually said "to Victoria Station" or "to Piccadilly Circus". What they heard was: "Two – Victoria Station".

Ian: I often got into trouble when I came to England. Even now I make

I often got into trouble

silly mistakes. Once I had a misunderstanding with a girl from my guesthouse. I wanted to ask her for a novel I knew she had bought the day before. But instead of saying: "Please could you ...," I said "I please you ...". She looked at me coldly and answered: "Oh, do you? Are you quite sure?" Phil was there. He burst out laughing and told the girl what I meant.

Ellen: It's so hard to be polite in a foreign country. Even if you speak quite well, you don't know what to say in many cases, what you do and what you don't do. For instance, yesterday. A friend of mine gave me back the umbrella I had lent her, saying "Thank you very much," and I didn't know how to answer.

Ian: Well ... you might say "not at all".

Ellen: I like being polite. I find that English people are usually very polite in everyday situations.

Ian: I noticed that in England, whenever I took out a map of a town, there was always someone asking me politely: "Can I help you?"

Ellen: Oh, look here. I think that's our station.

Ian gets up in order to take down Ellen's bag.

Ian: Here's your hat. I've got your bag and the other things. Let's go.

They get out of the train. They are in Benham.

SŁOWNICZEK

answer ['ɑːnsə] odpowiedź; odpowiadać
Benham ['benəm] *nazwa miejscowości*
burst [bəːst] wybuchnąć; *nieregularny*
case [kejs] przypadek, wypadek; sprawa
coldly ['kouldly] zimno
even ['iːwən] nawet
guesthouse ['gesthaus] pensjonat
instance ['ynstəns] przykład
instead of [yn'sted əw] zamiast
invite [yn'wajt] zaprosić
mistake [my'stejk] pomyłka, błąd
misunderstanding [ˌmysandə'stændyŋ] nieporozumienie
notice ['noutys] zauważyć

once [ᵘans] raz, pewnego razu
polite [pə'lajt] grzeczny, uprzejmy
politeness [pə'lajtnəs] uprzejmość
seat [siːt] miejsce siedzące
several ['sewrəl] kilka
several times [ˌsewrəl 'tajmz] kilka razy, wiele razy
silly ['syly] głupi
single [syŋgl] (bilet) w jedną stronę
situation [ˌsyczu'ejszn] sytuacja
ticket ['tykyt] bilet
twice [tᵘajs] dwa razy
Victoria Station [wyk'toːriə 'stejszn] *dworzec w Londynie*
whenever [ᵘen'ewə] kiedy tylko, kiedykolwiek

WYBRANE ZWROTY

half a year ago pół roku temu
for the weekend na weekend
to get on the train wsiąść do pociągu
to get on the bus wsiąść do autobusu
to get out of the train wysiąść z pociągu
to get out of the bus wysiąść z autobusu
to get into trouble narobić sobie kłopotu
to burst out laughing wybuchnąć śmiechem
what you do and what you don't do co wypada, a co nie
for instance [fər 'ynstəns] na przykład
not at all proszę bardzo (*uprzejma odpowiedź na podziękowanie*)
in order to [yn 'oːdə tə] po to, żeby

GRAMATYKA

● **SŁOWOTWÓRSTWO – TWORZENIE RZECZOWNIKÓW – PRZYROSTEK -ness**

PRZYMIOTNIK		RZECZOWNIK	
polite	uprzejmy	**politeness**	uprzejmość
kind	dobry	**kindness**	dobroć
happy	szczęśliwy	**happiness**	szczęście

Od wielu przymiotników angielskich możemy utworzyć rzeczowniki abstrakcyjne, dodając przyrostek **-ness** (**y** na końcu przymiotnika zmienia się na **i**).

● **LICZEBNIKI WIELOKROTNE**

Angielskie liczebniki odpowiadające polskim *raz, dwa razy* mają swoje odrębne formy: **once, twice**. Począwszy od **three**, aby utworzyć liczebnik wielokrotny, do liczebnika głównego dodajemy wyraz **times**.

once	raz
twice	dwa razy
three times	trzy razy
four times	cztery razy
five times	pięć razy
many times	wiele razy

● **ZDANIA CELOWE**

W zdaniach celowych używamy spójników **to** lub **in order to**, gdy ich podmiot jest taki sam jak w zdaniu głównym.

He gets up in order to take down her bag.
Wstaje, żeby zdjąć jej torbę.
He comes to buy a tie.
Przychodzi, żeby kupić krawat.

● **DRUGI PRZYPADEK** – cd.

W języku angielskim oprócz formy typu **my friend** jest równie często używana następująca konstrukcja:

a friend of mine (= **one of my friends**)	jeden z moich przyjaciół
a dog of yours	jeden z twoich psów

Mamy tu zarówno zaimek dzierżawczy **mine**, **yours** itd., jak i konstrukcję z **of**.
Tak samo jest z dopełniaczem saksońskim:

a boy of Peter's (= **one of Peter's boys**)	jeden z chłopców (= synów) Petera
a neighbour of my father's	jeden z sąsiadów mego ojca

● **RZECZOWNIKI ODSŁOWNE** – cd.

I hate using the wrong words.
Nie znoszę stosowania nieodpowiednich wyrazów.
I like cycling.
Lubię jeździć (*dosł.* jeżdżenie) na rowerze.
Go on writing.
Pisz dalej (*dosł.* kontynuuj pisanie).

Rzeczowniki odsłowne tworzymy, dodając do czasowników końcówkę **-ing**. Stosujemy je po czasownikach **to excuse, to finish, to go on, to give up, to mind, to miss, to remember, to stop, to understand**.

Po czasownikach **to begin, to like, to love, to hate** możemy użyć zarówno rzeczownika odsłownego, jak i bezokolicznika. Można powiedzieć:

He likes cycling. ⎱
He likes to cycle. ⎰ On lubi jeździć na rowerze.

Rzeczownika odsłownego używamy w języku angielskim także po przyimkach.

instead of saying	zamiast powiedzieć (*dosł.* powiedzenia)
instead of walking	zamiast iść (*dosł.* chodzenia) pieszo
without looking	bez patrzenia (= nie patrząc)
for washing	do mycia, do prania

● **CZAS ZAPRZESZŁY** *PAST PERFECT TENSE*

Czas zaprzeszły tworzymy za pomocą czasu przeszłego (Simple Past Tense) czasownika **to have** oraz imiesłowu biernego danego czasownika, np. **to lend** *pożyczyć*; imiesłów bierny – **lent**.

I had lent	pożyczyłem
you had lent itd.	pożyczyłeś (kiedyś) itd.

She gave me back the umbrella I had lent her.
Oddała mi parasol, który jej kiedyś pożyczyłam.
After she had been in the country for a year, she returned to London.
Mieszkała (kiedyś) na wsi przez rok, potem wróciła do Londynu.
He said he had been ill.
Powiedział, że był chory. (*teraz jest zdrowy*)

Formę pytającą i przeczącą tworzymy podobnie jak w czasie Present Perfect:

Had I lent?, Had you lent? itd.
I had not (= hadn't) lent, you had not lent itd.

Czasu zaprzeszłego używamy dla wyrażenia czynności przeszłej dokonanej jeszcze przed inną czynnością, również w przeszłości.
Zasada następstwa czasów wymaga stosowania czasu zaprzeszłego w zdaniu podrzędnym dla wyrażenia czynności przeszłej, jeżeli w zdaniu głównym mamy czas przeszły prosty (Simple Past Tense) i jeżeli chcemy podkreślić kolejność wydarzeń.

I knew she had bought the book the day before.
Wiedziałem, że poprzedniego dnia kupiła książkę.

Ian mówi o rozmowie, która odbyła się w przeszłości, i o książce, którą znajoma kupiła jeszcze przed tą rozmową: **I knew she had bought ...** (zob. lekcja 33).

ĆWICZENIA

① Ćwicz na głos:

I like
Ellen hates
Peter doesn't like } walking in the rain.
Go home instead of
You're ill, you must give up

Do you really like walking in the rain?

② Odpowiedz krótko na następujące pytania (pamiętaj o stosowaniu form ściągniętych):

1. Did Ian buy two tickets? 2. Was Ellen smiling? 3. Did she think of a misunderstanding? 4. Have Ellen and Ian been invited to Steve's for a whole week? 5. Did Ellen make mistakes when she was buying bus tickets? 6. Did Ian get into trouble with his English neighbour? 7. Did Ian's neighbour understand what he meant? 8. Is it hard to be polite in a foreign country? 9. Did Ellen's friend give her back her umbrella? 10. Did Ellen know what to say when the girl thanked her for lending the umbrella?

③ Uzupełnij następujące zdania pytaniami rozłącznymi:

Przykład: Lunch is ready.
Lunch is ready, isn't it?

1. Ian is buying tickets, ...? 2. They got on the train rather quickly, ...? 3. They took opposite seats, ...? 4. Now he speaks English much better, ...? 5. I want a single ticket, ...? 6. She was pleased with the boy, ...?

④ Połącz odpowiednio zdania 1–7 ze zdaniami a)–g):

Przykład: 1 połączyć z c).

1. Ian got up   a) to buy an English novel.
2. Ellen turned   b) to look into the garden.
3. She rang up the guesthouse   c) in order to take down Ellen's bag.
4. You have to learn a lot   d) to give me back my umbrella.
5. He went into a bookshop   e) to see Sue's brother.
6. I opened a window   f) in order to find a room for me.
7. My neighbour came in   g) in order to be polite in a foreign country.

⑤ Napisz z pamięci trzy przysłowia z dowolnie wybranych lekcji:

Przykład: Better late than never.

⑥ Napisz po angielsku i po polsku przymiotniki, od których utworzono następujące wyrazy:

Przykład: **politeness** – **polite** uprzejmy

coldness, attractiveness, happiness, greatness, goodness

⑦ Wstaw podane w nawiasach okoliczniki czasu we właściwe miejsce w zdaniu:

Przykład: She came in (suddenly).
She came in suddenly. *lub* Suddenly she came in.
He wears a tie (always). He always wears a tie.

1. A friend of mine talks to people in the street (often). 2. I heard it on the radio (a few days ago). 3. The girl turned (suddenly). 4. That dog of yours runs after other dogs (always). 5. She wears a small red hat in winter (usually). 6. I found it difficult to make myself understood (twice). 7. Phil told me how to be polite in that case (next morning).

⑧ Przetłumacz (pamiętaj o stosowaniu form ściągniętych):

1. W obcym kraju rzadko wiem, co wypada, a co nie. 2. Oboje młodzi ludzie lubią jazdę (*dosł.* jeżdżenie) na rowerze. 3. Wszedłem do księgarni, żeby kupić jakiś słownik języka polskiego (*dosł.* polski słownik). 4. Dwa dni temu Sue oddała mi powieść, którą jej pożyczyłem w lecie (*czas zaprzeszły*). 5. Wybuchnęli śmiechem, gdy jeden z moich przyjaciół opowiedział im zabawną historię (story). 6. Nie wiedziałem, że Peter chodził z wami do szkoły (*dosł.* był z wami w szkole; *czas zaprzeszły*). 7. On często chodzi do Hyde Parku, żeby przyglądać się drzewom (*dosł.* patrzeć na drzewa). 8. Zamiast czekać na Matta, chodźmy do niego do domu (*dosł.* jego domu).

⑨ Podaj wyrazy zawierające głoskę [sz], np. station, shall, sheep.

LESSON THIRTY-SIX 36
THE THIRTY-SIXTH LESSON

- CZASOWNIKI – STRONA BIERNA
- CZASOWNIKI speak, talk, say, tell
- LICZEBNIKI – cd.

📖 MR JOHNSON'S HOUSE I

Mr Johnson (that is Andy's brother, Steve) has a very nice house all covered with roses. He calls it a cottage but it is two storeys high and has several rooms. Steve's eldest boy, Rick, shows the house to John, who has come by the morning train.

First they must go round the garden and admire the lawns, the clean paths, graceful daffodils, primroses and other spring flowers hiding under the bushes, which are beginning to turn green. In one corner, near the garage, some sand can be seen: that is where the children like to play. The garden is a bit small, but it is large enough for Rick, Joan, and the Baby. When the warmer days come, they will spend more time out of doors.

Rick and his guest come into the house through the French windows leading into the lounge, which is pretty light and sunny by day, and warm and cosy in the evening, with its fireplace, warm coloured curtains and comfortable furniture. There is a thick carpet on the floor and bright cushions on the sofa and armchairs. A fine TV set takes up a lot of room in one corner.

Next to it is the dining room. It is pretty cold now for the electric fire has been out since lunch time. The sideboard, table and chairs are made of light coloured wood. A bowl of daffodils, standing in the middle of the table, goes very well with the yellow lampshade and the cream-coloured cotton curtains.

"Now I'll show you the study," says Rick, and takes John across the hall to his father's favourite room, which looks like a library for all along the walls there are bookcases and shelves with hundreds of books and magazines.

"There's an awful mess on the desk, but nobody (not even Mum) is allowed to touch anything there."

East or West – Home is Best

The study has a nice view of the garden and you can go out of it through French windows. The boy and the young man come back into the hall.

"We won't go into the kitchen," says Rick. "Mum doesn't like to be disturbed and now she's washing up after tea." Between the study and the kitchen there is a WC and the last room near the front door is the pantry. "You may go in if you like," says Rick, "but I'm not allowed to since I ate half of Joan's birthday cake."

John thinks it safer not to open the pantry. "You've shown me the ground floor, now let's go upstairs."

So they run up the wooden stairs leading to the first floor.

- Tell me, Rick, what's that on the shelf over there?
- It's our stereo.
- Have you got any pop CDs?
- Oh yes, we have. There's one CD I can play a hundred times, I like it so much. Shall I play it now?
- No, thanks. I'd like to hear it but not just now. There isn't enough time before dinner.

SŁOWNICZEK

across [ə'kros] w poprzek, na krzyż
admire [əd'majə] podziwiać
allow [ə'lau] pozwolić
along [ə'loŋ] wzdłuż
birthday ['bə:θdej] urodziny
bookcase ['bukkejs] regał na książki, biblioteczka
bowl [boul] miska, czara
bright [brajt] *tu:* jasny, żywy
bush [busz] krzak
carpet ['ka:pyt] dywan
CD [ˌsi: 'di:] = **compact disc** [ˌkompækt 'dysk] płyta kompaktowa
cosy ['kouzy] przytulny
cottage ['kotydż] domek letniskowy na wsi lub za miastem, chata
cotton [kotn] bawełna
curtain [kə:tn] firanka; zasłona; kurtyna
cushion [kuszn] poduszka ozdobna
daffodil ['dæfədyl] żonkil
disturb [dy'stə:b] przeszkadzać
double [dabl] podwójny
east [i:st] wschód (*strona świata*)
elder ['eldə] starszy (w rodzinie)
eldest ['eldyst] najstarszy (w rodzinie)
electric fire [yˌlektryk 'fajə] piecyk elektryczny
favourite ['fejwryt] ulubiony
fire ['fajə] ogień
floor [flo:] piętro (*jeśli mówimy, na którym piętrze jesteśmy*)
French windows [ˌfrencz 'ᵘyndouz] oszklone drzwi, *tzw.* francuskie okno
furniture ['fə:nyczə] umeblowanie, meble
graceful ['grejsful] wdzięczny, pełen wdzięku; zgrabny
ground floor [ˌgraund 'flo:] parter

hide [hajd] chować, kryć; *nieregularny*
lampshade ['læmpszejd] abażur
lawn [lo:n] trawnik
lead [li:d] prowadzić, kierować; *nieregularny*
library ['lajbrəry] biblioteka
mess [mes] nieporządek, bałagan
pantry ['pæntry] spiżarnia
path [pa:θ] ścieżka
pop [pop] *pot.* pop, popularny
pretty ['pryty] *tu:* dosyć, dość
primrose ['prymrouz] pierwiosnek
room [ru:m] *tu:* miejsce (*tylko w lp*)
round [raund] dookoła
run up [ˌran 'ap] wbiec (po schodach)
safe [sejf] bezpieczny
sand [sænd] piasek
several ['sewrəl] kilka
sideboard ['sajdbo:d] kredens
since [syns] od, od czasu gdy, od kiedy
spring [spryŋ] wiosna
stairs [steəz] schody (*lm*)
stereo ['steriəu] stereo, odtwarzacz stereo(foniczny)
storey ['sto:ry] piętro (*jeśli mówimy, ile jest kondygnacji*)
thousand ['θauzənd] tysiąc
touch [tacz] dotykać
upstairs [ˌap'steəz] na górze; na górę (po schodach)
view [wju:] widok
wash up [ˌᵘosz 'ap] zmywać (naczynia)
WC [ˌdablju: 'si:] = **water closet** ['ᵘo:tə ˌklozyt] WC, toaleta
west [ᵘest] zachód (*strona świata*)
wood [ᵘud] drzewo, drewno; drewniany
wooden [ᵘudn] drewniany

WYBRANE ZWROTY

the house is two storeys high dom ma dwie kondygnacje (*tj. parter i pierwsze piętro*); dom jest jednopiętrowy
out of doors na dworze, na świeżym powietrzu
the first floor pierwsze piętro
on the first floor na pierwszym piętrze
there is a carpet on the floor na podłodze jest dywan
a lot of room dużo miejsca
next to obok, tuż obok
the fire is out piecyk jest wyłączony
to be made of być zrobionym z
to go well with pasować do
he thinks it safer sądzi, że będzie bezpieczniej
we won't go = we will not go
I'm not allowed to nie wolno mi (*domyślnie:* **go into the pantry** wchodzić do spiżarni)

OBJAŚNIENIA FONETYCZNE

Zwróć uwagę na wymowę grupy liter **ture**: **furniture** [ˈfəːnyczə], **picture** [ˈpykczə].

GRAMATYKA

• **CZASOWNIKI – STRONA BIERNA**

The house is covered with roses.
Dom jest obrośnięty (*dosł.* pokryty) różami.
Nobody is allowed …
Nikomu nie wolno (= nie pozwolono) …
I'm not allowed.
Nie wolno mi.
She doesn't like to be disturbed.
Nie lubi, jak się jej przeszkadza.

Strona bierna stosowana jest w języku angielskim znacznie częściej niż w polskim. Tworzymy ją za pomocą czasownika posiłkowego **to be** i imiesłowu biernego czasownika, np.

to see   widzieć

to be seen   być widzianym
I am seen, you are seen *itd.*   jestem widziany, jesteś widziany *itd.*

to call	wezwać, nazwać

I was called	byłem nazwany, byłem wezwany
being called	będąc nazwanym
I shall be called	będę nazwany, będę wezwany

- **CZASOWNIKI speak, talk, say, tell**

to speak mówić, władać językiem, rozmawiać, przemawiać

John and Rick speak English.
John i Rick mówią po angielsku.
Ellen speaks too quickly.
Ellen mówi za szybko.
This child speaks quite well.
To dziecko nieźle mówi.
We shall speak to her about the weather.
Porozmawiamy z nią o pogodzie.
I want to speak to your father.
Chcę rozmawiać z twoim ojcem.
He spoke on the radio.
Przemawiał przez radio.

to talk rozmawiać, gadać

They talked a long time about the house.
Długo rozmawiali o domu.
Everybody talked but nobody listened.
Wszyscy gadali, lecz nikt nie słuchał.
Don't talk so much.
Nie gadaj tak dużo.

to say powiedzieć, mówić coś, rzec

"Now I'll show you the study," said Rick.
„Teraz pokażę ci gabinet", powiedział Rick.
What did he say?
Co on powiedział?
She said something funny.
Powiedziała coś zabawnego.
They said a few words to my neighbour.
Powiedzieli kilka słów do mojego sąsiada.

to tell mówić, powiedzieć, opowiadać, opowiedzieć; kazać

Tell him where the kitchen is.
Powiedz mu, gdzie jest kuchnia.
Tell me, please: "There was a young lady of Lynn".
Powiedz mi, proszę (wierszyk): „Była sobie pewna młoda dama z Lynn".
She forgot everything you told her.
Zapomniała wszystko, co jej powiedziałeś.
He told us a few stories.
Opowiedział nam kilka historyjek.
I told the boy to bring the paper.
Kazałem chłopcu przynieść gazetę.

- **LICZEBNIKI** – cd.

hundreds of books and magazines
setki książek i czasopism
thousands of apple trees
tysiące jabłoni
a hundred flowers
sto kwiatów
two hundred houses
dwieście domów

Hundred i **thousand** mogą być użyte rzeczownikowo, a więc i w lm, lub przymiotnikowo – przed rzeczownikiem – bez **-s**.

Liczby powyżej stu

200 – **two hundred**
500 – **five hundred**
345 – **three hundred and forty-five**
1000 **men** – **a thousand men**
3000 **women** – **three thousand women**
6478 **people** – **six thousand four hundred and seventy-eight people**
100 000 **people** – **a hundred thousand people**

Daty

1700 – **seventeen hundred**
1815 – **eighteen fifteen** lub **eighteen hundred and fifteen**
1913 – **nineteen thirteen** lub **nineteen hundred and thirteen**
2000 – **(the year) two thousand**
2002 – **two thousand and two**

Numery telefoniczne

12-79 – **one-two seven-nine**
33-05 – **double-three o-five** (o czytaj [ou])
15-69-04 – **one-five six-nine o-four**
34-11-28 – **three-four double-one two-eight**

Każdą cyfrę numeru telefonicznego podajemy oddzielnie. Jeżeli cyfry się powtarzają, używamy wyrazu **double** *podwójny*.

999 – **nine-nine-nine** numer pogotowia, policji i straży pożarnej

Uwaga! Podając numer pogotowia, policji i straży pożarnej (999), odczytujemy każdą cyfrę oddzielnie.

W nagłówkach stosuje się dwa sposoby podawania liczb w znaczeniu porządkowym, np.

lesson four *lub* **the fourth lesson** lekcja czwarta
book seven *lub* **the seventh book** księga siódma

ĆWICZENIA

❶ Ćwicz na głos:

Phil said: {
"I've got a new stereo".
"Wait for me".
"Forget the misunderstanding".
"Listen to this funny story".
}

Phil told us {
about his stereo.
to wait for him.
to forget the misunderstanding.
a funny story.
}

❷ Odpowiedz na pytania:

1. What is Steve's house covered with (= with what flowers)? 2. How high is the house? 3. Who shows John the house and the garden? 4. In which part of the garden do the children like to play? 5. What makes the lounge warm and cosy? 6. Can you walk out through the French windows? 7. What is the furniture like in Mr Johnson's dining room? 8. What can you see along the walls of Steve's study? 9. Did John and Rick go into the kitchen? 10. What's the room between the kitchen and the study?

❸ Podaj wyrazy o znaczeniu przeciwnym do podanych:

1. to answer 2. always 3. dirty 4. black 5. fat 6. nobody 7. sorry 8. thick 9. to forget 10. old

❹ Wstaw podane w nawiasie przymiotniki w stopniu najwyższym:

Przykład: This is ... chair in the room (comfortable).
This is the most comfortable chair in the room.

1. Show ... room in the house (large). 2. Rick played ... CD he has got (nice). 3. This is ... part of the station (cold). 4. She gave me ... rose in her garden (beautiful). 5. I forgot ... part of the lesson (important). 6. Which is ... view from your house (attractive)? 7. This is ... summer we have had for five years (hot).

❺ Napisz słowami następujące daty i numery telefonów:

1820, 1066, 1616, 1945, 1975, 1999, 2001
25-71, 44-13, 77-68-42, 45-50-56, 39-94

❻ Zamień na stronę bierną, opuszczając podmiot:

Przykład: They brought the stereo at five pm.
The stereo was brought at five pm.

1. He hid your watch under a cushion. 2. Last summer we painted the bathroom. 3. He wrote that letter with green ink. 4. I'll wash all the plates and cups in twenty minutes. 5. He took Ellen's bag to the station. 6. We pronounced that difficult word quite well.

❼ Przetłumacz:

1. Ona mówi, że twój tort urodzinowy jest za słodki. 2. Tapczan Iana jest pokryty poduszkami. 3. Żonkile są pięknymi kwiatami. 4. Nasz dom jest piętrowy i jest pokryty różami. 5. Pies został natychmiast schwytany. 6. Ten park jest nazywany Kensington Gardens. 7. Musisz wymieszać (mix) pomidory, gotowane jaja i gotowane kartofle w dużej misce.

❽ Napisz znakami fonetycznymi i ćwicz na głos:

1. though, through, thought   4. bet, but, bit
2. cold, called   5. cup, cap
3. bed, bad   6. both, bath

LESSON THIRTY-SEVEN
THE THIRTY-SEVENTH LESSON

37

- **PRZEDIMEK NIEOKREŚLONY** – cd.
- **PRZEDIMEK OKREŚLONY** – cd.
- **CZASOWNIKI – STRONA BIERNA** – cd.

📖 THE HALL

In Mr Johnson's cottage there is a little hall. The hall has only one window and yet it is pretty light. The walls of the hall are covered with cream wallpaper and there is a light brown carpet on the floor.

On the right hand side you see the telephone. Wooden stairs, which are neither broad nor narrow – just the right size – lead you upstairs. Under the stairs there is a small cupboard for shoes and shoe brushes. Sometimes it is untidy for the children are usually in a hurry when they are looking for their shoes.

In winter there is an electric fire there. It is turned on when it is very cold. Stoves are seldom found in English houses.

LIMERICK 1
There was a young fellow of Ealing
Devoid of all delicate feeling.
When he read on a door:
"Please, don't spit on the floor,"
He immediately spat on the ceiling.

LIMERICK 2
There was a young lady of Norway
Who often sat in the doorway.
When they squeezed her flat,
She exclaimed: "Oh, what's that!?"
That courageous lady of Norway.

SŁOWNICZEK

ceiling [ˈsiːlyŋ] sufit
courageous [kəˈrejdżəs] odważny
delicate [ˈdelykyt] delikatny
devoid [dyˈwojd] pozbawiony
doorway [ˈdoːᵘej] wejście, drzwi
Ealing [ˈiːlyŋ] *nazwa dzielnicy Londynu*
exclaim [ykˈsklejm] *lub* [ekˈsklejm] wykrzyknąć
feeling [ˈfiːlyŋ] uczucie
flat [flæt] płaski; *tu*: na płasko
immediately [yˈmiːdiətly] natychmiast
mountain [ˈmauntyn] góra
narrow [ˈnærou] wąski
Norway [ˈnoːᵘej] Norwegia

overcoat [ˈouwəkout] płaszcz
seldom [ˈseldom] rzadko
shoe brush [ˈszuː brɑsz] szczotka do butów
size [sɑjz] rozmiar, wielkość
spit [spyt] pluć; *nieregularny*
squeeze [skᵘiːz] gnieść, zgnieść; ściskać, ścisnąć
stove [stouw] piec
straight [strejt] prosty; prosto, wprost
underneath [ˌandəˈniːθ] pod spodem, pod
untidy [anˈtajdy] nieporządny
wallpaper [ˈᵘoːlpejpə] tapeta

Charles Dickens [ˈczɑːlz ˈdykynz] *słynny powieściopisarz angielski (1812–1870)*

WYBRANE ZWROTY

on the right hand side, on the right po prawej stronie, z prawej
just the right size akurat odpowiedniej wielkości
in the doorway w drzwiach
What's that!? Cóż się stało!?
thirty miles an hour trzydzieści mil na godzinę
many a time niejeden raz

OBJAŚNIENIA FONETYCZNE

W wyrazach **immediately** i **delicate** grupę liter **ate** wymawiamy [yt] lub [ət], gdyż jest ona nieakcentowana: [yˈmiːdiətly], [ˈdelykyt].
W nazwie rzeki **Thames** grupę **th** wyjątkowo wymawiamy [t].

GRAMATYKA

● **PRZEDIMEK NIEOKREŚLONY** – cd.

Przedimka nieokreślonego używamy:

a) przed rzeczownikiem oznaczającym osobę lub rzecz, o których jest mowa po raz pierwszy, np.

In Mr Johnson's cottage there is a little hall.
W domu pana Johnsona jest mały hol.
In winter there is an electric fire there.
W zimie jest tam piecyk elektryczny.
There is also a mirror.
Jest także lustro.

b) przed rzeczownikiem oznaczającym daną klasę osób, rzeczy itp., np.

A doctor must know much.
Lekarz powinien dużo wiedzieć.
A daffodil is a flower.
Żonkil jest kwiatem.

c) gdy rzeczownik jest orzecznikiem, uzupełnieniem czasownika **to be**, np.

Steve's eldest child is a boy.
Najstarsze dziecko Steve'a to chłopiec (= jest chłopcem).
John's uncle is a businessman.
Wuj Johna jest handlowcem.
Ian is a good student.
Ian jest dobrym studentem.

d) gdy chodzi o jedną osobę lub rzecz, np.

Give me a ballpoint pen.
Daj mi długopis.
They have a child.
Mają (jedno) dziecko.
The car is doing thirty miles an hour.
Samochód jedzie (*dosł.* robi) 30 mil na godzinę.
We eat bread three times a day.
Jadamy chleb trzy razy dziennie (= na dzień).

e) niekiedy przed nazwą własną, np.

He is a good writer but he is not a Dickens.
On jest dobrym pisarzem, ale to (jeszcze) nie Dickens.

f) w wielu zwrotach, które należy zapamiętać, np. **a few, a little, many a time, half an hour, in a hurry**.

● **PRZEDIMEK OKREŚLONY** – cd.

Przedimka określonego używamy:

a) przed rzeczownikiem oznaczającym osobę lub rzecz, o których już była mowa w poprzednim zdaniu, np.

In the cottage there is a hall. The hall has only one window.
W domku jest hol. (Ten) hol ma tylko jedno okno.
There is an electric fire. The fire is on when it is cold.
Jest (tam) piecyk elektryczny. (Ten) piecyk jest włączony, gdy jest zimno.
Yesterday I saw a dog and a cat in the garden. The cat was white and the dog was black.
Wczoraj widziałem psa i kota w ogrodzie. (Ten) kot był biały, a (ten) pies był czarny.

b) kiedy jest oczywiste, o którym przedmiocie, osobie itp. jest mowa lub gdy znajdują się w pobliżu osoby mówiącej, np.

There is a carpet on the floor.
Na podłodze jest dywan (*podłoga musi być w holu, dywanu może nie być*).
The children are usually in a hurry.
Dzieci zwykle się śpieszą (*mówimy o dzieciach p. Johnsona, które już znamy*).
Put the lamp on the table.
Postaw lampę na stole (*i dla mówiącego, i dla rozmówcy jest oczywiste, o którą lampę chodzi: o najbliższą lub o jedyną w pokoju*).

c) gdy rzeczownik oznacza jedyną osobę lub rzecz, np.

The wife of your friend is ill.
Żona twojego przyjaciela jest chora.
Look at the sun.
Popatrz na słońce.
Open the window.
Otwórz okno (*jedyne w pokoju*).
This is the finest shop in the street.
To najładniejszy sklep na tej ulicy.

d) kiedy o danej osobie lub rzeczy jest mowa w zdaniu podrzędnym albo gdy rzeczownik występuje z **of**, np.

The birthday cake which Rick ate was for Joan.
Tort urodzinowy, który Rick zjadł, był dla Joan.
the walls of the hall
ściany (w) holu
the umbrellas of Mr Johnson
parasole pana Johnsona

e) przed nazwami rzek, mórz i oceanów, łańcuchów górskich oraz niektórych krajów, np. **the Thames** *Tamiza*; **the Vistula** *Wisła*; **the Atlantic** *Atlantyk*; **the Tatra Mountains** *Tatry*; **the United States, the USA** *Stany Zjednoczone, USA*; **the Netherlands** *Holandia*.

f) przed nazwiskami (w lm) rodziny, klanu, np. **the Gills** *Gillowie*; **the Johnsons** *Johnsonowie.*

g) w licznych zwrotach, np. **all the time; all the year; the right size; to go to the cinema; on the left; on the right.**

* **CZASOWNIKI – STRONA BIERNA** – cd.

When it is cold, the electric fire is turned on.
Kiedy jest zimno, włącza się piecyk elektryczny.
In one corner some sand can be seen.
W jednym rogu widać trochę piasku.
This rhyme can be learnt quickly.
Tego wiersza można się szybko nauczyć.

Polskiej formie bezosobowej typu *włącza się, widać, można się nauczyć* w języku angielskim odpowiada najczęściej forma czasownika w stronie biernej: **is turned on; can be seen; can be learnt.** Możemy również zastosować, jak w języku polskim, formę 1. os. lm: **we turn on** ... *włączamy* ... Rzadziej stosujemy formę bezosobową z zaimkiem **one: One turns on the electric fire.**

ĆWICZENIA

① Ćwicz na głos:

I saw a pretty girl. The girl was smiling.
I saw a nice house. The house was small.
I saw a young man from Ealing. The man was not polite.
I saw a funny picture. The picture was English.

There's a garage there. The garage is closed.
There's a lot of sand. The sand is yellow.
There's a cushion here. The cushion is soft.
There's a post office there. The post office is open now.

② Odpowiedz na pytania (pamiętaj o stosowaniu form ściągniętych):

1. Is the hall in Mr Johnson's cottage large? 2. What are the walls covered with? 3. Is the carpet blue? 4. What are the stairs like? 5. Where do the Johnsons keep their shoe brushes? 6. When is the electric fire turned on? 7. Was the young fellow of Ealing polite? 8. Was the young lady of Norway clever?

❸ Połącz w całość części zdań 1–7 z a)–g):

Przykład: John has never heard this song.

1. The lady	⎫	a) been washed.
2. Your brother's son		b) been used really.
3. John		c) had flowers.
4. Ellen	has never	d) learnt French.
5. This coat		e) worked much.
6. That bush		f) seen her uncle.
7. The first floor	⎭	g) heard this song.

❹ Przetłumacz (pamiętaj o stosowaniu form ściągniętych):

Ellen nie lubi swojego pokoju. Pokój jest za ciemny. Ma tylko jedno okno. Okno jest wysoko i jest za małe. Jej łóżko jest dość miękkie, ale zbyt krótkie. Jej fotel jest najwygodniejszym meblem (piece of furniture) w pokoju. Łóżko i fotel są zrobione z jasnego drewna. Półka, na której trzyma (to keep) swoje książki, jest bardzo wąska i Ellen nie ma miejsca (dosł. żadnego miejsca) na (swój) odtwarzacz stereo.

❺ Ćwicz na głos różne sposoby wymowy litery **u**:

[u]   bush, cushion, put, sugar
[ju:] (to) use
[ɑ]   but, cup, just, up
[ə:]   burst, furniture
[u:]   fruit, true, suit
[ə]   difficult

LESSON THIRTY-EIGHT
THE THIRTY-EIGHTH LESSON

38

- OPUSZCZANIE ZAIMKÓW WZGLĘDNYCH
- FORMY whose, of which
- CZASOWNIKI Z PRZYIMKAMI I BEZ PRZYIMKÓW – cd.

📖 MR JOHNSON'S HOUSE II

Rick climbs up the stairs, his guest follows him. The first thing they come across is a large rubber ball. "Joan's been playing and, of course, she's left her ball here," explains Rick.

First they go into the spare room whose windows look west and north. John finds it pleasant with its bright curtains, comfortable furniture, and gas fire. When Ian was here first, he noticed the sash windows that slide up and down, instead of opening like a door.

Next to it is the bedroom of Steve and Margaret, but there is no door connecting the two rooms. There you can see the usual pieces of furniture: beds, large wardrobes (one is built-in), a dressing table with lots of bottles and boxes full of things ladies need for making up. The floor is covered with a plain carpet, the colour of which goes perfectly with the pale green curtains. French windows lead to a balcony from which you can go into the nursery.

Windows looking south and east, much light, air, modern coloured furniture make it an ideal room for children. The walls are without any pictures but all round the room there is a large border, painted all over with bright, funny looking animals, such as rabbits, dogs, bears, cats, elephants, etc. Along the wall there are a few shelves for Rick and Joan. The highest is the shelf they keep their school books on. It would not be safe to let Baby catch hold of them, and her own picture-books are made of strong paper, so that she cannot tear them. Her favourite toys, a friendly teddy bear, a plastic farm with cows, horses and sheep, are on the lowest shelf.

In one corner John notices a little desk – this is where Rick and Joan do their lessons. It strikes John that the nursery is right above the study. "I wouldn't give that room to the children," he says to himself, "they must make a lot of noise, especially in winter when they play less in the garden."

Suddenly loud shrieks come from the neighbouring bathroom. "Baby's having her bath," Rick explains. So they go in to see the fun. Baby is sitting in the bath and hitting the water with a rubber duck and she shrieks with delight as the water splashes over the whole bathroom. Even the shelf on which Dad keeps his shaving things is all wet. Mum does not seem to mind it. She has put on a rubber apron and rubs the child's back rather energetically.

"Well, I think that's all," says John, who does not want to get splashed and hurries out of the bathroom.

"Somebody's coming," says Rick.

The front door bell is ringing and Binkie runs up and down the stair-case barking furiously. Rick and John run downstairs, their "sight-seeing" is over.

– What a fine picture of an old woman!
– Where?
– Here, between the window and the wardrobe. Look, her hat covers most of her face, but it's fine. I like the colour of the coat.
– So do I. A beautiful green.
– A beautiful blue, you mean. I think it's a painting by an old Spanish painter whose name I forgot.
– Now, look at it again. You're quite wrong. It's not a woman but an old man, and his clothes are really green.
– Let me see. You're right. And the painter's Dutch – not Spanish.

SŁOWNICZEK

air [eə] powietrze
balcony ['bælkəny] balkon
bark [ba:k] szczekać
bear [beə] niedźwiedź
bell [bel] dzwon, dzwonek
border ['bo:də] brzeg, obramowanie; szlak
bottle [botl] butelka
build [byld] budować; *nieregularny*
built-in [,bylt'yn] wbudowany
come across [,kam ə'kros] natrafić na, spotkać; *nieregularny*
connect [kə'nekt] łączyć
cow [kau] krowa
delight [dy'lajt] uciecha, przyjemność
downstairs [,daun'steəz] na dole, w dół po schodach
dressing table ['dresyŋ ,tejbl] toaletka
duck [dak] kaczka
energetically [,enə'dżetykly] energicznie
especially [y'speszly] szczególnie
explain [yk'splejn] *lub* [ek'splejn] wyjaśnić
farm [fa:m] farma, gospodarstwo rolne

follow ['folou] iść za, następować po
fun [fan] zabawa, uciecha
furious ['fjuəriəs] wściekły
furiously ['fjuəriəsly] wściekle
gas [gæs] gaz
hit [hyt] uderzyć; trafić; *nieregularny*
less [les] mniej
loud [laud] głośny; głośno
low [lou] niski; nisko
make up [,mejk 'ap] malować się; *nieregularny*
modern [modn] nowoczesny
noise [nojz] hałas
north [no:θ] północ (*strona świata*)
nursery ['nə:sry] pokój dziecinny
own [oun] własny
pale [pejl] blady, jasny (*o kolorach*)
plain [plejn] zwyczajny, bez desenia, gładki
plastic ['plæstyk] z plastiku, plastikowy
rabbit ['ræbyt] królik
right [rajt] *tu*: akurat, dokładnie
rub [rab] wycierać, pocierać
rubber ['rabə] guma

sash window ['sæsz ‚ᵘyndou] okno
zasuwane pionowo
seem [si:m] wydawać się
shriek [szri:k] krzyk, wrzask; krzyczeć, wrzeszczeć
sightseeing ['sɑjtsi:yŋ] zwiedzanie
slide [slɑjd] suwać się, zsuwać się;
nieregularny
south [sɑuθ] południe (*strona świata*)
spare [speə] zapasowy; gościnny (*np.
pokój*)

splash [splæsz] pluskać, chlapać;
plusk
staircase ['steəkejs] klatka schodowa
suddenly ['sɑdnly] nagle
tear [teə] drzeć; *nieregularny*
teddy bear ['tedy beə] miś (*zabawka*)
toy [toj] zabawka
wardrobe ['ᵘo:droub] garderoba,
szafa na ubrania
winter ['ᵘyntə] zima

WYBRANE ZWROTY

of course oczywiście
He finds it pleasant. Uważa, że jest przyjemny.
to catch hold of chwycić
to let Baby catch hold of pozwolić Dzidziusiowi chwycić
right above akurat nad, dokładnie nad
in winter zimą
in spring wiosną
in summer latem
in autumn jesienią
I would like, you would like *itd.* chciałbym, chciałbyś *itd.*
shaving things przybory do golenia
she seems not to mind ona wydaje się nie przejmować
whose name I forgot którego nazwiska nie pamiętam (*dosł.* zapomniałem)

OBJAŚNIENIA FONETYCZNE

W sylabach akcentowanych litery **a, i, e** wymawiamy długo (jako dwugłoski), jeżeli po nich następuje spółgłoska i nie wymawiana litera **e.**

litera **a** [ej]: **place, pale, make, safe, mistake**
litera **i** [ɑj]: **nice, slide, like, polite**
litera **o** [ou]: **whole, Pole, home**

GRAMATYKA

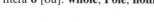

- ● **OPUSZCZANIE ZAIMKÓW WZGLĘDNYCH**

The first thing (which) they came across was a ball.
Pierwszą rzeczą, na którą się natknęli, była piłka.

Jeśli zdanie zaczynające się od zaimka względnego (*tu*: **which they came across**) jest wtrącone lub następuje po zdaniu głównym, można ów zaimek względny (*tu:* **which**) opuścić.

Zaimki względne opuszczamy zarówno w mowie, jak i w piśmie, w języku mniej oficjalnym, mniej starannym, także w tekstach literackich.

On the dressing table there are things which ladies need. (forma z zaimkiem)
On the dressing table there are things ladies need. (forma bez zaimka)
The highest is the shelf on which they keep their books. (forma z zaimkiem)
The highest is the shelf they keep their books on. (forma bez zaimka)
The house in which we live is nice. (forma z zaimkiem)
The house we live in is nice. (forma bez zaimka)

Jeśli jednak zaimek względny występuje po przyimku, nie opuszczamy go.

The first thing across which they came was a ball.

• **FORMY whose, of which**

Zaimka względnego **who** w dopełniaczu, tj. **whose**, używamy zarówno w odniesieniu do osób, jak i rzeczy. Formę **of which** stosujemy tylko do rzeczy. Następuje ona po rzeczowniku, którego dotyczy: **whose colour**, ale: **the colour of which**.

The spare room whose windows look west.
Pokój gościnny, którego okna wychodzą na zachód.
A plain carpet the colour of which goes perfectly with …
Gładki dywan, którego kolor świetnie pasuje do …

• **CZASOWNIKI Z PRZYIMKAMI I BEZ PRZYIMKÓW** – cd.

They came across the ball.
Natknęli się na piłkę.
Mum does not mind it.
Mama nie zwraca na to uwagi.

Od czasownika zależy, czy i jaki przyimek zostanie użyty w danym połączeniu. Nie należy się sugerować użyciem i znaczeniem przyimków w języku polskim.

at

to knock at stukać do
to look at patrzeć na
to laugh at śmiać się z

on

to call on odwiedzić
to work on pracować nad

for

to care for dbać o
to look for szukać
to wait for czekać na

of

to think of myśleć o
to remind somebody of something przypominać komuś coś

into

to translate into tłumaczyć na

to

to listen to słuchać
to say something to somebody powiedzieć coś komuś

Niektóre czasowniki nie wymagają użycia przyimka, np.

to answer a letter odpowiadać na list
to enter a room wejść do pokoju
to mind a child uważać na dziecko
to play football grać w piłkę nożną
to go home iść do domu
to decide something zdecydować o czymś

ĆWICZENIA

① Ćwicz na głos:

The young man you're
{
  talking about is eighteen.
  thinking of isn't here.
  laughing at is too noisy.
  waiting for is late.
  talking to is my friend.
  looking for won't come.
  working with is lazy.
}

② Odpowiedz na pytania (pamiętaj o stosowaniu form ściągniętych):

1. What was the first thing noticed by Rick and John on the first floor? 2. Whose toy is it? 3. Do Polish windows slide up and down? 4. What can you see on the dressing table? 5. What is painted on the walls of the nursery? 6. Which toys are made of plastic? 7. Why do the young men hear a lot of noise from the bathroom? 8. Where does Dad keep his shaving things? 9. What is Mum doing to the Baby? 10. What does Binkie do when the bell rings?

③ Zamień rzeczowniki i zaimki rodzaju męskiego na rzeczowniki i zaimki rodzaju żeńskiego:

1. In my father's room the window is right above his desk. 2. Mr Johnson has a lot of clothes in his wardrobe. 3. His son never plays with little boys. 4. Your husband must mend these toys himself. 5. My little brother shrieked with delight when I splashed him with water. 6. This man is our friend, of course. 7. His uncle doesn't like dogs, he simply hates them.

④ Ułóż pytanie do każdego zdania:

Przykład: She's laughing at the funny rabbit.
What's she laughing at?

1. She is laughing at the funny rabbit. 2. They always think of their flowers. 3. Andy works on his new picture. 4. The cat looked on the toy animal. 5. They begin "sightseeing" with the children's room. 6. We must listen to your new CDs. 7. She's thinking of her friend. 8. She smiled at him.

⑤ Podaj odpowiednią formę czasownika (zwróć szczególną uwagę na zdania zależne):

1. As soon as you (to see) Joan, tell her to come downstairs. 2. Yesterday when they (to enter) the Johnsons' lounge, they noticed their stereo. 3. We shall mind the children while you (to cook) the dinner. 4. If she (to come) late next time, she will

get into trouble. 5. He will need money before someone (to buy) his painting.
6. My brother said that the London underground (to be) very deep.

Ⓑ Przetłumacz:

1. Joan bawiła się (*forma ciągła*) piłką (with a ball). 2. Pokój dziecinny jest akurat
nad gabinetem. 3. Dzidziuś nie może dosięgnąć (*dosł*. chwycić) książek starszych
dzieci. 4. Chciałbym zobaczyć angielską farmę z krowami, owcami i innymi
zwierzętami. 5. Tata zwykle trzyma swoje przybory do golenia na małej półce
w łazience. 6. Poznałem (to meet) kelnera, którego brat pracuje z moim wujem.
7. Dziewczyna, na którą czekasz, nie przyjdzie. 8. Nie dawałbym tych książek twojej córce.

Ⓐ Napisz znakami fonetycznymi i ćwicz na głos:

think, thing, thin; coat, caught, could, cat; bow, boy, buy

- BIERNIK (PRZYPADEK DOPEŁNIENIA) Z BEZOKOLICZNIKIEM
- ZWROT not at all
- SŁOWOTWÓRSTWO – TWORZENIE PRZYMIOTNIKÓW – PRZYROSTEK -ish
- EKWIWALENT can – to be able to

📖 TEA IN THE LOUNGE

It is half past four. Steve and his friends are having tea in the lounge.
Margaret is standing by a little table and pouring out tea from a huge
teapot. Her husband and Jane are taking the cups round.

Ellen: Can I have some sugar?

Andy: Sure. Have a cake or a scone too.

Ellen: I say "scone" like "phone" or "alone". You say it like "lot" or "not".

Margaret: Yes, there are two ways of pronouncing this word. You can use either.

Jane: In England we usually drink tea with milk.

Steve: I usually have Indian tea without milk.

Ian: I love scones with jam and cream.

Steve: This is sometimes called a Devon tea, because it's popular in the West Country.

Andy: They're also popular in Cornwall. And they're yummy!

Margaret: Help yourself to more jam.

Ellen: Your tea is delicious. In my country we usually drink coffee. Margaret, I'd like you to tell me how you make your tea.

Margaret: It's very simple. You put into the teapot one teaspoonful for every person, add one for the pot and then you pour in boiling water. After five to eight minutes tea's ready.

Ellen: Two different pronunciations of the same word: "scone"! My

Mum wants me to speak English perfectly, but I shall never be able to speak it well.

Steve: Your English is quite good, not at all bookish. You speak colloquial English.

Andy: And do you know the longest word in English?

Ian: No, I don't.

Andy: "Smiles" – because there's a mile between the first and the last letter.

English meals

Nowadays at noon English people usually have a light lunch of sandwiches, fruit, bread and maybe a cake or a packet of crisps, with a soft drink like coke. Dinner at night consists of a hot meal. Often peple do not cook hot meals but get them from a Chinese or Indian takeaway. Takeaway meals are very popular now. Ready-made meals are also available from food stores.

SŁOWNICZEK

add [æd] dodać
agree [ə'gri:] zgadzać się
available [ə'wejləbl] dostępny
bookish ['bukysz] książkowy; sztuczny
boyish ['bojysz] chłopięcy
childish ['czɑjldysz] dziecinny
coke [kouk] *pot.* coca-cola, kola
colloquial [kə'louk^uiəl] potoczny
consist of [kən'syst əw] składać się z
cook [kuk] gotować
Cornwall ['ko:n^uəl] Kornwalia
crisps [krysps] chrupki
delicious [dy'lyszəs] pyszny, smakowity
Devon [dewn] *hrabstwo w Wielkiej Brytanii*
food [fu:d] pożywienie

hand [hænd] podać, wręczyć
huge [hju:dż] ogromny
meal [mi:l] posiłek
nowadays ['nauədejz] obecnie
perfectly ['pə:fyktly] doskonale
pour [po:] lać, nalewać
pour in [ˌpo:r 'yn] nalać
pronounce [prə'nauns] wymawiać
pronunciation [prəˌnansy'ejszn] wymowa
ready-made [ˌredy'mejd] gotowy (*o posiłku*)
scone [skon] *lub* [skoun] *rodzaj ciastka*
soft drink ['soft dryŋk] napój bezalkoholowy

store [stoː] dom handlowy
sure [szuə] z pewnością; pewny
takeaway ['tejkə^uej] restauracja/sklep
z daniami na wynos; danie na wynos
tea [tiː] *tu*: podwieczorek
teapot ['tiːpot] dzbanek do herbaty

teaspoonful ['tiːspuːnful] łyżeczka
(czegoś), pełna łyżeczka
the West Country [ðə ˌ^uest 'kɑntry]
zachodnia część Anglii
yummy ['jɑmy] *pot.* pyszny

WYBRANE ZWROTY

to have tea pić herbatę, mieć/jeść podwieczorek
to take round podawać (*np.* herbatę)
to hand round rozdawać
help yourself to poczęstuj się
a soft drink napój bezalkoholowy

GRAMATYKA

- ### BIERNIK (PRZYPADEK DOPEŁNIENIA) Z BEZOKOLICZNIKIEM

   I'd like you to tell me how you make tea.
   Chciałbym, żebyś mi powiedziała, jak robisz herbatę.
   Mum wants me to speak English perfectly.
   Mama chce, żebym doskonale mówiła po angielsku.
   I want him to wait longer.
   Chcę, żeby poczekał dłużej.

W języku angielskim używana jest często konstrukcja biernika z bezokolicznikiem. W konstrukcji tej (którą tłumaczymy na polski za pomocą zdania pobocznego lub celownika z bezokolicznikiem, np. *kazałem mu czekać*) wyraz, który w zdaniu pobocznym byłby podmiotem (tj. zaimki osobowe **me, you, him, us, them**), stawiamy w bierniku, a czasownik – w bezokoliczniku (**I want him to wait**).

Biernik z bezokolicznikiem stosowany jest po czasownikach wyrażających życzenie – **I want, I would like**, rozkaz – **tell**, przyzwolenie – **allow** i opinię – **think**.

- ### ZWROT not at all

   Your towel is wet. – Not at all.
   Twój ręcznik jest mokry. – Wcale nie.

Your tea is too cold. – Not at all.
Twoja herbata jest za zimna. – Wcale nie.
They have no dinner at all.
Wcale nie jedzą obiadu.
I don't know him at all.
Wcale go nie znam.
Not at all znaczy tu *wcale nie.* (Inne użycie tego zwrotu zob. lekcja 27)

● **SŁOWOTWÓRSTWO - TWORZENIE PRZYMIOTNIKÓW - PRZYROSTEK -ish**

RZECZOWNIK   PRZYMIOTNIK

book	książka	**bookish**	książkowy, sztuczny
child	dziecko	**childish**	dziecinny
boy	chłopiec	**boyish**	chłopięcy

Od niektórych rzeczowników można utworzyć przymiotniki przez dodanie przyrostka **-ish.**

● **EKWIWALENT can - to be able to**

Czasownik modalny **can** ma tylko dwa czasy: teraźniejszy i przeszły (służący również za tryb warunkowy). We wszystkich innych formach musimy go zastąpić zwrotem **to be able to** *być w stanie, być zdolnym, potrafić, móc, umieć.*

Can I have same sugar?
Czy mogę prosić trochę cukru?
I shall never be able to speak English well.
Nigdy nie będę umiała dobrze mówić po angielsku.
I'd like to be able to run fast.
Chciałbym móc szybko biegać.
She isn't able to work hard.
Ona nie może ciężko pracować.

to be able	móc
being able	mogąc
I shall be able	będę mógł
I have been able	mogłem (i nadal mogę)

Zob. **to have to** – ekwiwalent czasownika **must** – lekcja 29.

ĆWICZENIA

❶ Ćwicz na głos:

Margaret wants Andy to help her.

She wants him {
  to pass Ellen the sugar.
  to hand round bread and butter.
  to find some cakes.

Steve would like Joan to learn more French.

He would like her {
  to speak French better.
  to write without mistakes.
  to sing French songs.

❷ Odpowiedz na pytania:

1. At what time do the Johnsons have their afternoon tea? 2. Who are their guests? 3. Where is Margaret standing? 4. Where is the teapot? 5. Do English people use small teapots? 6. Who takes the cups of tea from Margaret? 7. Who do they hand them to? 8. Is Ellen's English bookish?

❸ Uzupełnij zdania następującymi wyrazami: **dessert, at, bookish, easy, bananas, mistakes**:

1. A good exercise ought not to have any ... at all. 2. I don't like ... at all. 3. I'm too fat, I oughtn't to eat any ... at all. 4. You must be very cold here. Oh, not ... all. 5. It isn't at all ... to sing this song. 6. Ellen's English isn't ... at all.

❹ Połącz odpowiednio zdania 1–6 ze zdaniami a)–f):

1. The mother would like her daughter
2. They want me
3. Steve would like Binkie
4. Would you like me
5. Ellen wants her husband
6. Margaret, I want you

a) to talk nonsense?
b) to brush his hair more often.
c) to give me a cup of tea.
d) to lie under the table.
e) to close the garage.
f) to show her her new dress.

❺ Tam, gdzie można, zastąp zwroty z **to be able to** czasownikiem **can** (**could**):

Przykład: He was able to come.
          He could come.

1. Margaret was able to ask her uncle for the weekend. 2. It's very pleasant to be able to speak English without making mistakes. 3. She isn't strong enough, she isn't able to work hard. 4. That young man is able to save you a lot of trouble.

5. I'm afraid I shall not be able to see you tomorrow. 6. They weren't able to find the dictionary in any bookshop.

⑥ Napisz słowami:

    Przykład: the 2nd day – the second day

the 2nd day, the 3rd month, the 5th year, the 8th lesson, the 9th station, the 10th word, the 13th house

⑦ Ćwicz na głos, odróżniając dźwięk [ou] od dźwięku [au]:

[ou] over, bowl, home, Joan, rose
[au] house, cow, cloud, down, town

- **ZDANIA WARUNKOWE Z if** – cd.
- **PYTANIA ROZŁĄCZNE PO ZDANIACH PRZECZĄCYCH**
- **SŁOWOTWÓRSTWO – TWORZENIE PRZYMIOTNIKÓW – PRZEDROSTEK un-**

📖 A QUARREL IN THE NURSERY

Mum: Now, children, stop playing and tidy everything up.

Rick: But, Mummy, can't we …

Mum: No, you can't. Rick, be a good boy and help Joan to put everything in the right place.

Mum goes out to the kitchen and leaves Rick in a very bad humour. The nursery seems dull and unfriendly.

Rick: Why can't we play a little longer? If I was grown up …

Joan: Mrs Green says we ought to say: "if I were …".

Rick: I can say what I like. I'm at home now, not at school! And, besides, we've got holidays. If I was grown up, I'd go to bed at midnight, and I'd sleep till ten.

He gathers his soldiers scattered all over the carpet. Joan puts her painting-box into the drawer.

Joan: If I were grown up, I wouldn't eat any soup or vegetables, only apple tart.

Rick: But you aren't, are you?

I have a room to myself

Joan: If I could do what I liked, I'd have a room to myself.

Rick: And I'd go to school every other day ...

Joan: Don't be silly. If you were grown up, you wouldn't go to school at all.

Rick sees the railway carriages lying at his feet but he stumbles over the engine. Happily, it is made of iron and is very strong. The moment he comes near Joan's dolls, she cries out:

    Don't touch the doll's house, you'll spoil it!

Rick: But I must find my officers. I don't want to lose any, do I?

Joan: Look what you've done to the roof! The chimney is broken!

Rick: Oh, shut up! It was broken ages before I touched it.

Dad's voice comes from the parents' bedroom which is beside theirs:

    Rick, don't be rude!

Joan gathers her doll's cooking utensils and puts them away in a box.

Joan: There, I've finished.

She runs out of the room, Rick is still busy with his toys. After a while Joan comes back smiling:

    Rick, guess what we'll get for tea!

He looks up.

    Plum cake!

Rick's face brightens up. Good humour comes back. The nursery is cheerful again.

If all the men were one man
What a great man he would be.
If all the trees were one tree,
What a great tree it would be.
If all the seas were one sea,
What a great sea that would be.
If all the axes were one axe,
What a great axe that would be.
And if that great man
Took that great axe
And cut that great tree,
Down into the sea,
What a great splash that would be!

SŁOWNICZEK

age [ejdż] wiek
apple tart [ˌæpl 'tɑːt] szarlotka
axe [æks] siekiera
beside [by'sɑjd] obok
besides [by'sɑjdz] ponadto
break [brejk] łamać; *nieregularny*
brighten ['brɑjtən] rozjaśnić się
carriage ['kærydż] wagon
centipede ['sentypiːd] stonoga
chimney ['czymny] komin
cry out [ˌkrɑj 'ɑut] wykrzyknąć
doll [dol] lalka
dull [dɑl] nudny; bezbarwny
engine ['endżyn] *tu:* lokomotywa
gather ['gæðə] zbierać
grown up [ˌgroun 'ɑp] dorosły
guess [ges] zgadywać
holiday ['holədej] święto; wakacje
humour ['hjuːmə] humor
iron ['ɑjən] żelazo

midnight ['mydnɑjt] północ (= dwunasta w nocy)
officer ['ofysə] oficer; urzędnik
parents ['peərənts] rodzice
plum [plɑm] śliwka
quarrel [kᵘorl] kłótnia
roof [ruːf] dach
rude [ruːd] niegrzeczny, ordynarny
scatter ['skætə] rozrzucić; rozsypać się
shut [szɑt] zamykać; *nieregularny*
soldier ['souldżə] żołnierz; *tu:* żołnierzyk (*zabawka*)
splash [splæsz] plusk, chlapnięcie
spoil [spojl] psuć
stumble [stɑmbl] potknąć się
tidy up [ˌtɑjdy 'ɑp] sprzątnąć, uporządkować
utensils [ju'tenslz] przybory
voice [wojs] głos
while [ᵘɑjl] chwila

WYBRANE ZWROTY

be a good boy bądź grzeczny (*dosł.* grzecznym chłopcem)
at midnight o północy
I have a room to myself. Mam pokój dla siebie.
the moment he comes near w tym momencie, gdy podchodzi do
ages before, ages ago wieki temu
There, I've finished. No, skończyłam.
every other day co drugi dzień
What have you done to the chimney? Co zmajstrowałeś przy kominie?
Shut up! Cicho (bądź)!, Siedź cicho!, Przestań gadać!, Zamknij się! (*niegrzecznie lub poufale*)
Don't be rude! Nie bądź niegrzeczny!, Zachowuj się!

OBJAŚNIENIA FONETYCZNE

Zwróć uwagę na wymowę litery **a** po literach **w**, **wh** i **qu**, np.: **want** [ᵘont], **what** [ᵘot], **quarrel** [kᵘorl].

GRAMATYKA

- **ZDANIA WARUNKOWE Z if** – cd.

  If I was grown up, I'd go to bed at midnight.
  Gdybym był dorosły, chodziłbym spać o północy.
  If I were grown up, I wouldn't eat any soup or vegetables.
  Gdybym była dorosła, nie jadłabym ani zupy, ani warzyw.
  If I had a hundred feet, I would be a centipede.
  Gdybym miał sto nóg, byłbym stonogą.
  I would buy this picture if he painted well.
  Kupiłbym ten obraz, gdyby jego autor (*dosł.* on) dobrze malował.

  W lekcji 32 poznaliśmy zdania warunkowe, w których **if** znaczy *jeśli*,
  jeżeli. W zdaniach tych jest mowa o warunku, którego spełnienie jest,
  było lub będzie realne, możliwe. W niniejszej lekcji mówimy o zdaniach warunkowych, w których **if** znaczy *gdyby*. Spełnienie warunku
  jest niepewne lub niemożliwe w teraźniejszości i w przyszłości. W zdaniu nadrzędnym używamy trybu warunkowego w czasie teraźniejszym:
  I'd go = **I would go**, a w zdaniu podrzędnym zaczynającym się od **if** –
  czasu przeszłego prostego (Simple Past Tense): **If I were** (formę **If
  I was** niektórzy uważają za niepoprawną).

  If I had more time, I could finish the dress.
  Gdybym miała więcej czasu, mogłabym skończyć suknię.
  If the picture pleased me very much, I might see it again.
  Gdyby film bardzo mi się spodobał, mogłabym obejrzeć go jeszcze raz.

  Uwaga! Czasowniki modalne **can** i **may** nie mają trybu warunkowego, lecz w czasie przeszłym mogą przybrać znaczenie warunkowe.

- **PYTANIA ROZŁĄCZNE PO ZDANIACH PRZECZĄCYCH**

  But you aren't grown up, are you?
  Ale nie jesteś dorosła, prawda?
  I don't want to lose any officer, do I?
  Nie chcę stracić żadnego oficera, no nie?
  It isn't raining, is it?
  Chyba nie pada?
  It wasn't his fault, was it?
  To może nie była jego wina?
  We didn't lose time, did we?
  Chyba nie straciliśmy czasu?
  They can't come, can they?
  Oni chyba nie mogą przyjść?

Konstrukcja pytań rozłącznych po zdaniach twierdzących została omówiona w lekcji 28. Do zdania przeczącego (**you aren't**) dodajemy pytanie rozłączne bez przeczenia (**are you?**).

W języku polskim zdania te, mające charakter retoryczny, tłumaczymy zwykle za pomocą wyrazów *chyba, może*.

- **SŁOWOTWÓRSTWO – TWORZENIE PRZYMIOTNIKÓW – PRZEDROSTEK un-**

friendly	przyjacielski	**unfriendly**	nieprzyjazny, niechętny
happy	szczęśliwy	**unhappy**	nieszczęśliwy
kind	dobry, miły	**unkind**	niedobry, niemiły

Przedrostek **un-** nadaje przymiotnikowi znaczenie przeciwstawne.

ĆWICZENIA

❶ Ćwicz na głos, zwracając uwagę na intonację opadającą w pytaniu rozłącznym:

Rick isn't very polite, is he?
He isn't Mrs Gill's son, is he?
He isn't really silly, is he?

Joan doesn't like to tidy up, does she?
She doesn't spoil Rick's toys, does she?
She doesn't lose her things, does she?

I'm not sitting on your chair, am I?
I'm not spoiling your radio, am I?
I'm not reading too slowly, am I?

❷ Odpowiedz na pytania:

1. Which room is beside the parents' bedroom? 2. What are Rick and Joan doing? 3. Who has told them to stop playing? 4. Is Rick grown up? 5. Do children go to bed at midnight? 6. Whose toys are scattered all over the carpet? 7. Is Joan grown up now? 8. What's Rick's toy railway made of? 9. Who has heard the quarrel between the two children? 10. Where did Joan put her doll's cooking utensils?

❸ Wstaw podane czasowniki w odpowiednim czasie. Zwróć uwagę na zdania warunkowe: w zdaniach 1–6 **if** znaczy *gdyby*, w zdaniach 7–8 **if** znaczy *jeżeli*:

1. If I (to be) grown up, I (to go) to bed at midnight. 2. If Rick (to spoil) any of his sister's toys, she (to be) angry. 3. If I (to have) a hundred feet, I (to need) a lot of time

to put on my shoes. 4. Her apple tart (to taste) much better if she (to put) more sugar in it. 5. You (to have) a room to yourself if your brother (to go) to Sweden for a month. 6. The doll's house (to look) nicer if its chimney (not to be) broken. 7. After a few months Ellen will learn all about politeness in England if she (to watch) polite people. 8. You won't lose your railway ticket if you (to put) it into your bag.

④ Wybierz właściwe określenie wyrazów spośród trzech podanych możliwości:

	a) a small car		a) very long
1. a carriage	b) part of a train	3. furious	b) very angry
	c) an animal		c) very silly

	a) something to drink		a) a little bird
2. a plum	b) a kind of flower	4. an elephant	b) a huge animal
	c) a kind of fruit		c) a novel

⑤ Wstaw przymiotniki o znaczeniu przeciwstawnym do podanych w nawiasach:

Przykład: Rick has lost his ball, he's (happy).
Rick has lost his ball, he's unhappy.

1. The weather is very (pleasant), it's raining cats and dogs. 2. It's an (usual) thing to meet an elephant in the street. 3. You mustn't leave your desk so (tidy). 4. They don't like this man, he was (kind) to their child. 5. You may forget this address, it's (important). 6. Don't be so (friendly), smile more. 7. The children are very (happy) for they cannot find their dog.

⑥ Przetłumacz:

1. Bądź grzeczny (*dosł.* grzecznym chłopcem) i przynieś wszystkie swoje (*dosł.* twoje) zabawki. 2. Skończyłem ćwiczenie bardzo dawno temu. 3. Poczęstuj się śliwkami. 4. Twoje żołnierzyki (toy soldier) leżą na dywanie (*dosł.* są porozrzucane po całym dywanie). 5. Cicho bądź! Chcę posłuchać radia. 6. W końcu odgadłem, gdzie trzymasz (to keep) nowe płyty. 7. Najpierw powinniśmy wszystko posprzątać. 8. Chciałbyś mieć lokomotywę taką jak moja (*użyć zaimka dzierżawczego*).

⑦ Ćwicz dźwięki [æ] i [ej], czytając najpierw każdą kolumnę osobno, potem linijkami, tj. bad – lane, sad – lazy itd.

[æ]	[ej]
bad	lane
sad	lazy
lamb	maid
fashion	straight
sand	potato

LESSON FORTY-ONE
THE FORTY-FIRST LESSON
41

- **BEZOKOLICZNIK CZASU PRZESZŁEGO**
- **PRZYMIOTNIKI I PRZYSŁÓWKI W TEJ SAMEJ FORMIE**
- **SŁOWOTWÓRSTWO – TWORZENIE PRZYMIOTNIKÓW – PRZYROSTEK -y**
- **RZECZOWNIKI – RODZAJ – cd.**

📖 ON THE WAY BACK 🎧

"Everybody ready?"
Andy looks round and sees Ellen and Ian in the back seats of the car.
Jane is by his side, and the luggage is there too.
"Well, we're off."
They have just spent a delightful weekend at Steve's, and now Andy is
driving the whole party back to London.
It is rather early so they have the road to themselves. But from time to
time they pass by a farmer's lorry, a noisy motorbike or a few bicycles.

The landscape is typically rural: not many
cornfields but fine meadows with hedges
round them, and quiet cows here and there.
Once, in spite of the early hour, they meet
a group of hikers marching happily.
"We've had a nice time, don't you think
so?" says Ian.
"Yes," answers Ellen, "but I've been drop-
ping bricks all the time. I said something
wrong when I was in the nursery. What was
it? Jane pulled my sleeve when I was talking to
Margaret about her baby."
"Oh yes, I remember. You ought not to have said
'it' when speaking of a child in front of the
mother. She might feel hurt."
"But how could I know whether it was a girl or
a boy? Everybody calls her 'Baby'!"
"Well, anyone can make a mistake, but you might have avoided it

somehow. You might have said 'the little one', or 'darling'. That's always safe with the mother."

Andy pulls up the car: a flock of sheep bars the way. Luckily for the driver they turn into a country lane behind the hedge. The road goes winding along a large park and far away the tower of an old church rises above the tops of the trees. The car runs between large gardens. There is more traffic now – huge coaches as well as lorries of all kinds. From time to time snack bars or old-fashioned inns seem to invite to stop for refreshments.

"Let's have some sandwiches," Andy suggests.

"Oh no," Ellen protests, "we haven't got time."

"Driving with Andy is always so slow," says Jane. "He stops at every tearoom or snack bar."

"And I've never seen such a reckless driver as Jane," Andy answers back. "She never knows how fast she's driving. Once a policeman stopped her saying she was doing ninety miles an hour. 'But it's impossible,' she said, 'I haven't been driving for more than ten minutes!'"

"You're pulling my leg, Andy. And if I were at the wheel, we'd be in town in half an hour."

"I bet you ten pounds we shall be there in twenty minutes."

"Very well, we'll see."

For some time they go on without a word. Ian likes fast driving but he cannot get used to seeing all the cars keeping to the left. In Poland all traffic keeps to the right side of the road.

Suddenly they stop. There is a line of cars in front of them. A traffic jam? Jane looks at her watch and smiles. In a moment everything is all right. They go on faster than ever. Andy drives recklessly.

Now they are on the main road to London. Soon they will come to the suburbs. Every now and then you can see a petrol station or a modern factory.

Something has gone wrong with the engine: the car slows down, then it stops dead.

Andy excitedly pushes or pulls all kinds of things but all in vain. He opens everything that can be opened, looks in everywhere, slips under the car only to get back all dirty ...

At last he takes something out of his pocket, grins at Jane and gives her ten pounds.

SŁOWNICZEK

anyone [ˈenyᵘɑn] ktoś, ktokolwiek
avoid [əˈwojd] unikać
bar [bɑ:] zablokować (*np. drogę*), zatarasować (*np. przejście*), zagrodzić
be off [ˌby ˈof] odejść; odjechać
bet [bet] założyć się; *nieregularny*; zakład (o coś)
bicycle [ˈbɑjsykl] rower
brick [bryk] cegła
coach [koucz] autokar; powóz
corn [ko:n] zboże
darling [ˈdɑ:lyŋ] kochanie
dead [ded] zmarły, nieżywy
delightful [dyˈlɑjtful] rozkoszny, cudowny
drive [drɑjw] kierować pojazdem, jechać; *nieregularny*
drop [drop] upuścić
early [ˈə:ly] wczesny; wcześnie
enter [ˈentə] wejść

everywhere [ˈewryᵘeə] wszędzie
excited [ykˈsɑjtyd] *lub* [ekˈsɑjtyd] podniecony, podekscytowany
excitedly [ykˈsɑjtydly] *lub* [ekˈsɑjtyd-
ly] w podnieceniu
factory [ˈfæktəry] fabryka
field [fi:ld] pole
flock [flok] stado (owiec)
get used to [ˌget ˈju:st tə] przyzwyczaić się do
group [gru:p] grupa
hiker [ˈhɑjkə] turysta pieszy
impossible [ymˈposybl] niemożliwy
inn [yn] zajazd, gospoda
landscape [ˈlændskejp] krajobraz
lane [lejn] dróżka, ścieżka
line [lɑjn] linia
lorry [ˈlory] ciężarówka
luckily [ˈlɑkyly] szczęśliwie, na szczęście

luggage ['lʌgydż] bagaż
main [mejn] główny
march [mɑːcz] maszerować
meadow ['medou] łąka
motorbike ['moutəbɑjk] motocykl
old-fashioned [ˌould'fæsznd] staro-
    świecki
party ['pɑːty] grupa, towarzystwo
petrol ['petrəl] benzyna
petrol station ['petrəl ˌstejszn] stacja
    benzynowa
policeman [pə'liːsmən] policjant
pound [pɑund] funt (= 100 pensów)
protest [prə'test] protestować
pull up [ˌpul 'ʌp] zatrzymać, zahamo-
    wać
push [pusz] pchać
quiet ['kᵘajət] spokojny
reckless ['reklys] nierozważny, ryzy-
    kowny
recklessly ['reklysly] nierozważnie, ry-
    zykownie
refreshment [ry'freszmənt] przekąska

rise [rɑjz] wznosić się
road [roud] droga
rural ['ruərəl] wiejski
sleeve [sliːw] rękaw
snack bar ['snæk bɑː] bufet, bar
    z przekąskami
somehow ['sʌmhau] jakoś
strange [strejndż] dziwny, obcy
strangely ['strejndżly] dziwnie, obco
suburb ['sʌbəːb] przedmieście
suggest [sə'dżest] zaproponować, pod-
    sunąć myśl
top [top] szczyt, górna część
typical ['typykl] typowy
typically ['typykly] typowo
vain [wejn] próżny
wheel [ᵘiːl] koło; *tu*: kierownica
whether ['ᵘeðə] czy
win [ᵘyn] wygrać, zdobyć; *nieregu-
    larny*
wind [ᵘajnd] wić się; nakręcać; *niere-
    gularny*

WYBRANE ZWROTY

to look round obejrzeć się
to drop a brick palnąć głupstwo, popełnić gafę
in front of w obecności, przed
to do 90 miles an hour jechać (z prędkością) 90 mil na godzinę
at the wheel przy kierownicy, za kierownicą
traffic jam zator uliczny, korek
every now and then co jakiś czas
to go wrong zepsuć się
to stop dead zatrzymać się na dobre
in vain na próżno
to pull someone's leg żartować z kogoś, nabierać kogoś
to get used to seeing przyzwyczaić się do widoku (czegoś)
to keep to the left, to keep to the right trzymać się lewej strony, trzymać się
    prawej strony

GRAMATYKA

- ## BEZOKOLICZNIK CZASU PRZESZŁEGO

You might have avoided it.
Mogłaś (była) tego uniknąć.
You ought not to have said it.
Nie powinnaś (była) tego mówić.
He might have been hurt.
Mógł (był) się skaleczyć (*ale się nie skaleczył*).
We ought to have remembered his name.
Powinniśmy (byli) pamiętać jego nazwisko (*ale nie pamiętaliśmy*).

Bezokolicznik czasu przeszłego jest formą nieznaną w języku polskim. Oprócz zwykłych bezokoliczników, np. **to avoid** *unikać*, **to say** *powiedzieć*, **to be** *być*, **to remember** *pamiętać*, w języku angielskim występują jeszcze formy **to have avoided, to have said, to have been** itd., które tworzymy za pomocą bezokolicznika **to have** i imiesłowu biernego danego czasownika, np. **said, taken** itd. Forma ta w połączeniu z czasownikami modalnymi wyraża przypuszczenia i życzenia w odniesieniu do przeszłości.

Might w połączeniu z bezokolicznikiem czasu przeszłego wyraża niezrealizowaną możliwość spełnienia (się) czegoś. Coś mogło się zdarzyć, ale się nie zdarzyło.

Ought w połączeniu z tą formą wyraża nie zrealizowany obowiązek spełnienia czegoś. Coś powinno było się zdarzyć, ale się nie zdarzyło.

- ## PRZYMIOTNIKI I PRZYSŁÓWKI W TEJ SAMEJ FORMIE

PRZYMIOTNIKI		PRZYSŁÓWKI	
an *early* hour	wczesna godzina	**rather** *early*	dość wcześnie
a *better* job	lepsza praca	**to play** *better*	grać lepiej
fast driving	szybka jazda	**to drive** *fast*	jechać szybko
a *hard* day	ciężki dzień	**to work** *hard*	ciężko pracować

W języku angielskim niektóre przymiotniki i przysłówki mają tę samą formę, np. **fast, straight, high, better, best, hard, late, near, wrong.**

● **SŁOWOTWÓRSTWO** - **TWORZENIE PRZYMIOTNIKÓW** - **PRZYROSTEK** -y

RZECZOWNIKI   PRZYMIOTNIKI

noise	hałas	**noisy**	hałaśliwy
rain	deszcz	**rainy**	deszczowy
sleep	sen	**sleepy**	senny
fog	mgła	**foggy**	mglisty
fun	uciecha	**funny**	śmieszny

Tworząc przymiotniki za pomocą przyrostka -y podwajamy końcową
spółgłoskę, jeżeli jest poprzedzona krótką, akcentowaną samogłoską.

● **RZECZOWNIKI** - **RODZAJ** - cd.

The baby has lost its toy.
Dziecko zgubiło swoją zabawkę.
I don't see the duck, show it to me.
Nie widzę kaczki, pokaż mi ją.
You ought not to have said 'it' about the child.
Nie powinnaś była mówić 'ono' o dziecku.

Rzeczowniki oznaczające dzieci i zwierzęta są rodzaju nijakiego, ale
najczęściej, np. wobec członków rodziny, mówi się o dziecku **he** lub
she.

ĆWICZENIA

❶ Ćwicz na głos:

You might have
- said 'darling'.
- taken two tickets.
- stopped at once.
- gone by bus.
- invited John too.
- entered an inn.
- bought a sandwich.

❷ Czy następujące zdania są słuszne, czy nie? Podkreśl właściwą odpowiedź:

1. There were four people in the car. True. Not true. 2. Ian is driving the car. True.
Not true. 3. The road is full of cars early in the morning. True. Not true. 4. There

aren't many corn fields. True. Not true. 5. They're driving out rather late. True. Not true. 6. They're talking about their weekend. True. Not true. 7. Ellen didn't know whether Baby was a boy or a girl. True. Not true. 8. A few cows barred the way. True. Not true. 9. The whole party stopped for refreshments. True. Not true. 10. Jane is a very fast driver. True. Not true.

③ Podaj krótkie odpowiedzi na następujące pytania:

1. Are the young people pleased with their weekend? 2. Did a lorry bar their way? 3. Did Andy drive fast? 4. Are there any petrol stations in the suburbs of London? 5. Does Andy stop at any petrol station? 6. Did the car stop dead? 7. Did Ian mend the car? 8. Did Jane win the bet?

④ Zamień w następujących zdaniach liczbę pojedynczą na liczbę mnogą, opuszczając przedimek nieokreślony lub zastępując go wyrazem **some**:

1. They pass a farmer's lorry, or a noisy motorbike. 2. They see a cornfield and a meadow with a quiet cow in it. 3. They met a group of hikers. 4. There's a little child in the garden. 5. Is it a boy or a girl? 6. The sheep can be seen behind a hedge. 7. Near the factory there's a garden. 8. You can see a huge green coach as well as a lorry. 9. Stop. I'd like to have a sandwich. 10. Ian likes driving a fast car.

⑤ Użyj właściwej formy czasownika podanego w nawiasie. Zob. stosowanie czasu teraźniejszego ciągłego i prostego – lekcje 8 i 10:

Przykład: I always ... with the window open.
Now I ... by an open window. (to sleep)
I always sleep with the window open.
Now I am sleeping by an open window.

1. He always ... hard. He ... hard now too. (to work) 2. Rick always ... his father in the garden. He ... him now. (to help) 3. Anne ... every day. She ... beautifully now. (to sing) 4. They ... English every day. Now they ... Spanish. (to study) 5. Joan always ... after lunch. Now she ... in the kitchen. (to wash up) 6. We ... to the library every day. Now I ... to the library for a book. (to go) 7. Ian ... the piano every day. Now he ... in the lounge. (to play)

⑥ Przetłumacz:

1. Samochód Petera jest szybki. 2. John potrafi biec szybko. 3. Ona robi kawę lepiej niż ty (you do). 4. Możliwe, ale ja kupuję lepszą herbatę niż ona (she does). 5. Oni muszą być zmęczeni i dlatego dużo śpią (*dosł.* śpią dużo). 6. Pociąg wydawał się bardzo długi. 7. Te nowe buty są zbyt twarde, nie mogę ich nosić (*dosł.* nosić ich). 8. Ten zajazd jest bardzo popularny i kelnerzy tam (*dosł.* jego kelnerzy) ciężko pracują (*dosł.* pracują ciężko). 9. Nie złapałem (to catch) wczesnego pocią-

gu, muszę pojechać (to take) późnym (*dodać* one). 10. Jest za wcześnie, żeby telefonować do Jane, ona zwykle idzie spać późno i śpi do dziesiątej.

⚫ Ćwicz:

1) spółgłoski dźwięczne na końcu wyrazów: side, luggage, weekend, road, themselves, cornfields, meadows, said,

2) spółgłoski bezdźwięczne na końcu wyrazów: looks, back, motorbike, group.

LESSON FORTY-TWO
THE FORTY-SECOND LESSON

42

📖 A COUNTRY DOG AND A CITY DOG

In a corner of a large park in London Phil is strolling with Ian while his Scotch terrier, Bonzo, is having a run. Suddenly Bonzo stops dead: another dog appears in the path. It is Duke, a young setter, Bonzo's new friend. They greet each other with noses and tails.

Duke: Well, it's nice to see you. I was feeling a bit lonely these days.

Bonzo: You see, my master was very busy and so we had to put up with short walks in the streets. And where is your mistress? I don't see her at all.

Duke: She'll be here in a moment. We always come to this place.

Bonzo: I should think so – you live close to the park.

Duke: And she knows I miss the country so much.

Bonzo: Let's have some fun.

The dogs start running after one another. They pretend to fight with each other and seem to be having a very good time. Duke's mistress, who has come out from behind some trees with a book in her hand, walks slowly, reading all the time.

Duke: I say, what a pity there's nothing to run after here, not even a cat. At the country place where I was born I had a lot of fun.

Bonzo: Hunting?

Duke: Of course not foxhunting with horses and so on but just running after rabbits. There were lots of them.

Bonzo: I like a bit of sport myself but I grew up in town so I don't mind living in London.

Duke: Neither do I, really. But I miss animals so much. I mean not only the rabbits but dogs, horses, domestic animals generally. I used to scare hens and geese just for fun. And would you think it possible? I'd even like to see a cow or a pig.

Bonzo: You can see sheep in Hyde Park, if you like.

Duke: Oh, sheep are rather silly, and besides, I'm still a stranger here, so I don't know those sheep dogs well yet. The whole trouble is that my mistress's fiancé is an airman and so she now spends more time in town than in the country.

Bonzo: Stop complaining. You're lucky enough to live in England. Dogs are better looked after in this country than anywhere else.

Duke: I don't know – I haven't travelled much or been abroad.

He can hardly walk

Bonzo: Neither have I. But I often watch TV with my master so I learn a lot about everything.

Duke: I'm not complaining. My mistress is awfully nice. She takes me everywhere.

Bonzo: My master played cricket for his school, so he knows a dog must have a lot of exercise to keep fit. What I like best is splashing and swimming on a hot day. Well, I think it's time for me to go home.

Duke: Why, it's rather early.

Bonzo: Yes, but you see, the butcher's boy will be coming to our home soon, and I must keep up good relations with the fellow. If I'm not there in time, Pussy – the greedy beast – will start flirting with him though she has lots of mice in the cellar.

Duke: I don't like cats.

Bonzo: Neither do I. Now watch me: I'll make my master go home at once.

Bonzo is walking in front of the young men very slowly, pretending to be extremely tired.

Phil: (*to Ian*) I say, it's high time to go home. Look at the dog, the poor beast can hardly walk. Bonzo, come here. You've had enough exercise for this morning.

The whole party is turning back to the park gates.

Bonzo: See you later, Duke.

Duke: (*with an admiring look*) You're clever, Bonzo!

– I didn't know you had such a fine dog.
– He isn't mine, he's my brother's.
– My wife would like to have one but we already have a cat.
– You could keep both a cat and a dog.
– No, we can't. We live on the fifth floor and we have no garden.
– I see. Your wife would have to take the dog out for a walk several times a day.
– My wife? Certainly not. I myself would have all the trouble of looking after the dog!

SŁOWNICZEK

abroad [ə'brɔːd] za granicą
airman ['eəmən] lotnik
appear [ə'piə] ukazać się
beast [biːst] *tu*: zwierzę
butcher ['buczə] rzeźnik
cellar ['selə] piwnica
close to ['klous tə] bliski (czemuś); blisko (czegoś)

complain [kəm'plejn] skarżyć się, narzekać
country place ['kʌntry ˌplejs] posiadłość na wsi
cricket ['krykyt] krykiet
domestic [də'mestyk] domowy
duke [djuːk] książę; **Duke** *imię psa*
each [iːcz] każdy (z osobna)

each other [ˌiːcz ˈaðə] jeden drugiego,
nawzajem
fiancé [fyˈonsej] narzeczony
fiancée [fyˈonsej] narzeczona
fight [fajt] walczyć; *nieregularny*
fit [fyt] odpowiedni, w dobrej formie
flirt [fləːt] flirtować
fox [foks] lis
geese [giːs] gęsi
generally [ˈdżenərəly] w ogóle; ogólnie
goose [guːs] gęś
greedy [ˈgriːdy] chciwy
greet [griːt] pozdrawiać, powitać
hardly [ˈhaːdly] z trudnością, ledwo
hen [hen] kura
hunt [hant] polować
hunting [ˈhantyŋ] polowanie
keep up [ˌkiːp ˈap] podtrzymywać;
nieregularny
lonely [ˈlounly] samotny
look after [ˌluk ˈaːftə] doglądać, dbać o
master [ˈmaːstə] *tu:* pan (*właściciel
psa*)
mice [majs] myszy

mistress [ˈmystrys] *tu:* pani (*właścicielka psa*)
mouse [maus] mysz
pig [pyg] świnia
pity [ˈpyty] litość
poor [puə] biedny
possible [ˈposəbl] możliwy
pretend [pryˈtend] udawać
pussy [ˈpusy] kotek, kicia, kiciuś
put up with [ˌput ˈap ᵘyð] znosić cierpliwie, pogodzić się z (czymś); *nieregularny*
relation [ryˈlejszn] stosunek (*zależność*), relacja
run after [ˌran ˈaːftə] biec za, gonić;
nieregularny
scare [skeə] wystraszyć
Scotch [skocz] szkocki
setter [ˈsetə] seter
stranger [ˈstrejndżə] obcy, nieznajomy
stroll [stroul] spacerować, przechadzać
się, iść pomału
swim [sᵘym] pływać; *nieregularny*
travel [træwl] podróż; podróżować

WYBRANE ZWROTY

to have a run pobiegać sobie
I should think so. Ja myślę!, Oczywiście!
I say, … Słuchaj, …
and so on i tak dalej
she would have to musiałaby
anywhere else gdziekolwiek indziej
he can hardly walk on ledwo idzie
he works hard on ciężko/pilnie pracuje
just for fun ot tak, dla zabawy
to have a good time świetnie się bawić
Stop complaining. Nie narzekaj.
you see… wiesz, …, widzisz, …
it's high time najwyższy czas
in this country w kraju (*w którym odbywa się rozmowa*)
in the country na wsi

See you later! Na razie!, Do zobaczenia! (*poufałe pożegnanie*)
What a pity ... Jaka szkoda, że ...

GRAMATYKA

* **ZAIMKI each other, one another**

They greet each other with noses and tails.
Witają się nosami i ogonami.
Anne and her sister showed photos to each other.
Anne i jej siostra pokazały sobie (= *jedna drugiej*) fotografie.
The dogs start running after one another.
Psy zaczynają się gonić (*raz jeden, raz drugi goni*).
They love each other very much.
Oni się bardzo kochają.

Zaimków **each other** i **one another** *nawzajem* używamy, gdy mówimy o dwóch osobach lub grupach osób, które kierują czynność na siebie nawzajem. Po polsku używamy przysłówków *nawzajem, wzajemnie* lub zaimka zwrotnego *się*. Należy więc uważać, żeby właściwie tłumaczyć polskie *się*, zależnie od sensu zdania, np.

Zranili się nawzajem (*jeden drugiego*).
They hurt each other.
Zranili się (*każdy się zranił*).
They hurt themselves.

* **SZYK WYRAZÓW W ZDANIU**

W lekcji 17 była mowa o miejscu, jakie w zdaniu zajmują określenia czasu. Poniżej zwracamy uwagę na grupę przysłówkową – okolicznik sposobu, który stawiamy na końcu zdania:

Podmiot	Orzeczenie	Dopełnienie dalsze	Dopełnienie bliższe	Okolicznik sposobu
I	don't see		her	at all.
She	misses		the country	so much.
The lady	gave	us	her answer	very quickly.
The boy	brushed		his hair	in a hurry.
They	gave	the child	a ball	with a smile.

● **CZASOWNIKI Z PRZYIMKAMI – STRONA BIERNA**

Dogs are looked after better in this country.
W tym kraju lepiej się dba o psy.
Nobody likes to be laughed at.
Nikt nie lubi być wyśmiewany.
This must not be thought of.
Nie powinniśmy (*dosł.* Nie powinno się) o tym myśleć.
Sport ought not to be given up when you live in town.
Nie należy rezygnować z uprawiania sportu, kiedy mieszka się w mieście.

W języku angielskim – inaczej niż w polskim – możemy stosować stronę bierną również w wypadku czasowników z przyimkami, np. **to look after** *dbać o*, **to laugh at** *śmiać się z*, **to think of** *myśleć o*, **to give up** *zrezygnować z*. W stronie biernej przyimek stawiamy również po imiesłowie biernym, np. **looked after**, **laughed at**.

● **PRZYSŁÓWEK neither**

I don't mind living in London. Neither do I.
Nie mam nic przeciwko mieszkaniu w Londynie. Ja też nie.
I haven't travelled much. Neither have I.
Nie podróżowałem dużo. Ja też nie.
I don't like cats. Neither do I.
Nie lubię kotów. Ja też nie.
We can't run. Neither can she.
Nie możemy biec. Ona też nie.
She isn't pleased. Neither is her brother.
Ona nie jest zadowolona. Jej brat też nie.

Ja też nie tłumaczymy za pomocą zwrotu z przysłówkiem **neither**. Jak pamiętamy, tłumacząc *ja też*, używamy przysłówka **so**, np. **so am I**, **so do I**.

● **BIERNIK (PRZYPADEK DOPEŁNIENIA) Z BEZOKOLICZNIKIEM BEZ to**

I'll make my master go home.
Zmuszę mojego pana do powrotu do domu.
He made me write a letter.
Zmusił mnie do napisania listu.
She saw you enter the library.
Widziała, jak wszedłeś do biblioteki.
I watched the cat go into the pantry.
Patrzyłem, jak kot wchodził do spiżarni.

Konstrukcja biernika z bezokolicznikiem, ale bez wyrazu **to**, jest używana z czasownikami oznaczającymi postrzeganie, odczuwanie: **see, watch, hear, feel**, oraz pozwolenie: **let** lub nakaz: **make**.

ĆWICZENIA

❶ Ćwicz na głos:

He isn't a doctor. Neither am I.
He isn't an airman. Neither am I.
He isn't a duke. Neither am I.

She can't sing. Neither can I.
She can't speak French. Neither can I.
She can't run fast. Neither can I.

They don't like cows. Neither do I.
They don't drive well. Neither do I.
They don't feel happy. Neither do I.

❷ Odpowiedz na pytania pełnymi zdaniami:

1. Where do Bonzo and Duke meet? 2. Is Duke's mistress also in the park? 3. Where was Duke born: in town or in the country? 4. Which dog likes running after rabbits? 5. Does Bonzo mind living in London? 6. Do English people look after dogs well? 7. Does Bonzo's master like sports? 8. Does the Scotch terrier like swimming? 9. Which animal will be flirting with the butcher's boy when Bonzo isn't at home? 10. What does Bonzo pretend to be?

❸ Wstaw **to walk** (*chodzić, spacerować, iść pieszo*), **to go** (*iść, pójść*) lub **to come** (*przyjść, pójść*) w odpowiedniej formie:

1. The dog's master likes ... a lot but he has caught a cold and cannot ... out today. 2. ... near this bush, you'll see a fox. 3. Will you ... to the cinema on Thursday? 4. Every morning I ... in the park for an hour. 5. That baby is too young, he cannot ... yet. 6. You ought to ... more to keep fit. 7. Yesterday our guests ... late for dinner. 8. Why did you ... on foot instead of ... by bus? 9. Last Friday Joan ... to see our new TV set. 10. I want you ... with me to the theatre.

❹ Wypisz 10 czasowników nieregularnych z lekcji 42 w ich trzech podstawowych formach, dodając polskie znaczenie.

❺ Zamień na liczbę pojedynczą rzeczowniki i zaimki w poniższych zdaniach:

1. These knives aren't sharp. 2. Did you find your watches? 3. These tomatoes are

rather yellow. 4. The ladies' photos are in our room. 5. We often see buses close to your gates. 6. Where are those children? 7. Tell us some funny stories. 8. These churches are very high. 9. Help yourselves to these cakes. 10. They keep white mice in boxes.

⑥ Ułóż zdania, wybierając odpowiednie wyrazy lub grupy wyrazów według podanej kolejności:

Przykład: I'll make my master go home.

He saw	your sister	run	to the library.
He'll make	him	sing	after me.
	me	look	after our horse.
	your dog	enter	a song.
		come	the park.
			after a pig.

⑦ Przetłumacz (pamiętaj o stosowaniu form ściągniętych):

1. Psy witają się (nawzajem) nosami i ogonami. 2. Oba psy się lubią (nawzajem). 3. Znalazłem się na wsi. 4. Odczuwam brak (to miss) ogrodu. 5. Duke odczuwa brak zwierząt domowych. 6. Anne i jej siostra pokazały sobie (nawzajem) stare fotografie. 7. Popatrzyli na siebie (nawzajem) bez słowa. 8. Zrobiłem sobie nową półkę. 9. Oni pomogą sobie (nawzajem) umyć swoje (*dosł.* ich) samochody.

⑧ Ćwicz wymowę głoski [f] pisanej na różne sposoby:

[f] foreign, flat, graceful
[f] enough, laugh, laughter
[f] alphabet, photo, elephant

LESSON FORTY-THREE
THE FORTY-THIRD LESSON **43**

- **STOSOWANIE shall, will** – cd.
- **LICZEBNIKI – UŁAMKI**
- **PRZYMIOTNIKI I PRZYSŁÓWKI – STOPNIOWANIE** – cd.

📖 SHOPPING

Julia takes her handbag, a little parcel, two letters, and off she goes.
There is no need for a coat, her dress is warm enough for a fine May
afternoon. Julia likes shopping and she will buy lots of things: first a
travel book as a birthday present for her nephew who is very fond of geography, then some jam, a bar of soap, a pair of tights for herself and
some medicine at the chemist's. She must not forget to go to the post
office to send a parcel to her aunt.

The sun is shining, the shop windows
look very attractive and the spring
air makes her happy. Buses and
cars are filling the streets
and the noise of their engines is deafening. But
Julia does not pay
the least attention
to them because
she is so used to it.
A fine shop window
catches her eye – what
lovely flowers! A large
basket with strange looking pink and
purple flowers in the middle of the window, while little
bunches of lilies of the valley are placed all round.

Julia has an excellent idea: she will buy a bunch for Val, a close friend
of hers, who is in hospital after an unfortunate accident. Five minutes
later she comes out holding the white flowers up to her face to smell
their pleasant scent.

The next shop is the chemist's and there she gets the medicine for her mother who is not well. Now she crosses the roadway and goes along two streets to the grocer's saying to herself that her mum shall have her favourite jam. "Anything else?" asks the shop assistant giving her the jar of jam she has chosen. A grocer's counter is a great temptation. So many good things: chocolate, nuts, fruit and so on – but Julia has given up sweets since March. "Yes, please. Give me half a pound of these sweets." She is buying them for poor Val but, of course, she must try one to make sure they are good.

Now for the tights. A few yards farther on there is a large store, where you can get practically everything. Julia goes in. The lingerie department is higher up so she takes a lift. "Third counter to the left," says the lift boy when they stop at the second floor. But, unfortunately, the first two counters are particularly inviting too. There are scarves of all kinds and gloves in the latest fashion. She goes up to have a look at them. "What can I do for you?" asks a shop assistant with a smile.

"Well, I'm just wondering whether you have a smaller pair of these gloves over there."

"Certainly. What size?"

"Six and three quarters."

"Here they are. Very nice colour and excellent quality. They'll go beautifully with your dress."

Julia hesitates a little: "Well, I'll take them if the price isn't too high. How much are they?"

They cost rather a lot but Julia is strongly tempted. "I won't buy any tights," she thinks, "so I can have the gloves".

The assistant hands her the bill and says to her: "Pay at the desk, please".

Julia wanders for some time among all the interesting things which are being sold in the other departments. Time flies. When Julia is out in the street again, it is too late for her favourite bookshop and the post office is closed too. Yet she can post the letters for the big red letterboxes are always there!

Julia thinks of her shopping: no soap, no tights, no travel book, and the parcel to her aunt is still to be sent. Then she looks at what she has bought and says to herself: "Anyhow, mum will have her jam and I hope Val will be pleased with the sweets and flowers".

- May I help you?
- I'm looking for a book for a boy of twelve.
- Would you like a science fiction story, or something about animals?
- No, I won't have anything about animals. I'd like a travel book.
- Here's a book about a man travelling with his sons in South America.
- Do you think a boy would find it interesting?
- I'm sure he would. It's full of adventures. And look at the pictures.
- I think I'll take it. How much is it?
- £5.95.
- Here's £10.
- Thank you. Here's your change. Goodbye.

SŁOWNICZEK

accident ['æksydənt] wypadek
adventure [ə'dwenczə] przygoda
America [ə'merykə] Ameryka
among [ə'maŋ] wśród
anyhow ['enyhau] jakoś; bądź co bądź
attention [ə'tenszn] uwaga
basket ['ba:skyt] kosz
bunch [bancz] wiązka, pęczek
chemist ['kemyst] *tu*: aptekarz
chemist's (shop) ['kemysts (szop)] apteka
choose [czu:z] wybierać; *nieregularny*
cost [kost] kosztować; *nieregularny*
counter ['kauntə] kontuar, lada; okienko (w urzędzie)
cross [kros] przekroczyć; skrzyżować
crowd [kraud] tłum
deaf [def] głuchy
deafen [defn] ogłuszać, ogłuszyć
department [dy'pa:tmənt] oddział, wydział

desk [desk] kasa; biurko
excellent ['eksələnt] znakomity
farther ['fa:ðə] dalszy; dalej
fly [flaj] latać, lecieć; *nieregularny*
fond of ['fond əw] rozmiłowany w
geography [dży'ogrəfy] geografia
glove [glaw] rękawiczka
grocer ['grousə] właściciel sklepu spożywczego
grocer's ['grousəz] sklep spożywczy
handbag ['hændbæg] torebka damska
hesitate ['hezytejt] wahać się
hospital ['hospytl] szpital
interesting ['yntrəstyŋ] interesujący
jar [dża:] słoik
latest ['lejtyst] ostatni, najświeższy
least [li:st] najmniejszy; najmniej
letterbox ['letəboks] skrzynka na listy
lift [lyft] winda

lily of the valley [ˌlyly əw ðə 'wæly] konwalia

lingerie ['lænżəry] bielizna damska

March [mɑːcz] marzec

May [mej] maj

medicine ['medsyn] lekarstwo

nephew ['nefjuː] siostrzeniec, bratanek

nut [nɑt] orzech

pair [peə] para

parcel [pɑːsl] paczka

particular [pə'tykjulə] szczególny

post [poust] wysłać pocztą

practically ['præktykly] faktycznie; prawie zupełnie

present [preznt] prezent, dar

price [prɑjs] cena

purple [pəːpl] fioletowy; purpurowy

quality ['kᵘolyty] gatunek, jakość

roadway ['roudᵘej] jezdnia

scarf [skɑːf] apaszka, chustka, szalik

scarves [skɑːvz] apaszki, chustki, szaliki

scent [sent] zapach; perfumy

science fiction [ˌsɑjəns 'fykszn] fantastycznonaukowy; fantastyka naukowa

sell [sel] sprzedawać; *nieregularny*

send [send] wysyłać; *nieregularny*

shop assistant ['szop əsystənt] sprzedawca, ekspedient

shopping ['szopyŋ] kupowanie, zakupy

skirt [skəːt] spódnica

smell [smel] wąchać, powąchać

store [stoː] dom towarowy

tempt [tempt] kusić

temptation [temp'tejszn] pokusa

tights [tɑjts] rajstopy

try [trɑj] próbować

unfortunate [ʌn'foːczənət] nieszczęsny

unfortunately [ʌn'foːczənətly] na nieszczęście, niestety

Val [wæl] *imię żeńskie*

wander ['ᵘondə] wędrować

yard [jɑːd] jard (*miara długości, około 91 cm*)

WYBRANE ZWROTY

there is no need nie ma potrzeby

to pay attention to zwracać uwagę na

to be used to być przyzwyczajonym do

to catch the eye przyciągnąć uwagę

to go along the street iść ulicą

to go down the street iść ulicą; iść w dół ulicy

to go up the street iść ulicą; iść w górę ulicy

to make sure aby się upewnić

to be sent do wysłania

are being sold są sprzedawane

What can I do for you? Czym mogę służyć?

May I help you? Czym mogę służyć?, W czym mogę pomóc?

What size? Jaki numer?, Jaki rozmiar?

How much is …? Ile kosztuje …?

to post a letter wysłać list

GRAMATYKA

- **STOSOWANIE shall, will** – cd.

Shall i **will** obok funkcji tworzenia czasu przyszłego służą do wyrażania woli, postanowienia, zakazu.

Mum shall get her favourite jam.
Mama dostanie (*obiecuję to*) swój ulubiony dżem.
I won't have anything about animals.
Nie chcę kupować niczego o zwierzętach.
He shall work more.
On musi więcej pracować (*zmusimy go do tego*).
You shall not come without him.
Nie wolno ci przyjść bez niego.
I'll be pleased if he will come.
Będzie mi miło (*dosł.* Będę zadowolony), jeżeli on zechce przyjść.

Shall użyte z 2. i 3. os. wyraża przymus, obietnicę, nakaz lub (w zdaniach przeczących) zakaz wynikający z woli osoby wypowiadającej te zdania.

Mum shall get ...
Mama dostanie ... (*bo ja się o to postaram*).
Mum will get ...
Mama dostanie ... (*zwykły czas przyszły*).
He shall work more.
On na pewno będzie więcej pracował (*bo my go przypilnujemy*).
He will work more.
On będzie więcej pracował (*zwykły czas przyszły*).

Shall użyte w 1. os. w zdaniu pytającym nadaje mu znaczenie uprzejmej propozycji:

Shall I open the window?
Czy mam otworzyć okno?
Shall we go for a walk?
A może byśmy poszli na spacer?
Shall I do it for you?
A może ja to zrobię za ciebie?

Will w 1. os. wyrażało kiedyś wolę, zdecydowanie, podczas gdy zwykły czas przyszły wymagał użycia **shall** w 1. os. Ponieważ **will** jest znacznie częściej stosowane niż **shall**, znaczenie to się osłabiło, chociaż występuje jeszcze w wyrażeniach przysłowiowych i w zdaniach przeczących, np.

Boys will be boys.
Chłopcy muszą być chłopcami (= muszą broić).
I won't buy any tights.
Nie kupię żadnych rajstop. Nie chcę kupować żadnych rajstop.
I won't have anything about animals.
Nie chcę niczego o zwierzętach.
I won't go to bed.
Nie chcę iść spać.
I'll be pleased if he will come.
Będę zadowolony, jeżeli on zechce przyjść.
I'll be pleased if he comes.
Będę zadowolony, jeżeli on przyjdzie (*czas przyszły zastąpiony czasem teraźniejszym, gdyż jest to zdanie warunkowe*).

- **LICZEBNIKI – UŁAMKI**

Julia's gloves are size six and three quarters.
Rękawiczki Julii mają rozmiar sześć i trzy czwarte.
Give me half an apple.
Daj mi pół jabłka.
I've finished two thirds of my exercise.
Zrobiłem (*dosł.* Skończyłem) dwie trzecie mojego ćwiczenia.

1/2 **one half, a half** połowa, pół
1/3 **one third, a third** jedna trzecia
2/3 **two thirds** dwie trzecie
1/4 **one/a quarter, one fourth** ćwierć, jedna czwarta; *o czasie*: kwadrans
3/4 **three quarters, three fourths** trzy czwarte
5 1/2 **five and a half** pięć i pół

- **PRZYMIOTNIKI I PRZYSŁÓWKI – STOPNIOWANIE** – cd.

Julia doesn't pay the least attention to them.
Julia nie zwraca na nie najmniejszej uwagi.
The lingerie department is higher up.
Dział z damską bielizną jest wyżej.
Five minutes later she comes out.
Pięć minut później wychodzi.
A few yards farther on ...
Kilka jardów dalej ...
Gloves in the latest fashion ...
Najmodniejsze rękawiczki (*dosł.* w ostatniej modzie) ...

Przymiotniki i przysłówki, które mają tę samą formę, stopniujemy
zgodnie z ogólną zasadą stopniowania przymiotników (zob. lekcja 12):

STOPNIOWANIE REGULARNE

fast	szybki; szybko
faster	szybszy; szybciej
the fastest	najszybszy; najszybciej
high	wysoki; wysoko
higher	wyższy; wyżej
the highest	najwyższy; najwyżej
late	późny, spóźniony; późno
later	późniejszy; później
the latest	najpóźniejszy, najświeższy (*np. o wiadomościach*), ostatni

Uwaga! Przysłówek **late** *późno* nie ma stopnia najwyższego.

STOPNIOWANIE NIEREGULARNE

good	dobry
better	lepszy
the best	najlepszy
well	dobrze
better	lepiej
the best	najlepiej
bad	zły
worse	gorszy
the worst	najgorszy
badly	źle
worse	gorzej
the worst	najgorzej
far	daleki; daleko
farther	dalszy (*w przestrzeni*); dalej
further	dalszy (*w kolejności*); dalej
the farthest	najdalszy (*w przestrzeni*); najdalej
the furthest	najdalszy (*w kolejności*); najdalej
old	stary
older	starszy
elder	starszy (*krewny*)
the oldest	najstarszy
the eldest	najstarszy (*krewny*)

little	mało
less	mniej
the least	najmniej
much	dużo, bardzo
more	więcej, bardziej
the most	najwięcej, najbardziej
many	dużo, wielu, wiele
more	więcej, bardziej
the most	najwięcej, najbardziej
ill	chory
worse	bardziej chory
–	–

Uwaga! Przymiotnik **ill** *chory* nie ma stopnia najwyższego.

ĆWICZENIA

❶ Ćwicz na głos:

I won't buy any { sweets.
new hats.
more tickets.
silly books.
new CDs.

Shall we go { for a walk?
to the cinema?
inside the shop?
upstairs to the café?
home at once?

❷ Odpowiedz na pytania:

1. How is Julia dressed? 2. Where is she going to buy the medicine? 3. What does she want to do at the post office? 4. Is the street quiet? 5. Why does Julia not pay any attention to the noise? 6. What did she notice in a shop with flowers? 7. Why is Val in a hospital? 8. What does Julia buy at the grocer's? 9. Who's this jam for? 10. Who are the sweets for?

❸ Wstaw wyrazy oznaczone literami a)–j) w odpowiednie zdania:

a) latest, b) harder, c) more comfortable, d) shorter, e) eldest, f) last, g) bigger, h) farther, i) more, j) less noisy.

1. A week is ... than a month. 2. An elephant is ... than a cow. 3. Iron is ... than wood. 4. A park is ... than a busy street. 5. A car is ... than a bicycle. 6. There is ... water in a sea than in a river. 7. I must listen to the ... news on the radio today. 8. This newspaper gives you all the ... news of the day. 9. The chemist's shop isn't very near, it's ... than the grocer's. 10. Rick is the ... child in Johnson's family.

④ Przepisz zdania, w których **shall** i **will** służą do tworzenia czasu przyszłego, bez odcienia nakazu, postanowienia czy propozycji:

1. He'll always be a lazy boy. 2. Will you sit here? 3. You'll get an apron at the last counter. 4. I won't come just because he wants me to come. 5. They'll admire your garden. I'm sure. 6. That man shall not enter my house! 7. Will the stranger understand you? 8. Shall he call the doctor? 9. I won't hit the dog, don't worry. 10. You shall do this exercise for the third time.

⑤ Wstaw czasownik podany w nawiasie, używając formy czasu przeszłego złożonego (Present Perfect Tense), i dobierz odpowiednie określenie czasu spośród oznaczonych literami a)–h):

Przykład: John isn't at home. He (to be) away ...
John isn't at home. He has been away since March.

1. Ellen is ill. She (to be) ill ... 2. The secretary is tired of waiting. He (to be) waiting ... 3. Our nephew is learning French. He (to learn) French ... 4. John isn't at home. He (to be) away ... 5. Our garden is very nice. We (to work) in it ... 6. I can't wear this hat any more. I (to wear) it ... 7. She can drive very well. She (to drive) the family car ... 8. Margaret is worrying because Joan (to have) some trouble with her legs ...

a) since eleven o'clock, b) since 1999, c) since Monday, d) since summer, e) since she had an accident, f) since he fell in love with a French girl, g) since her husband stopped driving, h) since March.

⑥ Zamień na pytania bezpośrednie:

Przykład: Tell me what you have noticed in this shop window.
What have you noticed in this shop window?

1. Tell me where you can buy nuts. 2. I want to know where you can get fine spring flowers. 3. Do you know what Julia bought at the chemist's? 4. I'm not sure if she bought any book. 5. Ask the lift boy where she can find the counter with scarves. 6. The assistant asks Julia what size of gloves she wears. 7. He'll ask you what you can get on the first floor. 8. Do you know how much a jar of jam costs?

⑦ Przetłumacz:

1. Julia szuka księgarni. 2. Ona kupi prezent urodzinowy dla swego siostrzeńca.

3. Rozmiar moich rękawiczek to 6 3/4. 4. Ich cena jest dla mnie za wysoka. 5. Kiedy zobaczyła pocztę, natychmiast się zatrzymała (*dosł.* zatrzymała się od razu). 6. Nie wolno ci (shall) zostawiać dziecka w ogrodzie. 7. Rozmawiałem z nim przez (for) pół godziny, ale nic mi nie powiedział. 8. Musisz zapłacić rachunek w kasie. 9. Czy masz jakieś dalsze (*z kolei*) nowiny o chorej przyjaciółce? 10. Czy zapłaciłeś cały rachunek?

⑧ Zaznacz akcent w następujących wyrazach i ćwicz je na głos:

atmosphere, delicious, utensils, factory, impossible, landscape

LESSON FORTY-FOUR
THE FORTY-FOURTH LESSON

- SŁOWOTWÓRSTWO – TWORZENIE PRZYMIOTNIKÓW – PRZYROSTEK -ful
- STOSOWANIE like, as
- CZAS PRZYSZŁY DOKONANY *FUTURE PERFECT TENSE*

📖 IN THE READING ROOM

It is very quiet in the reading room at the club. There is no talking inside and not much noise from the outside for the windows look out on a peaceful courtyard. The tables are covered with books, maps, notes, and dictionaries. Almost all the seats are occupied for June is the month of examinations. Everyone is working hard.

Peter comes in to look at the papers. He is not excited like the others. At his technical classes the exams are over and he has already passed them. Ian, who is sitting near the door, has in front of him a handbook „Principles of English Commercial Law". Peter thinks a lot of Ian: he is a decent bloke, reliable and hard-working too. He will have learnt quite a lot before he goes back to Poland. Peter has not a very clear idea of Poland but he knows it is an agricultural and industrial country and that its[*] commerce and industry are growing steadily. With his good knowledge of languages Ian will be very useful there in foreign trade.

Another student is drawing all kinds of circles, squares, and the like. At his technical college the first examination is in mathematics, and he has got rather a lot to learn.

A young man sitting by the cold fireplace is studying his notes on the history of Great Britain. Peter turns to the shelf with newspapers, takes out an illustrated weekly and sinks in an armchair.

The front page of the paper shows a picture of the Prime Minister engaged in a friendly conversation with the American President, while government officials of both nations stand by. Having read the latest news Peter turns to other items. There is a photo showing the fire of a theatre

---

[*] Gdy chcemy wyrazić emocjonalne nastawienie do swojego kraju, mówiąc o nim używamy zaimków osobowych **she** lub **her**. To samo dotyczy samolotów, samochodów, łodzi i statków.

in a smaller European capital. Half of the building has been destroyed, one person killed and several wounded.
Another page is all about the latest film. It is a historical picture full of scenes from the Second World War, with some Navy ships and RAF aeroplanes taking part in it as well as the most popular film star in the United States. There are also photos of Russian dancers touring in Britain. Then Peter finds out that a well-known foreign orchestra with its conductor is coming to give a concert in London, the following week. Peter is interested in music and he never misses any good concert. But who could keep him company? Peter looks up: all his friends seem to think only of their examinations, and his closest friend has gone to the mountains because of his health. Even lazy Matt is writing, copying something – rather an uncommon sight. What is he learning so diligently? Peter comes up to Matt's table and reads:

There was a young lady called Ruth
Who was uncommonly fond of truth.
She said she would die
Before she would lie,
And she died in the prime of her youth.

So Matt has been copying a limerick. Peter cannot help smiling but he is not surprised, he has never seen Matt working hard!

- Do you think you could come to a concert with me, say, this Wednesday?
- I think I could. But have you got the tickets?
- Val might help us. As a member of a musical society she may have some tickets.
- That would be fine. They say the orchestra is excellent.
- Shall we meet in front of the concert hall?
- Very good. I'll be there at a quarter to seven.

SŁOWNICZEK

aeroplane ['eərəplejn] samolot
agricultural [ˌægry'kalczərəl] rolniczy
American [ə'merykən] amerykański

bloke [blouk] facet
capital ['kæpytl] stolica
cautiously ['ko:szəsly] ostrożnie
circle [sə:kl] koło, okrąg

college ['kolydż] szkoła pomaturalna;
uczelnia
come up [ˌkam 'ap] podejść
commerce ['komə:s] handel
company ['kampəny] towarzystwo
concert ['konsət] koncert
conductor [kən'daktə] dyrygent
copy ['kopy] przepisywać, przepisać
courtyard ['ko:tja:d] podwórze
dancer ['da:nsə] tancerz
decent [di:snt] przyzwoity
destroy [dy'stroj] niszczyć
diligent ['dylydżənt] pilny
draw [dro:] tu: rysować; nieregularny
engaged [yn'gejdżd] tu: zajęty
European [ˌjuərə'piən] europejski
everyone ['ewryᵘan] każdy
exam [yg'zæm], examination [yg,zæmy-
'nejszn] egzamin
find out [ˌfajnd 'aut] dowiedzieć się,
wyszukać
government ['gawnmənt] rząd
Great Britain [ˌgrejt 'brytən] Wielka
Brytania
handbook ['hændbuk] podręcznik
hard-working [ˌha:d'ᵘə:kyŋ] pracowity
health [helθ] zdrowie
historical [hy'storykl] historyczny
history ['hystry] historia
illustrate ['yləstrejt] ilustrować
industry ['yndəstry] przemysł
interested in ['yntrəstyd yn] zainteresowany (czymś)
item ['ajtəm] pozycja, punkt
June [dżu:n] czerwiec
kill [kyl] zabić
knowledge ['nolydż] wiedza
language ['læŋgᵘydż] język, mowa
law [lo:] prawo
lie [laj] kłamać (czas przeszły lied)
map [mæp] mapa
mathematics [ˌmæθy'mætyks] matematyka
mount [maunt] wsiąść (np. na rower)

music ['mju:zyk] muzyka
musical ['mju:zykl] muzyczny
nation [nejszn] naród; państwo
navy ['nejwy] marynarka wojenna
note [nout] tu: notatka
occupy ['okjupaj] zajmować
official [ə'fyszl] urzędnik
orchestra ['o:kystrə] orkiestra
page [pejdż] strona (książki)
part [pa:t] udział; część
pass [pa:s] tu: zdać
peaceful ['pi:sful] spokojny
president ['prezydənt] prezydent
prime [prajm] rozkwit, pełnia
prime minister [ˌprajm 'mynystə] premier
principle ['prynsəpl] zasada; podstawa
reading room ['ri:dyŋ ru:m] czytelnia
reliable [ry'lajəbl] solidny, niezawodny
Russian [raszn] rosyjski
Ruth [ru:θ] imię żeńskie
scene [si:n] scena
sight [sajt] widok
sink [syŋk] tu: zanurzyć się, zagłębić;
nieregularny
society [sə'sajəty] towarzystwo (organizacja)
steady ['stedy] równy, regularny
steadily ['stedyly] równo, miarowo
surprised [sə'prajzd] zdumiony
technical ['teknykəl] techniczny, inżynierski
tour [tuə] tu: objeżdżać
trade [trejd] handel
truth [tru:θ] prawda
uncommon [an'komən] niezwykły
uncommonly [an'komənly] niezwykle
the United States [ðə juˌnajtyd 'stejts]
Stany Zjednoczone
useful ['ju:sful] pożyteczny
weekly ['ᵘi:kly] cotygodniowy; tygodnik
world [ᵘə:ld] świat
wounded ['ᵘundyd] ranny, zraniony
youth [ju:θ] tu: młodość

WYBRANE ZWROTY

an examination in egzamin z
and the like i tym podobne
to keep somebody company dotrzymać komuś towarzystwa
I can't help smiling nie mogę się nie uśmiechnąć
I can't help laughing nie mogę się powstrzymać od śmiechu
in the prime of her youth w rozkwicie młodości
to think a lot of mieć (bardzo) dobrą opinię o, bardzo cenić
..., say, ... powiedzmy

GRAMATYKA

- **SŁOWOTWÓRSTWO – TWORZENIE PRZYMIOTNIKÓW – PRZYROSTEK -ful**

Od niektórych rzeczowników tworzymy przymiotniki, dodając przyrostek **-ful**.

RZECZOWNIK		PRZYMIOTNIK	
peace	pokój	**peaceful**	spokojny
beauty	piękno	**beautiful**	piękny
use	użytek	**useful**	użyteczny, pożyteczny
wonder	cud	**wonderful**	cudowny

- **STOSOWANIE like, as**

He isn't excited like the others.
On nie jest tak podekscytowany jak inni.
She looks like an old woman.
Ona wygląda jak stara kobieta.
Those flowers are like daffodils.
Te kwiaty są podobne do żonkili.
As a member of a musical society ...
Jako członek (= W charakterze członka) towarzystwa muzycznego ...

As i **like** znaczą *podobnie jak, tak jak*. Mogą też znaczyć *jako, w charakterze*.

He wants to work as his brother does.
On chce tak pracować, jak jego brat (pracuje).

Like i **as** pełnią również funkcję spójników.

- **CZAS PRZYSZŁY DOKONANY** *FUTURE PERFECT TENSE*

Czas ten tworzymy za pomocą czasownika posiłkowego **shall** lub **will** oraz bezokolicznika czasu przeszłego danego czasownika (zob. lekcja 41), np.

I will + have taken = I will have taken

Tak samo tworzymy formy pytającą i przeczącą (należy pamiętać o inwersji i dodaniu słówka **not**):

Shall I have taken?
I shall not have taken *itd.*

Czas przyszły dokonany stosujemy, aby wyrazić czynność, która będzie dokonana w przyszłości przed inną czynnością również mającą się odbyć w przyszłości.

He will have learnt quite a lot before he goes back to Poland.
On dużo się nauczy, zanim wróci do Polski.
At 10 o'clock I shall have undressed and I'll say good night.
O godzinie dziesiątej będę już rozebrany i powiem dobranoc.

W zdaniach czasowych zamiast czasu przyszłego dokonanego (Future Perfect Tense) stosujemy czas przeszły złożony (Present Perfect Tense), np.

When you have written the letter, you will post it.
Kiedy już napiszesz list, wyślesz go pocztą.

ĆWICZENIA

➊ Ćwicz na głos:

He has already {
passed his exams.
finished his classes.
written to his friend.
decided to go to see him.
packed up his things.
bought his ticket.
said goodbye to everybody.
}

➋ Odpowiedz na pytania:

1. Are people allowed to talk in the reading room? 2. Why are all the seats occupied in June? 3. What book is Ian studying? 4. What's the first examination in the

technical college? 5. Where is the picture of the Prime Minister? 6. Was anyone hurt in the theatre fire? 7. Why do ships and aeroplanes take part in the film Peter read about in the weekly? 8. Which item in the weekly is the most interesting for Peter? 9. Is he interested in music?

③ Wstaw czasownik w czasie przyszłym dokonanym:

Przykład: I (to wash) my skirt.
          I will have washed my skirt.

Before you come home:
1. I (to wash) my skirt. 2. I (to take) the dog for a walk. 3. I (to write) three letters. 4. I (to post) them. 5. I (to cook) our dinner. 6. I (to eat) my dinner. 7. I (to go) out to the cinema.

④ Naucz się na pamięć:

There was a young fellow called Michael
Who cautiously mounted a cycle.
     But soon it was found
     When he fell to the ground
That the cycle was mounted on Michael.

⑤ Wstaw **while** (*podczas gdy*) lub **during** (*w ciągu*):

1. He's talking with the President ... other people stand by. 2. You mustn't talk ... a concert. 3. You may whistle ... you work. 4. How do you like the carpet I bought ... the holidays. 5. She'll get the tickets ... you ring up Phil. 6. The poor man was hurt ... the match. 7. We returned from the concert by train ... they came back by car. 8. ... this unpleasant conversation the official was standing outside the door.

⑥ Przetłumacz:

W naszym klubie jest czytelnia. Czytelnia jest cicha, gdyż jej okna wychodzą (*dosł.* wyglądają) na spokojne podwórze. Na podwórzu możemy zobaczyć tylko kilka drzew i dwa koty, które (which) lubią się wylegiwać na (= leżeć w) słońcu. Koty nie łapią myszy, są zbyt leniwe. Czytelnia jest duża i pełna studentów. Studenci pracują ciężko (= pilnie), ponieważ zbliżają się (to come near) (ich) egzaminy. Peter zauważył Iana, który studiuje angielskie prawo handlowe. Chłopiec ma przed sobą duży podręcznik. Podręcznik jest po angielsku (in English), ale Polak umie czytać i mówić po angielsku (English).

⑦ Ćwicz wymowę poniższych wyrazów (nieakcentowane samogłoski
   zwykle przechodzą w dźwięki [ə] lub [y] albo wcale nie są wymawiane):

[ə] 'breakfast, 'cupboard, 'cautiously, 'foreign, 'interesting
[y] 'painted
[–] 'curtain, 'wooden, 'Michael

- ZAIMKI few, little
- IMIESŁOWY – cd.
- CZASOWNIKI – TRYB WARUNKOWY W CZASIE PRZESZŁYM
- ZDANIA WARUNKOWE – cd.

📖 STEVE'S DREAM 🎧

"Daddy, how many people are there on board of that ship?"
"Daddy, why don't people build a bridge over the sea?"
"Daddy, why haven't fish any legs?"
Steve, his family, and a friend of his, are enjoying a fine weekend at the seaside in the South of England. The children have been playing with sand the whole morning, so now they need a change and ask Steve a thousand questions. Margaret saves the situation:
"Be quiet, leave your Dad alone. Let's go for a swim." "I'll teach you how to swim," adds Mr Gill, who is a sailor. Shrieks of joy are the only answer.
"Daddy would have taught us to swim if he hadn't been so busy."
"Steve, you'll look after the things, won't you?"
They leave the plastic toys, sunglasses, Margaret's sunshade, a tube of cream and the like on the rug, and run to the sea. Steve remains half lying on the rug and watches the beach. It is pretty crowded with people of all ages in bathing suits of every fashion, shouting, laughing and playing games. The sand is warm and soft. Steve feels happy and sleepy. It would be nice to live in a hot country with a warm climate and no winter at all. There would be little cold, no storms, no snow, and no thick woollen clothes to wear. Winter is only good for skiing, and even that is not possible in England but only in Scotland, or abroad.

The sun is rather hot. Steve has already got sunburnt but he does not mind it.

Somehow, slowly, everything darkens – heavy clouds cover the sky, people start picking up their things and turn to the small hotel nearby. Its owner comes out and shouts that the motorboats are ready to take everyone to the station. So they are – dozens and dozens of them! Almost everybody has one to himself. They are queer boats for having left the sea – which has become rather rough by that time – they move just as comfortably on the land. Under his boat Steve sees four wheels, which he has not noticed before.

They land on the platform at the station but they come too late – the train has already gone. There are few people there, and only one railway guard, who looks very much like Steve's barber. He looks sternly at Steve, then comes up to him.

"You've stolen my glasses, sir!"

Steve protests violently.

"They're mine," and reaches to his pocket to show them. But instead of his own glasses he finds three pairs not belonging to him.

"You've stolen mine, too," shouts an elderly gentleman in a huge coat. "Mine, too!" cries a lady in several sweaters and a red scarf. "Arrest him!" cry other people.

"Search the thief," suggests somebody and having pulled out of Steve's pocket sixteen or more pairs of glasses throws them down. Scared to death Steve rushes out to a waiting room, the crowd following him and shouting: "Thief, thief!" The door will not open though Steve pulls harder and harder. At last he gets into another room. There a huge pile of trunks and suitcases falls on him squeezing him more and more ... "So, that's the way you're looking after our things! The wind would have carried away the sunshade if Rick hadn't seen it in time." Steve wakes up. The sun is bright, the beach is crowded, the children tired and happy after their swim. Margaret's open sunshade has fallen upon his chest. "What a lot of glasses!" says the sailor.

Steve sits up terrified and then lies down again laughing when he sees his own sunglasses and the others belonging to his wife and children lying in a row on the rug!

SŁOWNICZEK

alone [ə'loun] sam, samotny
arrest [ə'rest] aresztować
barber ['bɑ:bə] fryzjer męski
bathing suit ['bejðyŋ su:t] *lub* ['bejðyŋ sju:t] kostium kąpielowy
beach [bi:cz] plaża
become [by'kam] stać się; *nieregularny*
belong [by'loŋ] należeć
board [bo:d] pokład
boat [bout] łódź, okręt
bridge [brydż] most
burn [bə:n] palić (się); *nieregularny*
carry away [ˌkæry ə'ʲuej] unieść; uprowadzić
chest [czest] pierś, klatka piersiowa
climate ['klajmyt] klimat
crowded ['kraudyd] zatłoczony
cry [kraj] krzyczeć; płakać
darken ['dɑ:kən] ściemniać się
dream [dri:m] sen, marzenie senne
elderly ['eldəly] starszy
engineer [ˌendży'niə] inżynier

enjoy [yn'dżoj] rozkoszować się, cieszyć się (czymś)
few [fju:] mało, niewielu
game [gejm] gra
guard [gɑ:d] strażnik; konduktor (*w pociągu*)
hotel [hou'tel] hotel
joy [dżoj] radość
land [lænd] ziemia, ląd; lądować
little [lytl] mało
motorboat ['moutəbout] motorówka
nearby ['niəbaj] w pobliżu
owner ['ounə] właściciel
pick up [ˌpyk 'ap] zbierać
pile [pajl] stos
platform ['plætfo:m] peron; podwyższenie
reach [ri:cz] dosięgnąć, dojść
remain [ry'mejn] pozostać
rich [rycz] bogaty
rough [raf] *tu:* niespokojny, wzburzony
row [rou] szereg
rug [rag] *tu:* mata

sailor ['sejlə] marynarz
sea [si:] morze
search [sə:cz] przeszukiwać, rewidować
shout [szaut] wykrzykiwać
sir [sə:] proszę pana
situation [ˌsyczu'ejszn] sytuacja, położenie
ski [ski:] narty; jeździć na nartach
snow [snou] śnieg
steal [sti:l] kraść; *nieregularny*
stern [stə:n] surowy
sternly ['stə:nly] surowo
storm [sto:m] burza
sunburnt ['sanbə:nt] spieczony słońcem

sunglasses ['sangla:syz] okulary przeciwsłoneczne
sunshade ['sanszejd] parasolka (od słońca)
sweater ['sᵘetə] sweter
swim [sᵘym] kąpiel (w morzu), pływanie
teach [ti:cz] uczyć; *nieregularny*
terrified ['teryfajd] przerażony
thief [θi:f] złodziej
throw [θrou] rzucać; *nieregularny*
trunk [traŋk] kufer
tube [tju:b] *tu*: tubka
violent ['wajələnt] gwałtowny
violently ['wajələntly] gwałtownie
waiting room ['ᵘejtyŋ ru:m] poczekalnia

WYBRANE ZWROTY

on board na pokładzie (okrętu, samolotu)
to leave alone zostawić w spokoju
to get sunburnt spiec się na słońcu
by that time do tej chwili, do tego czasu
scared to death śmiertelnie przerażony
harder and harder coraz mocniej
longer and longer coraz dłużej
in time na czas
to play games grać w gry
to be good for nadawać się do
You've stolen my glasses, sir! Pan ukradł moje okulary, proszę pana! (*uprzejmie, oficjalnie*)

GRAMATYKA

● **ZAIMKI few, little**

There would be little cold.
Byłoby niezbyt zimno.
There's little water in this bottle.
W tej butelce jest mało wody.
I have too little time to do the job.
Mam za mało czasu, żeby wykonać tę robotę.

I know little about music.
Mało wiem o muzyce.
There are few people on the platform.
Na peronie jest mało ludzi.
There were few mistakes.
Było mało błędów.
She has few toys on the shelf.
Ona ma mało zabawek na półce.

Little *mało* używamy tylko z rzeczownikami niepoliczalnymi lub tak jak **a little** – samodzielnie. **Few** *niewielu, nieliczni* – z rzeczownikami policzalnymi w lm (przykłady na stosowanie **a little** i **a few** – zob. lekcja 30).

- **IMIESŁOWY** – cd.

People of all ages shouting, laughing and playing games.
Ludzie w różnym wieku wykrzykujący, śmiejący się i grający w gry.
Steve rushes out, the crowd following him.
Steve wybiega, tłum podąża (*dosł.* podążający) za nim.

Zwróć uwagę na miejsce imiesłowu czasu teraźniejszego: po rzeczowniku, który określa (przykłady powyżej) lub przed rzeczownikiem, jako przydawka przymiotnikowa, np.

laughing eyes śmiejące się oczy
a boring man nudny człowiek

Having left the sea they move just as comfortably on land.
Opuściwszy morze, poruszają się równie wygodnie na lądzie.
Having pulled out sixteen pairs of glasses ...
Wyciągnąwszy 16 par okularów ...

Imiesłów dokonany czasu przeszłego tworzymy za pomocą imiesłowu czasu teraźniejszego czasownika posiłkowego **to have** i imiesłowu biernego danego czasownika, np.

having + left = having left opuściwszy
having + pulled = having pulled wyciągnąwszy

- **CZASOWNIKI – TRYB WARUNKOWY W CZASIE PRZESZŁYM**

Tryb warunkowy w czasie przeszłym tworzymy za pomocą czasownika posiłkowego **would** oraz bezokolicznika czasu przeszłego danego czasownika, np.

I would + have written = I would have written byłbym napisał
he would + have taught = he would have taught byłby nauczył (*kiedyś*)

Dad would have taught us.
Tata byłby nas nauczył.
The wind would have carried away ...
Wiatr byłby uniósł ... (*w przeszłości*).
I would have written.
Byłbym napisał.
They would have gone to Ellen.
Byliby poszli do Ellen.
She would have bought some flowers.
Byłaby kupiła jakieś kwiaty.

- **ZDANIA WARUNKOWE** – cd.

Dad would have taught us to swim if he hadn't been so busy.
Tata byłby nas nauczył pływać, gdyby nie był tak zajęty.
The wind would have carried away the sunshade if Rick hadn't seen it in time.
Wiatr byłby uniósł parasolkę, gdyby Rick w porę jej nie zobaczył.
Julia would have sent the parcel if she had left the shop earlier.
Julia byłaby wysłała paczkę, gdyby wcześniej wyszła ze sklepu.

We wszystkich tych przykładach mowa jest o czynności, którą można było wykonać w przeszłości, ale której wykonaniu przeszkodziły jakieś okoliczności:

Ojciec mógł (był) nauczyć, ale nie nauczył, bo nie miał czasu.
Wiatr byłby porwał (= uniósł) parasol, ale nie porwał, bo Rick mu przeszkodził.
Julia mogła (była) wysłać paczkę, ale tego nie zrobiła, bo za późno wyszła ze sklepu.

We wszystkich tych przykładach warunek nie został spełniony. W zdaniach warunkowych odnoszących się do przeszłości zaczynających się od **if** *gdyby* używamy czasu zaprzeszłego (Past Perfect Tense) w zdaniu podrzędnym, a trybu warunkowego w czasie przeszłym w zdaniu nadrzędnym, np.

If I had left ... – I would have sent ...
Gdybym wyszła ... – wysłałabym ...

ĆWICZENIA

① Ćwicz na głos:

Phil knows little about

music – he doesn't go to concerts.
boxing – he doesn't go to matches.
history – he doesn't go to museums.
cars – he doesn't like driving.
flowers – he doesn't like gardening.
films – he doesn't go to the cinema.

But he knows a lot about engines – he is an engineer.

② Odpowiedz na pytania:

1. Where did Steve's family go for the weekend? 2. Was it in summer or in autumn? 3. What have the children been doing the whole morning? 4. What has Margaret left on the rug? 5. Who was asked to look after those things? 6. Was the beach crowded? 7. Was the weather warm during the weekend? 8. Has Steve already got sunburnt? 9. What was the sky like (= jak wyglądało) in Steve's dream? 10. Were there many people on the platform? 11. Was the dream unpleasant? 12. What had fallen on Steve while he was sleeping?

③ Wstaw **another** (*inny, jakiś inny*) lub **the other** (*ten drugi, ten pozostały z dwu*):

1. In our club there are two large rooms: one is a reading room, ... is a smoking room. 2. Whose glasses have you got in your right hand? And in ... hand? 3. One child was playing with sand, ... with a toy motorboat, ... with a ball. 4. Rick asked his father a question, then Joan asked ..., and then Baby also asked ... question. 5. I have two tubes of cream: this one smells nice but ... is really better. 6. One group of people was running after Steve, ... was shouting "Stop the thief!" 7. Both doors were closed: he could open one of them easily, but he couldn't open ...

④ Zgadnij, kto to?

1. He sells all kinds of meat. 2. He works in school with younger and older children. 3. His job is to look after your teeth. 4. He may work in a grocer's shop, or at a chemist's. 5. He spends a lot of time on buses. 6. He ought to have some books, dictionaries, notes and he ought to use them. 7. He is good at mathematics, he knows all about engines.

⑤ Zamień na formę przeczącą (pamiętaj o stosowaniu form ściągniętych):

1. The building was destroyed by fire. 2. There were some people hurt in the accident. 3. His friend likes music very much. 4. Ask somebody working in that shop. 5. You'll be interested in painting. 6. Ian studies history. 7. John wants to be

a secretary. 8. He told you the truth. 9. He killed some rabbits while driving home. 10. It's true.

Ⓖ Połącz zdania 1–7 ze zdaniami a)–g):

1. Having found his pen,
2. Having finished the job,
3. Having passed the exam,
4. Having bought a pair of gloves,
5. Having put the wrong address on the parcel,
6. Having spoiled your stereo,
7. Having left the ticket at home,

a) I was surprised to find it in my pocket.
b) I sent it to the wrong person.
c) he stopped looking for his pencil.
d) I ought to buy a new one.
e) Ellen sat down to watch TV.
f) Peter could do as he liked.
g) Julia had no money for the tights.

- **ZDANIA CELOWE** – cd.
- **PRZYIMKI at, in**

📖 LETTER WRITING 🎧

I feel rather sad when I think of going away and leaving this island

It is Ian's last Sunday in London and he is rather sad about it. Besides, he has some letters to answer and letter writing is really, as Rick says, "such a nuisance!" This morning Ian has gone to see some friends to say goodbye and in the afternoon he is going to the Natural Science Museum. So he has made up his mind to write them now. First he must answer a formal invitation to a dinner party.

Mr and Mrs Green request the pleasure of Mr Dąbrowski's company at dinner on Wednesday, the 23rd July 2000 at half past seven.
12 Oxford Square, London W5

Well, Ian must be as formal as they are:

Mr Dąbrowski has much pleasure in accepting
Mr and Mrs Green's kind invitation to dinner
on the 23rd July 2000.
2 Cambridge Street, London SW8

The next one is not so easy. He must write a few words to a gentleman who has lent him a book. Ian starts writing:

Dear Sir ...

No, this would suit a business letter. The man is an acquaintance, so Ian must write "Dear Mr Jones". What next? He cannot begin with: "Thank you very much for your nice postcard," for he has not had any postcard. If it were a business letter, he would know how to go on and he would finish the letter with "Yours faithfully," for he has been taught commercial correspondence for the whole year.

At last the letter gets written as follows:

2 Cambridge Street
London SW8
Dear Mr Jones,   *20th July 2000*

I am so sorry I cannot take leave of you personally, but my boat will have sailed before you return to town. I hope you are enjoying your stay in the country. Farm life is so interesting in summer and it is a great temptation to keep away from the hot streets of London.
A fortnight ago I borrowed a book from you. I am sending it back with my best thanks.
Please remember me to your mother.

Yours sincerely,
Ian Dąbrowski

"Well, that's written!" says Ian to himself. He does not like writing formal letters. Now he begins a letter to Phil.

Dear Phil,   *20th July 2000*

Have you heard the latest news? Andy and Sue are engaged! I've heard about it this morning. I suppose their engagement isn't such a surprise really, but I'm writing about it so that you can congratulate them as soon as possible. I'm very glad about it for I like Andy and Sue is a charming girl.
Our guesthouse has been dull and empty since the holidays began. Do you remember the long talks we used to have after coming back from the cinema or a show?
My boat is sailing next week. I feel rather sad when I think of going away and leaving this island. I'm afraid I shan't be able to return

here for quite a long time because of my job, so I propose that you should come to Poland to spend your holidays there. How is little Lisa?
Last week I promised to send her stamps from Poland, and I made a note so that I wouldn't forget it.
This year spent in England has been so pleasant for me and so useful. Now that I know the English better I like them more because they are reliable in everyday life, I like their politeness and their sense of humour. And you have been a real friend to me. I shall never forget my stay at your place.
Thank you so much for your kindness. Love to your little sister and kind regards to your parents and yourself.

Ever yours,
Ian

SŁOWNICZEK

accept [ək'sept] przyjąć
acquaintance [ə'kʰejntəns] znajomość; znajomy
afraid of [ə'frejd əw] przerażony, bojący się (czegoś)
borrow ['borou] pożyczyć (od kogoś)
charming ['cza:myŋ] czarujący
congratulate [kən'græczulejt] gratulować, winszować
engagement [yn'gejdżmənt] zaręczyny
faithful ['fejθfəl] wierny
faithfully ['fejθfəly] wiernie
formal ['fo:məl] formalny, oficjalny
formally ['fo:məly] formalnie, oficjalnie
fortnight ['fo:tnajt] dwa tygodnie
gentleman ['dżentlmən] dżentelmen, wytworny mężczyzna
invitation [ˌynwy'tejszn] zaproszenie
island ['ajlənd] wyspa
Jones [dżounz] *nazwisko*
kindness ['kajndnys] uprzejmość, grzeczność
Lisa ['lajzə] *imię żeńskie*
mind [majnd] umysł; rozum; myśl

museum [mju:'ziəm] muzeum
natural science [ˌnæczrəl 'sajəns] nauki przyrodnicze
nuisance [nju:sns] kłopot, rzecz dokuczliwa
personal ['pə:snəl] osobisty
personally ['pə:snəly] osobiście
pleasure ['pleżə] przyjemność
postcard ['poustka:d] pocztówka
promise ['promys] obiecywać
propose [prə'pouz] proponować
regards [ry'ga:dz] ukłony, pozdrowienia
sad [sæd] smutny
sail [sejl] żeglować, płynąć
science ['sajəns] nauka, wiedza
sense [sens] sens; poczucie, zmysł
show [szou] widowisko, przedstawienie; wystawa
sincerely [syn'siəly] szczerze
stamp [stæmp] znaczek pocztowy
stay [stej] pobyt
suppose [sə'pouz] przypuszczać
surprise [sə'prajz] niespodzianka

WYBRANE ZWROTY

to make up one's mind zdecydować się
he made up his mind postanowił, zdecydował się
kind regards serdeczne pozdrowienia
Yours sincerely Z poważaniem / Z wyrazami szacunku (*w zakończeniu listu*)
love to serdeczności dla
to take leave of pożegnać się z
some letters to write kilka listów do napisania
something to do coś do zrobienia
to be glad about cieszyć się z
We used to have long talks. Zwykle długo rozmawialiśmy. Mieliśmy zwyczaj długo rozmawiać.
W5, SW8 *Londyn podzielony jest na liczne okręgi pocztowe.* **W5** *znaczy* **West 5,** **WC** – **West Central, SW8** – **South West 8, EC** – **East Central** *itd.*

GRAMATYKA

● **ZDANIA CELOWE** – cd.

I'm writing about it so that you can congratulate them.
Piszę o tym, żebyś im pogratulował.
I made a note so that I wouldn't forget it.
Zapisałem sobie (*dosł.* zrobiłem notatkę), żebym o tym nie zapomniał.
I brought the map in order that you might find all the towns.
Przyniosłem mapę (w tym celu), abyś znalazł wszystkie miasta.
We locked the cupboard so that the dog would not get in.
Zamknęliśmy szafę, żeby pies nie dostał się do środka.
I propose that you should come to Poland.
Proponuję, żebyś przyjechał do Polski.

W zdaniach celowych zaczynających się od **that** *żeby,* **so that** *tak żeby,* **in order that** *po to żeby, w tym celu żeby,* kiedy podmioty obu zdań, nadrzędnego i podrzędnego, nie są jednakowe, używamy **can, will** lub **may** (w języku oficjalnym), gdy w zdaniu nadrzędnym był użyty czas teraźniejszy lub przyszły, a **would, could** lub **should,** gdy w zdaniu nadrzędnym był użyty czas przeszły.
Po czasownikach **to suggest, to propose, to make up one's mind** itp. zwykle stosujemy **should.**
Porównaj zdania celowe, w których podmiot jest ten sam, co w zdaniu nadrzędnym – lekcja 35.

● **PRZYIMKI** at, in

Przyimki **at** i **in** występują m.in. w następujących połączeniach wyrazowych:

at the table przy stole
at home w domu
at the office w biurze
at the theatre w teatrze
at my father's u mojego ojca
at the wheel za kierownicą
at night nocą, *ale*: **by day** w dzień
at school w szkole
at midnight o północy
at noon w południe
at five o'clock o piątej
at first najpierw
at last w końcu, wreszcie

in Poland w Polsce
in London w Londynie
in the rain na deszczu
in the street na ulicy
in town w mieście
in bed w łóżku
in 2001 w roku 2001
in May w maju
in the morning rano
in the afternoon po południu
in the evening wieczorem
in a hurry w pośpiechu
in winter, in spring, etc. zimą, wiosną *itd.*

ĆWICZENIA

❶ Ćwicz na głos:

Could you, please, { open the door?
tell me the time?
lend me a pencil?
give me those stamps?
pass the sugar?
show me your ticket?
show me the way out?
close the door after me?

❷ Odpowiedz na pytania (pamiętaj o stosowaniu form ściągniętych):

1. Why is Ian sad? 2. Does he like writing letters? 3. How many letters must he write? 4. Who's the first letter to? 5. Has he accepted the invitation to dinner? 6. Will Ian meet Mr Jones? 7. Where is Mr Jones on the fourteenth of July? 8. Does he usually live in the country? 9. What's the latest news about Andy and Sue?

❸ Wypisz 10 czasowników nieregularnych z lekcji 46 w ich trzech podstawowych formach, podając też ich znaczenie po polsku (wybierz te czasowniki, które trudno ci zapamiętać).

④ Podaj wyrazy o podobnym znaczeniu:

Przykład: to taste – próbować, smakować
to try – próbować

afraid; to pick up; peaceful; to taste; a wardrobe; glad; to suppose; to suggest; hard- -working; close to; a beast; furious; fine; a friend; several; to wander; whether; uncommon; a lot; a building; big; a job; to start; to spoil; a while; to request; lone- ly; a town; fast

⑤ Zamień poniższe zdania na pytania, zapytaj o wyróżnione wyrazy:

Przykład: **Our guesthouse** has been dull and empty.
What has been dull and empty?
Mr Jones promised to go **to the country**.
Where did Mr Jones promise to go?

1. **He** proposed to send a long letter. 2. They accepted **our invitation**. 3. He laughed a lot **during the show**. 4. **The front part** of the building was destroyed by the fire. 5. **Matt** will pass his exams without any trouble. 6. I must keep him company **because he isn't quite well**. 7. I heard about their engagement **two hours ago**. 8. It was a pleasure **to congratulate them**. 9. **In the morning** I always take the dog for a walk. 10. **Steve's** dream was rather strange.

⑥ Wstaw przyimki:

1. Did you notice those three aeroplanes ... the sky? 2. I usually get up ... six o'clock and ... nine I'm already ... school. 3. When I'm ... town I often wander ... the streets looking ... shop windows. 4. When John is ... town he can't look ... any- thing ... the street except the roadway for he's ... the wheel of his car. 5. ... 2000, ... May I went to see the Natural Science Museum. 6. I got there ... the morning and was there for a long time. 7. I didn't want to see a museum ... a hurry. 8. I left the place ... the evening.

⑦ Przetłumacz:

1. Właśnie usłyszałem ostatnie wiadomości o naszych przyjaciołach. 2. Dwa dni temu pożyczyłem książkę od pana Gilla. 3. W roku 1970 muzeum zostało zniszczo- ne przez pożar. 4. Strażnik przeszukiwał wagon przez pół godziny. 5. W zeszłym tygodniu on przeszukał bagaż jednej pani, szukając jej papierów. 6. Spędziłam dwa tygodnie na wybrzeżu i jeszcze (still) tu jestem. 7. Zeszłego lata spędziłam trzy dni na motorówce. 8. On studiuje matematykę od (for) czterech lat. 9. Kiedy był młody, studiował malarstwo włoskie. 10. Słucham radia od (for) trzech kwadransów.

⑧ Wyszukaj w słowniczkach ostatnich kilku lekcji wyrazy, w których litera **c** jest wymawiana [k], np. postcard, climate, scarf.

LESSON FORTY-SEVEN
THE FORTY-SEVENTH LESSON **47**

- **PRZYSŁÓWKI** quite, too
- **PRZYIMKI** – cd.

📖 A LESSON ABOUT SCOTLAND I

The little street off Piccadilly Circus was crowded with people hurrying out of a big cinema. John was already on the pavement opposite the exit looking for his friends left behind. In a few minutes he saw them across the street.

"Wow!" said Peter when the boys had joined him, "I liked that film".

John: Is it the first three-dimensional film you've seen?

Peter: Yes, it is. I find it fascinating. I didn't expect the effects of space and depth to be so strong and wonderful.

Phil: I think it's the best picture about Scotland I've ever seen. It shows you the most beautiful parts of the Highlands. The lakes …

We'd better go by tube

John: You should say "lochs" not lakes, it's a Scottish word.

Phil: Well, the lochs, if you like, the fiords and so on. The colours were excellent. The mountains were just the right shade of purple that they are when the heather is blooming. And the rocks had the bluish shades you often see in the Highlands.

Peter: The colours showed best in the tartans, especially the kilts of bagpipers and dancers. Do you wear the kilt when you're at home, John?

John: Certainly, I do. The tartan of our clan is a combination of green, red, navy blue and white. Shall we walk home or take a bus?

Peter: It's rather late. We'd better go by tube.

The three friends turned into the main street heading for the nearest underground station.

Peter: Honestly, I'm very glad you've persuaded me to come with you. On the whole I'm not too keen on thrillers but in this cinema the thrills are of a special type.

Phil: It was quite a sensation – like being "in the picture". You seemed to be right in the middle of the mountains.

John: I liked best the moments when the man with the camera was going down the slope of the hill on skis or when his car entered a narrow gorge.

Phil: I think I even bent to the right or to the left when he was taking the corners. I felt like skiing down the slope with him.

Peter: I wonder how they make those films?

John: The leaflet says they use three cameras mounted as one, and six microphones scattered all over the scene they are filming. But the sound from all the mikes is recorded on one tape. That's how they produce those realistic effects.

Phil: Now, Peter, you've got some idea what Scotland is like. You could see all of Edinburgh, the Castle and everything.

Peter: The Castle seemed to be very high on a big rock, right in the middle of the city.

John: So it is. Edinburgh is built on several hills and that makes it so picturesque. You have a splendid view of the modern parts of the town from Scott's* monument in Princes Street. But you can see much farther from the Castle – if the weather is fine, i.e. if you're lucky. You can see the Highlands, the river, the Forth Bridge** and even the sea – quite a sight indeed.

Phil: The Forth Bridge is the one from which you're supposed to drop a penny into the river as a kind of charm. They say that if you do that, you'll come back to visit the Forth Bridge once more.

John: That's a silly superstition.

Phil: You're too careful a Scotsman to waste even a penny. Is it true that when Scotsmen drop a penny from the bridge, first they tie the coin to a string?

John: You're pulling my leg! We Scotsmen are economical, not stingy.

The picture the three young men saw in a London cinema was about Scotland. The hero of the film wandered in Edinburgh in search of his friend and so the picture let the people have a good look at the town. He walked along the narrow streets of old Edinburgh. They look like gorges with their very tall, stone houses and narrow courtyards. He visited the Castle and the Holyrood Palace***, so rich in historical associations. It was like a tour with a guide.

* Walter Scott, powieściopisarz szkocki (1771–1832).
** Most na rzece Forth w Szkocji.
*** Królowa Maria Stuart mieszkała w pałacu Holyrood.

SŁOWNICZEK

amazing [ə'mejzyŋ] zadziwiający
association [ə,sousy'ejszn] skojarzenie, wspomnienie
bagpiper ['bægpɑjpə] kobziarz
bend [bend] pochylać (się), zginać (się); *nieregularny*
bloom [blu:m] rozkwitać; kwiat
bluish ['blu:ysz] niebieskawy
camera ['kæmərə] aparat fotograficzny; kamera (wideo)
castle [kɑ:sl] zamek

charm [czɑ:m] czar; zaklęcie
clan [klæn] klan, ród
coin [kojn] moneta
combination [,komby'nejszn] kombinacja
depth [depθ] głębokość, głębia
dimension [dɑj'menszn] wymiar
economical [,i:kə'nomykl] oszczędny, gospodarny
Edinburgh ['edynbərə] Edynburg (*stolica Szkocji*)

effect [y'fekt] efekt, skutek
exit ['eksyt] wyjście (z kina, teatru itp.)
expect [yk'spekt] lub [ek'spekt] spodziewać się
fascinating ['fæsynejtyŋ] fascynujący
fiord [fjo:d] fiord
Forth [fo:θ] rzeka w Szkocji
gorge [go:dż] wąwóz
guide [gɑjd] tu: przewodnik
head for ['hed fə] kierować się do
heather ['heðə] wrzos
hero ['hiərou] bohater
the Highlands [ðə 'hɑjləndz] górzyste tereny w północnej Szkocji
hill [hyl] pagórek, góra
Holyrood Palace [ˌholyru:d 'pælys] nazwa pałacu królewskiego w Edynburgu
honest ['onyst] uczciwy
honestly ['onystly] uczciwie; naprawdę
i.e. [ˌɑj 'i:] = id est to jest
join [dżojn] dołączyć się, przystąpić do
keen [ki:n] gorliwy
kilt [kylt] kilt (spódnica tradycyjnie noszona przez Szkotów; podobna spódnica noszona przez kobiety)
lake [lejk] jezioro
leaflet ['li:flət] ulotka, broszura (informacyjna)
loch [loh] lub [lok] jezioro (w nazwach jezior w Szkocji)
microphone ['mɑjkrəfoun], **mike** [mɑjk] (skrót) mikrofon
monument ['monjumənt] pomnik
palace ['pælys] pałac
pavement ['pejwmənt] chodnik, trotuar
persuade [pə'sᵘejd] przekonać; wytłumaczyć

picturesque [ˌpykczə'resk] malowniczy
Princes Street ['prynsyz stri:t] nazwa ulicy w Edynburgu
produce [prə'dju:s] wytwarzać
record [ry'ko:d] zapisywać, zapisać, utrwalać, utrwalić, nagrywać, nagrać
river ['rywə] rzeka
rock [rok] skała
sensation [sen'sejszn] uczucie
slope [sloup] stok, pochyłość
sound [sɑund] dźwięk
space [spejs] przestrzeń
special [speszl] specjalny
stingy ['styndży] skąpy
stone [stoun] kamień
string [stryŋ] sznurek
superstition [ˌsu:pə'styszn] lub [ˌsju:pə'styszn] przesąd
tape [tejp] taśma
tartan ['tɑ:tən] tartan (szkocki materiał w kratę)
three-dimensional [ˌθri:dɑj'mensznəl] trójwymiarowy
thrill [θryl] dreszczyk
thriller ['θrylə] dreszczowiec (np. film, sztuka)
tie [tɑj] wiązać (imiesłów czasu teraźniejszego: **tying**)
tube [tju:b] tu: kolej podziemna, metro
type [tɑjp] rodzaj, typ
visit ['wyzyt] zwiedzać, zwiedzić, odwiedzać, odwiedzić
waste [ᵘejst] marnować, trwonić
wonder ['ᵘandə] tu: zastanawiać się; być ciekawym
wow [ᵘau] pot. ale super!, niesamowite!

WYBRANE ZWROTY

a street off Piccadilly Circus ulica w pobliżu (= tuż obok) placu Piccadilly
the colours showed best kolory najbardziej się odznaczały

We'd better go by tube. Lepiej jedźmy metrem.
heading for kierując się do
honestly mówię serio
to take the corners brać zakręty, skręcać
three cameras mounted trzy kamery zmontowane razem
just the right shade ten właśnie (= dokładnie taki) odcień
to walk along chodzić sobie po
I felt like ... Czułem, jak gdybym ...
coin moneta, **coins** monety (*poszczególne*)
money pieniądze (*w ogóle*); *wyraz* **money** *nie ma lm, używamy go z czasownikiem*
   w lp – **Your money is on the table.** Twoje pieniądze są na stole.
So it is. Tak jest istotnie.
you're supposed to drop upuszcza się (= masz upuścić)
navy blue granatowy
to be keen on something bardzo się czymś interesować
I am keen on this job. Zależy mi na tej pracy.

OBJAŚNIENIA FONETYCZNE

Spółgłoski **p, t, k** wymawiane są w języku angielskim podobnie jak w języku polskim, lecz z tą różnicą, że przy angielskim **t** dotykamy końcem języka nie górnych zębów, ale dziąseł ponad nimi.

Ponadto w sylabach akcentowanych po spółgłoskach **p, t, k** następuje jak gdyby dodatkowy wydech, mały „wybuch" powietrza uwięzionego w jamie ustnej lub gardle. A więc **keen** wymawiamy prawie że [khi:n], **purple** trochę podobnie do [phə:pl]. W lekcji 47 mamy znaczną liczbę wyrazów, w których **k, t, p** występują na początku akcentowanej sylaby (bezpośrednio przed samogłoską), są więc wymawiane z nieco silniejszym wydechem: **corner, camera, kilt, keen, tartan, take, tall, purple, part, penny** i inne.

Zwróć uwagę, że czasownik **to record** [ry'ko:d] ma inny akcent, a w konsekwencji inną wymowę niż rzeczownik **record** ['reko:d]. Także czasownik **essay** [e'sej] wymawiamy inaczej niż rzeczownik **essay** ['esej].

GRAMATYKA

- **PRZYSŁÓWKI quite, too**

You can see the Highlands – quite a sight indeed.
Można (*dosł.* Możesz) zobaczyć Highlands – rzeczywiście wspaniały (= kapitalny) widok.

What you've just said is quite a surprise!
To, co właśnie powiedziałeś, jest prawdziwą niespodzianką!
You're too careful a Scotsman to waste even a penny.
Jesteś zbyt oszczędnym Szkotem, żeby zmarnować choćby pensa.
He's too good a student to make many mistakes.
Jest zbyt dobrym studentem, żeby robić tyle (*dosł.* wiele) błędów.

Kiedy **quite** *faktycznie, rzeczywiście, naprawdę* i **too** *zbyt* określają przymiotnik, przedimek stawiamy przed rzeczownikiem, a nie przed przymiotnikiem.

Mówimy:
a very long street bardzo długa ulica
a much finer dress o wiele ładniejsza suknia
ale:

quite a long street rzeczywiście długa ulica
too long a street zbyt długa ulica

● **PRZYIMKI** – cd.

across przez, poprzez

He saw them across the street.
Widział ich po drugiej stronie ulicy (*dosł.* poprzez ulicę).
Ellen was walking across the lawn.
Ellen przechodziła przez trawnik.

against przeciwko

He always spoke against the war.
Zawsze opowiadał się (*dosł.* przemawiał) przeciwko wojnie.

among wśród, pośród

The cottage stood among trees.
Domek stał wśród drzew.
There was a doctor among them.
Był wśród nich pewien lekarz.

between między

Between the museum and the school there was a square.
Między muzeum a szkołą był plac.
This is between you and me.
Niech to zostanie między nami.

ĆWICZENIA

❶ Ćwicz na głos:

I like this picture, it's wonderful.
I like this story, it's well written.
I like your dress, it suits you.
I like this concert and the conductor is very good.
I like this novel, its hero is fascinating.
I like this postcard, its colours are delicate.
I like this handbook, it's never boring.

❷ Odpowiedz na pytania:

1. Where was the cinema? 2. What did Peter think of the picture? 3. Why did the friends go home by tube? 4. Why did the hero of the film wander about Edinburgh? 5. What buildings did he visit? 6. What are the old streets of Edinburgh like? 7. What are the houses made of? 8. Where is the Edinburgh Castle? 9. What can you see from Scott's monument? 10. Why do people drop a penny from Forth Bridge?

❸ Wybierz i wypisz właściwe znaczenie wyrazów:

1. a chemist
   a) a kind of cake
   b) a person who makes and sells medicine
   c) a person who sells flowers

2. pussy
   a) a girl's name
   b) a drink
   c) a cat

3. a bagpiper
   a) a man who plays Scottish music
   b) a large bag
   c) a kind of pipe

4. a fortnight
   a) a castle
   b) fourteen days
   c) forty days

5. a wardrobe
   a) a piece of furniture
   b) an elderly gentleman
   c) something in geography

❹ Zamień na liczbę pojedynczą:

1. They say they don't like to be disturbed. 2. We found ourselves in front of the exit. 3. The girls sleep in the other buildings. 4. They like music. 5. The children are playing noisily. 6. These shelves are too low. 7. Those papers must wait till tomorrow. 8. What do your brothers do in the morning? 9. Where do they keep their books? 10. When do the classes begin?

⑤ Wstaw **already** (*już*) lub **not yet** (*jeszcze nie*):

1. I am sorry but my work is ... finished. 2. He is still in bed, he has ... left the hospital. 3. Peter has ... seen the new film about Scotland. 4. Ian has ... sent a formal answer to the Greens' kind invitation. 5. I have ... met the Prime Minister personally. 6. This year winter has come very early. Helen has ... put on her coat. 7. The policemen were very quick: the thief has ... been caught. 8. She's ready to go to the station, she has ... sent her trunks.

⑥ Przetłumacz (pamiętaj o stosowaniu form ściągniętych):

1. Dlaczego nie pojechałeś do zamku autobusem? 2. On już czekał po (*dosł.* na) drugiej stronie ulicy. 3. Jak ci się podobał film? 4. W północnej części Szkocji góry są bardzo wysokie. 5. Nie wiedziałem, kto tam mieszka. 6. To bardzo zabawny film. 7. Efekty ruchu w tym filmie są wspaniałe. 8. Gdyby nie było tak późno, wrócilibyśmy do domu pieszo, a nie autobusem. 9. Nie widzę nikogo na chodniku. 10. Jestem zmęczony. Ja też.

⑦ Przeczytaj na głos następujące zdania, akcentując silniej przyimki,
a słabiej zaimki osobowe po nich następujące:

The book was **for** me.
Don't go **without** us.
I've heard **about** him.
It's not very pleasant **for** you.
You must stand **behind** her.

LESSON FORTY-EIGHT
THE FORTY-EIGHTH LESSON **48**

- **PRZYIMKI** – cd.
- **CZASOWNIKI NIE UŻYWANE W CZASACH CIĄGŁYCH**
- **STOPNIOWANIE OPADAJĄCE**

📖 A LESSON ABOUT SCOTLAND II

A zebra crossing allowed the young men to reach safely the entrance to the underground station on the other side of the street. They ran down the steps to the booking hall. John and Peter got their tickets from the slot machines selling tickets to various places in London. John had not the exact fare in coins but he put ten pound coins into the slot and he got both his ticket and the change from the obliging machine. Phil wanted to change a note, so he bought his ticket at the booking office. Then the

I'd show you what life means

three friends stepped on the escalator going down the tunnel. On both sides of the moving stairs – some going up, some going down – there were bright advertisements trying to persuade you to buy or to see some new goods.

The young men were soon on the right platform and when their train arrived, they got in through the sliding door. Sitting comfortably in a non--smoking carriage they resumed their conversation.

Phil: I've never been in the far north, the least known part of Scotland, but I know the Lowlands, south of Edinburgh, where there were so many battles between the Scots and the English.

Peter: You've got some degree of independence, haven't you? Your legal system and your schools are quite different from those in England, aren't they?

John: Yes, they are.

Phil: I've got a brother-in-law in Glasgow. He works in the shipyards. He's promised to take me on a canoe trip along the Caledonian Canal. We'll start from Loch Ness in the east and go right across to the Atlantic Ocean.

John: If the Loch Ness monster doesn't stop you on the way!

Phil: Do people still speak of the monster? I suppose it's good for the trade, it encourages tourists to come to Scotland. But I think that Loch Ness doesn't need any advertising tricks to attract visitors. Its shores are imposing and there's this wonderful effect of light peculiar to the waters and hills of Scotland. It isn't less attractive than Edinburgh.

Peter: You speak like a guide!

John: You should come to Inverness with Phil, and then to my home farther north. I'd show you what life means on a Scottish sheep farm. Oh no! That's my station! I've almost missed it. Cheerio, boys.

John rushed out of the train as the doors were already closing. "So long" – answered Phil. Then he turned to Peter who was opening his evening paper. "Well, you've had a most instructive evening, Peter, what with the film and our conversation. A regular lesson about Scotland. And I hope" – he added with a smile – "you won't shock John any more by writing on the envelope – Edinburgh, England. You should write: Edinburgh, Scotland".

– You can't smoke here, it's a non-smoking carriage.
– Sorry. I didn't notice it.
– Anyway you're smoking too much.
– Well, about 15 cigarettes a day.
– That's a lot. Think how much money you could save if you stopped smoking.
– A lot.
– Let's see. Ten cigarettes a day cost more than £1 a day. Twenty cigarettes a day cost more than £2 a day. So why smoke and risk your health? You could spend the money on clothes, or CDs, see some beauty spots or ...
– That's a good idea. I'll give up smoking.

SŁOWNICZEK

advertise ['ædwətajz] ogłaszać; robić reklamę, reklamować
arrive [ə'rajw] przybyć
attract [ə'trækt] przyciągać, wabić
battle [bætl] bitwa
beauty ['bju:ty] piękność; piękno
  beauty spot ['bju:ty spot] piękna miejscowość, piękne okolice
booking hall ['bukyŋ ˌho:l] hol z kasami
booking office ['bukyŋ ˌofys] kasa biletowa
brother-in-law ['braðərynˌlo:] szwagier
Caledonian [ˌkæly'dounjən] kaledoński
canal [kə'næl] kanał (*sztuczny*)
canoe [kə'nu:] czółno, kajak
carriage ['kærydż] wagon
cheerio [ˌcziəry'ou] cześć!, do zobaczenia!
degree [dy'gri:] stopień

encourage [yn'karydż] zachęcać, zachęcić, ośmielać, ośmielić
entrance ['entrəns] wejście
envelope ['enwyloup] koperta
escalator ['eskəlejtə] schody ruchome
exact [yg'zækt] dokładny
fare [feə] opłata za przejazd
Glasgow ['gla:zgou] *miasto w zachodniej Szkocji*
goods [gudz] towar, towary
imposing [ym'pouzyŋ] imponujący
independence [ˌyndy'pendəns] niezależność
instructive [yn'straktyw] pouczający
Inverness [ˌynwə'nes] *miasto w północnej Szkocji*
legal ['li:gəl] prawny
lowlands ['louləndz] niziny
monster ['monstə] potwór
move [mu:w] poruszać się
non-smoking [ˌnon'smoukyŋ] niepalący, dla niepalących

oblige [ə'blɑjdż] zobowiązać
obliging [ə'blɑjdżyŋ] uprzejmy, usłużny
ocean [ouszn] ocean
peculiar [py'kju:liə] szczególny, właściwy (czemuś)
resume [ry'zju:m] rozpocząć na nowo
risk [rysk] ryzykować, narażać
shipyard ['szypjɑ:d] stocznia
shock [szok] wstrząsać, szokować; wstrząs, szok
shore [szo:] brzeg morza (*lub* jeziora)

slot machine ['slot mə‚szi:n] automat (*na monety*)
step [step] stąpać, zrobić krok
system ['systym] system, układ
trick [tryk] sztuczka, chwyt, podstęp
trip [tryp] wycieczka, podróż
tunnel [tɑnl] tunel
unlike [‚ɑn'lɑjk] niepodobny do
various ['weəriəs] różny
wonderful ['ᵘɑndəfəl] cudowny
zebra crossing [‚zi:brə 'krosyŋ] przejście dla pieszych, pasy, zebra

WYBRANE ZWROTY

I'd show you what life means on a farm. Pokazałbym ci, jak wygląda życie na farmie.
a most instructive evening ogromnie pouczający wieczór
the most instructive evening najbardziej pouczający wieczór
what with the picture and our conversation biorąc pod uwagę i film, i naszą rozmowę
a regular lesson prawdziwa lekcja
you won't shock John any more już nie będziesz więcej szokował Johna
to go right across iść prosto na drugą stronę
So long! Na razie! (*poufałe pożegnanie*)
£1 = one pound, a pound jeden funt

GRAMATYKA

• **PRZYIMKI** – cd.

during podczas

During the concert he kept quiet.
Podczas koncertu siedział cicho.

till, until aż do, do

They were at the show till midnight.
Byli na przedstawieniu aż do północy.
I shall wait for you until eight o'clock.
Będę czekać na ciebie do ósmej.

● **CZASOWNIKI NIE UŻYWANE W CZASACH CIĄGŁYCH**

Niektóre czasowniki stosujemy jedynie w czasie prostym, a nie ciągłym; należą do nich:

believe	have	love	suppose
feel	hear	remember	think
forget	hope	see	understand
hate	know	seem	want

Jedynie gdy chcemy położyć szczególny nacisk na czynność wyrażoną przez któryś z wymienionych czasowników, możemy go użyć w czasie ciągłym, np.

We are having a very good time.
Świetnie się teraz bawimy.
I will be remembering you for ever.
Zawsze, zawsze będę o tobie pamiętał.
I am just thinking about ...
Właśnie myślę o ...

● **STOPNIOWANIE OPADAJĄCE**

It isn't less attractive than Edinburgh.
To (miasto) nie jest mniej atrakcyjne niż Edynburg.
Glasgow is less known than London.
Glasgow jest mniej znane niż Londyn.
Inverness is the least known of the three towns.
Inverness jest najmniej znane z tych trzech miast.

Stopniowanie opadające tworzymy za pomocą przysłówków: **less** *mniej* i **the least** *najmniej*.

ĆWICZENIA

❶ Ćwicz na głos:

Do you live in Glasgow?
Does your brother live in Glasgow?
Do you speak Italian?
Does your brother speak Italian?
Do you swim well?

Does your brother swim well?
Do you work in an office?
Does your brother work in an office?

② Odpowiedz krótkimi zdaniami:

1. Did the young men reach the underground station safely? 2. Did Peter get his ticket from a slot machine? 3. Did Phil use the slot machine too? 4. Was the booking office open? 5. Was the escalator going down? 6. Do advertisements tell you what to buy? 7. Were the young men travelling in a smoking carriage? 8. Has Phil ever been in the north of Scotland? 9. Is the Scottish legal system the same as the English one? 10. Are their schools different from those in England? 11. Does Phil's brother-in-law live in Glasgow?

③ Przepisz następujące przysłowia i naucz się ich na pamięć:

You can lead a horse to water, but you can't make him drink.
He that fights and runs away, may live to fight another day.

④ Przepisz poniższy tekst, podając czasownik w odpowiednim czasie:

18 George St
Edinburgh 9
12th July 2000
Dear Jane,

Yesterday I (to come) to Edinburgh for a fortnight but I (to think) I (to remain) here in Scotland for at least three weeks. I (to see) already the most interesting sights of the town. I (to like) most Princes Street which (to be) right in the middle of the city. On one side it (to have) beautiful gardens that (to come) up to the Castle hill. On the other side there (to be) excellent shops where you can (to buy) wonderful rugs and kilts. I (to want) to buy myself a kilt and so I (to go) round the shops tomorrow morning.

With love,
Yours sincerely,
Ellen

⑤ Wstaw brakujące przedimki określone i nieokreślone:

    Przykład: It is ... silly idea to go there at night.
                  It is a silly idea to go there at night.
                  I am studying ... history of theatre.
                  I am studying the history of theatre.

1. It's ... pleasure to visit Scotland in summer. 2. ... school system of education in your country is different from ours. 3. It was ... surprise to find you near the lake.

4. What are ... dimensions of your boat? 5. It's ... shock to see him waste your time and money. 6. I don't remember ... beginning of this poem. 7. Have you read about ... new government in Sweden? 8. I often think it's ... nuisance to answer letters, though I like getting them.

⑥ Połącz odpowiednio zdania 1–8 ze zdaniami a)–h), tworząc konstrukcję biernika z bezokolicznikiem:

1. I want you	a) to wait for him near the monument.
2. He wanted me	b) to be unlike other women?
3. The father allowed	c) to be more economical.
4. The guide would like us	d) to help him find the lake on the map.
5. Do you want her	e) to make the tunnel deeper.
6. The engineer wants them	f) both his sons to ski on this slope.
7. Ellen expects her husband	g) to look after the children, too.
8. I'd like you	h) to wear a kilt.

⑦ Przetłumacz:

1. Ta wycieczka jest mniej pouczająca niż ostatnia (one). 2. Oni mają pewien stopień niezależności, prawda? 3. Ich szkoły są odmienne. 4. Ich budynki są może mniej piękne niż szkoły angielskie, ale dzieci uczą się więcej. 5. Często podziwiałem dziwne efekty świetlne (*dosł.* światła) w górach szkockich. 6. Nie lubię tych reklam na stacjach. 7. Nie lubię tych ogromnych, niemądrych, uśmiechniętych twarzy ludzi udających, że są (to be) niezmiernie szczęśliwi, ponieważ mają jakiś specjalny gatunek papierosów. 8. Ale gładkie ściany w metrze byłyby bardzo nudne. 9. Może bardziej nudne, ale mniej irytujące (to annoy). 10. Nie martw się, moda na (for) palenie się kończy (*dosł.* wymiera, ginie) (to die out).

⑧ W poniższych wyrazach grupę literową **ea** wymawiamy albo [i:], albo [e]. Ułóż te wyrazy w dwa odpowiednie szeregi:

Przykład: [i:] teach
[e] already

ready, read, teacher, sea, bread, meat, head, sweater, seat, pea, pleasant, pleasure, lead, deafen, each

49 LESSON FORTY-NINE
THE FORTY-NINTH LESSON

- **PRZYIMKI** – cd.
- **RZECZOWNIKI – RODZAJ** – cd.

A QUIZ ABOUT LONDON I

Barry's farewell party is coming to an end.

Peter: Couldn't we have a game of pool?

Ellen: Oh no. There isn't enough time. Let's rather have a game in which everybody can join.

Phil: A card game perhaps, or "twenty questions"?

Jane: I'm fed up with "twenty questions", we've had it time and again at our hostel. We had it last night.

Andy: I think we can have a quiz.

Sue: That's a good idea.

Andy: Peter could be the quizmaster. We might divide into two teams of three persons each.

Jane: I second the motion. What kind of quiz shall we have?

Barry: That's up to Peter. I'd suggest "England" as the general subject.

Ellen: No, it wouldn't be fair. I haven't seen much of the country. Couldn't we do something connected with London? We've all spent a few months here.

Phil: All right. Let's test our knowledge of London.

Peter: Well, ladies and gentlemen, may I have your attention? As the quizmaster I propose that we take a walk (figuratively, that is) round London. I shall tell which way we're going and where we are and you'll tell me all you know about the place, the old buildings, monuments, or whatever it is that we're facing.

Barry: I can't follow you. What must we do?

Peter: It's quite easy – you'll see in a moment. Ellen, Andy and Phil will be in team A. Sue, Jane and Barry, you will form team B. Now, let's begin.

Ladies and gentlemen, take your seats, please (*with the monotonous voice of a professional guide*). We're standing in front of a very old castle near the Thames, in the southeastern part of the City ... Team A?

Ellen: It's the Tower of London. An imposing structure with old grey towers, very thick walls, built in the 11th century. Once a fortress, and a prison, now it's a museum.

Peter: Very good, Ellen. We turn our backs to the castle and we see ... Sue?

Sue: Well ... we see Tower Bridge. And, of course, we see the Port of London.

Barry: And a fine view from Tower Bridge.

Peter: It's not your turn, Barry. From the riverside and the poorer districts we take a bus to the City. At the corner of Threadneedle Street we get off and notice a peculiar building without windows. It is ... Andy?

Andy: A telephone box?

Peter: Nonsense. A huge building – the Bank of England. Can you say anything about it?

Andy: Oh yes. It's the centre of finance and business. And close to it we can find a little street with a tearoom where Ellen was a waitress last summer.

Peter: You're no good as a guide. Now we're turning west. We're in a district that was bombed severely during the war. But the central building was only slightly damaged. It is ... Jane?

Jane: St Paul's Cathedral built by Christopher Wren in the 17th century. A fine church in classical style.

Peter: Good. From St Paul's a bus takes us out of the City along Fleet Street famous for ... Phil?

Phil: I haven't the slightest idea ...

Barry: For its newspaper offices. That's why Fleet Street is a symbol of the press.

Peter: The bus is passing the Courts of Justice – oh, sorry, I shouldn't have said it. It was for you to say it. Never mind. Now we're turning north and facing the most famous building in London. Its front is in Great Russell Street. There's a tall gate and behind it ... Team A?

Ellen: A lawn with a learned cat in the middle.

Barry: Why "learned"?

Ellen: Because she belongs to the British Museum and likes to sunbathe in front of it.

Peter: Leave out the cat! Is that all you can say about the British Museum?

Ellen: The cat belongs to the sight, I can't leave her out. Besides she's quite typical of London. For seven million inhabitants there are almost three million cats in London. And the British Museum? It has the most famous collection of Greek, Roman, and Egyptian antiquities and one of the richest libraries in the world. Every tourist should see its well-known round Reading Room.

Barry: It's there I lost my pen last spring.

SŁOWNICZEK

antiquities [æn'tyk^uytyz] zabytki sztuki starożytnej
bomb [bom] bombardować
card [kɑ:d] karta
centre ['sentə] centrum
century ['senczəry] wiek, stulecie
classical ['klæsykəl] *tu:* klasycystyczny
collection [kə'lekszn] zbiór
Court of Justice [,ko:t əw 'dżastys] sąd
damage ['dæmydż] uszkodzić, zniszczyć
district ['dystrykt] dzielnica
divide [dy'wajd] dzielić
Egyptian [y'dżypszn] egipski
face [fejs] *tu:* stać przed, stać przodem do
famous ['fejməs] sławny
farewell [,feə'^uel] pożegnanie
fed up [,fed 'ap] znudzony
figuratively ['fygərətywly] w przenośni
finance ['fajnæns] finanse

Fleet Street ['fli:t stri:t] *nazwa ulicy, centrum dziennikarstwa w Londynie*
fortress ['fo:trys] forteca
Greek [gri:k] grecki
hostel ['hostəl] gospoda; schronisko; dom studencki
inhabitant [yn'hæbytənt] mieszkaniec
learned [lə:nd] uczony
monotonous [mə'notənəs] monotonny
motion [mouszn] wniosek (*na zebraniu*)
peculiar [py'kju:liə] *tu:* dziwny
pool [pu:l] pool (*odmiana bilarda*)
port [po:t] port
press [pres] prasa
prison [pryzn] więzienie
quiz [k^uyz] kwiz
quizmaster ['kwyzmɑ:stə] osoba prowadząca kwiz
Roman ['roumən] rzymski
second ['sekənd] *tu:* popierać (*np. wniosek*)

severely [sy'wiəly] okrutnie, dotkliwie
slightly ['slajtly] lekko, nieznacznie
St [sənt] = saint święty
St Paul's Cathedral [sənt ˌpo:lz
kə'θi:drəl] katedra św. Pawła
structure ['strʌkczə] budowla, struktura
style [stajl] styl
subject ['sʌbdżykt] *tu:* temat
sunbathe ['sʌnbejð] opalać się, grzać
się na słońcu

symbol ['symbəl] symbol
team [ti:m] zespół, drużyna, grupa
tearoom ['ti:ru:m] herbaciarnia
test [test] wypróbować
Threadneedle St [ˌθred'ni:dl stri:t] *nazwa ulicy w Londynie*
turn [tə:n] *tu:* kolej, kolejność
waitress ['ᵘejtrys] kelnerka
war [ᵘo:] wojna
whatever [ᵘot'ewə] cokolwiek

Christopher Wren [ˌkrystəfə 'ren] *słynny architekt angielski (1632–1723)*

WYBRANE ZWROTY

Twenty Questions *gra, w której zgaduje się wybrany wyraz, zadając 20 pytań*
I'm fed up with ... mam już dosyć ..., mam po uszy ...
time and again ustawicznie, co raz
last night wczoraj wieczorem
I second the motion. Popieram wniosek.
That's up to Peter. To zależy od Petera.
I can't follow you. Nie rozumiem cię.
May I have your attention? Proszę o uwagę.
which way we're going w jakim kierunku idziemy
it's not your turn nie twoja kolej
You're no good as a guide. Kiepski z ciebie przewodnik. Jesteś do niczego jako przewodnik.

GRAMATYKA

● **PRZYIMKI** – cd.

at na; o; przy

At the corner of Threadneedle Street we get off.
Na rogu ulicy Threadneedle wysiadamy.
They met at six o'clock.
Spotkali się o szóstej.
Don't sit at this desk.
Nie siadaj przy tym biurku.

by przez; przy

The questions were asked by Peter.
Pytania były zadawane przez Petera.
The cat was sleeping by the fireplace.
Kot spał przy kominku.

for dla; z; za

It was for you.
To było dla was.
Fleet Street is famous for its newspaper offices.
Ulica Fleet słynie z (mieszczących się tam) redakcji dzienników.
They died for their country.
Zginęli za swój kraj.

from z; od

You have a fine view from Tower Bridge.
Macie piękny widok z mostu Tower.
From the riverside to the City we go by bus.
Od brzegu rzeki do City jedziemy autobusem.

- **RZECZOWNIKI – RODZAJ** – cd.

She belongs to the British Museum.
Ona (*mowa o kocie*) należy do Muzeum Brytyjskiego.
I can't leave her out.
Nie mogę jej pominąć.
I didn't know you had a dog. – He isn't mine.
Nie wiedziałem, że masz psa. – On nie jest mój.

W języku potocznym małe zwierzęta mają rodzaj gramatyczny żeński, większe, drapieżniki oraz gryzonie – rodzaj męski. Psy – jeśli nie wyróżniamy rodzaju biologicznego – określamy zaimkiem it lub **he**. Koty – zaimkiem it lub **she**.

Niektóre nazwy zwierząt są inne dla rodzaju męskiego i inne dla rodzaju żeńskiego zgodnie z ich rodzajem rzeczywistym, np.

bull [bul] byk   **cow** [kau] krowa
cock [kok] kogut   **hen** [hen] kura

ĆWICZENIA

① Ćwicz na głos:

I'm going to {
ask you five questions.
listen to music.
stop smoking.
keep a horse.
breed setters.
study Dutch.
to read the TV guide.
join a jazz club.

② Czy następujące zdania są słuszne? Podkreśl właściwą odpowiedź:

1. Ellen would like to play pool. True. Not true. 2. Andy suggests a quiz. True. Not true. 3. Everybody has spent a few months in London. True. Not true. 4. Phil is the quizmaster. True. Not true. 5. The Tower of London is near the Thames. True. Not true. 6. The Bank of England has large windows. True. Not true. 7. St Paul's Cathedral was only slightly damaged during the war. True. Not true. 8. There are almost three million cats in London. True. Not true. 9. The British Museum has a small library. True. Not true. 10. It has the most famous collection of Egyptian, Greek and Roman antiquities. True. Not true.

③ Przepisz poniższe zwroty i naucz się ich na pamięć:

Would you be good enough to help me ...
Would you mind telling me the way to ...
I'm afraid I don't understand you ...
I'm not English, I'm Polish.
I understand better when people speak slowly.

④ Przepisz następujące zdania, podając słownie liczby:

1. The Tower of London was built in the 11th century. 2. St Paul's Cathedral is 364 feet high. 3. It was begun in 1675 and finished in 1710. 4. A large part of London was burnt down in 1666. 5. In 2000, 25 000 000 foreigners came to see England. 6. There are 500 000 dogs and 2 700 000 cats in London. 7. The telephone number of this bank is: 01-607-0912. 8. There were 305 people playing in this orchestra.

⑤ Wstaw czasownik podany w nawiasie w odpowiednim czasie – przeszłym prostym (Simple Past Tense) lub przeszłym złożonym (Present Perfect Tense):

1. There's a tearoom where Ellen (to be) a waitress last summer. 2. The district (to be bombed) severely during the war. 3. We (to have) Twenty Questions time and again at our hostel. 4. We (to spend) a few months here. 5. It's there I (to lose) my

pen last spring. 6. I (not to see) much of the country. 7. She (to read) that book ages ago. 8. The day before yesterday we (to have) a few friends with us.

⑥ Zamień następujące przymiotniki na rzeczowniki i podaj znaczenie tych rzeczowników po polsku:

weak, kind, hard, sad, stingy, soft, lonely, steady, late, silly, polite, greedy

⑦ Uzupełnij następujące zdania:

Przykład: A ball is made of ...
A ball is made of rubber.

1. Chairs are usually made of ... 2. Many old houses in Edinburgh are made of ... 3. A man's summer hat is made of ... 4. Engines are made of ... 5. Glasses are made of ... 6. Bread is made of ... 7. Curtains are made of ... 8. A theatre ticket is made of ... 9. Jam and marmalade are made of ...

⑧ Przetłumacz:

1. Ellen mówi po francusku bardzo dobrze, ponieważ spędziła całe życie we Francji. 2. Kiedy widziałem twojego brata w zeszłym tygodniu, był zaziębiony (*dosł.* miał zaziębienie). 3. Mieszkamy przy (in) ulicy Oksfordzkiej (Oxford) od (for) dwóch lat. 4. W lecie 1998 roku mieszkaliśmy na wsi przez trzy tygodnie. 5. Nareszcie skończyłem zadanie. 6. O czym będziemy rozmawiali? 7. To zależy od was. 8. Nie rozumiem ciebie. Co mamy teraz robić (*dosł.* robić teraz)? 9. Stoimy przed najsłynniejszym budynkiem w Londynie. 10. Nasza zabawa zbliża się do końca.

⑨ Wybierz spośród następujących wyrazów te, w których nie wymawiamy litery **r**:

card, press, century, port, Roman, waitress, turn, tower, learn, street

- PRZYIMKI – cd.
- RZECZOWNIKI – LICZBA MNOGA – cd.

📖 A QUIZ ABOUT LONDON II

Peter: Now, ladies and gentlemen, we'll walk a few streets to the north and as we look up we see a large block … Sue?

Sue: Honestly, I don't know what you mean. Most of the very tall buildings, you know, the skyscrapers I've seen, are either near Victoria Station or along the Embankment or in the suburbs.

Jane: Shame! You should remember the University of London, a huge building.

Peter: Now let's walk down Charing Cross Road to Leicester Square which is … Jane?

Jane: It is theatreland. It's not very large but the whole district is full of cinemas, theatres and restaurants. Look at the lights, the advertisements, at the queue of people in front of this theatre.

Peter: From here it's only a few steps to Piccadilly Circus where you can see … Andy?

Andy: A huge, bright advertisement of Coca-Cola.

Barry: Wrong again, you greedy boy! Turn your back on the advertisement and you'll see the most popular statue in England, right in the middle of the circus – the statue of Eros.

Ellen: It's very graceful, it seems to move.

Phil: It's not just movement, it seems to fly.

Peter: No wonder Londoners are so fond of it. Now let's proceed down the Haymarket in the direction of another famous square – very large and with a very tall column in the middle, the place of the big demonstration against the armaments race …

Phil: I know. That's quite easy. You mean Trafalgar Square with Nelson's Column in the middle, bronze lions at his feet, quite a number of fountains, and a much larger number of pigeons and starlings.

Peter: And what about the buildings round the square?
Phil: I remember only a church in the north. I always forget what it is.
Barry: Perfectly shocking! You should know at least the National Gallery. A world-famous collection of paintings by most famous artists from all nations. Entrance free, except on Wednesdays.
Ellen: Isn't that enough, Peter? Haven't we already seen the most famous sights of London?
Peter: Now, team B, do you agree?
Sue: Oh no. We've left out the Houses of Parliament along the Thames. They're comparatively modern, they were built in the nineteenth century. But they're situated in a lovely spot. The view of the Houses with the Thames in front, the trees along the Embankment and Westminster Bridge has become representative of the town.
Phil: You mustn't forget Westminster Abbey – a magnificent example of English Gothic style ...
Barry: Let me go on. Inside you will find the tombs or monuments of many great Englishmen. Among others those of Isaac Newton, Darwin... In Poets' Corner – a statue of Shakespeare, the grave of Dickens ...
Peter: Yes, you're quite right. But it's getting late, really. Let's finish our tour. We started with the East End, crossed the City and wandered into the West End. I suppose the tourists need a rest. What do you suggest, team A?
Ellen: The top of the Telecom Tower[*]. The view is magnificent – it's the highest restaurant in London.
Andy: Certainly, but the prices are pretty high too, we can't afford them. I think a snack would be advisable, and a fast food restaurant would be the right thing.
Sue: Team B can do better. Our guide might take us to Hyde Park and so we could see a typical English park, have a rest in the open air and have tea there just as well.

---

[*] Wieża telekomunikacyjna zbudowana w latach 60. XX w. w centrum Londynu (wcześniej znana jako **the Post Office Tower**).

Peter: Good finish, Sue. Now, let me see ... Team A has four points, team B six points. Cheers for the winning team! You'll make good guides. When our friends come to London, you can show them round!

SŁOWNICZEK

abbey [ˈæby] opactwo
advisable [ədˈwɑjzəbl] wskazany, polecany
afford [əˈfoːd] pozwolić sobie na (coś)
armaments [ˈɑːməmənts] zbrojenia
armaments race [ˈɑːməmənts rejs] wyścig zbrojeń
block [blok] blok
bronze [bronz] brąz, spiż
cheers [cziəz] hurra!, brawo!
column [ˈkoləm] kolumna
comparatively [kəmˈpærətywly] stosunkowo
direction [dyˈrekszn] kierunek
embankment [ymˈbæŋkmənt] nabrzeże, *także: ulica o tej nazwie*
exception [ykˈsepszn] wyjątek
fast food [ˌfɑːst ˈfuːd] fast food
fountain [ˈfɑuntyn] fontanna
free [friː] wolny
gallery [ˈgæl-əry] galeria
Gothic [ˈgoθyk] gotycki
grave [grejw] grób
Haymarket [ˈhejmɑːkyt] *nazwa ulicy w Londynie*
hush [hɑsz] (cicho) sza!
Londoner [ˈlɑndənə] londyńczyk

magnificent [mægˈnyfysənt] wspaniały
movement [ˈmuːwmənt] ruch
pigeon [pydżn] gołąb
point [pojnt] punkt; wskazywać
proceed [prəˈsiːd] postępować, posuwać się naprzód
queue [kjuː] ogonek, kolejka; stać w kolejce
race [rejs] wyścig
reply [ryˈplɑj] odrzec, odpowiedzieć
representative (of) [ˌrepryˈzentətyw (əw)] reprezentacyjny, charakterystyczny (dla)
shame [szejm] wstyd
situated [ˈsyczuejtyd] *lub* [ˈsytjuejtyd] położony
skyscraper [ˈskɑjskrejpə] wieżowiec, drapacz chmur
snack [snæk] przekąska
starling [ˈstɑːlyŋ] szpak
statue [ˈstæczuː] *lub* [ˈstætjuː] posąg, statua, pomnik
Telecom [ˈtelykom] *nazwa wieży telekomunikacyjnej*
tomb [tuːm] grobowiec
university [ˌjuːnyˈwəːsyty] uniwersytet
wonder [ˈᵘandə] *tu:* cud

Charles Darwin [ˌczɑːlz ˈdɑːᵘyn] *przyrodnik, filozof, podróżnik, autor dzieła o pochodzeniu gatunków (1809–1882)*
Horatio Nelson [həˌrejsziəu ˈnelsən] *admirał angielski (1758–1805), zginął w zwycięskiej bitwie pod Trafalgarem*
Isaac Newton [ˌɑjzək ˈnjuːtn] *wielki fizyk angielski (1642–1727)*
William Shakespeare [ˌᵘyljəm ˈszejkspiə] *największy dramaturg angielski (1564–1616)*

WYBRANE ZWROTY

no wonder nic dziwnego, że
perfectly shocking po prostu straszne, po prostu okropne
the right thing dobre rozwiązanie sprawy, akurat to, o co chodzi
just as well równie dobrze
just a moment chwileczkę
just take weź, proszę
cheers for the winning team brawa dla zwycięskiej drużyny
you can show them round możecie ich oprowadzić
a fast food restaurant bar szybkiej obsługi

GRAMATYKA

- **PRZYIMKI** – cd.

in w; na

In the middle of the square.
W środku placu.
Along the embankment or in the suburbs.
Wzdłuż nabrzeża lub na przedmieściach.

into do; w

We wandered into the West End.
Przywędrowaliśmy do West Endu.
He put his hands into his pockets.
Włożył ręce do kieszeni.
Put yourself into my place.
Postaw się w moim położeniu.

off z; od

Take your feet off the seat.
Zdejmij nogi z siedzenia.
A cinema off Piccadilly Circus.
Kino niedaleko Piccadilly Circus.

of (*tłumaczymy przez dopełniacz*)

The streets of London.
Ulice Londynu.

There was a great number of pigeons.
Było mnóstwo gołębi.
The grave of Dickens.
Grób Dickensa.

over nad, ponad

The birds fly over Hyde Park.
Ptaki latają nad Hyde Parkiem.

● **RZECZOWNIKI – LICZBA MNOGA** – cd.

booking office	kasa biletowa	booking offices	kasy biletowe
shop assistant	ekspedient, ekspedientka	shop assistants	ekspedienci, ekspedientki
brother-in-law	szwagier	brothers-in-law	szwagrowie

W wyrazach złożonych z rzeczowników lub rzeczowników i innych części mowy, końcówkę liczby mnogiej -s dodajemy do rzeczownika zawierającego podstawową treść wyrazu złożonego.

ĆWICZENIA

❶ Ćwicz na głos:

Have you ever
- worked in a restaurant?
- lost your way in a town?
- written a letter to a newspaper?
- kept a cat and a dog?
- spoken on the radio?
- appeared on TV?
- visited the Houses of Parliament?
- been to London?

❷ Odpowiedz na pytania:

1. Where has Sue seen skyscrapers in London? 2. Did she remember the University of London? 3. What can you see in Leicester Square and near Leicester Square? 4. Where was the queue of people standing? 5. Where is the statue of Eros? 6. Does Ellen like it? 7. What can you see in Trafalgar Square? 8. Whose monument (= column) stands in the middle of Trafalgar Square? 9. What place does team A suggest for a rest and a snack? 10. Which team won the quiz about London?

③ Wstaw w odpowiednim miejscu przysłówki podane na końcu zdania:

1. I've spent a few days in London but I haven't seen the National Gallery (already, yet). 2. I've been interested in painting and I want to see the gallery (always, tomorrow). 3. I can't go there in the morning, i.e. before 10 am for then the gallery is closed (early, still). 4. A friend of mine goes there during the weekends (often). 5. She sees a lot of people there on Saturdays, and larger crowds on Sundays (quite, even). 6. You can see there the works of all European painters (almost).

④ Naucz się poniższego tekstu na pamięć, zwracając uwagę na akcentowanie wyróżnionych słów, co uwydatni rytm limeryku:

There **was** an Old **Man** who said: "**Hush**!
I can **see** a young **bird** in this **bush**!"
    When they **asked**: "Is it **small**?"
    He **replied**: "Not at **all**.
It's **four** times as **big** as the **bush**!"

⑤ Wstaw w następujących zdaniach **tell** lub **talk** według zasady: **tell**, gdy jedna osoba (lub strona) mówi, a pozostałe słuchają, **talk**, gdy obie osoby (lub strony) mówią:

1. In the quiz about London Peter's friends ... about the town. 2. Jane ... them everything she knew about theatreland. 3. ... me the way to Trafalgar Square, please. 4. Both students ... for an hour about their studies in Sweden. 5. We can't ... about this film in front of the children. 6. Why didn't you ... him that you couldn't meet him in the British Museum?

⑥ Napisz w formie pełnej następujące formy ściągnięte:

Przykład: We'll walk along a few streets.
        We will walk along a few streets.

1. Now let's walk down Charing Cross. 2. It's not very large. 3. You'll see the most popular statue in England. 4. That's quite easy. 5. Isn't that enough, Peter? 6. Haven't we already seen the most famous sights? 7. You mustn't forget Westminster Abbey. 8. You're quite right.

⑦ Postaw na początku pytania odpowiedni zaimek lub przysłówek pytający: **how, where, who, what, when, which**:

Przykład: ... did you see my brother?
        Where did you see my brother?

1. ... spoke first about a quiz? 2. ... is the quizmaster? 3. ... is the University of London large building? 4. ... street do you like best, Piccadilly or Charing Cross Road? 5. ... did you visit the National Gallery? 6. ... is the statue of Eros, in the

middle of a street or of a circus? 7. ... said that the prices were high on top of the Telecom Tower? 8. ... much money do you need for a snack? 9. ... type of restaurant suits Andy best? 10. ... team won the quiz?

⑧ W następujących wyrazach podkreśl sylaby akcentowane, np. <u>some</u>thing:

gentlemen, monument, monotonous, professional, famous, typical, British, collection, finance, waitress, whatever

51 LESSON FIFTY-ONE
THE FIFTY-FIRST LESSON

- **PRZYIMKI** – cd.
- **WYRAŻENIA PRZYIMKOWE** – cd.

📖 SPACE FLIGHTS 🎧

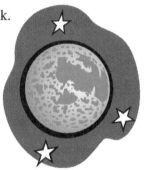

Rick: Look, Uncle Andy, what a funny book. It's about the first men on the moon and it's all wrong.

Andy: What's wrong with the book?

Rick: First of all the men fly to the moon in a spacecraft that's like a ball, not like a rocket, and I know that real spacecrafts aren't like that. Then the book says there are people on the moon, or rather peculiar creatures, and that there are huge, strange flowers.

Andy: Let me have a look ... Who has written the book? I see, it's "The First Men in* the Moon" by Wells. No wonder his picture is fantastic. Do you know when the book was written?

Rick: I don't know ... perhaps before the war?

Andy: In 1901. Is Wells wrong in everything? Hasn't he foreseen any of the things that have come true?

Rick: Well. His first picture of the surface is all right, it's very much like that the astronauts have transmitted. And then the two men in the book discover that they don't weigh anything on their trip from the earth to the moon: there's no gravitation in their spacecraft.

Steve: (*coming in from the garden*) Rick, your neighbour, Bob, has come to show you his toy space helmet. Take him into the garden and play there.

Rick runs out of the room.

---

* W tytule książki H.G. Wellsa występuje przyimek **in**. Obecnie w angielszczyźnie brytyjskiej mówimy **on the moon**.

Andy: We've been talking about space flights. You know, I think it's all amazing, fantastic, but sometimes I think it costs too much. Are the results worth those astronomical sums spent on research in space?

Steve: As you say, it's research, and in all matters of science we can't foresee all the results. After all, through these space-crafts, satellites and the like scientists have already learnt a lot, not only about the moon and stars but also about the atmosphere round the earth. Satellites are used in communication, in television ...

Andy: Yes, I'd forgotten about all that.

Steve: And remember that there are many weather satellites, which give us advance warning about hurricanes coming from the oceans. They save both life and money.

Andy: But must people risk their lives? Can't we send only sputniks, satellites, space probes and rockets without passengers?

Steve: Well, I think that man is always cleverer than a computer produced by himself. An intelligent peson can solve quite new problems – a machine can't. Astronauts and scientists have made a great many discoveries in technology, medicine, physics.

Andy: But think of risking your life!

Steve: Did the first airmen in the first aeroplanes think of the risk? And yet I'm sure you think that travelling by plane is a normal, natural thing.

Andy: There's some truth in what you say.

Suddenly they hear the boys shouting and crying in the garden. Steve runs out to see what has happened. He soon comes back.

Steve: Just a collision of two rockets. Rick's spacecraft has collided with Bob's. They were orbiting too close to each other and their trajectories crossed near the garden gate.

Andy: I hope nobody's hurt?

Steve: *(laughing)* Not really. Only a few bruises. The astronauts have made a hurried landing. Mum will see to their bruises and comfort them with ice cream.

SŁOWNICZEK

advance [əd'wɑ:ns] postęp, posuwanie się naprzód
astronaut ['æstronoːt] astronauta, kosmonauta
astronomical [ˌæstrə'nomykl] astronomiczny
believe [by'liːw] wierzyć
Bob [bob] *zdrobniała forma imienia* **Robert** ['robət]
bruise [bruːz] siniak
collide [kə'lɑjd] zderzyć się
collision [kə'lyżn] zderzenie
comfort ['kamfət] pocieszać
communication [kəˌmjuːny'kejszn] komunikacja, łączność
computer [kəm'pjuːtə] komputer
creature ['kriːczə] stworzenie
discover [dy'skɑwə] odkryć
discovery [dy'skɑwəry] odkrycie
earth [əːθ] Ziemia, ziemia
fantastic [fæn'tæstyk] fantastyczny
flight [flɑjt] lot
foresee [foː'siː] przewidywać
gravitation [ˌgræwy'tejszn] grawitacja, ciążenie
happen ['hæpən] zdarzyć się
helmet ['helmyt] hełm

hurricane ['harykən] *lub* ['harykejn] huragan
hurried ['haryd] pośpieszny *(np. ruch ręki)*
ice cream [ˌajs 'kriːm] lody
intelligent [yn'telydżənt] inteligentny
machine [mə'sziːn] maszyna
matter ['mætə] materia; rzecz; sprawa
moon [muːn] Księżyc, księżyc
normal ['noːməl] normalny
orbit ['oːbyt] orbitować
passenger ['pæsyndżə] pasażer
physics ['fyzyks] fizyka
planet ['plænyt] planeta
probe [proub] sonda
problem ['probləm] problem
research [ry'səːcz] badania, praca naukowa
result [ry'zalt] wynik
rocket ['rokyt] rakieta
satellite ['sætəlajt] satelita
solve [solw] rozwiązywać *(np. problem)*
spacecraft ['spejskrɑːft] pojazd kosmiczny
sputnik ['sputnyk] sputnik

sum [sʌm] suma
surface ['sə:fys] powierzchnia
technology [tek'nolədży] technologia, technika
trajectory [trə'dżektəry] tor lotu

transmit [trənz'myt] przekazywać
warn [ᵘo:n] ostrzegać
weigh [ᵘej] ważyć
worth [ᵘə:θ] wart

Herbert George Wells [,hə:bət ,dżo:dż 'ᵘelz] *angielski pisarz i myśliciel, twórca gatunku science fiction (1866–1946)*

WYBRANE ZWROTY

have a look przyjrzeć się, zerknąć
no wonder nic dziwnego
to come true spełnić się
worth something wart czegoś
after all ostatecznie, w gruncie rzeczy
I'd forgotten = I had forgotten
worth those sums warte tych sum
worth all this trouble warte całego tego zachodu (*dosł.* kłopotu)
and the like i tym podobne
a great many wiele; bardzo liczne
Mum will see to their bruises. Mama zajmie się ich siniakami.
weather satellite satelita meteorologiczny
advance warning wcześniejsze ostrzeżenie

GRAMATYKA

● **PRZYIMKI** – cd.

round dookoła

The atmosphere round the earth.
Atmosfera dookoła Ziemi.
The astronauts flew round the moon.
Astronauci lecieli dookoła Księżyca.

up w górę

Don't run up the steps.
Nie biegaj w górę po schodach.
The boat went up the Thames.
Łódź popłynęła (*dosł.* poszła) w górę Tamizy.

with z, za pomocą

What's wrong with the book?
Co jest nie tak z tą książką?
My wife is waiting with our dinner.
Moja żona czeka z obiadem (*dosł.* naszym obiadem).
He opened the door with a hammer.
Otworzył drzwi za pomocą młotka.

without bez

Can't we send rockets without passengers?
Czy nie możemy wysyłać rakiet bez załogi (*dosł.* pasażerów)?
You can't do it without risking your life.
Nie można tego uczynić bez narażenia życia.

● **WYRAŻENIA PRZYIMKOWE** – cd.

because of	z powodu
in spite of	pomimo
out of	z, spoza
in the middle of	w środku
in place of	zamiast, na miejscu
instead of	zamiast
as far as	aż do, o ile, co do
in advance	z góry, naprzód, wcześniej

John had to leave us because of his examination.
John musiał nas opuścić z powodu egzaminu.
I like winter in spite of the cold weather.
Lubię zimę, mimo że jest zimno (*dosł.* mimo zimnej pogody).
The astronaut got out of the rocket.
Astronauta wyszedł z rakiety.
Don't stop in the middle of the road.
Nie stawaj na środku drogi.
I invited John in place of Peter, who went to London.
Zaprosiłam Johna zamiast Petera, który wyjechał do Londynu.
I took your book instead of mine.
Wziąłem twoją książkę zamiast swojej.
The boys ran as far as the garden gate.
Chłopcy pobiegli aż do furtki ogrodowej.
You can book tickets in advance.
Bilety można zarezerwować wcześniej.

ĆWICZENIA

❶ Ćwicz na głos:

I've just {
heard the news.
come home.
met a French artist.
found a good café.
seen that famous gallery.

I heard the news last Tuesday.
I came home five hours ago.
I met a French artist last summer.
I found a good café two days ago.
I saw the famous gallery in March.

❷ Odpowiedz na pytania:

1. Who has written the book "The First Men in the Moon"? 2. Who talks about the book? 3. When was the book written? 4. Is the picture of the moon all wrong in the novel? 5. Did Wells write anything about gravitation in the spacecraft? 6. Where was Steve before he came into the room? 7. Have space flights brought any results? 8. Are satellites useful in our everyday life? 9. Can we have space flights without any risk? 10. Is travelling by plane a normal thing in our times?

❸ Wstaw czasownik podany w nawiasie w odpowiednim czasie, uwzględniając zasadę następstwa czasów:

1. Wells wrote in his book that there (to be) peculiar creatures living on the moon. 2. Rick didn't know when the book (to be written). 3. Rick said that the picture of the surface of the moon (to seem) all right in the novel. 4. The astronauts discovered that they (not to weigh) anything on their trip to the moon. 5. Steve said that Bob (to want) to show his new helmet. 6. Andy thought that space flights (to cost) too much. 7. He said that the sums spent on space flights (to be) astronomical. 8. His friend answered that scientists (to learn) a lot about the atmosphere round the earth.

❹ Zamień na formę twierdzącą:

1. There was nobody in front of the rocket. 2. The novel said nothing about gravitation. 3. The young neighbour doesn't like to play with Rick. 4. Rick's father doesn't hear any noise from the garden. 5. The trajectories of the two rockets don't meet. 6. There was no trouble when the spacecrafts met suddenly. 7. Mum won't give the boys anything to comfort them. 8. There's nothing fascinating about space flights.

⑤ Przetłumacz:

Pierwsza strona gazety ukazuje fotografię premiera rozmawiającego przyjaźnie (*dosł.* zajętego przyjazną rozmową) z prezydentem Stanów Zjednoczonych, podczas gdy urzędnicy państwowi (government officials) obu narodów stoją obok. Przeczytawszy najświeższe wiadomości, Peter przechodzi do (some) innych pozycji. Oto fotografia ukazująca pożar teatru w jednej z mniejszych stolic europejskich (= w pewnej mniejszej stolicy europejskiej). Połowa budynku została zniszczona, jedna osoba zabita i kilka rannych.

⑥ Podaj 5 wyrazów zakończonych na **-tion**, zwróć uwagę na ich wymowę.

LESSON FIFTY-TWO
THE FIFTY-SECOND LESSON 52

- CZASOWNIKI to do, to make

📖 LEARNING LANGUAGES THE EASY WAY

Andy: When you rang me up from the station, you said something about a strange experiment you did last month. Now you've got time to tell us all about it.

Steve: Well, the fact is that I've always wanted to speak Italian properly but I couldn't make myself study it regularly. A month ago I decided to learn Italian the easy way.

Andy: And what's the easy way? I'd like to know it myself.

Steve: I was told you could learn a language simply by listening to lessons from a tape recorder or on TV, several times a week, while you're falling asleep.

I'll look for a nice Italian boy

Andy: It sounds fine.

Matt: I've heard about it in the factory where they make radio sets.

Steve: I must have done something wrong. Margaret did what I asked her to do. That is, the moment I was in bed and ready to fall asleep, she used to switch on the TV. You see, I have a very good memory so after three weeks of listening to regular lessons I ought to have improved my Italian but I didn't.

Matt: Why? What happened?

Steve: It's very peculiar. I simply can't say more than a few words in Italian. I start all right and then, somehow, I get sleepy and start talking about sport – in English. I don't know why. After a couple of words in Italian I talk about tennis matches, golf, boxing, athletics, jumping, sprint ... but in English. And finally I fall asleep.

Matt: Perhaps these were lessons for sports clubs. What were the lessons about?

Steve: How can I know? I fall asleep when the soft voice starts speaking. Margaret should know.

Margaret: Why should I? I leave the room the moment the TV comes on. You know it's very funny. Usually Rick talks a lot about referees, results, test matches; he's a football fan but not Steve.

Andy: Let's see how he does it. Do say something in Italian, Steve.

Steve: (*sitting in an armchair*) Just listen: "Signore signori, buona notte a tutti ..." *He closes his eyes.* "And now here's the latest sport news: Henry Brown won the fifth stage of the Tour of Britain today, a hundred and fourteen miles from Glasgow to ... (*he mumbles*). He was the hero of the stage, breaking away from the field after seventy-six miles. Second place went to (*Steve mumbles half asleep*) ... just over half a minute behind his team-mate trying to retain the yellow jersey of race leadership ..."

Margaret: Now I see how it happens. The sound of Italian makes him fall asleep. But why talk sport in his sleep?

Steve wakes up.

Matt: I think I can solve the problem. What time do these lessons begin?

Margaret: Half past ten.

Steve: No, a quarter past ten.

Margaret: But you told me to switch the TV on at ten thirty and that's what I did all the time.

Matt: That explains everything. Steve has been listening regularly to the very end of the Italian lesson and then to the next item on the air.

Andy: Sports roundup, of course. What a pity they're in English.

Steve: The only good thing is that I've learnt to go to bed at regular hours. Now I can sleep like a log.

Matt: But you ought to know that sleep learning isn't just "learn while you sleep". Every night, before you go to bed, you must work on your Italian the usual way, about an hour ...

Steve: What? An hour a day? Not me ... that's not "the easy way". I think I'll find an attractive Italian girl who can't speak English, and meet her regularly.

Margaret: A very good idea. I'll look for a nice Italian boy and he'll teach me the language.

Steve: No, I don't like that, Margaret. I think we'll both join a regular school of languages.

Margaret: And talk Italian to each other.

Andy: I think you're both making fun of us!

A tape recorder is a very useful thing when you are learning English. You can record lessons given on TV, stories, conversations spoken by people whose English is perfect. You can also listen to your own voice and notice your most common mistakes. A tape recorder at home should be a great help in training your ear and improving your pronunciation.

SŁOWNICZEK

asleep [ə'sli:p] we śnie
athletics [æθ'letyks] lekkoatletyka
boxing ['boksyŋ] boks
break away [ˌbrejk ə'ᴵᵘej] oderwać się
care for ['keə fə] dbać o
couple [kʌpl] para; kilka
experiment [yk'sperymənt] *lub* [ek'sperymənt] eksperyment, doświadczenie
fact [fækt] fakt
fan [fæn] fan, kibic, miłośnik, zwolennik
field [fi:ld] *tu*: peleton
finally ['fajnəly] w końcu
golf [golf] golf
jersey ['dżə:zy] *tu*: koszulka sportowa
jump [dżʌmp] skakać, skoczyć
leadership ['li:dəszyp] *tu*: prowadzenie
listen to ['lysn tə] słuchać, przysłuchiwać się
log [log] kłoda
mate [mejt] towarzysz, kolega
memory ['meməry] pamięć
mumble [mʌmbl] mamrotać

properly ['propəly] dobrze, prawidłowo
referee [ˌrefə'ri:] sędzia sportowy (*zwłaszcza piłkarski*)
retain [ry'tejn] utrzymać, zatrzymać
roundup ['raundəp] *tu*: skrót (wiadomości)
soft [soft] *tu*: cichy
sprint [sprynt] sprint
stage [stejdż] *tu*: etap
switch off [ˌsᵘycz 'of] wyłączyć
switch on [ˌsᵘycz 'on] włączyć (radio, telewizor, światło)
tape recorder ['tejp ryˌko:də] magnetofon
team-mate ['ti:mmejt] zawodnik tej samej drużyny
tennis ['tenys] tenis
test [test] próba, test; wypróbować
test match ['test mæcz] rozgrywka
Tour of Britain [ˌtuər əw 'brytn] *wyścig dookoła Wielkiej Brytanii*
train [trejn] ćwiczyć, trenować

WYBRANE ZWROTY

learning the easy way nauka bez wysiłku (= w łatwy sposób)
I was told mówiono mi, słyszałem, że
to fall asleep zasnąć
I must have done something wrong widocznie zrobiłem (= musiałem zrobić) błąd (*dosł.* coś źle)
I ought to have improved powinienem był poprawić
my Italian moja znajomość włoskiego
Do say something in Italian. Powiedz, proszę, coś po włosku. (**do** *użyte jest tutaj dla wzmocnienia wypowiedzi*)
to talk sport mówić o sporcie, rozprawiać na temat sportu
sports roundup skrót wiadomości sportowych
every night co wieczór
the usual way w normalny sposób
to make fun of żartować sobie z

GRAMATYKA

- **CZASOWNIKI** to do, to make

To do oznacza *robić, czynić*, a **to make** – *robić, tworzyć, wytwarzać*.

I must have done something wrong.
Musiałem coś źle zrobić.
Margaret did what I asked her to do.
Margaret zrobiła to, o co ją prosiłem (żeby uczyniła).
Let's see how he does it.
Zobaczmy, jak on to robi.
The factory where they make radio sets.
Fabryka, w której produkują aparaty radiowe.
Chairs are made of wood.
Krzesła są zrobione z drewna.

Oba czasowniki występują w wielu zwrotach idiomatycznych:

How do you do?
Jak się masz?
We have worked for a long time, it will do for today.
Pracowaliśmy długo, wystarczy na dzisiaj.
Everyone must do his job.
Każdy musi wykonać swoją pracę.
I couldn't make myself study regularly.
Nie mogłem się zmusić do regularnej nauki (= regularnego uczenia się).
You're making fun of us.
Żartujesz z nas.
Don't make a fool of yourself.
Nie rób z siebie wariata! (= Nie wygłupiaj się!)
I made up my mind to come.
Zdecydowałem się przyjść.

ĆWICZENIA

❶ Ćwicz na głos:

This is the most
- beautiful picture I have ever seen.
- important part of the book.
- monotonous song I have ever heard.
- difficult space flight.

This is the most
- crowded room in the building.
- imposing monument.
- peculiar situation.
- amazing question.

❷ Odpowiedz krótko na pytania:

1. Does Steve want to learn Italian? 2. Does he speak the language well? 3. Has he learnt Italian "the easy way"? 4. Did Margaret switch on the TV regularly? 5. Did Steve listen to lessons on TV regularly? 6. Is his memory good? 7. Has his Italian improved? 8. Does he talk much about sport? 9. Can Steve know what the lessons were about? 10. Should Margaret know all about those lessons? 11. Does Steve fall asleep after a few words in Italian? 12. Did the lessons begin at a quarter to eight?

❸ Uzupełnij następujące zdania odpowiednim rzeczownikiem:

Londoner, winner, sprinter, teacher, helper, learner, waitress, writer

1. A person who teaches in school is a ... 2. A sportsman who sprints is a ... 3. A person who helps me is my ... 4. The person who is best in a quiz is the ... 5. A person who writes novels and short stories is a ... 6. A person who lives in London is a ... 7. A woman who works in a restaurant is a ... 8. Anybody who learns something is a ...

❹ Zamień następujące pytania niezależne na pytania zależne:

Przykład: Why did John go to Edinburgh? (I want to know ...)
         I want to know why John went to Edinburgh.

1. When did the astronauts orbit the earth? (Tell me, please ...) 2. Who was the first woman astronaut? (I'd like to know ...) 3. Why did Steve and Margaret do the funny experiment? (Ask them ...) 4. Is a tape recorder a great help in learning languages? (Is it true ...) 5. Who were the first men on the moon? (Do you know ...) 6. Why are space flights useful? (You must tell him ...) 7. Does Andy believe in learning languages the easy way? (I'm not sure ...)

❺ Napisz, co jest przeciwieństwem następujących przymiotników i podaj ich znaczenie:

Przykład: untidy – nieporządny
       tidy – porządny

unnecessary, unspoiled, unhappy, impossible, impersonal, unusual, unfriendly, unreliable, impolite, imperfect

❻ Zamień **Shall I** na **Do you want me to** ...:

Przykład: Shall I open the window?
         Do you want me to open the window?

1. Shall I finish the job for you? 2. Shall I learn the poem by heart? 3. Shall I study Spanish? 4. Shall I wash up after lunch? 5. Shall I take a job in this factory? 6. Shall I answer all the questions? 7. Shall I queue for the tickets? 8. Shall I show them my collection of Polish stamps?

⑦ Przetłumacz (pamiętaj o stosowaniu form ściągniętych):

1. Uczę się grać na fortepianie, ale nie widzę rezultatów. 2. Uczmy się regularnie. 3. Dlaczego nie używasz magnetofonu? 4. Nie mogę, nie mam magnetofonu. 5. Poproś Ellen, ona pożyczy ci swój. 6. Musisz pracować usilnie (hard), żeby nauczyć się pływać. 7. Nie zatrzymuj się przed każdą wystawą sklepową (shop window). 8. Chłopcy udawali, że są (to be) statkami kosmicznymi. 9. Tory ich lotów skrzyżowały się koło furtki ogrodu i chłopcy się zranili. 10. Oni włożyli hełmy kosmiczne (space helmets) i podziwiali się nawzajem.

⑧ Ćwicz na głos dźwięczne zakończenia wyrazów:

[z] sounds, referees, he mumbles, languages, clubs
[d] could, sound, did, happened, good, bed, word

53 LESSON FIFTY-THREE
THE FIFTY-THIRD LESSON

• CZASOWNIK to mind

📖 GREYHOUND RACING

Ellen: Would you mind looking up the "TV Times" to see what's on TV just now?

Barry: Just a moment. Now it's five to eight. Let me see … eight o'clock, … sport, greyhound racing.

Ellen: Good.

Barry switches on the television.

Ellen: I've never been to the dogs. We haven't got greyhound racing in our country.

Barry: I've been several times. It's quite interesting. The races are very popular in our country. Usually there are crowds of people.

Ellen: Mostly men, of course. Have you ever done any betting?

Barry: I backed a dog once or twice, but I was never lucky. I lost some money in both cases.

On the TV screen an attractive young announcer says a few words and vanishes from the picture. A huge stadium appears instead.

Barry: Look. You can see the covered stands. The track is floodlit so that you can see everything perfectly.

Ellen: Where are the "competitors", I mean the dogs?

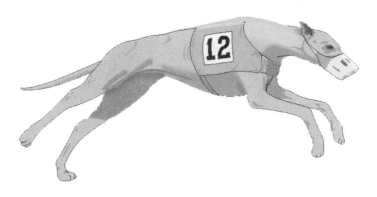

Barry: Look, they're going round the stadium, quite slowly, led by the attendants. Each dog has a coat of a different colour.

Ellen: I can see the numbers on the coats, they're quite large.

Barry: Now the dogs are ready at the start. Look out for the hare. It will come like a flash from the other side of the stadium.

Ellen: A hare? How cruel!

Barry: Don't be silly. A mechanical hare ... Oh, here it is, gliding very fast on its rail.

Ellen: The dogs are off. Do they think it's a real hare?

Barry: I don't know. Ask them. Anyway they follow the hare like hell and never catch it, poor things.

Ellen: They're lovely greyhounds. They must be in excellent condition.

Barry: The vet examines them before each race. That's a rule. See, how people shout, they're all standing so excited ...

Ellen: The first race is over. But you can't say which dog has won, two dogs came together, No 3 and No 1. What will the judge do?

Barry: There are special cameras at the finish line of all races. The camera will show you the slightest difference between the runners. Even if it's half a nose only ... you see? They're showing the photo.

Ellen: Yes, I see it. After all No 3 has won. And now the winner's name is announced over the loudspeakers.

Barry: Shall we watch the next races?

Ellen: Oh yes! Let's watch them. It's quite a new thing to me and I find it interesting.

Both Ellen and Barry settle down comfortably on a settee in front of the TV set to watch the rest of the programme.

The job of television announcers is not an easy one. They must have a good memory, speak very clearly, know how to pronounce many foreign names. They must have a pleasant face and a nice smile. They should never forget that they are always facing an extremely large number of people. They should be welcome "guests" in our homes.

SŁOWNICZEK

announce [ə'nauns] ogłosić
announcer [ə'naunsə] spiker radiowy, spiker telewizyjny
anyway ['enyᵘej] w każdym razie
attendant [ə'tendənt] osoba obsługująca; osoba dozorująca; opiekun
back [bæk] obstawiać; popierać
betting ['betyŋ] zakładanie się (o coś)
competitor [kəm'petytə] zawodnik
condition [kən'dyszn] *tu*: kondycja
cruel ['kru:əl] okrutny
examine [yg'zæmyn] *lub* [eg'zæmyn] badać; egzaminować
flash [flæsz] błysk
floodlit ['flɔdlyt] oświetlony reflektorami, zalany światłem
glide [glɔjd] sunąć
greyhound ['grejhaund] chart
hare [heə] zając

hell [hel] piekło
judge [dżadż] sędzia
loudspeaker [ˌlaud'spi:kə] głośnik
mechanical [my'kænykl] mechaniczny, sztuczny
no ['nambə] = **number** numer
race [rejs] bieg, wyścig; ścigać się
rail [rejl] szyna
rule [ru:l] zasada, reguła
runner ['ranə] biegacz, zawodnik wyścigów
screen [skri:n] ekran
settle [setl] usadowić się, umieścić się
stadium ['stejdiəm] stadion
stands [stændz] trybuny
track [træk] tor
vanish ['wænysz] znikać, zniknąć
vet [wet] = **veterinary** weterynarz
winner ['ᵘynə] zwycięzca

WYBRANE ZWROTY

"TV Times" *brytyjski tygodnik telewizyjny*
just a moment chwileczkę
look out for uważaj na, zwróć uwagę na
a mechanical hare mechaniczny, sztuczny zając
the dogs are off psy ruszyły/wystartowały
They follow the hare like hell. Pędzą za zającem jak szalone.
poor things biedactwa
I find it interesting. To mi się podoba.
"The Radio Times" *brytyjski tygodnik radiowo-telewizyjny*

GRAMATYKA

• CZASOWNIK to mind

Czasownik **to mind** znaczy: *mieć zastrzeżenia co do ..., mieć coś przeciwko ..., zważać na (coś).*

Would you mind looking up "The Radio Times"?
Czy byłbyś tak uprzejmy zajrzeć do programu radiowego?

Would you mind joining our team?
Czy może zechcesz wejść do naszej drużyny?
Do you mind my smoking?
Czy masz coś przeciwko temu, żebym zapalił?, Czy mogę zapalić?
I don't mind his winning.
Nie mam nic przeciwko temu, żeby wygrał.
Do you mind if I sit here?
Czy nie będzie ci przeszkadzać, jeżeli tu usiądę?

Czasownik **to mind** znaczy również: *uważać na (coś), doglądać (cze-goś), zajmować się (czymś).*

Never mind!
Mniejsza o to!, Nie zwracaj uwagi!
She will mind the children.
Ona się zajmie dziećmi.
Mind the step!
Uważaj na stopień!
Mind your own business!
Pilnuj swoich spraw!, Pilnuj swojego nosa!

ĆWICZENIA

① Ćwicz na głos:

John is Matt's friend.
Margaret is Steve's wife.
Rick is Steve's son.
Joan is the boy's sister.
Baby is the children's youngest sister.
He is my uncle's nephew.
She is the dog's mistress.
They are our students' teachers.

② Odpowiedz na pytania:

1. What's a greyhound? 2. Have you ever seen a greyhound race? 3. Have you got a television set? 4. What time was the greyhound race on TV? 5. Can Ellen see the track well? 6. Can she see any difference in the dogs? 7. How? 8. Do the dogs ever catch the hare? 9. What does the vet do before each race? 10. What does the camera do? 11. Which dog has won?

❸ Uzupełnij zdania, podając czasowniki w czasie teraźniejszym zwykłym lub ciągłym, np. **I take – I am taking**:

1. The telephone (to ring) now. 2. The telephone often (to ring) in the morning. 3. Ellen (to look up) "The Radio Times". 4. It (to rain) quite often in November. 5. We hardly ever (to go) to the races. 6. Ellen (to sit) at my desk today. 7. The attendants (to show) the dogs to everybody. 8. The hare (to glide) very fast on its rail in every race. 9. Ellen usually (to sit) at her desk. 10. She (to play) the piano very well now, much better than yesterday.

❹ Połącz odpowiednio zdania 1–6 ze zdaniami a)–f):

1. Do you mind my
2. Ellen doesn't mind
3. Will your wife mind
4. Bonzo doesn't mind
5. Would you mind
6. She won't mind

a) if her husband comes late.
b) buying a ticket for me?
c) living in town.
d) opening the window?
e) waiting for her letters.
f) if I use the telephone?

❺ Zamień tam, gdzie to możliwe, rzeczowniki i zaimki na rodzaj męski:

1. Her sister likes to go to the dogs with her friends. 2. My aunt doesn't like dogs: she says they annoy her by being too noisy. 3. Mrs Green's sisters are in her room. 4. The girl hasn't yet seen the stadium. 5. She'll do it tomorrow.

❻ Przepisz, podając liczby słownie:

Przykład: 53 – fifty-three

1. England, Scotland, Wales and the British part of Ireland cover about 94 000 square miles. 2. In 1937, the population of Great Britain was 48 million. 3. The highest mountain in Wales, Snowdon [snoudn], is 3560 feet high. 4. In Scotland the highest mountain, Ben Nevis [ˌben ˈnewys], is 4408 feet high. 5. Among the rivers of Britain the Thames is the longest, it is over 200 miles long. 6. In 1950, 623 people were killed in road accidents in London.

❼ Przetłumacz na język polski:

Well, I've come to the end of my book at last. As I'm a hard-working student, I've looked up every new word, I've written all the exercises in a special exercise book, although sometimes I was tempted to write the easier ones in my book. I like the stories in the book, I even like the exercises. I also like my teacher. And who has been my teacher? I myself, of course. Well, as a teacher I must tell myself not to forget what I have learnt. I must go on improving my English.

KLUCZ DO TEKSTÓW I ĆWICZEŃ

W nawiasach zostały podane: dosłowne tłumaczenia wyrazów i zwrotów, wyrazy lub zwroty równoznaczne, warianty wyrażeń i zwrotów, a ponadto polskie odpowiedniki wyrazów angielskich, które w przekładzie można pominąć oraz wyrazy, które nie występują w tekście angielskim, ale w przekładzie są celowe ze względów znaczeniowych lub stylistycznych.

To jest chłopiec, to jest dziewczynka 1

To jest dom, to jest drzewo. Co to jest? To jest stół. Co to (to drugie) jest? To także jest stół (*dosł.* To jest stół także). To jest chłopiec, to jest dziewczynka. To jest pióro i to jest pióro. To jest róża i to jest róża także.

❶ 1. It's a tree. 2. It's a pencil. 3. It's a book. 4. It's a rose.
❷ 1. a pen 2. a table 3. a pencil 4. a dog 5. a house 6. a tree
❸ 1. This 2. That 3. This 4. That
❹ 1. This is a pen and that's (= that is) a pencil. 2. This is a tree and that's a house. 3. What's (= What is) this? 4. This is a pencil. 5. What's that?

To jest pan Johnson 2

To jest dom i to (tam dalej) jest dom. Ten dom jest duży, tamten dom jest mały. Co to jest? To jest drzewo. To drzewo jest zielone. Kto to jest? To jest pan Johnson. Kto to jest? To jest pani Johnson. Pan Johnson jest wysoki, pani Johnson jest również wysoka. Kim (*dosł.* Kto to) jest ten chłopiec? To jest Rick. Kim (*dosł.* Kto) jest ta dziewczynka? To jest Joan. Rick jest wysoki, Joan jest niska. To pióro jest długie, tamten ołówek jest krótki. Co to jest? To jest stół.

❶ 1. long 2. short 3. small 4. big 5. short 6. tall
❷ 1. is 2. This 3. That dog 4. That tree
❸ 1. Who 2. Who 3. What 4. What 5. Who
❹ [u:] who, two; [i:] green, tree; [o:] small, short, tall; [ə:] girl
❺ Who is this (= Who's this)? It's Mr Johnson. Mr Johnson is tall. This girl is big and that boy is small. This rose is red. That pen is short. This pencil is green. That house is big. This boy is short.

To jest pies Joan ... 3

Kto to jest ten mężczyzna? To jest pan Johnson, ojciec Ricka i Joan. On jest wysokim mężczyzną. To jest jego żona, Margaret. Ona jest ładną kobietą. Rick jest synem pana Johnsona, a Joan jest jego córką. Ona jest ładna. Pani Johnson jest matką Ricka i Joan. Rick jest bratem Joan. To jest pies Joan, Binkie. Co to jest? To jest dom pana Johnsona, a to jest jego ogród. Jego dom jest duży.

Podpis pod rysunkiem: To jest pies Joan, Binkie

❶ 1. he 2. she 3. it 4. it 5. she 6. he
❷ 1. he 2. she 3. she 4. it 5. he
❸ 1. father 2. girl 3. woman 4. son 5. dog
❹ 1. father 2. mother 3. wife 4. sister 5. daughter 6. brother
❺ 1. Joan is Mr Johnson's daughter, she is pretty. 2. Mr Johnson is Rick's father. 3. This is Mr Johnson's house. 4. This is Binkie, Joan's dog. 5. This is a pencil, it is red. 6. This is a book, it is small.

4

Rick nie jest studentem

Pan Johnson jest nauczycielem. Andy jest jego bratem. On jest studentem. Rick nie jest studentem. Pani Johnson jest dentystką, ona nie jest nauczycielką. Pan Johnson jest wysoki. Andy nie jest tak wysoki jak jego brat, ale (on) nie jest niski. To jest dom pana Johnsona. On jest duży i bardzo ładny. Czy to jest jego ogród? Tak.

Nazywam się (*dosł*. Jestem) Steve Johnson. Jestem nauczycielem. To jest moja żona, Margaret. Ona jest dentystką. To jest Rick, mój syn, a to jest Joan, moja córka.

Nazywam się (*dosł*. Jestem) Margaret Johnson. Jestem dentystką. Mój mąż jest nauczycielem. On jest dobrym nauczycielem. Mój syn, Rick, jest dużym chłopcem, a moja córka Joan jest ładna.

– Steve, czy jesteś nauczycielem? – Tak, jestem. – Czy Margaret jest również nauczycielką? – Nie, (ona) nie jest. Ona jest dentystką.

❶ 1. is 2. am 3. is 4. are 5. is
❷ 1. Is Rick a big boy? 2. Is a tree green? 3. Is Margaret tall? 4. Is she pretty? 5. Am I a teacher? 6. Are you a student?
❸ 1. Rick isn't (= is not) a big boy. 2. A tree isn't green. 3. Margaret isn't tall. 4. She isn't pretty. 5. I'm (= I am) not a teacher. 6. You aren't (= are not) a student.
❹ 1. Yes, Mr Johnson is a teacher. Yes, he is. 2. No, Margaret is not (= isn't) a teacher. No, she is not. No, she isn't. No, she's not. 3. Yes, he is (= he's) a student. Yes, he is. 4. No, Rick is not (= isn't) a dentist. No, Rick is not. No, Rick isn't. 5. Yes, I am (= I'm) a teacher. No, I am (= I'm) not a teacher. Yes, I am. No, I am not. No, I'm not. 6. No, Andy is not (= isn't) as tall as his brother. No, Andy is not. No, Andy isn't.
❺ 1. Andy is a student. 2. He isn't as tall as Steve. 3. Mr Johnson is a teacher, he isn't a dentist. 4. This house is big. 5. Are you a student? 6. Is Joan pretty? 7. This book is green, it isn't red. 8. This is a pencil, it's short.

5

Andy jest studentem.
Phil i Ian są studentami.
To jest biurko Andy'ego.
To są biurka Ricka i Joan.
Jeden palec.
Pięć palców.

Czy to są pióra?

Co to jest? To jest biurko Andy'ego. A co to jest (*dosł.* są te)? To są jego książki. Czy to również jest jego książka? Nie, to jest książka Ricka. Książki Andy'ego są na jego biurku. Czy to są pióra? Nie (*dosł.* Nie, one nie są). Co to jest? (*dosł.* Co są one?) To są ołówki. Czy one są czerwone? Nie, (one są) zielone. Kim są ci młodzieńcy? To są przyjaciele Andy'ego, Phil i Ian. Phil jest Anglikiem. Czy Ian jest także Anglikiem? Nie, on jest Polakiem. Czy ty jesteś Polakiem czy Niemcem? Jestem Polakiem. Rick i Joan, czy wy jesteście Szkotami? Nie, jesteśmy Anglikami.

Mężczyzna: Czy pan jest panem Johnsonem? **Andy:** Tak, to ja (*dosł.* ja jestem). **M.:** Czy pan jest panem Stevem Johnsonem? **A.:** Nie, na imię mi Andy (*dosł.* moje imię jest Andy). Steve jest moim bratem.

❷ 1. These tables are long. 2. Those women are pretty. 3. They are (= They're) tall men. 4. They are (= They're) dentists. 5. These are roses, they are (= they're) red. 6. These are Rick's books.

❸ 1. That dog is (= That dog's) big. 2. This man is (= This man's) very tall. 3. A girl is (= A girl's) pretty. 4. That rose is (= That rose's) red. 5. He is (= He's) a good boy.

❹ 1. are 2. are 3. am 4. is 5. is 6. are

❺ 1. Yes, Andy's books are on his desk. Yes, they are. 2. Yes, Phil and Ian are his friends. Yes, they are. 3. No, he is not (= isn't) Polish. No, he is not. No, he isn't. No, he's not. 4. No, I am (= I'm) not German. No, I am not. No, I'm not. 5. No, Rick is not (= isn't) Scottish. No, Rick is not. No, Rick isn't. 6. Yes, Margaret is Steve's wife. Yes, she is.

❻ 1. Are we Rick's friends? 2. Are they English students? 3. Are you good boys? 4. Am I Scottish? 5. Are those houses small?

❼ 1. Are they students? 2. Are you Scottish? 3. No, they aren't (= are not) Scottish, they're (= they are) English. 4. I'm (= I am) Ian's friend. 5. He's (= He is) Polish.

Pokój Andy'ego   **6**

To jest pokój Andy'ego. On jest bardzo miły. Ma duże okno. Ściany są niebieskie, a podłoga brązowa. Łóżko stoi w rogu. Łóżko jest długie i wygodne. Obok łóżka jest mały stolik. Lampa i książka są na tym stoliku. Obok drzwi stoi (*dosł.* jest) szafa – Andy trzyma tam swoje ubrania (*dosł.* Andy'ego ubrania są tam). W pokoju znajdują się trzy krzesła i dwa fotele. Na ścianach są cztery ładne obrazy. Kim jest ten młodzieniec blisko okna? Czy to (jest) Andy? Nie, to nie (jest) Andy, to jest jego przyjaciel, Phil.

– Czy pokój Andy'ego jest ładny? – Tak, bardzo ładny. Mój pokój jest również ładny. Mam w nim duże biurko i wygodny fotel. – Przypuszczam, że masz tam wygodne łóżko. – Oczywiście, że mam.

② 1. have 2. has 3. have 4. have 5. has
③ 1. is 2. have 3. has 4. are 5. have
④ 1. There is 2. There are 3. There is 4. There are 5. There is
⑤ 1. a, the 2. a, the 3. the 4. the
⑥ 1. Yes, it is. 2. Yes, he is. 3. Yes, she is. 4. No, they aren't (= are not). 5. Yes, it is. 6. Yes, they are. 7. No, it isn't (= is not). 8. No, they aren't. 9. No, it isn't.
⑦ 1. There are two armchairs in Andy's room. 2. They are very comfortable. 3. There is (= There's) a cupboard in the room, too. 4. Andy has his clothes in it. 5. I have a large desk near the window. 6. Near the door there is (= there's) a small table. 7. On the table there is (= there's) a book. 8. We have a house and a garden. 9. They have three daughters.

7   Ogród państwa Johnsonów

Państwo Johnsonowie mają dom. Czy mają również ogród? Tak, mają. Oto ich ogród. Są w nim duże drzewa i piękne kwiaty. Pod drzewem stoi (= znajduje się) mały stół i dwa krzesła. Na stole jest dzbanek i dwie filiżanki. Na talerzu są cztery jabłka i trzy gruszki. Jakiego są one koloru? Jabłka są czerwone, a gruszki są żółte. Kto jest w ogrodzie? Rick i Joan są w ogrodzie. Rick trzyma (*dosł.* ma) dużą piłkę w rękach, jego siostra nie ma piłki, a w ręku trzyma gruszkę. Jej pies, Binkie, jest pod stołem. Binkie jest czarnym pudlem. On jest tak czarny jak węgiel.

– Joan, czy ty masz psa? – Tak, mam. – Jak się on nazywa? – Binkie.

– Czy w ogrodzie jest stół? – Tak, jest. – Czy na stole jest (*dosł.* są) sześć filiżanek? – Nie, tylko dwie.

– Czy Andy ma samochód? – Nie, nie ma. – Czy pan Johnson ma samochód? – Tak, ma. – Czy on jest czerwony? – Nie, nie jest. – Jakiego jest on koloru? – On jest niebieski.

② 1. Is there a lamp on my table? 2. Are there two boys in the room? 3. Is there a big tree in the garden? 4. Are there seven apples on the plate?
③ 1. Have I a red apple? I haven't (= have not) a red apple. 2. Has Steve a blue car? Steve hasn't (= has not) a blue car. 3. Have we five pears? We haven't (= have not) five pears. 4. Has Joan a black poodle? Joan hasn't a black poodle. 5. Have they a nice room? They haven't a nice room. 6. Have Steve and Margaret a beautiful garden? Steve and Margaret haven't a beautiful garden.

4 1. trees, beautiful 2. small, chairs 3. there is, jug, cups 4. apples, pears 5. red, yellow 6. black, coal

5 1. is 2. has 3. have 4. is 5. have, are 6. are 7. have 8. is

6 1. on 2. in 3. on, under 4. on 5. in

7 1. The Johnsons have a blue car. 2. Have you a car, too? 3. There's (= There is) a comfortable armchair under the tree. 4. This rose is (= rose's) beautiful. 5. There's only one jug on the table. 6. What colour is the jug? 7. It's (= It is) green.

Państwo Johnsonowie w ogrodzie   8

Jest sobota. Dzień jest piękny. Słońce świeci i niebo jest błękitne (*dosł.* niebieskie). Państwo Johnsonowie są w ogrodzie. Margaret siedzi na krześle i czyta książkę. Andy i Sue siedzą przy stole pod drzewem. Piją herbatę i rozmawiają. Sue jest sympatią Andy'ego. Ona jest ładną dziewczyną. Steve nie siedzi przy stole, on kopie w ogrodzie (*dosł.* ogród). Ma w rękach dużą łopatę (*dosł.* dużą łopatę w jego rękach). Rick pomaga (swojemu) ojcu. Czy Joan również pomaga (swojemu) ojcu? Nie, nie pomaga. Bawi się piłką. A co robi Binkie? Binkie leży na trawie i śpi.

– Co robisz, Rick? – Pomagam (mojemu) ojcu. – Och, jesteś dobrym chłopcem.
– Kto bawi się piłką? – Joan. – A Binkie także się bawi? – Nie, on leży na trawie.
– Czy Andy kopie w ogrodzie? – Nie. Siedzi pod drzewem i rozmawia z Sue.
– A co robi Margaret? – Czyta książkę.

2 1. Yes, they are. 2. Oh yes, it's (= it is) very fine. 3. Yes, it is. 4. Margaret is (= Margaret's) reading a book. 5. No, he isn't (= is not). 6. He's (= He is) digging the garden. 7. He has a big spade in his hands. 8. Yes, he is. 9. Joan is (= Joan's) playing with a ball. 10. No, he isn't. 11. Andy is (= Andy's) drinking tea and talking with his girlfriend, Sue.

3 1. Is the sky blue? The sky isn't (= is not) blue. 2. Is the day fine? The day isn't fine. 3. Is Joan helping her mother? Joan isn't helping her mother. 4. Is Binkie playing in the garden? Binkie isn't playing in the garden. 5. Are Andy and Sue having tea? Andy and Sue aren't (= are not) having tea. 6. Is Rick sitting on the grass? Rick isn't sitting on the grass.

4 1. The boys are reading books. 2. The women are sitting at the tables. 3. The men are digging the gardens. 4. We are lying on the grass. 5. They are having tea.

5 1. our 2. their 3. my 4. his 5. your 6. her

6 1. Margaret's (= Margaret is) reading a book. 2. Steve's (= Steve is) digging the garden. 3. Andy and Sue are having tea and talking. 4. Rick's (= Rick is) helping his father. 5. Joan's (= Joan is) playing with a ball. 6. Binkie's (= Binkie is) lying on the grass and sleeping.

7 1. The Johnsons are sitting at the table and having their tea. 2. Is Andy talking with his girlfriend? 3. Yes, they're (= they are) sitting under the tree and talking.

4. Margaret's (= Margaret is) helping her husband. 5. Binkie isn't playing with a ball. 6. Is Rick lying on the grass? 7. Are you reading a book? 8. Is Steve digging the garden? 9. We're (= We are) not sitting on the grass.

9   Pani Johnson nakrywa do stołu

Oto jadalnia. Pani Johnson nakrywa stół do obiadu. Joan pomaga mamie (*dosł.* swojej matce). Mama (*dosł.* Jej matka) kładzie na stole talerze, łyżki, widelce i noże. Joan niesie talerz. Jest na nim kilka jabłek i gruszek. Rodzina siedzi przy stole i je obiad. Oto (jest) kuchnia, a to jest kuchenka. Zlew jest blisko kuchenki. Pan Johnson stoi koło zlewu. (On) zmywa (brudne) talerze. Kuchnia jest czysta i ładna. Na środku kuchni znajduje się stół. Co jest na stole? Jest kilka jajek w miseczce, bochenek chleba, dzbanek mleka, masło i cukiernica. Czy są jakieś filiżanki na stole? Nie, na stole nie ma filiżanek, one są w kredensie.

Pani Johnson: Joan, czy są jakieś jajka w kuchni? **Joan:** Tak, mamo, w miseczce na stole jest kilka jajek. **Pani J.:** A czy są na stole jakieś czyste talerze? **J.:** Nie, nie ma. Obawiam się, że również nie ma czystych filiżanek. Tata zmywa brudne talerze i filiżanki. **Pani J.:** Steve! Pośpiesz się! **Pan Johnson:** Spokojnie, spokojnie! Mam tylko dwie ręce. **Pani J.:** Oczywiście, że dwie (*dosł.* że masz). **Rick:** Tata ma tylko dwie ręce, mamo. **Pan J.:** Ale ja mam dobry pomysł. Ty masz dwie ręce, Margaret, i Joan ma dwie (ręce), razem macie cztery (ręce). Przyjdźcie, proszę, tutaj i pozmywajcie te brudne talerze i filiżanki.

Sue: Andy, czy w ogrodzie są jakieś drzewa? **Andy:** Tak, są. Są tam również kwiaty. **S.:** A czy na tym drzewie są jabłka? **A.:** Nie, nie ma. Obawiam się, że jabłek nie ma również i na tamtym drzewie.

② 1. Yes, she is. 2. She's (= She is) putting plates, spoons, forks and knives on the table. 3. Joan's (= Joan is) carrying a plate. 4. On the plate there are some apples and pears. 5. Yes, he is. 6. He's (= He is) washing the dirty plates and cups. 7. No, it's clean and nice. 8. Yes, there is. 9. Yes, there are some. 10. Yes, there's a jug of milk on the table. 11. No, there aren't any.

③ 1. her 2. his 3. his 4. our 5. their 6. my

④ 1. any 2. any 3. some 4. any 5. some 6. any

⑤ 1. laying 2. helping 3. putting 4. sitting 5. standing 6. washing

⑥ 1. Sue's (= Sue is) just laying the table for dinner. 2. Joan's (= Joan is) helping her brother. 3. They're (= They are) putting knives and forks near the plates. 4. Are there any clean cups on the table? 5. I'm (= I am) afraid there aren't (= are not) any. 6. They haven't (= have not) any pictures in the kitchen. We haven't any pictures in our kitchen, either. 7. There aren't any beds in the dining room. 8. My desk's (= My desk is) standing near the window. 9. Rick's (= Rick is) sitting on the grass under a tree.

10

– Co robisz, Sue? – Piekę (*dosł.* Robię) ciastka. Często piekę ciastka w piątek. Andy i ja pijemy herbatę. Często razem pijemy herbatę. Ellen i Ian tańczą. Oni często razem tańczą. Andy się spóźnia. On często się spóźnia.

Sue przyjmuje przyjaciół

Sue mieszka w Londynie. Ma dwa pokoje, łazienkę i kuchnię. Jej pokój sypialny nie jest duży, ale jest bardzo ładny. Łóżko jest wygodne, obok niego stoi mały stolik. Na stole jest kilka książek. Kiedy Sue jest w łóżku, (to) często czyta. Ona chodzi spać późno, ale śpi bardzo dobrze. Czy ona idzie teraz spać? Nie, ona stoi koło (*dosł.* blisko) stolika (*dosł.* małego stołu) w (swojej) kuchni. (Ona) ma na sobie różową sukienkę i ładny biały fartuch. Ona robi ciastka. Ona przyjmuje dzisiaj przyjaciół. Na stole znajduje się miska, trochę mąki w torebce, trochę cukru w cukiernicy i kilka jajek na talerzu. Sue trzyma w rękach masło i łyżkę. (Ona) wkłada trochę masła do miski. Sue często robi ciastka, a jej przyjaciele mówią, że są bardzo dobre. Słychać pukanie do drzwi. Przychodzą Ellen, Phil i Ian. Gdzie jest Andy? Andy często się spóźnia. On się śmieje i mówi: „Lepiej późno niż wcale".

Ellen: Czy jesteś w kuchni, Sue? **Sue:** Tak, jestem (tutaj). **E.:** Czy parzysz herbatę? **S.:** Nie, robię kanapki. **E.:** Czy Andy tam jest? **S.:** Tak, jest. **E.:** Co on robi? **S.:** Rozmawia i zmywa (brudne) talerze.

– Czy w cukiernicy jest cukier? – Tak, jest, ale na talerzu nie ma masła. – A czy w filiżance jest (jakieś) mleko? – Nie, w filiżance nie ma, ale jest trochę w dzbanku.

Podpis pod rysunkiem: Lepiej późno niż wcale

❶ 1. She's in the kitchen. 2. Yes, she is. 3. There's a bowl, some flour, sugar and some eggs. 4. There are eggs on the plate. 5. There's some flour. 6. She has butter and a spoon in her hands. 7. She's putting some butter in the bowl.
❷ 1. We're reading books. 2. They sleep well. 3. They sit on chairs. 4. These tables are brown. 5. Those spoons are dirty. 6. They have pink aprons.
❸ 1. go 2. eat 3. dances 4. makes 5. live 6. stands
❹ 1. is 2. are 3. Is 4. Are 5. Are
❺ 1. Is there any flour in the bowl? There isn't any flour in the bowl. 2. Are there any flowers in the garden? There aren't any flowers in the garden. 3. Is there any tea in the cup? There isn't any tea in the cup. 4. Are there any cakes on the plate? There aren't any cakes on the plate. 5. Have they any beautiful dresses? They haven't any beautiful dresses. 6. Has he any books on his desk? He hasn't any books on his desk. 7. Are there any clean spoons on the table? There aren't any clean spoons on the table.
❻ 1. lives 2. bedroom, nice 3. reads 4. goes, sleeps 5. is standing, kitchen 6. is wearing, apron 7. cakes 8. butter 9. is putting, bowl
❼ 1. Are you reading a book? 2. We often sit in the garden. 3. Rick's (= Rick is) lying on the grass. 4. Sue and Andy often dance together. 5. They're dancing. 6. Steve goes to bed late. 7. But he sleeps very well. 8. Margaret's (= Margaret

is) making cakes. 9. Is there any sugar in the sugar bowl? 10. We have some flour in the small bag.

11

– Kim jest ten wysoki mężczyzna, o tam? – Ten? To jest Steve Johnson, mój sąsiad. – A kto to jest ta ładna kobieta? – To jest jego żona, Margaret. Oni mieszkają w tym dużym domu z ogrodem. – Rick, czy (ty) masz psa? – Nie, nie mam, ale moja siostra ma. – Czy jej pies jest biały? – Nie, Binkie jest czarny. On jest (tak) czarny jak węgiel. – Czy Margaret jest w jadalni? – Tak, jest. – A co ona robi? – Nakrywa stół do obiadu. – Czy Joan jej pomaga? – Nie, nie pomaga. Myje ręce w łazience. – Sue, jakiego koloru jest twoja nowa sukienka? – Ona jest niebieska. – Czy lubisz niebieskie sukienki? – Tak, lubię. Ale lubię także różowe. – Gdzie jest Steve? – On jest w ogrodzie. – Czy kopie (w ogrodzie)? – Nie. On często kopie w ogrodzie, ale nie robi tego codziennie. – Gdzie sypia Binkie? – On zwykle sypia w pokoju Joan. – Czy sypia (on) również w jadalni? – Tak, czasami. – Gdzie on teraz jest? – W mojej sypialni. – Czy leży pod twoim łóżkiem? – Nie. – Czy na twoim łóżku? – Nie. Na (moim) łóżku też nie. On siedzi w moim fotelu.

❶ 1. Yes, he does. No, he does not (= doesn't). 2. Yes, I do. No, I don't. 3. Yes, she does. No, she doesn't. 4. Yes, they do. No, they don't. 5. Yes, he does. No, he doesn't.

❷ 1. digs 2. is laying 3. dance 4. lie 5. is shining

❸ 1. Yes, my room's (room is) comfortable. 2. Yes, I read in my bedroom. 3. My lamp stands on the little table near the bed. 4. No, they aren't new, they're old. 5. No, it doesn't (= does not) stand near the window, it stands near the door. 6. Sue lives in London. 7. No, Andy isn't a dentist, he's a student. 8. Yes, Joan has a black poodle. 9. Yes, Sue's cakes are very good. 10. Yes, there are some pictures in my room.

❹ 1. Yes, I do. 2. Yes, she does. 3. Yes, we do. 4. No, I don't. 5. Yes, I do. 6. Yes, I have. 7. Yes, I am. 8. Yes, I have. 9. No, I don't. 10. No, I'm not.

❺ 1. her 2. her 3. our 4. their 5. your 6. his 7. his

❻ 1. What colour is her dress? 2. Do you like red roses? 3. I don't (= do not) live in London. 4. Do they often eat apples? 5. Where do you live? 6. Margaret's (= Margaret is) carrying a green jug. 7. In the jug there is some milk. 8. Have you any butter? 9. Is there a loaf of bread on the table? 10. I like tea but I don't like milk.

12

Margaret jest w salonie pani Gill. Pani Gill jest jej sąsiadką. Ona nie jest stara, ale jest starsza od Margaret. Ma trzy córki. Helen jest najstarsza. Ann jest młodsza od Helen, a Alice jest najmłodsza. Alice jest ładniejsza od swoich sióstr, ona jest najładniejszą dziewczyną w (swojej) szkole. Margaret bardzo lubi panią Gill. Kiedy ma czas, odwiedza ją, (wtedy) siadają w salonie przed kominkiem, piją herbatę lub kawę i rozmawiają.

Pani Gill: Jak się masz, Margaret? **Margaret:** Bardzo dobrze, dziękuję, a ty? **Pani G.:** Doskonale, dziękuję. A jak się ma Steve? **M.:** Dziękuję, doskonale, chociaż (= ale) jest dziś bardzo zajęty. Naprawia furtkę i maluje płot. **Pani G.:** Mój mąż nie jest taki zdolny jak twój, Margaret. **M.:** Ale on za to jest bardzo dobrym lekarzem, lepszym od doktora Greena. On jest najlepszym lekarzem w mieście. **Pani G.:** Być może tak (*dosł.* Może on jest). Ale to ja zwykle naprawiam wszystko (*dosł.* rzeczy) w domu. Może jeszcze jedną filiżankę herbaty, Margaret? **M.:** Bardzo proszę.

Helen: Co czytasz, Alice? **Alice:** Czytam tekst mojej lekcji z angielskiego (*dosł.* angielskiej lekcji). **H.:** Czy ona jest trudna? **A.:** Nie, ale niektóre słowa są trudne. „Beautiful" to trudne słowo. **H.:** Czy „cupboard" jest trudniejsze? **A.:** Tak. A „comfortable" jest najtrudniejsze.

Podpis pod rysunkiem: On jest najlepszym lekarzem w mieście

❷ 1. Mrs Gill is. 2. Ann is. 3. Alice is. 4. Oh yes, very much. 5. Margaret visits Mrs Gill when she has time. 6. They sit in front of the fireplace in the lounge. 7. They drink tea or coffee. 8. Yes, he is. 9. No, he isn't. 10. Mr Gill is the best doctor in town. 11. Yes, it is.

❸ 1. prettier, the prettiest 2. longer, the longest 3. more beautiful, the most beautiful 4. better, the best 5. more difficult, the most difficult

❹ 1. taller 2. the shortest 3. the best 4. smaller

❺ 1. A, an 2. an 3. An, a 4. A, a 5. An

❻ 1. He isn't old but he's older than my father. 2. My cupboard is better than Mrs Gill's cupboard. 3. This rose is the most beautiful in the garden. 4. Your cakes are good, Sue's cakes are better but my mother's cakes are the best. 5. How are you? 6. I'm very well, thank you. 7. And how is your father? 8. He's sitting in a comfortable armchair in front of the fire. 9. We often sit in front of the fire. 10. Binkie's sleeping under my bed.

Pan Johnson naprawia płot   **13**

Pan Johnson jest dzisiaj bardzo zajęty. Naprawia płot w (swoim) ogrodzie. Rick i Joan bawią się przed domem, ale nie wyglądają na bardzo zadowolonych (*dosł.* szczęśliwych). Nie są zadowoleni, kiedy ich ojciec naprawia (różne) rzeczy. – Ale dlaczego? – Dlaczego? Cóż, posłuchajcie uważnie.

Pan Johnson: Rick! **Rick:** Słucham, tato. **Pan J.:** Potrzebny mi młotek. Idź do garażu i przynieś go. *Rick idzie do garażu.* Joan! **Joan:** Słucham, tatusiu. **Pan J.:** Joan, w ogrodzie na stole stoi pudełko. Myślę, że są w nim gwoździe. *Rick niesie duży młotek.* **R.:** Proszę, tatusiu. Czy to ten? **Pan J.:** Nie, to nie ten. Ten jest za duży. Potrzebny mi mniejszy. *Rick idzie do garażu.* **J.**: Nie ma żadnego pudełka na stole, tatusiu. **Pan J.**: Może jest na trawie pod stołem. **J.**: Nie ma pudełka także i pod stołem. O, patrz, tatusiu! Pudełko jest tutaj na trawie koło płotu. Ale nie ma w nim gwoździ. Jest puste! *Rick niesie mały młotek.* **Pan J.**: O, ten się nada. Teraz idź i przynieś mi trochę gwoździ z garażu. **R.**: O! Tato! Znów!? **Pan J.**: Rick! Bądź dobrym chłopcem i pomóż tatusiowi. Ale, ale ... i przynieś kilka śrub. **R.**: Czy coś jeszcze? **Pan J.**: Śrubokręt, oczywiście. *Rick idzie do garażu.* Joan, moja droga, na stole w salonie leży moja fajka, idź i przynieś ją tatusiowi. **J.**: Czy masz, tatusiu, zapałki? **Pan J.**: Nie, nie mam. Przynieś także pudełko zapałek. *Joan idzie do domu.* Andy, gdzie jesteś? **Andy:** Tutaj! W salonie! **Pan J.**: Andy! Chodź i pomóż mi z tym płotem. Rick, idź ... Joan, przynieś mi ...

➋ 1. Mr Johnson's (= Mr Johnson is) mending the fence. 2. He wants a small hammer. 3. The hammers are in the garage. 4. The box is on the grass near the fence. 5. No, there aren't. 6. Mr Johnson's pipe is in the lounge. 7. No, he hasn't. 8. Andy's (= Andy is) in the lounge.

➌ 1. They have no flowers in their garden. 2. Margaret has no new dresses. 3. He has no dog. 4. There's no bread on the plate. 5. There are no pictures in my sister's room.

➍ 1. Does she go to school every day? 2. Does Andy usually sleep long? 3. Does Joan play with her dog? 4. Do I sit in my armchair every day? 5. Do we like dogs? 6. Do they eat bread and butter?

➎ 1. Joan, bring me a loaf of bread, please. 2. Steve often mends the fence in his garden. 3. He's mending the gate. 4. Bring me a box of matches, please. 5. Anything else? 6. The screwdriver's (= The screwdriver is) on the table. 7. Go to the garage and bring me three nails, please. 8. Where is your box? 9. Perhaps it's under the table.

14   Gabinet Iana

Ian pokazuje Johnowi swoje pokoje. Jeden jest jego sypialnią, a drugi gabinetem. W tym ostatnim pokoju (on) może się uczyć i czytać. On ma dwie półki na książki i biurko, na którym są książki, pióra, ołówki i zeszyty. Tapczan, który jest blisko półki, jest brązowy. Może (on) na nim leżeć, kiedy ma czas. Kiedy Ian przyjmuje w domu przyjaciół, (to) siedzą oni w jego wygodnych fotelach, które również są brązowe. Oni mogą (sobie) siedzieć i dostać filiżankę herbaty.

John: Dzień dobry, Ianie. **Ian:** Cześć, John. **J.**: Czy mogę wejść? **I.**: Oczywiście, wejdź. Jak się masz? **J.**: Dziękuję, bardzo dobrze. Co robisz? **I.**: Odrabiam ćwiczenia. Uczę się teraz pilnie. **J.**: Czy mogę zapalić? **I.**: Tak. Zapal (*dosł.* papierosa). Jeśli musisz ... **J.**: Dzięki. A więc, to są twoje nowe pokoje. Ten jest bardzo ładny. Czy w nim sypiasz? **I.**: Nie, to nie jest moja sypialnia. Teraz mam dwa pokoje. **J.**: To bardzo wygodne! **I.**: Tak jest, bardzo. Siadaj, proszę. Herbata jest gotowa.

Podpisy pod rysunkami: Uczę się teraz pilnie
Mogę jeździć na tym koniu
Na tym (koniu) nie mogę jeździć

1. Ian's (= Ian is) studying hard. 2. No, he learns in his study. 3. No, he doesn't. 4. No, he isn't, he's Polish. 5. On his desk there are books, pens, pencils, exercise books and some cigarettes. 6. His sofa's (= sofa is) near the shelf. 7. It's brown. 8. Ian's books are on the shelves and on the table. 9. Yes, he can. 10. Yes, he does.

1. Do I read a new lesson? Do you read a new lesson? Does he (she) read a new lesson? Do we (you, they) read a new lesson? 2. I don't read these exercises. You don't read these exercises. He (She, It) doesn't read these exercises. We (You, They) don't read these exercises.

1. Can we mend a fence? We cannot mend a fence. 2. Can she ride a horse? She cannot ride a horse. 3. Can Steve paint a fence? Steve cannot paint a fence. 4. May Joan come in? Joan may not come in. 5. Can they speak German? They cannot speak German. 6. May Rick eat that apple? Rick may not eat that apple.

1. May I come in? 2. Of course, come in, please. 3. How are you? 4. What are you doing? 5. May I have a cup of tea? 6. This is a very comfortable room. 7. Sit down, tea's (= tea is) ready. 8. You may lie down on my sofa. 9. Where are your books? 10. They're on the shelves. 11. This room is large and that one is small. 12. This cup of tea is for you and that one for me. 13. I'm eating this apple and that one is on the table.

Phil i Ian **15**

Śniadanie jest gotowe. Phil pije trzecią filiżankę herbaty. Wchodzi Ian. **Phil:** Cześć, Ian. Spóźniłeś się (*dosł.* Jesteś spóźniony). **Ian:** Tak. Nie powinienem się spóźnić, bo mam dzisiaj rano zajęcia. *Siada i je zimne płatki. Później je bekon i jajka.* **P.:** Czy bekon i jajka jesz z chlebem czy z grzanką? **I.:** Zwykle z grzanką. **P.:** Przyrządzę ci grzankę. **I.:** Dzięki. Mam szczęście, że jesteś dobrym chłopakiem. **P.:** Pośpiesz się! Jedz (dalej)! *Phil przyrządza grzankę w opiekaczu. Potem nalewa Ianowi filiżankę herbaty.* **P.:** Weź trochę chleba z masłem i z dżemem. **I.:** Nie, dziękuję. Nie ma (już) czasu. *Bardzo szybko dopija herbatę.* **I.:** No, teraz jestem gotów do wyjścia. Jest naprawdę późno, musimy się pośpieszyć. *Obaj pośpiesznie udają się na swoje zajęcia.*

Phil: Dzień dobry, panie Smith, jak się pan dzisiaj miewa? **Pan Smith:** Czuję się bardzo dobrze, dziękuję, a jak ty się czujesz, Phil? **P.:** Bardzo dobrze, dziękuję. Czy mogę panu przedstawić mojego przyjaciela z Polski, Iana? **Pan S.:** Dzień dobry. **Ian:** Dzień dobry.

Podpis pod rysunkiem: Prawdziwych przyjaciół poznaje się w biedzie (*dosł.* Przyjaciel w potrzebie jest przyjacielem naprawdę) – *przysłowie*

② 1. Must Rick go to school? 2. Is he late? 3. Do I want cereal for breakfast? 4. Are the young men hurrying away? 5. Do we learn English? 6. Does John smoke cigarettes? 7. Do those men sit in the armchairs? 8. Do you speak Polish? 9. Does she have a cup of tea? 10. Is Phil making coffee?

③ 1. John mustn't (= must not) do it. 2. He isn't lucky. 3. I cannot make you any sandwiches. 4. I don't take milk with my tea. 5. It isn't late. 6. This man doesn't smoke cigarettes. 7. They don't take the books from the shelf. 8. They may not go to you. 9. Your pencil doesn't lie under the chair. 10. He hasn't a box of matches.

④ 1. on 2. in 3. with 4. to 5. at 6. to

⑤ 1. You are not ready yet. 2. I am not. 3. I am late. 4. It is here. 5. I do not. 6. He does not sleep long. 7. She has not a book. 8. I cannot move this desk. 9. He must not be late. 10. Do not go out!

⑥ 1. large 2. short 3. short 4. old 5. dirty

⑦ 1. There's some flour in the bag. 2. There are some books on the desk. 3. There are some tables in the room. 4. There are some eggs in the bowl. 5. There are some pears on the plate. 6. There is some milk in the jug.

⑧ 1. This jug is white and that one is blue. 2. This hand is clean and that one is dirty. 3. I have a long dress and you have a short one. 4. This isn't a red pencil; it's a blue one. 5. They haven't a big house, they have a small one. 6. Don't take a green apple, take a red one.

⑨ 1. Ian's (= Ian is) lucky. 2. Do you eat bread and butter? 3. Mum's (= Mum is) pouring her a cup of tea. 4. I don't like cold cereal. 5. You must eat toast with marmalade. 6. It's late, hurry up! 7. Get a move on! Eat up! 8. He mustn't smoke cigarettes. 9. Binkie must sleep on the floor; he mustn't sleep on Rick's bed. 10. She can speak Polish but she cannot speak German.

16 Śniadanie

Czas na śniadanie. Anglik zwykle rozpoczyna je od soku (owocowego). Może to być sok jabłkowy, pomidorowy, pomarańczowy itp. Potem je płatki. Anglicy bardzo lubią bekon, dlatego po płatkach często jedzą bekon i jajka. Nie jadają dużo chleba, a raczej grzanki z dżemem. Można nie jeść (*dosł.* możesz nie mieć) bekonu ani płatków, ale kiedy nie ma marmolady ani dżemu, to nie jest to dobre angielskie śniadanie. Niektórzy Anglicy piją kawę, niektórzy herbatę, zwykle z mlekiem. My w Polsce zwykle jemy chleb, biały lub ciemny (*dosł.* brązowy) albo bułki z masłem. Niektórzy ludzie lubią (jeść) ser albo jajka, gotowane na miękko lub na twardo. Zwykle pijemy kawę. Ja piję (moją) z mlekiem. Anglicy piją herbatę lub kawę z filiżanek; w Polsce wielu ludzi pije herbatę ze szklanek. Ich (Anglików) herbata jest bardzo mocna i ciemnobrązowa, jeśli jest indyjska, lub jasnozielona, jeśli jest chińska; nasza jest jasnobrązowa. Oni piją ją z dużą ilością mleka i cukru.

– Co Margaret lubi na śniadanie? – Grzanki i kawę. – Ile grzanek ona je? – Dwie lub trzy (*dosł.* Dwa lub trzy kawałki). – Czy pije dużo kawy? – Nie, niedużo. Tylko jedną filiżankę. – Co Steve lubi na śniadanie? – Bardzo lubi bekon i jajka. – Ile jajek zwykle jada? – Dwa lub trzy.

– Co jadasz (*dosł.* masz) na śniadanie? – Zwykle (mam) sok (owocowy), płatki, kilka grzanek i kawę. – Czy twoja siostra jada (*dosł.* bierze) obfite śniadanie? – Tak, obfite. Ona lubi jeść (*dosł.* żywność, jedzenie). – Musi być bardzo tęga. – Chłopcy mówią, że jest tęga!

– Dlaczego Anglicy piją herbatę z filiżanek? – Ponieważ ze szklanek piją piwo lub whisky.

Podpisy pod rysunkami: Jabłko z rana i z wieczora wygania z domu doktora (*dosł.* Jedno jabłko dziennie trzyma doktora z daleka) – *przysłowie*

dosł. Jedna cebula dziennie trzyma wszystkich z daleka – *przysłowie*
Nie jem dużo chleba na śniadanie
Tutaj jest dużo jabłek i gruszek
Widzę tu dużo mleka

❷ 1. much 2. many 3. many 4. many 5. a lot of 6. a lot of 7. much 8. many

❸ 1. his 2. our 3. his 4. theirs 5. your 6. her 7. mine

❹ 1. Mr Johnson's garden. 2. My friend's daughter. 3. My mother's picture. 4. His girlfriend's car. 5. His daughter's dog. 6. Their sister's dress.

❺ 1. in 2. on, in 3. at 4. with 5. in 6. on 7. for 8. to 9. under 10. on 11. with

❻ 1. I like tea with milk. 2. These flowers are theirs, they're (= there are) from their garden. 3. Our apples are red, what's (= what is) the colour of yours? 4. An Englishman always starts his breakfast with fruit juice. 5. They often eat bacon and eggs. 6. What do you eat for breakfast? 7. I usually drink coffee for breakfast. 8. Their tea is very strong, is yours strong too?

Pan Smith 17

O godzinie szóstej rano pan Smith jeszcze śpi. Każdego ranka o godzinie siódmej dzwoni (jego) budzik. Pan Smith budzi się i pozostaje w łóżku jeszcze przez dziesięć minut. Potem, dziesięć po siódmej, wyskakuje z łóżka i idzie do łazienki. Tam się goli i myje. O wpół do ósmej wraca do sypialni, zdejmuje piżamę i ubiera się (*dosł.* wkłada ubranie). O godzinie ósmej zaczyna jeść (*dosł.* je swoje) śniadanie (zawsze je o tej porze) i czyta gazetę. Dwadzieścia minut po ósmej jest gotów do wyjścia do biura. Chodzi tam codziennie pieszo. Pan Smith pracuje w biurze od dziewiątej rano aż do piątej po południu, z godzinną przerwą na lunch. Przerwa ta zwykle jest od pierwszej do drugiej. Lunch jada w restauracji w pobliżu biura. O godzinie piątej pan Smith wraca do domu pieszo. Za kwadrans siódma siada do stołu i zaczyna obiad. (Zawsze jada go w tym czasie). Po obiedzie, około godziny ósmej, siada w wygodnym fotelu, pali fajkę i czyta. O godzinie dziesiątej idzie spać (*dosł.* do łóżka). (Zawsze chodzi spać o tej samej porze). Rano, w drodze do biura, pan Smith czasami spotyka Helen Gill, swoją sąsiadkę.

Pan Smith: Piękny dzień mamy dzisiaj, Helen. **Helen:** Tak, panie Smith, rzeczywiście (*dosł.* on jest). **Pan S.:** Wyglądasz bardzo ładnie, Helen. Co dzień ładniej! **H.:** Dziękuję panu. Rozmowa jest zwykle bardzo krótka, ale pan Smith jest bardzo

zadowolony i myśli, że Helen jest najładniejszą dziewczyną w mieście. A co myśli Helen? O, to jest jej tajemnica.
– Dzień dobry, panie Smith. – Dzień dobry, panie Johnson. – Która (jest) godzina? – Za kwadrans dziewiąta. – Dziękuję, panie Smith. – Dzień dobry, Andy. Jak się masz? – Świetnie, dziękuję. Która (jest) godzina? – Nie mam zegarka, ale myślę, że musi być około dziesięć po szóstej. – O, to już późno. Muszę się śpieszyć. – Och, Andy, zawsze się spóźniasz.

Podpis pod rysunkiem: Jest za dziesięć druga

❷ 1. It's ... (*np*. five o'clock). 2. There are twenty four hours in a day. 3. At eight in the morning I eat my breakfast. 4. At 4 am I'm in my bed. 5. Half an hour before breakfast I wash myself. 6. My clock's (= My clock is) black. 7. Yes, I am. 8. There are fifteen minutes in a quarter of an hour. 9. I have dinner at seven o'clock. 10. I sleep eight hours a day. 11. Mr Smith works in the office. 12. No, he doesn't.

❸ 1. A quarter past three. 2. Half past four (= four thirty). 3. Ten to nine (= eight fifty). 4. Half past nine. 5. Five past ten. 6. A quarter to eight (= seven forty-five). 7. A quarter to eleven (= ten forty-five). 8. Twenty-five past eleven (= eleven twenty-five). 9. Twelve o'clock. 10. Twenty-five to one (= twelve thirty-five).

❹ 1. It's six o'clock. 2. You have a watch. 3. It's half past four. 4. Mr Smith jumps out of his bed. 5. He starts his breakfast at eight o'clock. 6. His breakfast is ready. 7. He walks to his office. 8. He reads a newspaper at breakfast time. 9. It's 7 am. 10. You work in the afternoon.

❺ 1. There are pens on the desks. 2. Women are walking to the offices. 3. They go in their cars to London every morning. 4. Don't take down these pictures. 5. These students work very hard. 6. The girls have roses in their hands.

❻ 1., 2., 3., 6. – any; 4., 5., 7. – some

❼ 1. rings 2. up, stays 3. jumps out, bathroom 4. shaves 5. comes back, takes off, puts on 6. starts

❽ 1. It's half past eight (= It's eight thirty). 2. It's twenty-five past ten (= It's ten twenty-five). 3. It's twenty-five to six (= It's five thirty-five). 4. It's five to two (= It's one fifty-five). 5. It's a quarter to nine (= It's eight forty-five). 6. It's a quarter to eleven (= It's ten forty-five). 7. It's a quarter to two (= It's one forty-five). 8. It's a quarter past eight (= It's eight fifteen). 9. It's half past ten (= It's ten thirty).

❾ 1. At five o'clock Mr Smith is still sleeping. 2. Every morning he wakes up at seven o'clock. 3. He stays in bed for five minutes. 4. He always jumps out of bed and goes to the bathroom. 5. Do you shave every day? 6. Mr Smith shaves every morning. 7. At half past seven he comes back to his bedroom and puts on his clothes. 8. Joan's taking off her pink dress and is putting on her blue pyjamas. 9. We have our breakfast at eight o'clock every day. 10. Father reads his newspaper at breakfast time. 11. They work in the office from 9 am till 5 pm.

Zajęty człowiek   18

Ian: Serwus, Matt! Tak się cieszę, że cię widzę. Gdy chcę porozmawiać z moimi przyjaciółmi, idę do klubowej kawiarni, a oni zwykle są tam rano, lecz ciebie nigdy tam nie ma. **Matt:** Nie mogę. Jestem zbyt zajęty. **I.:** Czy chcesz mi powiedzieć, że nie masz czasu? Nie kłam. Ty nic nie robisz! **M.:** Robię! **I.:** Naprawdę? O której godzinie wstajesz? **M.:** O ósmej lub wpół do dziewiątej. **I.:** Zatem jesteś gotów o wpół do dziesiątej. **M.:** Nie, nie jestem. Muszę się wykąpać, a później ubrać. **I.:** To trwa pół godziny. **M.:** Nie. Dużo więcej! To zajmuje godzinę. Potem śniadanie. To zajmuje pół godziny, a więc jestem gotów za kwadrans dziesiąta lub o dziesiątej. Moje ćwiczenia (= zajęcia) rozpoczynają się (*dosł.* są) o wpół do jedenastej, a dwie godziny później idę do domu, żeby zjeść lunch. **I.:** Zatem nie masz nic do roboty aż do godziny trzeciej. **M.:** Tak, lecz muszę trochę odpocząć i zadzwonić do paru przyjaciół. **I.:** A co robisz, kiedy popołudniowe zajęcia się skończą? **M.:** Idę do biblioteki, do kawiarni wypić filiżankę herbaty, potem idę do klubu zobaczyć, czy nie ma dla mnie jakichś listów, poczytać gazety, porozmawiać z przyjaciółmi. I – o rety! – jest za kwadrans siódma! Muszę biec do domu i przebrać się do obiadu. Do zobaczenia! **I.:** Stój! Przyjdź do mnie po obiedzie. **M.:** Nie mogę. Jestem zajęty. Idziemy do kina z Ellen. Do widzenia!

Podpisy pod rysunkami: Ty nie masz czasu? Nie kłam!
On nigdy nie zamyka drzwi

➋ 1. I'm not very glad to see you. 2. I don't want to speak to John. 3. You aren't always there. 4. I haven't any friends in England. 5. There aren't any books on the shelf. 6. It doesn't take an hour. 7. He doesn't eat a red apple. 8. She isn't drinking coffee. 9. We haven't any time to walk. 10. They aren't good students.

➌ 1. to 2. to, in 3. at 4. up 5. till 6. up 7. over 8. for 9. with

➍ You're taking your book from the shelf. The book is yours. He's taking the book from the shelf. The book is his. She's taking the book from the shelf. The book is hers. We're taking the book from the shelf. The book is ours. They're taking the book from the shelf. The book is theirs.

➎ 1. It's a quarter to nine. 2. It's half past eleven. 3. It's seventeen (minutes) past three. 4. It's twenty-three (minutes) to six. 5. It's five past twelve.

➏ 1. No, he isn't. 2. No, he can't. 3. No, it isn't. 4. No, he doesn't. 5. No, it isn't. 6. No, he doesn't. 7. No, he isn't. 8. No, they aren't. 9. No, he can't.

➐ 1. is 2. are 3. is 4. are 5. Am 6. are

➑ 1. This dog is yours. 2. That car is hers. 3. This house is his. 4. These letters aren't mine. 5. Is this dog yours? 6. This library is ours. 7. That club is theirs. 8. Is this coffee yours?

➒ 1. Where is Rick standing? 2. Where are the plates and cups? 3. What's (= What is) Sue making? 4. What's Matt doing? 5. Where is John lying? 6. What must Matt do? 7. What's he eating? 8. Where is the lamp?

➓ 1. Lunch is over and Matt's (= Matt is) running home. 2. I'm going to the cinema with Joan. 3. Do people like to work? 4. Matt doesn't (= does not) like to work. 5. What are you doing after dinner? 6. Come to my place for a cup of tea. 7. What time do you get up? 8. What time does Mr Smith go to his office? 9. When do you start your lessons? 10. Is his brother very busy? 11. Where is the newspaper? 12. Does Andy read the paper every day?

19 Gdzie jest pióro?

Phil nie może znaleźć swojego pióra. To jest nowe pióro, bardzo dobre. Nie ma go na stole, nie ma (go) w jego kieszeniach. Phil zagląda do szuflady biurka – (on) zwykle tam kładzie pióro, kiedy nie pracuje – ale w środku nic nie ma. Zagląda za fotografię swojej sympatii, potem pod biurko, za łóżko. Zdejmuje książki z półki wysoko nad kominkiem, żeby zobaczyć, czy pióro tam nie leży (*dosł.* czy pióro leży tam). Nie może go znaleźć. Jest za kwadrans ósma i Phil chce zacząć (swoje) ćwiczenie z angielskiego (*dosł.* angielskie ćwiczenie). Musi się pośpieszyć. Gdzie może być to pióro? Wczoraj w południe było na pewno w szufladzie, a wieczorem miał je na zajęciach (= kursach, ćwiczeniach). Czy było (ono) w jego biurku rano przed śniadaniem? Było w jego kieszeni, kiedy szedł na (swoje) ćwiczenia. Miał je w (swojej) ręce, kiedy pokazywał je kilku przyjaciołom w klubie, a oni je podziwiali. Miał je w (swojej) kieszeni, kiedy jadł lunch w domu, a więc nie miał (*dosł.* nie było) go w klubie. Robi się późno, jest trzynaście (minut) po ósmej. Phil siada przy (swoim) biurku i wyjmuje ołówek. Otwiera (swój) zeszyt i (tam) widzi ... swoje pióro! (Ono) leży w (jego) zeszycie do angielskiego (*dosł.* angielskim zeszycie).

– Czy Matt i Ellen byli w kinie po południu? – Tak, byli. – Czy Ian też był? – Nie, nie był. – A gdzie był Ian? – Był w bibliotece.

– Matt, czy byłeś wczoraj na meczu piłki nożnej? – Nie, nie byłem. – Dlaczego nie? – Nie miałem czasu. Byłem bardzo zajęty. – O, czyżby? – Tak, wczoraj gościłem (*dosł.* miałem) w domu kilku przyjaciół.

– Byłem wczoraj w kinie z moją sympatią. – Na czym? (*dosł.* Co pokazywali?) – To był film pt. „Skąd przychodzisz?" – Dobry? – Bardzo. Aktorka była śliczna.

Podpis pod rysunkiem: Gdzie może być (to) pióro?

❷ 1. his 2. behind 3. above 4. drawer 5. had 6. into, inside 7. whether 8. puts 9. pocket

❸ 1. I was at home; you were at home; he (she, it) was at home; we (you, they) were at home. 2. Was I in front of the fireplace? Were you in front of the fireplace? Was he (she, it) in front of the fireplace? Were we (you, they) in front of the fireplace? 3. I was showing Ian a pen. You were showing Ian a pen. He (She, It) was showing Ian a pen. We (You, They) were showing Ian a pen.

❹ 1. My pen was there. 2. Your coffee was cold. 3. For breakfast I had two pieces of toast. 4. He had no time for more bread and butter. 5. His friends were admiring his new study. 6. We were washing our hands. 7. He was lying in bed then. 8. She wasn't (= was not) in bed. 9. They weren't (= were not) in the office. 10. I was going to the cinema with Ellen. 11. The pen was in my pocket. 12. I was showing Phil my room. 13. They were having their lunch. 14. Was it in your desk?

🖎 1. Was he ready to go to the office? 2. Were you sitting in a comfortable armchair? 3. Were those eggs boiled? 4. Was she a good friend? 5. Had he two watches in his desk? 6. Had they any good pictures in their room? 7. Were her rolls too hard? 8. Had she a small lamp above her bed? 9. Were they admiring her watch? 10. Were there any nice dresses in her cupboard?

🖎 1. Phil's looking for his pen. 2. No, he wasn't. 3. No, he can't. 4. No, it isn't. 5. Yesterday at noon the pen was in the drawer. 6. When Phil was going to his classes it was in his pocket. 7. Phil's pen was in his hand when he was showing it to his friends. 8. When Phil was having lunch at home his pen was in his pocket. 9. No, it wasn't. 10. The pen is lying inside his English exercise book.

🖎 1. Phil can't find his new pen. 2. Yesterday it was lying in his exercise book and it's still lying there today. 3. It's not on the table, it isn't in his pocket, either. 4. Phil usually puts his pen into the drawer. 5. He's looking into the drawer. 6. There's nothing inside. 7. Is it under the chair? 8. Yesterday Phil went to the cinema with his girlfriend. 9. Was Ian there too? 10. When Ellen was in the club, her friends were admiring her dress. 11. Andy and Sue were having lunch in a restaurant yesterday. 12. It's getting late, I must go home.

Tygrys i młoda dama $\qquad$ 20

Był sobie pewien tygrys, który mieszkał w Rydze blisko domu pewnej młodej damy. Lubił z nią rozmawiać. Była ładna i bardzo często się uśmiechała. Nie pracowała (zbyt) dużo. Nie odrabiała (swoich) lekcji, nie lubiła chodzić ani biegać i dlatego była bardzo gruba (*dosł.* o wiele za gruba). Tygrys był stary i chudy. Pewnego dnia młoda dama chciała przejechać się na tygrysie. Tygrys był bardzo zadowolony. Ale przejażdżka nie trwała zbyt długo (*dosł.* nie była bardzo długa). Kiedy (oni) wrócili z przejażdżki? Wrócili po lunchu tygrysa, który (*tj.* lunch) był bardzo dobry. Gdy wrócili, tygrys uśmiechał się i był bardzo szczęśliwy. Czy młoda dama się uśmiechała? O nie, (ona) nie uśmiechała się, ona była w tygrysie (*dosł.* wewnątrz tygrysa).

Była młoda dama z Rygi, która uśmiechała się, gdy jechała na tygrysie. (Oni) powrócili z przejażdżki z damą w środku i uśmiechem na pysku (*dosł.* twarzy) tygrysa.

Joan: Czy w Anglii żyją tygrysy? **Matka:** Nie, one żyją w Indiach. **J.:** A czy jedzą ludzi? **M.:** Tak, czasami jedzą.

Pan Smith: Rick, czy twoja mama zabiera cię do zoo? **Rick:** Tak, (panie Smith). Czasami. **Pan S.:** Jakie zwierzęta najbardziej lubisz? **R.:** O! Lubię duże zwierzęta, takie jak tygrysy, lwy i słonie.

🖎 1. The tiger lived in Riga. 2. The young lady lived in Riga, too. 3. Oh yes! She was very nice. 4. Yes, she smiled very often. 5. No, she didn't (= did not) like to work hard. 6. Oh no. She was much too fat. 7. One day she wanted to ride on the tiger. 8. No, he wasn't (= was not) 9. Yes, he did.

⑧ 1. My daughter hurried home. 2. I didn't see your clock. 3. He walked with his girlfriend. 4. Ellen liked marmalade. 5. The girl was running from your home to mine. 6. The young man returned home at eleven o'clock. 7. Our apples were as good as theirs. 8. My mother didn't lie on her sofa. 9. Did you drink tea with milk? 10. That word was very difficult. 11. What did you do at eight? 12. He did it well.

④ 1. Did Phil return from the club at seven o'clock? Phil didn't return from the club at seven o'clock. 2. Did Rick play in the garden yesterday? Rick didn't play in the garden yesterday. 3. Did Steve paint the fence from 11 am till 2 pm? Steve didn't paint the fence from 11 am till 2 pm. 4. Did the young lady ride on the tiger? The young lady didn't ride on the tiger. 5. Did they walk to the library? They didn't walk to the library. 6. Were they sitting in the garden? They weren't (= were not) sitting in the garden. 7. Was he reading a book? He wasn't (= was not) reading a book. 8. Was I making cakes? I wasn't making cakes. 9. Did he count the pictures in his book? He didn't count the pictures in his book. 10. Did he carry a box of matches? He didn't carry a box of matches.

⑤ 1. smaller 2. more difficult 3. most difficult 4. larger 5. nicest 6. better 7. most beautiful 8. longer

⑥ 1. played 2. works 3. shaves 4. is washing 5. stop 6. walk

⑦ 1. She didn't like to work hard. 2. Phil wanted to ride on a tiger. 3. Yesterday Rick was in the zoological garden. 4. Does Mr Smith like Helen? 5. Did you count the chairs in your room? 6. I have a lot of books on my shelf. 7. I like to sit in a comfortable armchair before the fire. 8. Your dog is very fat, he eats too much. 9. She returned late from the ride yesterday. 10. Do you like white roses? 11. Joan's (= Joan is) carrying some flowers to the dining room.

21   Ulica w Londynie (*dosł.* londyńska ulica)

Ojciec: To jest Piccadilly Circus*. **Mały chłopiec:** Tak, tato, ale gdzie są zwierzęta? Mały chłopiec nie wiedział, że Piccadilly Circus jest miejscem spotkania (= skrzyżowania) sześciu ulic w sercu Londynu i że nie mógł tam zobaczyć żadnych zwierząt (być może z wyjątkiem psów). Zobaczył (*dosł.* Mógł widzieć) wiele samochodów, duże czerwone autobusy i mnóstwo ludzi idących tu i tam. Zielone, żółte i czerwone światła regulują ruch uliczny. Z Piccadilly Circus można iść na ulicę Piccadilly, przy której są najlepsze sklepy i restauracje w Londynie. Wieczorem Piccadilly Circus jest oświetlony dużą ilością kolorowych reklam. Wszyscy cudzoziemcy przychodzą tam i przyglądają się migoczącym światłom reklam (*dosł.* zmieniającym kolory). Pośrodku góruje piękny posąg Erosa. Gdy chcesz się zabawić, musisz iść na Leicester Square, gdzie co drugi budynek jest kinem, teatrem lub kawiarnią. Tam również zobaczysz jedną z najgłębszych stacji metra. W dzień Leicester jest piękną, szeroką i ruchliwą ulicą Londynu, (a) nocą jest je-

---

* Wyraz **circus** znaczy nie tylko *plac*, ale także *cyrk*.

szcze bardziej atrakcyjna dzięki migoczącym światłom i tłumom spacerujących po niej (= ulicy) tam i z powrotem ludzi.
– Czy Londyn jest dużym miastem? – Tak, bardzo (dużym). – Jak dużo ludzi w nim mieszka? – Ponad siedem milionów.
– Co to jest City? – To jest centrum finansowe Londynu. – Czy jest bardzo duże? – Nie, około (jednej) mili kwadratowej.
– Czy w Londynie są jakieś ładne miejsca? – O tak, Hyde Park i ogród Kensington. – Czy Anglicy kochają Londyn? – Uciekają z niego, gdy tylko mogą. – Nienawidzą Londynu? – Nie, (po prostu) bardzo lubią mieszkać na wsi (= poza Londynem).

2. 1. Piccadilly Circus is in the heart of London. 2. In the middle of it you can see the statue of Eros. 3. The traffic lights are red, green and yellow. 4. You can't see any animals in Piccadilly Circus, except dogs perhaps. 5. When you want to have a good time you must go to Leicester Square. 6. In Leicester Square you can see cinemas, theatres, cafés and great numbers of people walking up and down the street. 7. One of the deepest railway stations you can see in Leicester Square. 8. Leicester Square is more attractive at night.

3. 1. it 2. her 3. her/him 4. it 5. us 6. her 7. you 8. me 9. them

4. 1. Was that dress blue? 2. Did she return from Piccadilly? 3. Did the bus stop in front of the railway station? 4. Do English people like animals? 5. Did the little boy play near the fireplace? 6. Did the old man ride with his sons? 7. Did your mother give us any apples? 8. Did he smoke twenty cigarettes a day? 9. Was my friend sleeping in his clothes? 10. Has every day twenty-four hours? 11. Did Phil know London very well? 12. Didn't she speak to a student?

5. 1. a meeting place, heart 2. buses 3. lights, traffic 4. advertisements 5. street 6. attractive

6. 1. He doesn't work ... 2. I can't ... 3. Andy doesn't usually go ... 4. He doesn't often drink ... 5. This horse isn't ... 6. I don't keep ... 7. We don't like ... 8. English people don't drink ... 9. They don't start ...

7. 1. Piccadilly Circus is in London. 2. I couldn't see any animals there except dogs. 3. Every day you can see there large red buses going here and there. 4. The traffic lights control the traffic. 5. There are the best restaurants and shops in this street. 6. At night the streets are lit by colourful advertisements. 7. Andy was looking at the lights changing colours. 8. The statue of Eros is very beautiful. 9. When you want to have a good time, you must go to Leicester Square. 10. There are the best restaurants and cafés in London there.

Ian jest chory   22

W zeszły poniedziałek Ian się zaziębił i doktor kazał mu zostać w łóżku. Ma kaszel i boli go gardło. Wczoraj miał również silny ból głowy. Może słuchać radia, które stoi na małym stoliku blisko łóżka, i może czytać książki. Ale jest raczej nudno leżeć w łóżku, wobec tego Ian ma zamiar napisać list do swego przyjaciela Phila.

Cambridge Street 2, Londyn, 1 października 2000
Drogi Philu, przykro mi, że nie mogę zajść do ciebie jutro wieczorem, ale się zazię-
biłem w ubiegły poniedziałek i jeszcze leżę w łóżku. Myślę, że będę zdrów w niedzie-
lę, ale teraz muszę zostać w domu. Uważam, że to jest raczej nudne, chociaż mam
dobre radio przy łóżku i dużo książek. Ale widzisz, nie mogę czytać ani słuchać ra-
dia cały dzień, a nic więcej nie mogę robić, wobec czego dzień ma dla mnie trzy-
dzieści lub czterdzieści godzin! Czy będziesz tak dobry, żeby przyjść i zobaczyć się
ze mną jutro? I proszę, przynieś to czasopismo, które pokazałeś mi zeszłej niedzie-
li, to z (dosł. ładnymi) ogłoszeniami. Będę bardzo rad, jak cię zobaczę. Twój Ian.
PS Jeśli nie będziesz mógł przyjść, proszę, napisz.

Phil: Cześć, Ian! Jak się teraz czujesz? **Ian:** Obawiam się, że niezupełnie dobrze.
P.: Lekarz powiedział, że będziesz zdrów za trzy dni. **I.:** To dobrze. **P.:** Mam dla
ciebie pigułki i kilka czasopism. **I.:** Dziękuję bardzo. Siadaj, proszę.

Podpis pod rysunkiem: Lekarz powiedział, że będziesz zdrów za trzy dni

❷ 1. Ian caught a cold last Monday. 2. No, he won't (= will not). 3. Ian will be all
right in three days. 4. He's listening to the radio and reading books. 5. His friend
will give him some pills and some magazines. 6. Ian wrote the letter on October
1st. 7. Ian began his letter: Dear Phil. 8. On Monday I go to school (*lub* to my
office). 9. I get up at eight o'clock on Sunday. 10. Tomorrow I'll (= I will) work
till three o'clock and then I'll go to the cinema.
❸ 1. Phil will play ... 2. Mr Smith will rest ... 3. I will walk ... 4. The red light will
stop ... 5. The tiger will return ... 6. The fat lady won't (= will not) smile.
7. We'll (= We will) do ...
❹ 1. In the morning 2. in the afternoon 3. at six o'clock 4. Sunday 5. tomorrow
6. last Monday 7. at noon
❺ 1. Does Joan play ...? Joan doesn't play ... 2. Does she write ...? She doesn't
write ... 3. Can I come ...? I can't come ... 4. Is Ian going to write ...? Ian isn't
going to write ... 5. Will Mr Smith meet ...? Mr Smith won't (= will not)
meet ... 6. Has he ...? He hasn't ... 7. Did Ellen go ...? Ellen didn't go ... 8. Do
we like ...? We don't like ...
❻ 1. went 2. caught, told 3. ate, went 4. found 5. lay, read 6. thought, was 7. had
❼ 1. The red light stopped the car. 2. I'll come back late tomorrow. 3. He didn't return with you. 4. I don't know him. 5. Are you ill now? 6. He was listening to
the radio at half past four. 7. Now I'm busy but I think I'll have time tomorrow.
8. Her sister's (= Her sister is) reading a newspaper which was in your desk.
9. He thinks lesson seven is rather boring. 10. When did you start to learn
English? 11. Are you usually at home at half past nine? 12. Your daughter
doesn't want to go with us.

23

Kim jest Ian?

Peter: Czy znasz Iana? **Paul:** Tak, znam. On jest angielskim chłopcem lub raczej
młodym człowiekiem, którego rodzina mieszka w Londynie. Ma siostrę i myślę, że

coś studiuje. **Peter:** Mylisz się. On nie jest Anglikiem, on jest Polakiem. A jego rodzina nie mieszka w Anglii; oni są u siebie, w swoim kraju. Lecz masz rację co do siostry i gdy mówisz, że studiuje w Londynie. **Paul:** Ale słuchaj! „Ian" to jest angielskie imię, czy można je przetłumaczyć na polski? I on mówi bardzo dobrze po angielsku, i ogląda piłkę nożną ... **Peter:** Masz rację. W Anglii prawie każdy chłopak (*dosł.* młody człowiek) ogląda piłkę nożną i Ian również: „Jeśli wlazłeś między wrony, musisz krakać jak i one" (*dosł.* W Rzymie czyń, jak Rzym czyni). **Paul:** Widzisz, myślałem, że on jest Anglikiem, ponieważ nazywa się Ian (*dosł.* nazywają go Ian). Dlaczego jego matka dała mu angielskie imię? **Peter:** Ona tego nie zrobiła. Jego prawdziwe imię to Jan, lecz kiedy przyjechał do Anglii, nazwali go Ian. **Paul:** Teraz widzę, że go nie znałem; a co on robi w Londynie? **Peter:** Doskonali swój angielski i uczy się korespondencji handlowej. To miły facet. Lubię go i mam nadzieję, że będę go częściej widywał. **Paul:** Ja również.

– Czy pan jest Anglikiem? – Nie, jestem Polakiem. Pochodzę z Polski. – Czy to bardzo daleko od Anglii? – Nie, około dwóch godzin lotu samolotem. – Czy można jakoś inaczej dostać się do Polski? – Tak, statkiem. – Czy to długo trwa? – Dwa dni.

Podpisy pod rysunkami: Mam sympatię (= chłopaka)
On lubi zwierzęta. Ja też

② 1. Yes, he did. 2. Ian's family lives in Poland. 3. Yes, he has. 4. He's learning commercial correspondence. 5. Yes, he does. 6. Generally they don't, some of them do. 7. Yes, it is. 8. Yes, I do. (No, I don't.) 9. No, I don't. (Yes, I do.) 10. Yes, he does.

③ You were very glad the watch was for you. He was very glad the watch was for him. She was very glad the watch was for her. We were very glad the watch was for us. You were very glad the watch was for you. They were very glad the watch was for them.

④ 1. Matt was a busy man. 2. She hoped to see you. 3. What did you have instead of tea? 4. He didn't go to the library. 5. The young lady of Riga smiled when she rode on a tiger. 6. I didn't see any animals in that street. 7. Did the teacher know you? 8. She got up late. 9. They drank too much. 10. The doctor said "how do you do" to everybody. 11. Phil wrote a fine letter. 12. I could see you better from that window. 13. People were happiest at home. 14. He could show me the way to the station. 15. A railway station was very attractive for little John.

⑤ 1. so can I. 2. so must I. 3. so am I. 4. so have I. 5. so am I. 6. so do I.

⑥ 1. You're happy, so am I. 2. I have time, so has Ellen. 3. The sofa is brown, so is the cupboard. 4. They have a lot of milk, so have we. 5. I can give you a new magazine, so can he. 6. Dogs are strong animals, so are tigers. 7. Peter has a radio, so has Ian. 8. Everyone works in an office, so does my sister. 9. Ian learns commercial correspondence. 10. You are right, there are no tigers in London. 11. Paul is wrong, Ian's family doesn't live in England. 12. Translate it into English.

⑦ [ɑ:] – after, bath, class, can't, dark
[ɑ] – bus, butter, cupboard, comfortable, club, country

24

U Phila

Phil na pół siedzi, na pół leży na kanapie z Bonzem, pięknym terierem, u boku. Andy usadowił się na krześle naprzeciwko niego, z kawałkiem papieru w jednej ręce i pędzlem w drugiej. Ian i Matt wchodzą do pokoju. **Ian:** Cześć, chłopcy! **Phil:** Jak się masz, Ian? **I.:** Dziękuję, dobrze (*dosł.* jestem w porządku), przeziębienie minęło. **Matt:** Dzień dobry (wszystkim). O, widzę, że malowanie to nowe hobby Andy'ego. **Andy:** Mam zamiar zostać malarzem. **M.:** W poniedziałek mówiłeś, że chcesz być wielkim pisarzem. **A.:** Pewnie! Mogę być i jednym, i drugim (= mogę robić obydwie rzeczy). **I.:** Co za dziwny obraz malujesz! **A.:** Jeszcze nie jest skończony, jak ci się podoba? **I.:** No cóż, myślę, że włosy są nieco za długie. **M.:** I nie są zbyt gładkie. **A.:** To wina Phila, dlaczego nie uczesał ich lepiej? **P.:** Myślę, że tak jest bardziej naturalnie. **M.:** Ale jego oczy nie są brązowe, one są raczej zielone. **I.:** I dlaczego nos jest taki długi? Musisz namalować (*dosł.* zrobić go) trochę krótszy. **A.:** Wy, chłopaki, doszukujecie się błędu we wszystkim. Teraz powiecie, że jego usta są za duże lub że uszy są w złym miejscu! **I.:** Bo są! **M.:** Mniejsza o malowanie! Przyszliśmy poprosić was obu, abyście poszli z nami obejrzeć świetny mecz piłki nożnej. Będzie wielu kolegów z naszych kursów. **P.:** Ja idę! Nie wiem, czy Andy … **M.:** Sue i Julia idą z nami. Obie dziewczyny mówią … **P.:** Sue? A więc Andy również pójdzie (*dosł.* idzie)! **Bonzo:** Hau, hau! **P.:** Och, Bonzo, ty nie pójdziesz, zostaniesz w domu! **I.:** (*który ciągle patrzy na obraz*) O rety! A to co?! **A.:** Nie widzisz? To ogon! **M.:** Czyj ogon? Phila?! **A.:** Nonsens, maluję Bonza, a nie Phila.

Podpis pod rysunkiem: On zostanie w domu

② 1. Phil and Bonzo are sitting on the settee. 2. Bonzo's (= Bonzo is) lying by Phil's side. 3. Andy's sitting on a chair opposite Phil. 4. In one hand he has got a piece of paper and in the other a brush. 5. Ian and Matt come into the room. 6. Painting is Andy's new hobby. 7. Andy is going to be a painter. 8. On Monday he said that he was going to be a great writer. 9. I think that Andy isn't a good painter. 10. The boys are going to see a great football match. 11. Sue and Julia are going with them. 12. No, Bonzo will stay at home.

③ 1. When 2. How 3. Why 4. What 5. Why 6. How 7. Whose 8. Where 9. Who 10. Which

④ You often warm yourself …)He often warms himself … She often warms herself … It often warms itself … We often warm ourselves … You often warm yourselves … They often warm themselves …

⑤ 1. Peter says she's an attractive girl. 2. What's the time when she comes home? 3. I'm sorry he doesn't know your name. 4. His car doesn't stop here. 5. Where does Sue's friend live? 6. I don't drink coffee. 7. There are four men in the office. 8. He has cheese for breakfast. 9. How many books do you read? 10. She calls her daughter Julia. 11. That Englishman says goodbye in Polish. 12. I place myself opposite the fireplace.

⑥ Mr Smith was very happy because he met Helen … Ellen is going to wash her dress because it's dirty. Ian must stay in bed because he's ill. Sue is making some cakes because her friends ... You must hurry because you're late. They can't come tomorrow because they're going to ...

⊘ 1. Is the boy playing in the garden? The boy isn't playing in the garden. 2. Were the women talking in the street? The women weren't talking in the street. 3. Did they go to the country yesterday? Yesterday they didn't go to the country. 4. Was it raining hard last Monday? It wasn't raining hard last Monday. 5. Are there any cups and plates on the table? There aren't any cups and plates on the table. 6. Are Sue and Julia going with them? Sue and Julia aren't going with them. 7. Did he come to see the great football match? He didn't come to see the great football match. 8. Does he go to the office every day? He doesn't go to the office every day. 9. Is she going to write a letter to her mother? She isn't going to write a letter to her mother. 10. Have they any trees in the garden? They haven't any trees in the garden.

⊛ 1. Is Bonzo sitting by Phil's side? 2. How are you, Steve? 3. Painting is her new hobby. 4. I'm going to be a writer. 5. This is a very strange picture, everything in it is in the wrong place. 6. His hair is too long. 7. Her mouth is too large. 8. She always wants everything. 9. They drink milk in the morning, so do I. 10. This pencil is a little too short, give me a longer one. 11. Yesterday he said that he wanted to be a great painter. 12. She had a large piece of paper in one hand and a pencil in the other.

W kawiarni   25

Ellen: Proszę o dwie kawy. **Julia:** ... i dwa ciastka. **E.:** Uważaj, Julio, (bo) utyjesz (*dosł.* przybierzesz na wadze). **J.:** O, mniejsza o to, kocham słodycze. **E.:** Ale przecież chcesz stracić na wadze. Wczoraj powiedziałaś, że będziesz na diecie. **J.:** Masz rację. Wobec tego zacznę od jutra.

Ian: Mamy mnóstwo jabłek w Polsce. **Phil:** Tak? My zwykle sprowadzamy je z innych (*dosł.* obcych) krajów. **I.:** Nie uprawiacie ich w (swoim) kraju? **P.:** Tak, owszem, (uprawiamy,) ale za mało.

Limeryk 1
Była sobie pewna młoda dama z Lynn,
Która była tak niezmiernie szczupła (= chuda),
Że kiedy próbowała
Pić lemoniadę,
Prześliznęła się przez słomkę i wpadła do środka.

Limeryk 2
Była pewna młoda dama z Hyde,
Która zjadła dużo jabłek i umarła.
Jabłka sfermentowały
Wewnątrz opłakiwanej
I zrobiły jabłecznik w jej wnętrznościach.

Podpis pod rysunkiem: Uważaj, (bo) przybierzesz na wadze

❷ 1. The thin lady lived at Lynn. 2. The lady drank lemonade. 3. She fell into the glass. 4. The lady of Hyde ate many apples. 5. The apples fermented inside her. 6. I like apples very much. 7. I eat one or two apples a day. 8. No, I don't, I drink it from a glass. 9. People say I'm very fat (*lub* People say I'm very thin). 10. I'm tall (*lub* I'm short).

❸ 1. had 2. was 3. had, didn't drink, drank, ate 4. went out 5. didn't like, was, arrived, were 6. was, could 7. had, knew, were 8. opened, got into, couldn't 9. was

❹ 1. some 2. pm 3. before 4. not as ... as ... 5. to end 6. warm 7. the night 8. no 9. nothing 10. right

❺ three, thirteen, thirty, eighty-four, twelve, fourteen, fifty-five, seventy-eight, forty-one, nineteen, eleven, four, seven, forty

❻ 1. The young lady is going to drink ... 2. We're going to read ... 3. I'm going to write ... 4. Andy's going to be ... 5. Are you going to see us ...? 6. They're going to finish ... 7. Is he going to eat ...? 8. Margaret isn't going to make ...

❼ 1. I am 2. that is *lub* that has 3. we are 4. he is *lub* he has 5. it is *lub* it has 6. we will 7. you are not 8. they will not 9. he will 10. it is not 11. she has not 12. we will not

❽ 1. Steve took a book from the shelf and put it on the table. 2. Put these exercise books into the drawer. 3. Bring me a box of matches. 4. Put the coat on because it's getting cold. 5. It's getting late, I must go back home. 6. It's very warm, take your coat off. 7. I usually get up late on Sunday. 8. May I come in? 9. Don't put your hands into your pockets. 10. She slipped through the straw and fell into the glass. 11. Do you like cider? Yes, I do. 12. These apples will soon ferment. 13. You mustn't eat green pears. 14. I'm not going to eat any sweets because I want to lose weight. 15. Julia puts on weight because she eats too many cakes.

26   W łazience

Ian stoi przed łazienką (*dosł.* na zewnątrz łazienki) w szlafroku, z ręcznikiem w ręce. Czeka, podczas gdy Phil myje się i gwiżdże. **Ian: Słuchaj**, Phil, co (tam) robisz? Wszedłeś pół godziny temu i jeszcze nie jesteś gotów. **Phil:** Kąpię się. Umyłem twarz, szyję, uszy, ramiona, teraz zaczynam myć lewą nogę. **I.:** Nie mogę czekać tak długo. Mam lekcję. **P.:** Mniejsza o twoją lekcję! Siadaj w holu i czytaj niedzielne gazety. Teraz myję prawą nogę. Rety! Mydło wpadło (*dosł.* ześliznęło się) pod wannę. Nie mogę go wydostać ... **I.:** Wychodź z brudną nogą, nie będziemy patrzeć. **P.:** Jest jeszcze drugie mydło (*dosł.* inny kawałek mydła) na umywalce. Druga noga będzie również czysta. Teraz biorę ręcznik, który wisi za mną. **I.:** Czy ty nigdy nie wyjdziesz? **P.:** Chwileczkę! Wycieram się. *Gwiżdże wesoło*. Jestem prawie gotów. Wkładam szlafrok. Otwieram drzwi. Cześć, Ian! Przyjemnej kąpieli! *Ian wchodzi do łazienki i zamyka drzwi. Ale Phil wraca i puka do drzwi.* **P.:** Przepraszam. Zapomniałem zegarka, leży na półce. **I.:** Mniejsza o twój zegarek. Siadaj

na kanapie w holu i czytaj niedzielne gazety. Teraz odkręcam gorącą wodę. Zdejmuję szlafrok i ... Uśmiechnij się! **Margaret:** (*z sypialni*) Joan, proszę, myj się. **Joan:** Już się umyłam, mamusiu! **M.:** Czy umyłaś zęby? **J.:** Oczywiście, że tak. **M.:** Rozbieraj się. **J.:** Raz, dwa, trzy! Już się rozebrałam, mamusiu! **M.:** Teraz włóż piżamkę. **J.:** Raz, dwa ... włożyłam! Jestem gotowa iść do łóżka. **M.:** Dobranoc, kochanie, śpij dobrze.
Margaret: Czy puściłeś gorącą wodę (*dosł.* odkręciłeś gorący kran), Rick? **Rick:** Tak, puściłem. **M.:** Teraz puść zimną wodę (*dosł.* odkręć zimny). **R.:** Już odkręciłem obydwa krany, mamusiu. *Gorąca woda płynie do wanny.* **M.:** Rick, zakręć je, proszę. **R.:** Dobrze, mamusiu. Już zakręciłem. Woda jest ciepła, teraz już mogę się kąpać.

② 1. Ian is. 2. He has a towel in his hand. 3. Phil's (= Phil is) in the bathroom. 4. He's taking his bath. 5. The soap has. 6. No, he can't. 7. Yes, there is. 8. The towel is hanging behind Phil. 9. Phil has forgotten to take his watch. 10. The watch is lying on the shelf. 11. My bathroom is rather small. 12. The walls are white. 13. Yes, there is. 14. I wash myself in warm water. 15. Yes, I do.

③ 1. Ian has stood ... 2. Phil has washed ... 3. I've taken ... 4. He has begun ... 5. We have waited ... 6. They have played ... 7. The soap has slipped ... 8. Phil has taken ... 9. Sue has come ... 10. I've dried ... 11. He has put on ... 12. Ian has gone ...

④ 1. Has Steve mended ...? Steve hasn't mended ... 2. Have they eaten ...? They haven't eaten ... 3. Is he going ...? He isn't going ... 4. Did Ian get up ...? Ian didn't get up ... 5. Does she get up at ...? She doesn't get up at ... 6. Will Rick go ...? Rick won't go ... 7. Will we dance ...? We won't dance ... 8. Has Phil forgotten ...? Phil hasn't forgotten ...

⑤ 1. outside 2. to 3. on 4. from 5. in 6. under 7. at 8. in

⑥ 1. What 2. Who 3. Which 4. When 5. Where 6. Why

⑦ 1. John isn't at home. 2. Why did you catch a cold? 3. I couldn't write this exercise, I'll do it on another day. 4. Everyone is busy on Monday. 5. Don't open this window, open the other one. 6. Give us, please, other rolls than these. 7. Some people were waiting in front of the station, the others went home. 8. Have they gone to another restaurant? 9. Have you dried yourself with your towel? 10. She mustn't eat cakes, she's on a diet. 11. Can you turn on the hot tap? I've just turned it on. 12. Joan, go to the bathroom and wash your hands. I've washed them and they're clean now. 13. Don't lock the door!

⑧ 1. largest 2. prettier 3. tall, taller 4. busiest 5. better 6. cleverer

Młody człowiek jest zawsze uprzejmy   **27**

Sue: Lubię twojego kolegę (*dosł.* przyjaciela) Petera, (on) jest taki uprzejmy. **Andy:** O, tak. Stale mówi „przepraszam". **Julia:** Jest moim sąsiadem. Często widuję go w ogrodzie lub na ulicy, kiedy wracam (*dosł.* w drodze powrotnej) do domu. Zawsze macha (do mnie) ręką i uśmiecha się i prawie nigdy nie zapomina zapytać mnie, jak się czuję. **Matt:** Kiedy widzi (*dosł.* znajduje) swojego psa (leżącego) w najwygodniejszym (*dosł.* jego najlepszym) fotelu, zwykle mówi z przyjacielskim uśmiechem: „przepraszam stary (*dosł.* chłopcze) ..." i czeka, aż pies zejdzie (*dosł.* na psa, żeby zszedł). **A.:** Pewnego dnia nie mógł przerwać rozmowy (= przestać rozmawiać) z jednym starszym panem w autobusie. Usiadł na kapeluszu (tego) starszego pana. Ten pan powiedział: Przepraszam, siedzi pan na moim kapeluszu! Peter odpowiedział: Och, przepraszam, tak mi przykro ... Ten pan: Przepraszam ... Peter: ... przykro ... Ten pan: Bardzo przepraszam ... Peter: ... przepraszam ... Ten pan: Przepraszam ... Peter: Przepraszam ... **S.:** Och, Andy, to nieprawda! **A.:** (*uśmiechając się*) No, nie. To nieprawda. Ale to podobne do Petera.

– Przepraszam! Siedzi pan na moim kapeluszu! – O, przepraszam! – Nic nie szkodzi. W porządku.

– Przepraszam, czy mógłby mi pan podać dokładny czas? – Oczywiście, jest kwadrans po szóstej. – Dziękuję, mój zegarek spóźnia się pięć minut. Wczoraj śpieszył się trzy minuty.

– Czy mógłby mi pan powiedzieć, gdzie jest najbliższa restauracja? – Naturalnie. Jest tuż za rogiem. – Dziękuję bardzo. – Bardzo proszę.

Podpis pod rysunkiem: On zawsze macha (do mnie) ręką i uśmiecha się

② 1. polite 2. I'm so sorry 3. neighbour 4. way 5. always, hardly ever 6. finds, armchair, usually, Excuse me, climb down

③ 1. Sue likes Peter because he's very polite. 2. He always says "I'm so sorry". 3. Peter is Julia's neighbour. 4. Julia often sees him in the garden, or on her way home. 5. He usually says "Excuse me, boy". 6. I read my English book when I have time. 7. Yes, he did. 8. No, he didn't, he sat on the settee. 9. Yes, it does. 10. Yes, I have. 11. Yes, I have (No, I haven't). 12. Yes, he is. (No, he isn't). 13. A young lady of Hyde ate many apples and died. (A young lady of Hyde did). 14. I like tea better. (I like coffee better).

④ 1. My teacher's study is blue. 2. – 3. I won't take my sister's towel. 4. Ellen's bath is ready. 5. – 6. I won't speak to your brother's friend. 7. Don't whistle, the girl's mother is ill. 8. Some boys stopped before the doctor's house. 9. –

⑤ 1. went 2. has just met 3. found, said, waited 4. have lived 5. came 6. has finished

⑥ 1. meet 2. am looking 3. comes 4. is painting 5. am digging 6. are just writing

⑦ 1. a 2. some 3. some 4. any 5. a 6. any 7. any

⑧ is, always, says, bows, smiles, finds, his, man's, excuse

⑨ 1. What's the time? 2. Excuse me, could you tell me the right time? 3. Sorry, I can't, my watch is fast. 4. My watch is slow. 5. Which bus goes to the station? 6. Excuse me, could you tell me where the nearest restaurant is? 7. Be careful! You have sat on my cakes! – Oh, I'm so sorry! 8. Ellen's (= Ellen is) my neighbour, we live in the same street. 9. Peter's (= Peter is) very polite, we like him very much. 10. Yesterday he sat on the hat of a lady. 11. What did the lady say? 12. Be careful, this is my new hat. 13. Peter stood up and said "I'm so sorry!"

Klucz 415

Przed wykładem **28**

Sue: Czy widziałaś nową sukienkę Jane? **Julia:** Nie, nie widziałam. **Ian:** Kto to jest Jane? Nie znam jej. Jak ona wygląda? **S.:** O, znasz ją! Wysoka, blondynka i ma przepiękne zielone oczy. **J.:** A jak wygląda sukienka? **S.:** Jest bardzo elegancka (*dosł.* przyjemna). Ten odcień (*dosł.* rodzaj) różu pasuje do niej (*tzn.* Jane) doskonale i podoba mi się płaszcz, który kupiła w ubiegłym tygodniu. **Peter:** Czy wy, kobiety, zawsze musicie mówić o sukienkach? Kiedy dwie dziewczyny się spotykają, zawsze albo rozpoczynają, albo kończą (spotkanie), rozmawiając o strojach. **I.:** To prawda. A kiedy spotyka się dwóch Anglików, to zawsze mówią o pogodzie. **P.:** Nie, nie mówią! **I.:** Założę się, że każdy Anglik, który wejdzie, powie coś o pogodzie. **P.:** W porządku. A ja się założę, że nie powie. Oto John. **John:** Witam wszystkich! Ian, czy nie widziałeś mojego długopisu (u siebie)? Gdzieś go zostawiłem. *Wszyscy się uśmiechają.* **P.:** Widzisz, Ian, mam rację. **I.:** Nie, nie masz. John, czy jesteś Anglikiem? **John:** Zdecydowanie nie. Jestem Szkotem. Sue, (moja) droga, pożycz mi proszę swój długopis, nie mogę znaleźć mojego. *Wchodzi Barry.* **Barry:** Cześć! Okropna pogoda, prawda? *Wszyscy się śmieją.* **B.:** Z czego się śmiejecie? Nie ma w tym nic śmiesznego. Zanosi się na deszcz, a ja nie mam swojego płaszcza przeciwdeszczowego. **J.:** Gdzie go zostawiłeś tym razem? **B.:** Spędziłem weekend (= koniec tygodnia) na wsi i zostawiłem tam wszystkie swoje (*dosł.* moje) rzeczy. *Wchodzi Jane, wygląda bardzo ładnie w zielonym płaszczu przeciwdeszczowym.* **Jane:** Cześć! Jaki straszny wiatr, nie mogłam otworzyć parasolki. *Wszyscy się śmieją.* **Jane:** Nie mam nic przeciwko chmurom i deszczowi, ale nie znoszę wiatru. Mój kot też nie. **I.:** Przynajmniej nie ma już mgły. **Andy:** (*wbiegając*) Leje jak z cebra! Barry, ty cały przemokniesz, twój płaszcz przeciwdeszczowy jest u mojego brata na wsi. *Wszyscy się śmieją.* **S.:** Nic nie szkodzi, Jane może pożyczyć mu swoją parasolkę. **I.:** (*do Petera*) No, Peter ... Wszyscy (oni) powiedzieli coś o pogodzie ... *Pan Green, profesor, wchodzi.* **Pan Green:** Dzień dobry! Dość zimno dzisiaj, nieprawdaż? *Wszyscy się uśmiechają.*

– Jaka jest dzisiaj pogoda? – Jest wietrzno i zbiera się na deszcz. – A zatem muszę wziąć płaszcz przeciwdeszczowy. – Weź również (swój) parasol. – Jest pochmurno cały ranek, nieprawdaż? – Tak, rzeczywiście. Myślę, że się przejaśni po lunchu. – Być może. Lubię słoneczną pogodę. – Ja również.

Podpis pod rysunkiem: Jaki straszny wiatr

1. Jane's (= Jane is) tall and fair and has the most beautiful eyes. 2. Her new dress is very nice. 3. Yes, they do. 4. No, they don't but they talk about it. 5. No, he isn't. He's a Scotsman. 6. John has lost his ballpoint pen. 7. No, he hasn't. 8. Because he has left it at Andy's brother's in the country. 9. Jane's raincoat is green. 10. It's raining cats and dogs and there's an awful wind. 11. No, she hates it.

1. don't we? 2. don't they? 3. isn't she? 4. doesn't he? 5. don't you? 6. hasn't she? 7. doesn't it? 8. can't he? 9. haven't they? 10. won't he? 11. wasn't she?

1. talking 2. drinking 3. cleaning 4. digging 5. mending 6. going

Ⓖ 1. who 2. whose 3. which 4. who 5. which 6. Whose 7. which 8. who
Ⓖ 1. though 2. almost 3. always 4. except 5. near 6. hardly ever
Ⓖ 1. your, mine 2. yours, mine 3. his 4. her 5. my 6. my 7. my, yours 8. his 9. my
10. your, mine 11. their, my
Ⓖ 1. I am 2. he does not 3. you cannot 4. they are 5. he is *lub* he has 6. she will not
7. I will *lub* I shall 8. it is *lub* it has 9. we do not 10. she was not
Ⓖ 1. I bet that every woman that comes in will say something about dresses. 2. Englishmen like to talk about the weather, don't they? 3. I can't go to the club because it's raining cats and dogs. 4. The weather is awful, isn't it? 5. It looks like rain, take your umbrella. 6. I have no umbrella, lend me your raincoat. 7. Take your coat and hat off and sit by the fire, you're completely wet. 8. What was the weather like yesterday? 9. I hate going out when it's raining. So do I. 10. Sue looks very nice in her new dress, doesn't she?

29 Rozmowa telefoniczna

Dzwoni telefon. Barry podchodzi do telefonu. **Barry:** Mówi Barry Gill ... **Steve:** (*brat Andy'ego*) Cześć, Barry. **B.:** Serwus, Steve. Właśnie miałem zamiar zapytać o tę walizkę, którą zostawiłem u ciebie. **S.:** Właśnie dlatego dzwonię (do ciebie). Zobaczyliśmy ją w holu tego samego dnia, kiedy wyjechałeś. **B.:** Kiedy przyjedziesz (= wybierasz się) do miasta? **S.:** Oto jest pytanie. Przyjadę (tam) we środę, lecz ty możesz potrzebować coś ze swoich rzeczy. Co w niej masz? **B.:** Garnitur, bluzę dresową, buty i kilka chustek. Tak bardzo ich (*tzn.* tych rzeczy) nie potrzebuję, ale jest tam mój płaszcz przeciwdeszczowy i krawat, jedyny, który naprawdę lubię. **S.:** I wszystkie twoje przybory do mycia są jeszcze w łazience. **B.:** Wiem, musiałem kupić nową szczoteczkę do zębów. Słuchaj ... Andy mógłby przywieźć walizkę. Nie jest ani duża, ani ciężka. **S.:** Jestem pewien, że zrobi to, jak tylko będzie mógł. Jaki jutro mamy dzień? **B.:** Wtorek. **S.:** A zatem on jutro tu przyjeżdża. **B.:** Dobrze. Gdy spotkam go wieczorem, poproszę, aby przywiózł te rzeczy, które zostawiłem. **S.:** W porządku. A następnym razem jak tu przyjedziesz, nie zapomnij głowy. **B.:** Kiedy widzisz, my się tak spieszyliśmy. Pędziliśmy, żeby złapać pociąg. **S.:** I prawie się spóźniliście (na pociąg). **B.:** Ale się nie spóźniliśmy. A więc bardzo dziękuję. Pozdrowienia dla żony. Serdeczności (= Uściski) dla obojga dzieci. Cześć! **S.:** Cześć!

Ⓖ 1. Barry left his suitcase at Steve's place. 2. No, Steve's home isn't in London. 3. Inside the suitcase were Barry's things: a suit, a sports jacket, shoes, some handkerchiefs, his raincoat and his best tie. 4. Barry left his washing things in the bathroom. 5. The suitcase isn't heavy. 6. Andy will see his brother on Tuesday.
Ⓖ 1. b) 2. e) 3. a) 4. f) 5. c) 6. d)
Ⓖ 1. chair 2. legs 3. large 4. neither 5. or 6. nor
Ⓖ 1. nineteen ninety-six 2. eighteen fifty-two 3. ten sixty-six 4. twelve sixteen 5. nineteen fifty-one 6. nineteen seventy-five
Ⓖ True: 2., 3., 5., 6. Not true: 1., 4., 7.
Ⓖ 1. I have seen his coat in the hall. 2. The telephone is ringing. 3. Today I'll buy

a new umbrella. 4. All your ties are too long. 5. Sometimes I like walking when it's raining. 6. My younger brother wants to have either a cat or a dog. 7. Some people don't like either cats or dogs in their homes. 8. Barry is in a hurry. So am I. 9. Have you written only one exercise? 10. He has lost both of your books.

W parku   30

Andy i Sue idą do domu przez Hyde Park. Kiedy pada deszcz lub kiedy się spieszą, jadą autobusem lub metrem, lecz dziś świeci słońce, więc mogą iść pieszo. Park jest raczej pusty. Jest tylko kilka osób, ponieważ jest dość zimno. Kilkoro dzieci biega i bawi się, podczas gdy ich matki obserwują je. Dwa miesiące temu było zupełnie inaczej. Ludzie odpoczywali na (zielonej) trawie, na krzesłach, w słońcu lub w cieniu pięknych starych drzew i żywopłotów. Niemowlęta spały w (swoich) wózkach, starsze dzieci przyglądały się czarnym i białym owcom, a ptaki śpiewały wesoło. Teraz lato się skończyło i zaczęła się jesień. Trawę pokryły (*dosł.* Trawa jest pokryta) żółte, czerwone i brązowe liście, a drzewa wyglądają czarno na tle nieba. Lecz Andy nie widzi niczego ani nikogo, widzi tylko Sue. Myśli, że jest najlepszą i najpiękniejszą dziewczyną w Anglii. Sue ma dziewiętnaście lat, ciemnobrązowe włosy i śmiejące się oczy. Jej usta są nieco za duże, ale ma bardzo piękne zęby i miły uśmiech. Ogólnie biorąc, jest dość ładna i ma bardzo dobre serce (= jest bardzo życzliwa), więc wszyscy ją lubią, a Andy się w niej kocha. Młodzi (ludzie) idą powoli, bez słowa. Dziewczyna myśli o kimś, kto przyjeżdża odwiedzić ją na tydzień, pod koniec miesiąca, podczas gdy Andy zadaje sobie pytanie, czy ma czas, aby pójść z Sue do kina.

Jane: Co Sue robi w Hyde Parku? **John:** (*czytając gazetę*) Co powiedziałaś? **Jane:** Zapytałam cię, co Sue robi w Hyde Parku. **John:** Nie wiem. Myślę, że po prostu spaceruje. **Jane:** Rozumiem. Przyszła się z kimś spotkać. Kto to jest ten człowiek? Popatrz na nich, John. Muszę wiedzieć, kim jest ten chłopak. **John:** (*podnosząc wzrok znad gazety*) Nie znasz go? To Andy. **Jane:** Och, przestań czytać tę gazetę i słuchaj moich pytań. **John:** (*wkładając gazetę do kieszeni*) Dobrze. Obawiam się, że chcesz wiedzieć, kim jest Andy, gdzie mieszka … **Jane:** (*śmiejąc się*) Nie, John. Chcę tylko z tobą rozmawiać i spacerować po parku … tak jak Sue i Andy.

1. Andy and Sue are walking in the park. 2. They usually go by bus when they're in a hurry or when it's raining. 3. No, there aren't many people in the park. 4. It's cold. 5. The leaves are yellow, red, and brown. 6. No, in summer the park was full of people. 7. The younger children were playing and running. 8. Their mothers were watching them. 9. Yes, there were some sheep. 10. People were sitting either in the sun or in the shade.

1. through 2. on 3. with 4. with 5. at 6. without

1. Are there any mothers …? 2. Were there any sheep? 3. Can you see anything …? 4. Has he found anything …? 5. Did anybody say that …? 6. Is Jane walking with anybody?

⑤ awfully, beautifully, comfortably, kindly, deeply, dirtily, gladly, heavily, strongly, sweetly

⑥ 1., 2., 4. – a few; 3., 5., 6. – a little

⑦ 1. Is autumn cold in Poland? He wants to know if autumn is cold in Poland. 2. Have you been to Hyde Park? He's asking you if you have been to Hyde Park. 3. Can Sue sing? Nobody knows if Sue can sing. 4. Do they like funny pictures? I'm not sure if they like funny pictures. 5. Have you got comfortable shoes? I'm asking you if you have comfortable shoes.

31
Rozmowa

Ian: Julia mówi, że kiedy weszła do twojego pokoju wczoraj wieczorem, pisałaś coś zabawnego. Co to było? Czy mogłabyś mi to pokazać? **Ellen:** Naturalnie, tak, proszę. Miałam znaleźć kilka przykładów imiesłowów biernych czasowników regularnych na (moją) następną lekcję. **I.:** Ale to jest jakiś wiersz, nie ćwiczenie ... A ja właśnie miałem zamiar poprosić cię o jakąś książkę z angielskimi wierszami. **E.:** Cóż, to nie jest tak naprawdę wiersz. Usłyszałam o nim od Johna. Jest on wzięty z książki z wierszykami dla dzieci. Ktoś dał ją Johnowi, kiedy był dzieckiem. Pożyczył mi tę książkę na kilka dni. Jest w (tym) wierszyku kilka czasowników regularnych, więc uczę się go na pamięć. **I.:** Masz (całkowitą) rację i ja też mogę go wykorzystać. Jest kilka dobrych przykładów. Myślę, że przeczytam go za chwilę jeszcze raz i nauczę się go. Pomoże mi zapamiętać nazwy dni tygodnia.

Solomon Grundy
Solomon Grundy
Urodzony w poniedziałek,
Ochrzczony we wtorek,
Ożeniony w środę,
Chory w czwartek,
Bardziej chory w piątek,
Zmarły w sobotę,
Pochowany w niedzielę.
Takie było życie
Solomona Grundy'ego.

Podpis pod rysunkiem: Uczę się go na pamięć

② True: 1., 2., 4., 6. Not true: 3., 5.

③ 1. Andy kissed somebody. 2. I have met some good-looking girls here. 3. Somebody has learnt the rhyme. 4. She has seen her brother somewhere in the house. 5. He has taken something from your pocket. 6. We know somebody called Grundy.

④ he marries, he married, he dries, he dried, he buries, he buried, he plays, he played, he carries, he carried, he studies, he studied

Plotki **32**

Anne ma miesiąc urlopu (*dosł.* urlop miesięczny) i ma zamiar spędzić go nad morzem, ale po drodze nad morze zatrzymała się u swej siostry w Londynie. Sue uważa, że to wspaniały pomysł i mówi, że goszczenie kogoś jest przyjemną odmianą w jej codziennej pracy na kursach handlowych. Pokój Sue jest pełen (ich) rozmów i śmiechów przed położeniem się spać (*dosł.* podczas gdy przygotowują się do pójścia do łóżka). Anne jest już w piżamie i siedzi na łóżku. Przegląda jakieś fotografie. Młodsza siostra czesze się przed lustrem. **Anne:** Słuchaj, Sue, kim jest ten chłopak? *Podnosi w górę fotografię kilku młodych osób siedzących na stopniach jakiegoś domu.* **Sue:** To jest Barry. Pamiętasz, ten, co zawsze coś zapomina. **A.:** A to jest Steve, brat Andy'ego, prawda? Oni są tak bardzo do siebie podobni. **S.:** Tak, ale między nimi jest dziesięć lat różnicy, Steve jest żonaty, wiesz? Ta fotografia została zrobiona u niego na wsi. **A.:** Czy ten chłopiec jest także studentem z waszego kursu? **S.:** Tak, to jest John. On pochodzi ze Szkocji. Ale nie podoba mu się korespondencja handlowa. Jego wuj jest handlowcem i chce zrobić z niego swego sekretarza. Ale myślę, że John z tego zrezygnuje. Postanowił zostać lekarzem. **A.:** Widzę tu Julię. Jest tak samo pulchna jak wtedy, kiedy była w szkole. **S.:** Zamartwia się tym. Wyrzekła się czekoladek i słodyczy, zabrała się za grę w tenisa i za jazdę na rowerze. Robi, co może, aby zeszczupleć. **A.:** Nie widzę tu nigdzie Matta. **S.:** Muszą tam być zdjęcia wszystkich. Ja sama je robiłam. Jeśli otworzysz tę małą szafkę, znajdziesz więcej zdjęć. **A.:** A czy on nadal ma nadzieję zostać kiedyś dyrektorem dużego banku? **S.:** Tak, ale nie sądzę, by nim (kiedyś) został, on jest zbyt leniwy. **A.:** Czy to jest Ellen, Szwedka? **S.:** Tak, a to jest młody Polak. Nazywamy go Ian, ponieważ jego prawdziwe imię to Jan. On pięknie gra na fortepianie. **A.:** Czy nie ma więcej cudzoziemców? **S.:** Bardzo dużo, ale nie w mojej klasie. Jest kilku Francuzów, dwie siostry Włoszki, jedna Holenderka, która właśnie przyjechała (*dosł.* przybyła) z Holandii, i jeden Hiszpan, i to bardzo przystojny. **A.:** A kto to jest ta dziewczyna w stroju do konnej jazdy? Wygląda jak gwiazda filmowa. **S.:** Nie pamiętasz jej? To Jane. Muszę przyznać (*dosł.* powiedzieć), że jest niezwykle piękna. **A.:** O, jakie śmieszne zdjęcie Andy'ego i jego ciotki! **S.:** (*rumieni się, bo Andy jest jej chłopcem*) Śmieszne? Może ciotka jest śmieszna, ale nie Andy! *Zegar na pobliskiej (dosł. sąsiedniej) wieży kościelnej wybija jedenastą.* **A.:** No, czas iść spać. Jeżeli się dobrze nie wyśpisz, będziesz się jutro czuła zmęczona. Dobranoc! Śpij dobrze.

Podpis pod rysunkiem: Postanowił zostać lekarzem

② 1. Yes, she is. 2. Yes, she does. 3. Yes, they are. 4. Yes, he does. 5. No, he isn't. 6. Yes, it was. 7. No, he isn't. 8. No, he doesn't. 9. Yes, she has. 10. Yes, there are.

③ a) 1., 2., 6., 9., 10.; b) 3., 4., 5., 7., 8.

④ 1., 2., 5., 6., 9. – many; 3., 4., 7., 8. – much

⑤ 1. come 2. finishes 3. is 4. go 5. gives up 6. were 7. took 8. doesn't remember

⑥ 1., 2., 3., 4. – So do I.; 5., 6., 7. – So have I.; 8., 9., 10. – So am I.

1. I'm already tired. 2. Our house is between the church and our school. 3. What's the difference between our car and yours? 4. When I was at school, I liked chocolate. 5. His uncle wants to make him his secretary. 6. Anne's younger sister is doing her hair now. 7. She does her hair every night. 8. If you open that cupboard, you'll find more photos. 9. If you say that Andy is funny, I won't be pleased. 10. If she comes from Holland, she must speak Dutch.

33
Obiad poza domem

Ian i Peter spotkali się przy drzwiach znanej restauracji, aby zjeść dobry obiad. „Chodźmy się czegoś napić", powiedział Peter i najpierw poszli do baru w głębi sali (*dosł.* restauracji). Było to bardzo przyjemne miejsce, pełne ludzi, ale niezbyt hałaśliwe. Potem chłopcy (*dosł.* młodzi ludzie) znaleźli stolik na dwie osoby i Peter zamówił obiad. Najpierw kelner przyniósł zupę pomidorową dla jednego z nich i rosół dla drugiego. Przypomniało to Peterowi pewną anegdotę, którą usłyszał w klubie. „Pewien człowiek zawołał w restauracji: – Kelner! – Tak, proszę pana? – Co to jest? – To jest zupa fasolowa, proszę pana. – Mniejsza o to, co to było* – co to jest teraz?"

„Wiesz", rzekł Ian, „kiedy po raz pierwszy przyjechałem do Anglii, często w restauracjach trudno mi było wyrażać się zrozumiale. Pewnego razu powiedziałem kelnerowi, aby mi przyniósł jajka na miękko, a to (*dosł.* wszystko), co otrzymałem, to była ... woda sodowa! Musiałem ją wypić i pójść do innej restauracji na prawdziwy lunch". Kelner przyniósł rybę, a potem rostbef z jarzynami dla Iana i pieczeń z jagnięcia z ziemniakami i zielonym groszkiem dla Petera. Jedzenie im smakowało – mięso w tej restauracji jest pierwszorzędne. **Peter:** Czego się napijesz? Wina czy piwa? **Ian:** Poproszę wino. **P.:** A ja wypiję piwo. Po mięsie przyszła kolej na sałatkę owocową ze śmietaną (*dosł.* sałatka owocowa ze śmietaną przyszła po mięsie). Zakończyli obiad kawą i krakersami z serem. Przez chwilę słuchali pianisty, który grał przez cały czas. Potem Peter wyjął pieniądze, zapłacił rachunek i obaj przyjaciele opuścili restaurację. „Bardzo ci dziękuję", powiedział Ian, „obiad był znakomity".

1. Ian met Peter at the door of a well-known restaurant. 2. The bar was at the back of the restaurant. 3. Peter ordered the dinner. 4. The guys had tomato soup and clear soup. 5. No, Ian didn't speak English very well when he came first to England. 6. Peter ordered roast lamb. 7. Peter had potatoes and green peas with roast lamb. 8. Ian drank wine and Peter drank beer. 9. Yes, I like fruit salad. No, I don't like fruit salad.

1. our families are 2. these buses, They are 3. We have ordered crackers 4. These ladies are doctors' wives. 5. The children have not eaten tomatoes. 6. Your families live in foreign countries. 7. There are long shelves in your libraries.

Czasowniki powinny występować w następujących formach: meet, says, go, is, find, orders, brings, reminds.

---

* Nie ma różnicy między wymową **it's** (= **it is**) **bean soup** *to jest zupa fasolowa* i **it's** (= **it has**) **been soup** *to była zupa fasolowa,* toteż łatwo o nieporozumienie.

⑤ 1., 2., 5., 6. – some; 3., 4., 7. – a little
⑥ 1. We often met ... 2. I took ... 3. You could come ... 4. They played ... 5. When it was raining we went ... 6. She did ...
⑦ 1. Let's go to a good restaurant. 2. In this shop they have a lot of fish. 3. He thinks that they will come by car. 4. They know that roast lamb is good with green peas. 5. Why do you say that these potatoes are not good? 6. She thought I would come by train. 7. They knew that Ian didn't like that kind of meat. 8. Why did you say that the soup was too hot?

Literowanie   34

Ellen: Czy ktoś wie, gdzie mogę kupić (= dostać) jakieś nowe angielskie powieści lub nowele, niezbyt daleko stąd? **Ian:** Na ulicy Berkeleya jest bardzo dobra księgarnia. **E.:** *(wyjmując długopis)* Muszę to sobie zapisać. Jak się pisze (= literuje) „Berkeley"? **I.:** B – A ... **John:** E ... **I.:** Tak, B – E – R ... O, potrafię dobrze napisać tę nazwę, ale nigdy nie mogę zapamiętać angielskiego alfabetu. **E.:** Te wszystkie E i A, i I zawsze się mylą (*dosł.* mieszają). A już nigdy nie wiem, czym jest Y (*dosł.* co Y jest). **I.:** Ja sądzę, że alfabet tak naprawdę nie jest taki ważny. To tylko (jest) jeden z koników nauczycieli angielskiego. **John:** Być może tak jest, lecz powinno się go znać. Może ci to zaoszczędzić wielu kłopotów. *Spogląda na Phila z błyskiem w oku.* **Phil:** Ian, czy wybierasz się teraz do GPO? **I.:** Przepraszam? (= Co, proszę?) **P.:** To znaczy, po drodze do YMCA. Mam nadzieję, że jeszcze nie jest zamknięta. **J.:** Ja tamtędy idę. Czy wiecie, kogo spotkałem wczoraj u Andy'ego? Michaela Gilla. **P.:** Tak, on chodzi teraz na PE. To był „A1" (= pierwszorzędny, fajny facet). **J.:** Jego ojciec jest VIP-em w TV. A czy pamiętacie jego brata, który był w RAF-ie? **P.:** Teraz jest MP. **J.:** Tak, słyszałem go w BBC. **I.:** O kim wy mówicie? Co to wszystko znaczy? **E.:** Z czego się śmiejecie? **P.:** Mówimy po prostu po angielsku. **J.:** Widzisz Ian, jeżeli nie wiesz, że GPO to skrót trzyliterowy (*dosł.* trzy litery), nigdy nie znajdziesz tego słowa w słowniku. *Ellen się śmieje, Ian również.* **I.:** Masz rację!

② 1. Ellen wanted to buy a new English novel or short stories. 2. Ian told her where she could find a good bookshop. 3. Ian doesn't know how to spell the name of the street. 4. Ellen cannot spell it. 5. The GPO is the General Post Office. 6. John has met Michael Gill. 7. Michael Gill is studying Physical Education. 8. Michael's father works in TV. 9. Yes, Michael Gill has a brother. 10. No, I don't know his name.

④ 1. She ought to learn this rhyme by heart. 2. My watch is quite good. 3. The child didn't bring any exercise book. 4. Your shelf was empty. 5. That woman looks tired. 6. Let me carry Margaret's box.

⑤ 1. Who 2. Whose 3. Which 4. What 5. Whose 6. Who
⑥ 1. Yesterday I returned (*lub* came) home as soon as it started raining. 2. If you find this funny novel, ring me up, please. 3. Tomorrow Michael will go to the post office as soon as the lessons are over. 4. Anne will bring some bread before

you lay the table. 5. On Tuesday we will hear Mr Brown when he speaks on the radio. 6. Your mother has a lot of trouble with the association whose member she is. 7. I don't know what this word means. 8. Has anybody seen that splendid film?

🕖 ej di: wi: i: a: ti: aj es i: em i: en ti:
bi: aj si: ᵘaj si: el i:
bi: i: ej ju: ti: aj ef ju: el
i: en ou ju: dżi: ejcz

35
Uprzejmość

„Proszę dwa zwykłe (*tj.* nie powrotne), druga klasa, Benham". *Ian kupuje bilety, podczas gdy Ellen przygląda mu się i uśmiecha.* **Ian:** Z czego się śmiejesz? **Ellen:** To, co powiedziałeś, przypomniało mi nieporozumienie, do jakiego doszło (*dosł.* jakie miałam) pół roku temu. *Wchodzą do pociągu i zajmują miejsca przy oknie naprzeciwko siebie. Zostali zaproszeni do Steve'a na weekend.* **I.:** Co to było za nieporozumienie? **E.:** Kilka razy, kiedy kupowałam bilety autobusowe, dostawałam dwa zamiast jednego. **I.:** Dlaczego? **E.:** Bo zwykle mówiłam: „do Dworca Wiktorii". To (co) oni słyszeli, (to) było „dwa*, Dworzec Wiktorii" **I.:** Często miewałem kłopoty, kiedy przyjechałem do Anglii. Nawet teraz robię śmieszne (*dosł.* głupie) błędy. Pewnego razu doszło do nieporozumienia (w rozmowie) z jedną dziewczyną z mojego pensjonatu. Chciałem poprosić ją o powieść, o której wiedziałem, że kupiła ją poprzedniego dnia, i zamiast powiedzieć „Czy mogłabyś, proszę ...", powiedziałem „Podobam się** tobie ...". Spojrzała na mnie zimno i odpowiedziała: „Czyżby? Czy jesteś tego pewien?" Phil przy tym (*dosł.* tam) był. Wybuchnął śmiechem i powiedział jej, co miałem na myśli. **E.:** Tak trudno być uprzejmym w obcym kraju. Nawet jeśli się mówi zupełnie dobrze, w wielu wypadkach nie wiadomo, co powiedzieć, co wypada, a co nie. Na przykład wczoraj. Jedna moja przyjaciółka zwróciła mi parasolkę, którą jej pożyczyłam, mówiąc „Bardzo dziękuję", a ja nie wiedziałam, co odpowiedzieć. **I.:** Hm, mogłaś odpowiedzieć „Bardzo proszę". **E.:** Lubię być uprzejma. Uważam, że Anglicy są zwykle bardzo uprzejmi w codziennych sytuacjach. **I.:** Zauważyłem, że kiedykolwiek w Anglii wyjąłem plan miasta, zawsze znajdował się ktoś, kto pytał mnie uprzejmie: „Czy mogę panu pomóc?" **E.:** O, popatrz, zdaje się (*dosł.* myślę), że to nasza stacja. *Ian wstaje, żeby zdjąć torbę Ellen.* **I.:** Oto twój kapelusz. Mam twoją torbę i resztę rzeczy. Chodźmy. *Wychodzą z pociągu. Są w Benham.*

Podpis pod rysunkiem: Często miewałem kłopoty

❷ 1. Yes, he did. 2. Yes, she was. 3. Yes, she did. 4. No, they haven't. 5. Yes, she did. 6. Yes, he did. 7. No, she didn't. 8. Yes, it is. 9. Yes, she did. 10. No, she didn't.

❸ 1. isn't he? 2. didn't they? 3. didn't they? 4. doesn't he? 5. don't I? 6. didn't she?

---
* **To** *do* i **two** *dwa* – ta sama wymowa.
** **Please** = *proszę*; = *podobać się*.

④ 1. c) 2. e) 3. f) 4. g) 5. a) 6. b) 7. d)

⑤ polite – uprzejmy, cold – zimny, attractive – pociągający, happy – szczęśliwy, great – wielki, good – dobry

⑦ 1. A friend of mine often talks to people in the street. 2. I heard it on the radio a few days ago. 3. The girl turned suddenly. 4. That dog of yours always runs after other dogs. 5. In winter she usually wears a small red hat. 6. Twice I found it difficult ... 7. Next morning Phil told me ...

⑧ 1. In a foreign country I hardly ever know what you do and what you don't do. 2. Both young people like riding on a bicycle. 3. I entered a bookshop in order to find a Polish dictionary. 4. Two days ago Sue gave me back a novel I had lent her in summer. 5. They burst out laughing when a friend of mine told them a funny story. 6. I didn't know that Peter had been with you at school. 7. He often goes to Hyde Park to look at the trees. 8. Instead of waiting for Matt, let's (= let us) go to his place.

Dom pana Johnsona I
36

Pan Johnson (to znaczy brat Andy'ego, Steve) ma bardzo ładny dom, cały obrośnięty (*dosł.* pokryty) różami. Nazywa go „chatką", chociaż jest piętrowy i ma wiele pokoi. Najstarszy syn Steve'a, Rick, pokazuje dom Johnowi, który przyjechał rannym pociągiem. Najpierw muszą obejść ogród i podziwiać trawniki, czyste ścieżki, wdzięczne żonkile, pierwiosnki i inne wiosenne kwiaty, kryjące się pod krzakami, które zaczynają się zielenić. W jednym rogu, w pobliżu garażu, można zobaczyć piasek. To jest miejsce, gdzie dzieci lubią się bawić. Ogród jest trochę mały, ale dostatecznie duży dla Ricka, Joan i Dzidziusia. Kiedy nadejdą cieplejsze dni, będą spędzać więcej czasu na dworze. Rick i jego gość wchodzą do domu przez przeszklone drzwi (*dosł.* francuskie okno) prowadzące do salonu, który jest dość jasny i słoneczny w dzień, a ciepły i przytulny wieczorem, z kominkiem, zasłonami w ciepłych kolorach i wygodnymi meblami. Na podłodze leży (*dosł.* jest) gruby dywan, a na kanapie i fotelach są poduszki w jasnych kolorach. W jednym rogu dość dużo miejsca zajmuje piękny telewizor. Obok jest jadalnia. Teraz jest dość zimna, bo piecyk elektryczny nie pali się od lunchu. Kredens, stół i krzesła są zrobione z jasnego drewna. Wazon pełen żonkili, stojący na środku stołu, pasuje bardzo dobrze do żółtego abażuru lampy i kremowych bawełnianych zasłon. „Teraz pokażę ci gabinet", mówi Rick i prowadzi Johna przez hol do ulubionego pokoju ojca, który (*tzn.* pokój) wygląda jak biblioteka, ponieważ przy wszystkich ścianach stoją (*dosł.* znajdują się) szafy i regały z setkami książek i czasopism. „Na biurku jest okropny bałagan, lecz nikomu (nawet mamie) nie wolno nic tam ruszać". Z gabinetu jest ładny widok na ogród i można z niego (*tzn.* z gabinetu) wyjść przez przeszklone drzwi. Chłopiec i młody człowiek wracają do holu. „Nie pójdziemy do kuchni", mówi Rick. „Mama nie lubi, kiedy się jej przeszkadza, a teraz zmywa po podwieczorku". Pomiędzy gabinetem a kuchnią jest toaleta, a ostatnie pomieszczenie koło drzwi frontowych to spiżarnia. „Jeżeli chcesz, możesz wejść", mówi Rick, „ale mnie nie wolno, od kiedy zjadłem pół urodzinowego tortu Joan".

John uważa, że bezpieczniej będzie nie otwierać spiżarni. „Pokazałeś mi parter, chodźmy teraz na górę". Pobiegli więc drewnianymi schodami prowadzącymi na pierwsze piętro.

– Powiedz mi, Rick, co to jest, o tam na półce? – To nasze stereo. – Czy macie jakieś płyty z muzyką pop? – Tak, mamy. Jest jedna płyta, której mogę słuchać (*dosł.* grać) sto razy, tak ją lubię. Czy puścić (*dosł.* zagrać) ją teraz? – Nie, dzięki. Chętnie bym jej wysłuchał, ale nie (akurat) teraz. Jest za mało czasu przed obiadem.

Podpis pod rysunkiem: Wszędzie dobrze, ale w domu najlepiej (*dosł.* Wschód czy Zachód – dom jest najlepszy) – *przysłowie*

❷ 1. Steve's house is covered with roses. 2. The house has two storeys. 3. Rick shows John the house and the garden. 4. The children like to play in the sand, near the garage. 5. The furniture, the thick carpet, the fireplace, the warm coloured curtains make the lounge warm and cosy. 6. You can walk out through the French windows.7. In Mr Johnson's dining room the furniture is made of light coloured wood. 8. Along the walls of Steve's study you can see bookcases and shelves. 9. Rick and John didn't go into the kitchen. 10. Between the kitchen and the study there is a WC.

❸ 1. to ask 2. never 3. clean 4. white 5. thin 6. everybody 7. glad 8. thin 9. to remember 10. young

❹ 1. the largest 2. the nicest 3. the coldest 4. the most beautiful 5. the most important 6. the most attractive 7. the hottest

❺ eighteen twenty, ten sixty-six, sixteen sixteen, nineteen forty-five, nineteen seventy-five, nineteen ninety-nine, two thousand and one, two-five seven-one, double-four one-three, double-seven six-eight four-two, four-five five-o five-six, three-nine nine-four

❻ 1. The watch was hidden under a cushion. 2. The bathroom was painted last summer. 3. That letter was written with green ink. 4. All the plates and cups will be washed in twenty minutes. 5. Ellen's bag was taken to the station. 6. That difficult word was pronounced quite well.

❼ 1. She says that your birthday cake is too sweet. 2. Ian's sofa is covered with cushions. 3. Daffodils are graceful flowers. 4. Our house is two storeys high and it's covered with roses. 5. The dog was caught at once. 6. This park is called Kensington Gardens. 7. You must mix tomatoes, boiled eggs and boiled potatoes in a large bowl.

37   Hol

W domku pana Johnsona jest mały hol. (Ten) hol ma tylko jedno okno, a jednak jest dość jasny. Ściany holu są pokryte kremową tapetą, a na podłodze jest jasnobrązowy dywan. Po prawej stronie widać telefon. Drewniane schody, które nie są ani szerokie, ani wąskie – akurat odpowiedniej wielkości – prowadzą na górę. Pod schodami jest szafka na buty i szczotki do butów. Czasami jest w niej nieporządek (*dosł.* jest nieporządna), gdyż dzieci zwykle się spieszą, kiedy szukają swoich butów. W zimie jest tam (w holu) piecyk elektryczny. Włącza się go, kiedy jest bardzo zimno. Piece rzadko się widzi (*dosł.* są rzadko znajdowane) w angielskich domach.

Limeryk 1
Był raz młody człowiek z Ealing
Pozbawiony wszelkich delikatnych uczuć.
Gdy przeczytał na drzwiach:
„Proszę nie pluć na podłogę",
Natychmiast naplul na sufit.

Limeryk 2
Była raz młoda dama z Norwegii,
Która często siadała w drzwiach.
Gdy ją zgnieciono na płasko,
Wykrzyknęła: „Och, cóż to?"
Ta odważna kobieta z Norwegii.

1. The hall in Mr Johnson's cottage isn't large. 2. The walls are covered with cream wallpaper. 3. No, the carpet isn't blue. 4. The stairs are just the right size. 5. The Johnsons keep their shoe brushes in a small cupboard under the stairs. 6. The electric fire is turned on when it's very cold. 7. The young fellow of Ealing wasn't polite. 8. The young lady of Norway wasn't clever.

1. f) 2. e) 3. d) 4. g) 5. a) 6. c) 7. b)

Ellen doesn't like her room. The room's (= The room is) too dark. It has only one window. The window is high and it's (= it is) too small. Her bed's (= bed is) rather soft but it's too short. Her armchair's (= armchair is) the most comfortable piece of furniture in the room. The bed and the armchair are made of light coloured wood. The shelf on which she keeps her books is very narrow and Ellen has no room for her stereo.

Dom pana Johnsona II   38

Rick wchodzi na górę po schodach, jego gość idzie za nim. Pierwszą rzeczą, jaką napotykają, jest duża gumowa piłka. „Joan się bawiła i oczywiście pozostawiła piłkę tutaj", wyjaśnia Rick. Najpierw idą do pokoju gościnnego, którego okna wychodzą na zachód i na północ. John uważa, że (pokój) jest przyjemny ze swymi jasnymi firankami, wygodnym umeblowaniem i piecykiem gazowym. Kiedy Ian był tu po raz pierwszy, zwrócił uwagę na (*dosł.* zauważył) okna zasuwane pionowo, które podnoszą się w górę lub opuszczają w dół, zamiast otwierać się jak drzwi. Obok jest sypialnia Steve'a i Margaret, ale nie ma drzwi łączących te pokoje. Widać tam typowe umeblowanie: łóżka, duże szafy (jedna wbudowana), toaletka z mnóstwem buteleczek i pudełeczek pełnych różności potrzebnych kobietom do makijażu. Podłoga jest przykryta (*dosł.* pokryta) gładkim dywanem, którego kolor doskonale harmonizuje z kolorem jasnozielonych firanek. Przeszklone drzwi prowadzą na balkon, z którego można wejść do pokoju dziecinnego. Okna wychodzące na południe i na wschód, dużo światła, powietrza, nowoczesne, kolorowe umeblowanie czynią z niego idealny pokój dla dzieci. Na ścianach nie ma (żadnych) obrazów, ale dookoła pokoju biegnie (*dosł.* jest) szeroki szlak, cały wymalowany w jaskrawe, zabawne zwierzątka, takie jak króliki, psy, misie, koty, słonie itd. Na ścianie jest kilka półek dla Ricka i Joan. Najwyżej jest półka, na której trzymają swoje książki szkolne. Nie byłoby bezpiecznie pozwolić, aby Dzidziuś je chwycił, a jego (*dosł.* jej) książki z obrazkami są zrobione z kartonu (*dosł.* mocnego papieru), tak że nie może ich podrzeć. Jego (*dosł.* Jej) ulubione zabawki, przyjaciel (*dosł.* przyjacielski) miś, plastikowa farma z krowami, końmi i owcami, są na najniższej półce. W jednym kącie John spostrzega małe biurko – to tam Rick i Joan odrabiają lekcje. Johna uderza to, że pokój dziecinny jest akurat nad gabinetem. „Nie dałbym tego pokoju dzieciom", mówi do siebie, „one muszą robić dużo hałasu, szczególnie w zimie, kiedy mniej bawią się w ogrodzie".

Nagle z sąsiedniej łazienki dochodzą głośne piski. „Dzidziuś się kąpie", tłumaczy Rick. Wobec tego wchodzą, żeby zobaczyć zabawę. Dziecko siedzi w wannie i uderza w wodę gumową kaczką, piszczy z uciechy, kiedy woda pryska na całą łazienkę. Nawet półka, na której tata trzyma przybory do golenia, jest cała mokra. Mama zdaje się nie zwracać na to uwagi. Założyła podgumowany fartuch i pociera plecy dziecka dość energicznie. „Myślę, że to wszystko", mówi John, który nie chce być ochlapany i śpiesznie wychodzi z łazienki. „Ktoś idzie", mówi Rick. Dzwoni dzwonek u drzwi i Binkie biega w górę i na dół po schodach szczekając wściekle. Rick i John zbiegają po schodach na dół, ich „zwiedzanie" się skończyło.

– Jaki (*dosł.* Co za) świetny obraz starej kobiety! – Gdzie? – Tu, między oknem a szafą. Popatrz, kapelusz zasłania większość twarzy, ale jest świetny (*tzn.* obraz). Podoba mi się kolor (jej) płaszcza. – Mnie też. Piękna zieleń (*dosł.* Piękny zielony). – Piękny niebieski, chcesz powiedzieć. Zdaje mi się, że jest to obraz dawnego malarza hiszpańskiego, którego nazwiska nie pamiętam (*dosł.* którego nazwisko zapomniałem). – No, przyjrzyj mu się jeszcze raz. Mylisz się całkowicie. To nie jest kobieta, lecz stary mężczyzna, i jego ubranie jest rzeczywiście zielone. – Pokaż! Masz rację. I malarz jest Holendrem, nie Hiszpanem.

⓶ 1. The first thing Rick and John noticed on the first floor was a large rubber ball. 2. It's Joan's toy. 3. No, Polish windows don't slide up and down, they open like a door. 4. On the dressing table you can see bottles and boxes. 5. A large border is painted on the walls of the nursery. 6. A farm with animals is made of plastic. 7. They hear a lot of noise from the bathroom because Baby's (= Baby is) having a bath. 8. Dad keeps his shaving things on a shelf. 9. Mum's (= Mum is) rubbing the back of the child. 10. Binkie runs up and down the stairs and barks furiously.
⓷ 1. my mother's, her desk 2. Mrs Johnson's, her wardrobe 3. Her daughter, girls

4. Your wife, herself 5. My little sister, I splashed her 6. This woman is our friend 7. Her aunt, she simply hates

● 1. What's she laughing at? 2. What do they always think of? 3. What does Andy work on? 4. What did the cat look at? 5. What do they begin „sightseeing" with? 6. What must we listen to? 7. Who's she thinking of? 8. Who did she smile at?

● 1. see 2. entered 3. cook 4. comes 5. buys 6. was

● 1. Joan was playing with a ball. 2. The nursery is right above the study. 3. Baby cannot catch hold of the older children's books. 4. I would like to see an English farm with cows, sheep and other animals. 5. Dad usually keeps his shaving things on a small shelf in the bathroom. 6. I have met a waiter whose brother works with my uncle. 7. The girl you are waiting for won't (= will not) come. 8. I wouldn't (= would not) give these books to your daughter.

Podwieczorek w salonie   39

Jest wpół do piątej. Steve i jego przyjaciele mają podwieczorek w salonie. Margaret stoi przy stoliku (*dosł.* małym stole) i nalewa herbatę z dużego dzbanka. Jej mąż i Jane podają filiżanki. **Ellen:** Czy mogę prosić (*dosł.* dostać) trochę cukru? **Andy:** Oczywiście. Weź też ciastko lub „scone". **E.:** Ja wymawiam „scone" jak „phone" lub „alone". Ty wymawiasz to (*tzn.* ten wyraz) jak „lot" lub „not". **Margaret:** Tak, są dwa sposoby wymawiania tego słowa. Możesz użyć obu (*dosł.* któregokolwiek z nich). **Jane:** W Anglii zwykle pijemy herbatę z mlekiem. **Steve:** Ja zazwyczaj piję herbatę indyjską bez mleka. **Ian:** Uwielbiam „scone" z dżemem i śmietaną. **S.:** Czasami nazywa się to (*dosł.* To jest czasami nazywane) „Devon tea", ponieważ jest popularne na zachodzie (Anglii). **A.:** One (*tzn.* „scone") są także popularne w Kornwalii. I są pyszne! **M.:** Częstujcie się jeszcze dżemem. **E.:** Twoja herbata jest pyszna. W moim kraju zwykle pijemy kawę. Margaret, chciałabym, abyś mi powiedziała, jak przyrządzasz swoją herbatę. **M.:** To bardzo proste. Wsypujesz do dzbanka jedną pełną łyżeczkę herbaty na każdą osobę, jeszcze jedną dodatkowo (*dosł.* i jedną na dzbanek) i zalewasz gotującą wodą. Po pięciu–ośmiu minutach herbata jest gotowa. **E.:** Dwa różne sposoby wymowy tego samego słowa „scone"! Moja mama chce, żebym mówiła wzorową angielszczyzną, ale nigdy nie będę w stanie dobrze mówić (w tym języku). **S.:** Twój angielski jest zupełnie dobry, wcale nie jest sztuczny. Używasz potocznej angielszczyzny (*dosł.* Mówisz potocznym angielskim). **A.:** A wiecie, jakie jest najdłuższe słowo w angielskim? **I.:** Nie, nie wiem. **A.:** „Smiles", bo ma milę między pierwszą a ostatnią literą.

Angielskie posiłki. Obecnie (= W dzisiejszych czasach) w południe Anglicy zwykle jedzą lekki lunch (składający się) z kanapek, owoców, chleba i ewentualnie ciastka lub paczki krakersów oraz napoju bezalkoholowego typu coca-cola. Obiad późnym wieczorem (*dosł.* w nocy) stanowi gorący posiłek. Często ludzie nie gotują (gorących) posiłków, tylko kupują (*dosł.* biorą) je na wynos u Chińczyka lub

Hindusa. Dania na wynos są obecnie bardzo popularne. Gotowe posiłki są również dostępne w dużych sklepach spożywczych.

❷ 1. The Johnsons have their afternoon tea at half past four. 2. Jane, Ellen, Ian and Andy are their guests. 3. Margaret's standing near a small table. 4. The teapot's (= teapot is) in her hands. 5. No, English people use large teapots. 6. Steve and Jane take the cups of tea from Margaret. 7. They hand them to the guests. 8. No, Ellen's English isn't bookish. She speaks colloquial English.
❸ 1. mistakes 2. bananas 3. dessert 4. at 5. easy 6. bookish
❹ 1. f) 2. e) 3. d) 4. a) 5. b) 6. c)
❺ 1. could 2. – 3. cannot 4. can 5. – 6. couldn't
❻ the second day, the third month, the fifth year, the eighth lesson, the ninth station, the tenth word, the thirteenth house

40   Kłótnia w pokoju dziecinnym

Mama: Teraz, dzieci, przestańcie się bawić i uporządkujcie wszystko. **Rick:** Ależ mamo, czy nie możemy ... **M.:** Nie, nie możecie. Rick, bądź grzeczny, i pomóż Joan ułożyć wszystko na właściwym miejscu. *Mama wychodzi do kuchni i pozostawia Ricka w bardzo złym humorze. Pokój dziecinny wydaje się nudny i nieprzyjazny.* **R.:** Dlaczego nie możemy pobawić się trochę dłużej? Gdybym był dorosły ... **Joan:** Pani Green mówi, że trzeba mówić „if I were ...". **R.:** Mogę mówić, jak (*dosł.* co) mi się podoba. Jestem teraz w domu, nie w szkole! A w dodatku mamy wakacje. Gdybym był dorosły, chodziłbym spać o północy i spałbym do dziesiątej. *Zbiera swoich żołnierzy rozrzuconych po całym dywanie. Joan wkłada pudełko z farbami do szuflady.* **J.:** Gdybym była dorosła, nie jadłabym żadnych zup ani jarzyn, tylko szarlotkę. **R.:** Ale nie jesteś, no! **J.:** Gdybym mogła robić, co mi się podoba, miałabym pokój dla siebie. **R.:** A ja chodziłbym do szkoły co drugi dzień ... **J.:** Nie bądź głupi. Gdybyś był dorosły, nie chodziłbyś wcale do szkoły. *Rick widzi wagoniki kolejki leżące u jego stóp, ale potyka się o parowóz. Na szczęście jest on zrobiony z żelaza i jest bardzo mocny. W chwili gdy Rick podchodzi do lalek Joan, ona wykrzykuje:* Nie dotykaj domu lalek! Zepsujesz go! **R.:** Ale ja muszę znaleźć swoich oficerów. Nie chcę zgubić żadnego, no nie? **J.:** Patrz, co zrobiłeś z dachem! Komin jest złamany! **R.:** Zamknij się! Był złamany wieki temu, zanim go dotknąłem. *Głos taty dochodzi z sypialni rodziców, która jest obok ich (pokoju):* Rick, nie bądź niegrzeczny (= ordynarny)! *Joan zbiera naczynia kuchenne swojej lalki i wkłada je do pudełka.* **J.:** No, skończyłam. *Wybiega z pokoju. Rick jest jeszcze zajęty zabawkami. Za chwilę Joan wraca uśmiechnięta:* Zgadnij, Rick, co będzie na podwieczorek? *Rick podnosi głowę.* Placek ze śliwkami! *Twarz Ricka rozjaśnia się. Wraca dobry humor. W pokoju dziecinnym znów panuje radość.*

Gdyby wszyscy ludzie byli jednym człowiekiem,
Jak wielki byłby ten człowiek.
Gdyby wszystkie drzewa były jednym drzewem,

Jak wielkie byłoby to drzewo.
Gdyby wszystkie morza były jednym morzem,
Jak wielkie byłoby to morze.
Gdyby wszystkie siekiery były jedną siekierą,
Jak wielka byłaby to siekiera.
I gdyby ten wielki człowiek wziął tę wielką siekierę
I ściął to wielkie drzewo do morza,
Jak wielki byłby to plusk!

Podpis pod rysunkiem: Mam pokój dla siebie

🕮 1. Beside the parents' bedroom is the nursery. 2. Rick and Joan are playing. 3. Mum has told them to stop playing. 4. Rick isn't grown up. 5. Children don't go to bed at midnight 6. Rick's toys are scattered all over the carpet. 7. She isn't grown up. 8. Rick's toy railway is made of iron. 9. Dad has heard the quarrel between the children. 10. Joan put her doll's cooking utensils into a box.

🕮 1. were, would go 2. spoiled, would be 3. had, would need 4. would taste, put 5. would have, went 6. would look, wasn't 7. watches 8. put

🕮 1. b) 2. c) 3. b) 4. b)

🕮 1. unpleasant 2. unusual 3. untidy 4. unkind 5. unimportant 6. unfriendly 7. unhappy

🕮 1. Be a good boy and bring all your toys. 2. I finished the exercise ages ago. 3. Help yourself to the plums. 4. Your toy soldiers are lying all over the carpet. 5. Shut up! I want to listen to the radio. 6. At last I have guessed where you keep the new records. 7. First we ought to tidy up everything. 8. You would like to have an engine like mine.

W drodze powrotnej 41

„Wszyscy gotowi?" Andy rozgląda się i widzi Ellen i Iana na tylnych siedzeniach samochodu. Jane siedzi (*dosł.* jest) obok niego i bagaż też jest w samochodzie. „A zatem odjeżdżamy". Spędzili u Steve'a przyjemny weekend i teraz Andy wiezie całe towarzystwo z powrotem do Londynu. Jest dość wcześnie i dlatego też mają wolną drogę (*dosł.* dla siebie). Lecz od czasu do czasu mijają jakąś ciężarówkę rolnika, hałaśliwy motocykl czy kilka rowerów. Krajobraz jest typowo wiejski: niewiele pól zbóż, (lecz) piękne łąki z żywopłotami dookoła, tu i tam spokojne krowy. Raz, pomimo wczesnej godziny, napotykają grupę wycieczkowiczów maszerujących wesoło. „Czy nie uważasz, że świetnie się bawiliśmy?" mówi Ian. „Tak", odpowiada Ellen, „lecz ciągle popełniałam gafy. Coś źle powiedziałam, kiedy byliśmy w pokoju dziecinnym. Co to było? Jane pociągnęła mnie za rękaw, gdy mówiłam coś do Margaret o jej dziecku". „O tak, pamiętam. Nie powinnaś była powiedzieć 'ono' (przy matce), kiedy mówiłaś o jej dziecku. Mogła się poczuć dotknięta". „A skąd mogłam wiedzieć, czy to dziewczynka, czy chłopiec? Wszyscy nazywają ją 'Dzidziuś'! „No, każdy może się pomylić, ale mogłaś tego jakoś uniknąć. Mogłaś była powiedzieć 'maleństwo' lub 'kochanie'. To zawsze bezpieczniejsze, gdy masz do czynienia z matką". Andy zatrzymuje samochód: stado owiec zagradza drogę. Szczęśliwie dla kierowcy skręcają (one) w wiejską drogę za żywopłotem. Droga wije się (*dosł.* idzie, wijąc się) wzdłuż dużego parku, a daleko, ponad wierzchołkami drzew, wznosi się wieża starego kościoła. Samochód jedzie między dużymi ogrodami. Ruch jest teraz większy – duże autokary, jak również ciężarówki różnego rodzaju. Od czasu do czasu bary lub staromodne zajazdy wydają się zapraszać na przekąskę. „Zjedzmy jakieś kanapki", proponuje Andy. „O, nie", protestuje Ellen. „Nie mamy czasu". „Jazda z Andym jest zawsze tak powolna", mówi Jane. „Zatrzymuje się przy każdej herbaciarni czy barze". „A ja nigdy nie widziałem tak nieostrożnego kierowcy jak Jane", odcina się Andy. „Ona nigdy nie wie, z jaką prędkością jedzie. Kiedyś policjant zatrzymał ją, mówiąc, że jedzie 90 mil na godzinę. 'Ależ to niemożliwe', odpowiedziała, 'nie jechałam dłużej niż dziesięć minut!' " „Żartujesz sobie ze mnie, Andy. Gdybym ja siedziała za kierownicą, bylibyśmy w mieście w pół godziny". „Założę się z tobą o dziesięć funtów, że będziemy tam za 20 minut". „Bardzo dobrze, zobaczymy". Przez jakiś czas jadą bez słowa. Ian lubi szybką jazdę, lecz nie może się przyzwyczaić do widoku (wszystkich) samochodów trzymających się lewej strony. W Polsce cały ruch odbywa się prawą stroną (*dosł.* trzyma się prawej strony). Nagle się zatrzymują. Przed nimi (stoi) sznur samochodów. Czyżby korek? Jane patrzy na zegarek i uśmiecha się. Po chwili wszystko jest w porządku. Jadą dalej szybciej niż przedtem. Andy jedzie ryzykownie. Teraz są na szosie do Londynu. Wkrótce dojadą do przedmieść. Co jakiś czas widać stację benzynową albo nowoczesną fabrykę. Coś jest nie w porządku z silnikiem: samochód zwalnia, potem staje i koniec. Andy, podniecony, wpycha i ciągnie wszystko, co może (*dosł.* wszystkie rzeczy), ale wszystko na próżno. Otwiera wszystko, co można otworzyć, zagląda wszędzie, wślizguje się pod samochód i wychodzi cały brudny ... W końcu wyjmuje coś z kieszeni, uśmiecha się do Jane i daje jej dziesięć funtów.

② True: 1., 4., 6., 7., 10. Not true: 2., 3., 5., 8., 9.

③ 1. Yes, they are. 2. Yes, it did. 3. Yes, he did. 4. Yes, there are. 5. No, he doesn't. 6. Yes, it did. 7. No, he didn't. 8. Yes, she did.

④ 1. They pass farmers' lorries or noisy motorbikes. 2. They see cornfields and meadows with some quiet cows in them. 3. They met some groups of hikers. 4. There are some little children in the gardens. 5. Are they boys or girls? 6. The sheep can be seen behind hedges. 7. Near the factories there are gardens. 8. You can see huge green coaches as well as lorries. 9. Stop. We'd like to have some sandwiches. 10. Ian likes driving fast cars.

⑤ 1. works, is working 2. helps, is helping 3. sings, is singing 4. study, are studying 5. washes up, is washing up 6. go, am going 7. plays, is playing

⑥ 1. Peter's car is fast. 2. John can run fast. 3. She makes coffee better than you do. 4. Maybe, but I buy better tea than she does. 5. They must be tired and that's (= that is) why they sleep a lot. 6. The train seemed very long. 7. These new shoes are too hard, I can't wear them. 8. This inn is very popular and its waiters work hard. 9. I didn't catch the early train, I must take the late one. 10. It's too early to ring up Jane, she usually goes to bed late and sleeps till ten.

Pies ze wsi i pies z miasta   42

W zakątku dużego parku w Londynie Phil spaceruje z Ianem, podczas gdy jego szkocki terier, Bonzo, biega. Nagle Bonzo staje jak wryty: inny pies pojawia się na ścieżce. To Duke, młody seter, nowy przyjaciel Bonza. Witają się nosami i ogonami. **Duke:** Jak miło cię widzieć. Ostatnio czułem się trochę samotny. **Bonzo:** Widzisz, mój pan był bardzo zajęty i dlatego musieliśmy zadowolić się krótkimi spacerami po ulicy. A gdzie twoja pani? Wcale jej nie widzę. **D.:** Będzie tu za chwilę. Zawsze przychodzimy w to miejsce. **B.:** No, oczywiście – mieszkacie blisko parku. **D.:** A ona wie, jak bardzo brak mi wsi (= tęsknię za wsią). **B.:** Podokazujmy (= Pobawmy się) trochę. Psy zaczynają biegać za sobą. Udają, że walczą ze sobą i widać, że świetnie się bawią. Pani Duke'a, która właśnie wyszła zza drzew z książką w ręku, idzie powoli, cały czas czytając. **D.:** Słuchaj, jaka szkoda, że nie ma tu nic, za czym można by pobiegać, nawet kota. Na wsi, tam gdzie się urodziłem, miałem mnóstwo rozrywek (= zabawy). **B.:** Polowanie? **D.:** (Tak). Oczywiście nie polowanie na lisa konno itd., lecz tylko uganianie się za królikami. Było ich tam pełno. **B.:** Ja sam trochę lubię sport, ale ponieważ dorastałem w mieście, nie mam nic przeciwko mieszkaniu w Londynie. **D.:** Ja właściwie też nie. Ale tak mi brak (towarzystwa) zwierząt. Mam na myśli nie tylko króliki, ale psy, konie, w ogóle domowe zwierzęta. Zwykłem straszyć kury i gęsi tak tylko dla żartu (*dosł.* zabawy). I czy uwierzysz? (*dosł.* Czy uznasz to za możliwe?) Tak bardzo chciałbym zobaczyć choćby krowę lub świnię. **B.:** Możesz zobaczyć owce w Hyde Parku, jeżeli zechcesz. **D.:** Och, owce są raczej głupie, a prócz tego jestem tu jeszcze obcy i nie znam dobrze tych owczarków. Cały kłopot w tym, że narzeczony mojej pani jest lotnikiem i dlatego ona spędza teraz więcej czasu w mieście niż na wsi. **B.:** Nie narzekaj. I tak masz szczęście, że mieszkasz w Anglii. W tym kraju bardziej dba się o psy niż gdziekolwiek indziej. **D.:** Nie wiem, nie podróżowałem wiele i nie byłem za granicą. **B.:** Ja też nie. Ale często oglądam telewizję z moim panem i wiele się o wszystkim dowiaduję. **D.:** Ja nie narzekam. Moja pani jest strasznie miła. Zabiera mnie wszędzie. **B.:** Mój pan grał w krykieta w reprezentacji szkoły (*dosł.* dla swojej szkoły), więc wie, że pies musi mieć dużo ruchu, aby utrzymać kondycję. Najbardziej lubię pluskać się i pływać w gorący dzień. No cóż, myślę, że już czas wracać do domu. **D.:** Dlaczego? Jest dość wcześnie. **B.:** Tak, lecz widzisz, wkrótce przyjdzie do naszego domu chłopak od rzeźnika, a ja muszę utrzymywać z nim (*dosł.* z tym facetem) dobre stosunki. Jeżeli nie będę tam na czas, Pussy – to łakome zwierzę – zacznie z nim flirtować, choć ma mnóstwo myszy w piwnicy. **D.:** Nie lubię kotów. **B.:** Ja też nie. Teraz obserwuj mnie: zrobię tak, że mój pan pójdzie natychmiast do domu. *Bonzo idzie bardzo powoli przed chłopcami, udając, że jest niezmiernie zmęczony.* **Phil:** (*do Iana*) Słuchaj, najwyższy czas, żebym wracał do domu. Popatrz na psa, biedne zwierzę ledwo idzie. Bonzo, chodź tu, masz już dość ruchu (*dosł.* ćwiczenia) na dzisiejszy ranek. *Całe towarzystwo zawraca do bram parku.* **B.:** Do zobaczenia, Duke. **D.:** (*z podziwem w oczach*) Sprytny jesteś, Bonzo!

– Nie wiedziałem, że masz tak pięknego psa. – On nie jest mój, on jest mojego brata. – Moja żona chciałaby mieć (psa) (*dosł.* jednego), ale mamy już kota. – Moglibyście trzymać i kota, i psa. – Nie, nie możemy. Mieszkamy na 5. piętrze i nie mamy ogrodu. – Rozumiem. Twoja żona musiałaby wyprowadzać psa na spacer kilka razy dziennie. – Moja żona? Oczywiście, że nie. Na mnie spadłby (*dosł.* Ja sam miałbym) cały kłopot z zajmowaniem się psem!

Podpis pod rysunkiem: On ledwo idzie

② 1. Bonzo and Duke meet in a park. 2. Duke's mistress is also in the park. 3. Duke was born in the country. 4. Duke likes running after rabbits. 5. Bonzo doesn't mind living in London. Neither does Duke. 6. English people look well after their dogs. 7. Bonzo's master likes sports. 8. The Scotch terrier likes swimming. 9. The cat will be flirting with the butcher's boy when Bonzo isn't at home. 10. Bonzo pretends to be tired.

③ 1. to walk, go 2. Come 3. go 4. walk 5. walk 6. walk 7. came 8. go, going 9. came 10. to come

⑤ 1. This knife isn't sharp. 2. Did you find your watch? 3. This tomato is rather yellow. 4. The lady's photo is in my room. 5. I often see a bus close to your gate. 6. Where is that child? 7. Tell me a funny story. 8. This church is very high. 9. Help yourself to this cake. 10. He keeps a white mouse in a box.

⑥ He saw your sister run to the library. He saw your sister enter the park. He saw him run after our horse. He saw your dog run after a pig. He will make him sing a song. He will make me come to the library. (*Możliwości są różne*).

⑦ 1. The dogs greet each other with noses and tails. 2. Both dogs like each other. 3. I've found myself in the country. 4. I miss the garden. 5. Duke misses domestic animals. 6. Anne and her sister have shown each other old photos. 7. They looked at each other without a word. 8. I've made myself a new shelf. 9. They'll help each other to wash their cars.

43 Zakupy

Julia bierze torebkę, małą paczkę, dwa listy i wychodzi. Płaszcz nie będzie potrzebny, jej sukienka jest dostatecznie ciepła jak na piękne, majowe popołudnie. Julia lubi (robić) zakupy i chce kupić wiele rzeczy: przede wszystkim książkę podróżniczą na prezent urodzinowy dla swojego siostrzeńca, który bardzo lubi geografię, potem jakiś dżem, mydło, parę rajstop dla siebie i pewne leki w aptece. Nie powinna zapomnieć wstąpić na pocztę, aby wysłać paczkę do ciotki. Słońce świeci, okna wystawowe wyglądają bardzo atrakcyjnie, a wiosenne powietrze sprawia, że (Julia) jest szczęśliwa. Autobusy i samochody wypełniają ulice, a hałas silników jest ogłuszający. Lecz Julia nie zwraca na nie najmniejszej uwagi, ponieważ jest do tego przyzwyczajona. Piękna wystawa sklepowa przyciąga jej wzrok (*dosł.* oko) – co za śliczne kwiaty! Na środku wystawy duży kosz z niezwykle wyglądającymi różowymi i fioletowymi kwiatami, a małe bukieciki konwalii rozmieszczone są dookoła (nich). Julia ma wspaniały pomysł: kupi bukiecik dla Val, swej bliskiej przyjaciółki, która jest w szpitalu po tym fatalnym wypadku. Po pięciu minutach wychodzi trzymając białe kwiaty przy twarzy, aby wdychać (*dosł.* wąchać) ich przyjemny zapach. Następny sklep to apteka i tam kupuje (*dosł.* dostaje) leki dla swojej matki, która nie jest zdrowa. Teraz przechodzi przez jezdnię i idzie dwiema ulicami do sklepu spożywczego, mówiąc do siebie, że mama musi mieć swój ulubiony dżem. – „Może coś jeszcze?", pyta ekspedient, dając jej słoik dżemu, który wybrała. Towary wystawione na ladzie (*dosł.* Lada) sklepu spożywczego są wielką pokusą. Tak wiele dobrych rzeczy: czekolada, orzechy, owoce itp., ale Julia nie je (*dosł.* zrezygnowała ze) słodyczy od marca. „Tak. Proszę mi dać pół funta tych cukierków". Kupuje je dla biednej Val, lecz oczywiście musi jednego spróbować, aby upewnić się, czy są dobre. Teraz po rajstopy. Kilka jardów dalej jest duży dom handlowy, gdzie faktycznie można dostać wszystko. Julia wchodzi. Dział z bielizną jest wyżej, wobec tego jedzie windą. „Trzecie stoisko na lewo", mówi windziarz, kiedy zatrzymują się na drugim piętrze. Lecz na nieszczęście dwa pierwsze stoiska są także bardzo (*dosł.* szczególnie) nęcące. Są tam różnego rodzaju apaszki i najmodniejsze rękawiczki (*dosł.* rękawiczki ostatniej mody). Podchodzi, aby się im przyjrzeć. „Czym mogę pani służyć?", pyta ekspedient z uśmiechem. „Hm, właśnie się zastanawiam, czy ma pan takie same rękawiczki, tylko w mniejszym rozmiarze (*dosł.* mniejszą parę takich rękawiczek jak tamte"). „Na pewno. Jaki numer?" „Sześć i trzy czwarte". „Oto one. Bardzo ładny kolor i wspaniały gatunek, będą pięknie pasowały do pani sukienki". Julia nieco się waha. „No, wezmę je, jeżeli cena nie jest za wysoka. Ile kosztują?" Kosztują raczej dużo, lecz bardzo kuszą Julię. „Nie kupię rajstop", myśli, „więc mogę kupić (*dosł.* mieć) rękawiczki". Ekspedient wręcza jej rachunek i mówi (do niej): „Proszę zapłacić w kasie". Julia wędruje przez jakiś czas wśród tych wszystkich interesujących towarów, które są sprzedawane w innych działach. Czas leci. Kiedy Julia jest znowu na ulicy, za późno jest na jej ulubioną księgarnię, urząd pocztowy również jest zamknięty. Może jednak wysłać listy, bo duże, czerwone skrzynki zawsze tam są! Julia myśli o swoich zakupach: nie ma mydła, nie ma rajstop, książki podróżniczej i paczka do ciotki jest ciągle jeszcze do wysłania. Potem patrzy na to, co kupiła, i mówi do siebie: „W każdym razie mama będzie miała (swój) dżem i mam nadzieję, że Val będzie zadowolona ze słodyczy i kwiatów".

– Czym mogę służyć? – Szukam książki dla dwunastoletniego chłopca. – Czy chciałaby pani opowiadanie fantastycznonaukowe, czy coś o zwierzętach? – Nie, nie chcę niczego o zwierzętach. Chciałabym książkę podróżniczą. – Oto książka o pewnym człowieku, który podróżuje ze swymi synami po Ameryce Południowej. – Czy myśli pan, że to zainteresuje chłopca? – Na pewno. Jest pełna przygód. I niech pani popatrzy na ilustracje. – Sądzę, że ją wezmę. Ile kosztuje? – Pięć funtów 95 (pensów). – Oto 10 funtów. – Dziękuję, oto pani reszta. Do widzenia.

🖉 1. Julia only has a dress because there's no need for a coat. 2. She's going to buy the medicine at the chemist's. 3. She wants to send a parcel to her aunt. 4. The street isn't quiet. 5. Because she is used to the noise. 6. She noticed a basket with pink and purple flowers and some lilies of the valley. 7. Because she had an accident. 8. At the grocer's Julia buys jam and sweets. 9. This jam is for her mother. 10. The sweets are for Val.

🏵 1. d) 2. g) 3. b) 4. j) 5. c) 6. i) 7. f) 8. a) 9. h) 10. e)

🏵 1., 3., 5., 7.

🏵 1. has been – c) 2. has been waiting – a) 3. has learnt – f) 4. has been away – h) 5. have worked – b) 6. have worn – d) 7. has driven – g) 8. has had – e)

🏵 1. Where can you buy nuts? 2. Where can you get fine spring flowers? 3. What did Julia buy at the chemist's? 4. Did she buy any book? 5. Where can I find the counter with scarves? 6. What size of gloves do you wear? 7. What can you get on the first floor? 8. How much does a jar of jam cost?

🏵 1. Julia's (= Julia is) looking for a bookshop. 2. She'll (= She will) buy a birthday present for her nephew. 3. The size of my gloves is six and three quarters. 4. Their price is too high for me. 5. When she saw the post office, she stopped at once. 6. You shall not leave the child in the garden. 7. I was talking with him for half an hour but he told me nothing. 8. You must pay the bill at the desk. 9. Have you any further news about your friend who is ill? 10. Have you paid the whole bill?

44

W czytelni

W czytelni klubowej jest bardzo cicho. Nie ma rozmów wewnątrz i niewiele hałasu dochodzi z zewnątrz, ponieważ okna wychodzą na spokojne podwórko. Stoły są założone książkami, mapami, notatkami i słownikami. Prawie wszystkie miejsca są zajęte, ponieważ czerwiec jest miesiącem egzaminów. Wszyscy ciężko pracują. Peter wchodzi, aby przejrzeć gazety. Nie jest podekscytowany jak inni. Na jego kursie technicznym egzaminy się zakończyły i on już je zdał. Ian, który siedzi w pobliżu drzwi, ma przed sobą podręcznik „Zasady angielskiego prawa handlowego". Peter bardzo ceni Iana, który jest miłym (*dosł.* przyzwoitym), solidnym, a także pracowitym facetem. On się bardzo dużo nauczy, zanim powróci do Polski. Peter nie wie zbyt dużo (*dosł.* nie ma zbyt jasnego pojęcia) o Polsce, lecz wie, że jest to kraj rolniczo-przemysłowy i że jego handel i przemysł stale się rozwijają. Z dobrą znajomością języków Ian bardzo się tam przyda w handlu zagranicznym. Inny student rysuje różnego rodzaju koła, kwadraty itp. W szkole inżynierskiej pierwszy egzamin jest z matematyki i on ma raczej dużo nauki. Jakiś chłopak (*dosł.* młody człowiek) siedzący przy zimnym kominku studiuje notatki z historii Wielkiej Brytanii. Peter kieruje się do półki z gazetami, wyjmuje tygodnik ilustrowany i zagłębia się w fotelu. Pierwsza strona gazety ukazuje fotografię premiera rozmawiającego przyjaźnie (*dosł.* zajętego przyjazną rozmową) z prezydentem Stanów Zjednoczonych, podczas gdy urzędnicy państwowi obu narodów stoją w pobliżu (= obok). Przeczytawszy najświeższe wiadomości, Peter przechodzi do innych pozycji. Oto fotografia ukazująca pożar teatru w jednej z mniejszych stolic europejskich (*dosł.* w pewnej mniejszej stolicy europejskiej). Połowa budynku została zniszczona, jedna osoba zabita i kilka rannych. Inna strona jest cała o najnowszym filmie. Jest to film historyczny pełen scen z II wojny światowej, w których biorą udział okręty marynarki wojennej i samoloty RAF-u oraz najpopularniejsza gwiazda filmowa Stanów Zjednoczonych. Są tam również fotografie tancerzy rosyjskich przebywających na tournée po Wielkiej Brytanii. Potem Peter dowiaduje się, że w następnym tygodniu słynna zagraniczna orkiestra da w Londynie koncert. Peter interesuje się muzyką i nigdy nie opuszcza żadnego dobrego koncertu. Lecz kto mógłby dotrzymać mu towarzystwa? Peter podnosi głowę, wszyscy jego przyjaciele wydają się myśleć tylko o (swoich) egzaminach, a jego najbliższy przyjaciel wyjechał w góry ze względu na swoje zdrowie. Nawet leniwy Matt pisze, coś przepisuje – widok (to) dość niezwykły. Czego on się tak pilnie uczy? Peter podchodzi do stołu Matta i czyta:

Była raz młoda dama zwana Ruth,
Która niezwykle lubiła prawdę.
Powiedziała, że umarłaby,
Zanimby skłamała.
I umarła w rozkwicie młodości.

A więc Matt przepisywał limeryk. Peter nie może powstrzymać uśmiechu, lecz nie jest zdziwiony, nigdy nie widział, aby Matt ciężko pracował!

– Jak myślisz, czy mógłbyś pójść ze mną na koncert, powiedzmy, w środę? – Myślę, że tak. Ale czy masz bilety? – Val może nam pomóc. Jako członek towarzystwa muzycznego może mieć jakieś bilety. – To by było wspaniale. Mówią, że orkiestra jest świetna. – Może spotkamy się przed salą koncertową? – Bardzo dobrze. Będę tam za piętnaście siódma.

Podpis pod rysunkiem: On dotrzymuje jej towarzystwa

② 1. No, people aren't allowed to talk in the reading room. 2. Because June's (= June is) the month of examinations. 3. Ian's (= Ian is) studying a book on English commercial law. 4. Mathematics is the first examination in the technical college. 5. The picture of the Prime Minister is on the front page. 6. Some people were hurt in the theatre fire. 7. Ships and aeroplanes take part in the film because it's about the Second World War. 8. The item about a concert is the most interesting for Peter. 9. Yes, he's interested in music.

③ 1. I will have washed 2. I will have taken 3. I will have written 4. I will have posted 5. I will have cooked 6. I will have eaten 7. I will have gone

④ Był młody człowiek zwany Michael, który ostrożnie wsiadał na rower. Lecz wkrótce stwierdzono, kiedy upadł na ziemię, że to rower siedział na Michaelu.

⑤ 1., 3., 5., 7. – while; 2., 4., 6., 8. – during

⑥ The club has a reading room. The reading room is quiet because its windows look out on a peaceful courtyard. In the courtyard we can see only a few trees and two cats which like lying in the sun. The cats don't (= do not) catch mice, they're (= they are) too lazy. The reading room is large and full of students. The students are working hard for their examinations are coming near. Peter has noticed Ian who is studying English commercial law. The boy has a huge handbook in front of him. The handbook is in English, but the Pole can read and speak English.

45

„Tatusiu, ile ludzi znajduje się na pokładzie tego statku?" „Tatusiu, dlaczego ludzie nie wybudują mostu przez morze?" „Tatusiu, dlaczego ryby nie mają nóg?" Steve, jego rodzina i jego przyjaciel rozkoszują się pięknym weekendem nad morzem, na południu Anglii. Dzieci bawiły się w piasku cały ranek, a więc teraz potrzebują odmiany i zadają Steve'owi tysiące pytań. Margaret ratuje sytuację: „Bądźcie cicho, zostawcie tatę w spokoju. Chodźmy popływać". „Nauczę was pływać", dodaje pan Gill, który jest marynarzem. Okrzyki radości są jedyną odpowiedzią. „Tatuś byłby nas nauczył pływać, gdyby nie był taki zajęty". „Steve, popilnujesz rzeczy, prawda?" Zostawiają plastikowe zabawki, okulary przeciwsłoneczne, parasolkę Margaret, tubkę kremu itp. na macie i biegną do morza. Steve pozostaje na wpół leżąc na macie i obserwuje plażę. Jest ona dość zatłoczona ludźmi w różnym wieku, w kostiumach kąpielowych różnego rodzaju, krzyczącymi, śmiejącymi się i grającymi w gry. Piasek jest ciepły i miękki. Steve czuje się zadowolony i (jest) senny. Jakby to było przyjemnie mieszkać w kraju o ciepłym klimacie (*dosł.* gorącym kraju), zupełnie bez zimy. Byłoby mało zimna, nie byłoby burz, śniegu, nie trzeba by nosić grubych, wełnianych ubrań. Jedyny pożytek z zimy to narciarstwo, lecz nawet to nie jest możliwe w Anglii, tylko w Szkocji lub za granicą. Słońce jest dosyć mocne (*dosł.* gorące). Steve już spiekł się na słońcu, ale nie zważa na to. (Jakoś tak) pomału ściemnia się (*dosł.* wszystko ciemnieje), ciężkie chmury pokrywają niebo, ludzie zaczynają zbierać swoje rzeczy i kierują się do pobliskiego małego hotelu. Jego właściciel wychodzi i mówi (*dosł.* wykrzykuje), że motorówki są gotowe, aby zabrać wszystkich na stację. Tak, rzeczywiście. Są ich dziesiątki (*dosł.* tuziny i tuziny). Prawie każdy ma jedną dla siebie. Są to dziwne łodzie, gdyż opuściwszy morze – które do tego czasu zrobiło się raczej niespokojne, poruszają się tak samo swobodnie po lądzie. Pod swoją łodzią Steve widzi cztery koła, których przedtem nie zauważył. Lądują na peronie dworca, ale przychodzą za późno, pociąg już odjechał. Jest tam mało ludzi i tylko jeden kolejarz, który bardzo przypomina fryzjera Steve'a. Spogląda on surowo na Steve'a, po czym podchodzi do niego. „Pan ukradł moje okulary, proszę pana!" Steve gwałtownie protestuje. „One są moje", sięga do kieszeni, aby je pokazać. Lecz zamiast swoich okularów znajduje trzy pary nie należące do niego. „Pan ukradł również i moje (okulary)", wykrzykuje starszy pan w ogromnym płaszczu. „Moje również!", krzyczy pani w kilku swetrach i czerwonym szaliku. „Aresztujcie go", krzyczą inni. „Obszukać złodzieja", proponuje ktoś (inny) i wyciągnąwszy z kieszeni Steve'a szesnaście lub więcej par okularów, rzuca je na ziemię. Śmiertelnie przerażony Steve biegnie do poczekalni, tłum podąża za nim, wołając: „Złodziej, złodziej!" Drzwi nie chcą się otworzyć, chociaż Steve ciągnie coraz mocniej. Wreszcie dostaje się do innego pomieszczenia. Tam ogromny stos kufrów i walizek pada na niego, przygniatając go coraz bardziej … „Aha! To w taki sposób pilnujesz rzeczy! Wiatr byłby porwał parasolkę, gdyby Rick w porę jej nie zobaczył". Steve budzi się. Słońce jest jasne, plaża przepełniona, dzieci zmęczone i zadowolone po pływaniu. Otwarta parasolka Margaret upadła mu na piersi. „Jak dużo okularów", mówi marynarz. Steve siada przerażony, a potem znowu kładzie się, śmiejąc, widząc swoje własne okulary i inne, należące do jego żony i dzieci, ułożone rzędem na macie!

1. Steve's family went to the seaside for the weekend. 2. It was in summer. 3. They have been playing with sand. 4. She has left her sunshade, glasses, a tube of cream and the toys. 5. Steve was asked to look after those things. 6. The beach was crowded. 7. The weather was warm during the weekend. 8. Steve has already got sunburnt. 9. The sky was covered with clouds. 10. There weren't many people on the platform. 11. The dream was unpleasant. 12. The sunshade had fallen on Steve while he was sleeping.

1., 2., 5., 7. – the other; 3., 4., 6. – another

1. a butcher 2. a teacher 3. a dentist 4. a shop assistant 5. a bus conductor 6. a student 7. an engineer

1. ... wasn't destroyed ... 2. There weren't any people ... 3. ... doesn't like ... 4. Don't ask anybody ... 5. You won't be ... 6. ... doesn't study ... 7. ... doesn't want to be ... 8. He didn't tell ... 9. He didn't kill any rabbits ... 10. It isn't true.

1. c) 2. e) 3. f) 4. g) 5. b) 6. d) 7. a)

Pisanie listów

46

To (jest) ostatnia niedziela Iana w Londynie i dlatego jest mu dosyć smutno. Poza tym musi (on) odpowiedzieć na kilka listów, a ich pisanie jest w istocie, jak mówi Rick, „rzeczą dokuczliwą". Dziś rano Ian poszedł zobaczyć się z kilkoma przyjaciółmi i pożegnać się, a po południu wybiera się do muzeum przyrodniczego. Więc postanowił, że napisze je teraz. Najpierw musi odpowiedzieć na oficjalne zaproszenie na obiad.

Pan i Pani Green uprzejmie zapraszają Pana (Iana) Dąbrowskiego na obiad we środę, dnia 23 lipca 2000 r. o godzinie wpół do ósmej. 12 Oxford Square, Londyn W5. No coż, Ian musi być tak oficjalny jak oni: *Pan Ian Dąbrowski z radością (dosł. z przyjemnością) przyjmuje uprzejme zaproszenie Pana i Pani Green na obiad w dniu 23 lipca 2000 r., 2 Cambridge Street, Londyn SW8.*
Następny (list) nie jest taki łatwy. On (Ian) musi napisać kilka słów do pewnego pana, który pożyczył mu książkę. Ian zaczyna pisać: *Wielcy Szanowny Panie ...* Nie. To pasowałoby do listu handlowego. On jest jednak znajomym, wobec czego Ian musi napisać: „Drogi Panie (Jones)". Co dalej? Nie może rozpocząć od: „Bardzo panu dziękuję za miłą pocztówkę", ponieważ nie dostał żadnej pocztówki. Gdyby to był list handlowy, wiedziałby, jak dalej pisać, i zakończyłby list słowami: „Z wyrazami szacunku", ponieważ uczył się (dosł. uczono go) korespondencji handlowej przez cały rok. Wreszcie list zostaje napisany, jak następuje:
2 Cambridge Street, Londyn SW8, 20.07.2000 r. Drogi Panie Jones, przykro mi, że nie mogę się z Panem pożegnać osobiście, lecz mój statek wypłynie, zanim Pan wróci do miasta. Mam nadzieję, że jest Pan zadowolony z pobytu na wsi. Życie na farmie jest tak ciekawe w lecie i jest dużą pokusą, żeby trzymać się z dala od gorących ulic Londynu. Dwa tygodnie temu pożyczyłem od Pana książkę. Odsyłam ją

wraz z najserdeczniejszymi podziękowaniami. Proszę o przekazanie ukłonów Pańskiej Matce. Pozdrawiam, Ian Dąbrowski „No, już napisany", mówi do siebie Ian, bo nie lubi pisać oficjalnych listów. Teraz zaczyna list do Phila. *20 lipca 2000 r. Drogi Philu, czy słyszałeś ostatnie wieści? Andy i Sue zaręczyli się (są zaręczeni)! Dowiedziałem się o tym dziś rano. Przypuszczam, że ich zaręczyny nie są tak naprawdę niespodzianką, lecz piszę o tym, żebyś im pogratulował jak najszybciej. Cieszę się z tego, bo lubię Andy'ego, a Sue jest czarującą dziewczyną. Odkąd rozpoczęły się wakacje, nasz pensjonat jest nudny i pusty. Czy pamiętasz nasze długie rozmowy, które zwykliśmy prowadzić po powrocie z kina lub z przedstawienia? Mój statek odpływa w przyszłym tygodniu. Jest mi dość smutno, gdy myślę o wyjeździe (dosł. wyjeżdżaniu) i opuszczeniu tej wyspy. Obawiam się, że nie będę mógł powrócić tu szybko (dosł. przez dość długi okres) z powodu mojej pracy, wobec czego proponuję, abyś przyjechał do Polski i spędził tam wakacje. Jak się ma mała Lisa? W ubiegłym tygodniu obiecałem jej, że przyślę jej znaczki z Polski. Zapisałem to sobie, żeby nie zapomnieć. Ten rok spędzony w Anglii był dla mnie bardzo (dosł. tak) przyjemny i pożyteczny. Teraz kiedy lepiej poznałem Anglików, lubię ich bardziej za solidność w życiu codziennym, uprzejmość i poczucie humoru. A Ty byłeś dla mnie prawdziwym przyjacielem. Nigdy nie zapomnę (mojego) pobytu u Ciebie. Bardzo Ci dziękuję za Twą dobroć. Przesyłam serdeczności dla Twojej siostrzyczki i serdeczne pozdrowienia dla Ciebie i Twoich rodziców. Twój zawsze, Ian*

Podpis pod rysunkiem: Jest mi dość smutno, gdy myślę o wyjeździe i opuszczeniu tej wyspy

⑫ 1. Because he's leaving England. 2. He doesn't like writing letters. 3. He must write three letters. 4. The first letter is to Mr and Mrs Green. 5. Yes, he's accepted the invitation to dinner. 6. He won't meet Mr Jones. 7. On the fourteenth of July Mr Jones is in the country. 8. He doesn't live in the country. 9. Andy and Sue are engaged.

④ scared; to gather; quiet; to try; a cupboard; happy; to believe; to propose; diligent; near to; animal; angry; nice; a guy; some; to walk; if; unusual; much; a house; huge; work; to begin; to destroy; a moment; to ask; alone; a city; quick

⑤ 1. Who proposed to send a long letter? 2. Whose invitation did they accept? 3. When did he laugh? 4. Which part of the building was destroyed? 5. Who will pass his exams without any trouble? 6. Why must you keep him company? 7. When did you hear about their engagement? 8. What was a pleasure? 9. When do you take the dog for a walk? 10. Whose dream was rather strange?

⑥ 1. in 2. at, at, a 3. in, in, at 4. in, at, in, at 5. in, in 6. in 7. in 8. in

⑦ 1. I have just heard the latest news about our friends. 2. Two days ago I borrowed a book from Mr Gill. 3. In nineteen seventy the museum was destroyed by fire. 4. The railway guard was searching the coach for half an hour. 5. Last week he searched the luggage of a lady, looking for her papers. 6. I've spent a fortnight at the seaside and I'm still here. 7. Last summer I spent three days at a motorboat. 8. He has been studying mathematics for four years. 9. When he was a young man, he studied Italian painting. 10. I have been listening to the radio for three quarters of an hour.

Lekcja o Szkocji I   **47**

Mała uliczka tuż przy Piccadilly Circus była przepełniona ludźmi śpiesznie wychodzącymi z dużego kina. John stał już na chodniku naprzeciwko wyjścia, szukając swoich przyjaciół, których zostawił za sobą. Kilka minut później zobaczył ich po drugiej stronie ulicy. „Ale super!", powiedział Peter, kiedy chłopcy przyłączyli się do niego. „Podobał mi się ten film". **John:** Czy to pierwszy trójwymiarowy film, jaki widziałeś? **Peter:** Tak. Uważam, że jest fascynujący. Nie spodziewałem się, że efekty przestrzeni i głębi będą tak sugestywne (*dosł.* mocne) i wspaniałe. **Phil:** Myślę, że to najlepszy film o Szkocji, jaki kiedykolwiek widziałem. Pokazuje on najpiękniejsze okolice górskie. Jeziora … **J.:** Powinieneś mówić 'lochs', nie 'lakes' (= jeziora), to szkocki wyraz. **Ph.:** Dobrze, 'lochs', jeśli tak chcesz, fiordy itd. Kolory były doskonałe. Góry miały dokładnie taki odcień fioletu jak wtedy, kiedy kwitną wrzosy, a skały miały niebieskawe zabarwienie, jakie często widać w Highlands. **P.:** Kolory były najbardziej wyraziste (*dosł.* najbardziej się odznaczały) w tartanach (= kracie szkockiej), a szczególnie na spódniczkach (szkockich) kobziarzy i tancerzy. Czy ty nosisz spódniczkę, gdy jesteś w domu (tzn. w Szkocji), John? **J.:** Pewnie, że noszę. Krata naszego klanu jest połączeniem zielonego, czerwonego, granatowego i białego. Czy idziemy do domu piechotą, czy jedziemy autobusem? **P.:** Jest dość późno. Lepiej jedźmy metrem. *Trzej przyjaciele skręcili w główną ulicę, kierując się do najbliższej stacji metra.* **P.:** Szczerze mówiąc, jestem (bardzo) zadowolony z tego, że namówiliście mnie, abym poszedł z wami. Na ogół nie lubię dreszczowców, lecz w tym kinie „dreszczyk" jest szczególnego rodzaju. **Ph.:** To było kapitalne wrażenie – jakby się było „w filmie". Wydawało się, że człowiek jest w samym środku gór. **J.:** Najbardziej podobały mi się momenty, kiedy człowiek z kamerą zjeżdżał na nartach po stoku lub kiedy jego samochód wjeżdżał do wąskiego wąwozu. **Ph.:** Myślę, że ja nawet pochylałem się w prawo lub w lewo, kiedy brał zakręty. Czułem się tak, jakbym razem z nim zjeżdżał po stoku na nartach. **P.:** Ciekaw jestem, jak oni robią te filmy? **J.:** W ulotce czytamy (*dosł.* ulotka mówi), że używają trzech kamer zmontowanych razem i sześciu mikrofonów rozmieszczonych na całym planie filmowym (*dosł.* na scenie, którą filmują). Lecz dźwięki ze wszystkich mikrofonów są utrwalane na jednej taśmie. W ten sposób tworzą realistyczne efekty. **Ph.:** Teraz, Peter, masz pojęcie, jak wygląda Szkocja. Mogłeś zobaczyć cały Edynburg, z Zamkiem i wszystkim. **P.:** Zamek wydawał się bardzo wysoki, na ogromnej skale w samym środku miasta. **J.:** Bo tak jest. Edynburg jest zbudowany na kilku wzgórzach i to czyni go tak malowniczym. Możesz zobaczyć wspaniałą panoramę nowoczesnej części miasta z pomnika Scotta przy ulicy Princes. Lecz znacznie dalej widać z Zamku, jeśli jest pogoda, tj. jeśli masz szczęście. Widać góry, rzekę, most na rzece Forth, a nawet morze – kapitalny widok. **Ph.:** Most na rzece Forth to ten, z którego należy rzucić pensa do rzeki, jako rodzaj zaklęcia. Mówią, że ten, kto tak zrobi, jeszcze raz tu wróci (*dosł.* odwiedzić ten most). **J.**: To niemądry przesąd. **Ph.**: Ty jesteś zbyt oszczędnym (*dosł.* ostrożnym) Szkotem, aby zmarnować choćby i pensa. Czy to prawda, że gdy Szkoci mają rzucić z mostu pensa, to najpierw przywiązują do monety sznurek? **J.**: Żartujesz sobie! My, Szkoci, jesteśmy oszczędni, ale nie skąpi.

Film, który trójka chłopców widziała w londyńskim kinie, był o Szkocji. Bohater filmu wędrował po Edynburgu w poszukiwaniu swego przyjaciela, tak więc film pozwala przyjrzeć się dobrze miastu. On (= bohater) chodził po wąskich ulicach starego Edynburga. Wyglądają one jak wąwozy ze swymi bardzo wysokimi domami z kamienia i wąskimi podwórzami. Odwiedził Zamek i pałac Holyrood, tak bogaty w historyczne odniesienia (= wspomnienia). To było jak wycieczka z przewodnikiem.

2. 1. The cinema was off Piccadilly Circus. 2. Peter liked the picture very much. 3. The friends went home by tube because it was late. 4. The hero of the film wandered about Edinburgh because he was looking for his friend. 5. He visited the Castle and the Holyrood Palace. 6. The old streets of Edinburgh are narrow. 7. The houses are made of stone. 8. The Edinburgh Castle is on a big rock. 9. From Scott's monument you can see the modern parts of the town. 10. Because they think it will make them come back to the place.

3. 1. b) 2. c) 3. a) 4. b) 5. a)

4. 1. He says he doesn't like to be disturbed. 2. I found myself in front of the exit. 3. The girl sleeps in the other building. 4. He likes music. 5. The child is playing noisily. 6. This shelf is too low. 7. This paper must wait till tomorrow. 8. What does your brother do in the morning? 9. Where does he keep his books? 10. When does the class begin?

5. 1., 2., 5. – not yet; 3., 4., 6., 7., 8. – already

6. 1. Why didn't you go to the castle by bus? 2. He was already waiting on the other side of the street. 3. How did you like the film? 4. In the north of Scotland the hills are very high. 5. I didn't know who lived there. 6. It's a very funny film. 7. The effects of movement are splendid in this film. 8. If it wasn't so late we would return home on foot, not by bus. 9. I don't see anybody on the pavement (*lub* I see nobody on the pavement). 10. I'm tired. So am I.

48   Lekcja o Szkocji II

Przejście dla pieszych (= zebra) pozwoliło chłopcom dojść bezpiecznie do wejścia do stacji metra po drugiej stronie ulicy. Zbiegli po schodach do holu z kasami (biletowymi). John i Peter dostali bilety z automatów sprzedających bilety do różnych miejsc w Londynie. John nie miał dokładnej sumy w monetach, lecz wrzucił dziesięć monet jednofuntowych w otwór automatu i otrzymał zarówno bilet, jak i resztę od usłużnej maszyny. Phil chciał rozmienić banknot, wobec tego kupił bilet w kasie. Potem trzej przyjaciele weszli na ruchome schody przesuwające się w dół tunelu. Po obu stronach ruchomych schodów, z których jedne szły w górę, a drugie w dół, znajdowały się kolorowe reklamy, zachęcające do kupna lub obejrzenia jakichś nowych towarów. Wkrótce chłopcy znaleźli się na odpowiednim peronie i kiedy nadjechał (*dosł.* nadszedł) ich pociąg, weszli do niego przez rozsuwane drzwi. Siedząc wygodnie w wagonie dla niepalących, podjęli na nowo rozmowę.

Phil: Nigdy nie byłem daleko na północy – w najmniej znanej części Szkocji, ale znam niziny na południe od Edynburga, gdzie miało miejsce tyle bitew pomiędzy Szkotami a Anglikami. **Peter:** Macie w pewnym stopniu niezależność, nieprawdaż? Wasz system prawny i wasze szkoły (dość) różnią się od angielskich, prawda? **John:** Tak, to prawda. **Ph.:** Mam szwagra w Glasgow. Pracuje w dokach. Obiecał zabrać mnie na wycieczkę kajakiem wzdłuż Kanału Kaledońskiego. Wyruszymy z (jeziora) Loch Ness na wschodzie i przepłyniemy aż do Oceanu Atlantyckiego. **J.:** Jeśli potwór z Loch Ness nie zatrzyma was w drodze! **Ph.:** Czy ludzie wciąż jeszcze mówią o tym potworze? To ma pewnie znaczenie (*dosł.* jest pewnie dobre) dla handlu, zachęca turystów do przyjeżdżania do Szkocji. Ale myślę, że Loch Ness nie potrzebuje żadnych chwytów (*dosł.* sztuczek) reklamowych, żeby przyciągnąć zwiedzających. Jego brzegi są imponujące i jest ten cudowny efekt świetlny specyficzny dla wód i gór Szkocji. Nie jest mniej atrakcyjne niż Edynburg. **P.:** Mówisz jak przewodnik! **J.:** Powinieneś przyjechać z Philem do Inverness, a potem do mnie (*dosł.* do mojego domu), jeszcze dalej na północ. Pokazałbym wam, jak wygląda życie na szkockiej farmie owczej. O, nie! To moja stacja! O mało jej nie przegapiłem! Trzymajcie się chłopcy!

John wybiegł z pociągu, kiedy drzwi już się zamykały. „Na razie", odpowiedział Phil. Potem zwrócił się do Petera, który rozkładał wieczorną gazetę. „Spędziłeś bardzo pouczający wieczór: i film, i nasza rozmowa. Prawdziwa lekcja o Szkocji. I mam nadzieję", dodał z uśmiechem, „że nie będziesz już więcej szokował Johna pisaniem na kopercie: Edynburg, Anglia. Powinieneś pisać: Edynburg, Szkocja".

– Tu nie można palić, to wagon dla niepalących. – Przepraszam, nie zauważyłem. – Swoją drogą ty za dużo palisz. – No, około 15 papierosów dziennie. – To dużo. Pomyśl, ile pieniędzy zaoszczędziłbyś, gdybyś przestał palić. – Dużo. – Zobaczmy. 10 papierosów dziennie kosztuje ponad 1 funta (dziennie). 20 papierosów dziennie kosztuje ponad 2 funty (dziennie). Więc po co palić i narażać zdrowie? Mógłbyś wydać te pieniądze na ubrania albo płyty, zobaczyć piękne miejsca albo ...
– Świetny pomysł. Rzucę palenie.

Podpis pod rysunkiem: Pokazałbym wam, jak wygląda życie na farmie

@ 1. Yes, they did. 2. Yes, he did. 3. No, he didn't. 4. Yes, it was. 5. Yes, it was. 6. Yes, they do. 7. No, they weren't. 8. No, he hasn't. 9. No, it isn't. 10. Yes, they are. 11. Yes, he does.

@ came, think, will remain, have already seen, like, is, has, come, are, buy, want, will go

@ 1., 3., 5., 8. – a; 2., 4., 6., 7. – the

@ 1. c) 2. a) 3. f) 4. d) 5. b) 6. e) 7. g) 8. h)

@ 1. This trip is less instructive than the last one. 2. They have some degree of independence, haven't they? 3. Their schools are different. 4. Their buildings are perhaps less fine than English schools, but the children learn more. 5. I have often admired the strange effect of light in Scottish hills. 6. I don't like those advertisements in the stations. 7. I don't like those huge, silly, smiling faces of people pretending to be extremely happy because they have some special kind of cigarettes. 8. But the plain walls in the tube would be very boring. 9. Perhaps more boring but less annoying. 10. Don't worry, the fashion for smoking is dying out.

   ◉ [i:] read, teacher, sea, meat, seat, pea, lead, each
     [e] ready, read, bread, head, sweater, pleasant, pleasure, deafen

49
                                                      Kwiz o Londynie I

Pożegnalne przyjęcie u Barry'ego zbliża się do końca. **Peter:** Czy nie moglibyśmy zagrać w poola? **Ellen:** Och, nie. Nie ma na to dostatecznie (dużo) czasu. Zagrajmy raczej w jakąś grę, w której wszyscy mogą brać udział. **Phil:** Może jakaś gra w karty lub „dwadzieścia pytań"? **Jane:** Dosyć mam „dwudziestu pytań", mieliśmy je (*dosł.* to) bardzo często w naszym domu studenckim. Graliśmy w nie (*dosł.* to) wczoraj wieczorem. **Andy:** Myślę, że możemy zrobić kwiz. **Sue:** To dobry pomysł. **A.:** Peter mógłby być prowadzącym. Moglibyśmy podzielić się na dwa zespoły, po 3 osoby każdy. **J.:** Popieram wniosek. Jaki rodzaj kwizu wybierzemy? **Barry:** To zależy od Petera. Ja bym proponował jako temat ogólny – „Anglia". **E.:** Nie, to nie byłoby sprawiedliwe (= fair). Ja niewiele widziałam w Anglii (*dosł.* kraju). Czy nie moglibyśmy zrobić czegoś związanego z Londynem? Wszyscy spędziliśmy tu kilka miesięcy. **Ph.:** Zgoda! Sprawdźmy naszą znajomość Londynu. **P.:** A więc, panie i panowie, czy mogę prosić o uwagę? Jako prowadzący proponuję, abyśmy przespacerowali się (oczywiście w przenośni) po Londynie. Będę mówił, którą drogą idziemy i gdzie jesteśmy, a wy opowiecie mi wszystko o tym miejscu, o starych budynkach, pomnikach lub o czymkolwiek, co będzie przed nami. **B.:** Niezupełnie cię rozumiem. Co my mamy robić? **P.:** To całkiem łatwe – zobaczysz za chwilę. Ellen, Andy i Phil są w zespole A. Sue, Jane i Barry – wy utworzycie zespół B. Teraz zaczynamy. Panie i panowie, proszę zająć miejsca (*monotonnym głosem zawodowego przewodnika*). Stoimy przed bardzo starym zamkiem w pobliżu Tamizy, w południowo-wschodniej części miasta ... Zespół A? **E.:** To jest Tower. Okazała budowla ze starymi, szarymi wieżami, bardzo grubymi murami, zbudowana w XI wieku. Niegdyś forteca, więzienie, teraz jest to muzeum. **P.:** Świetnie, Ellen. Odwracamy się plecami do zamku i widzimy ... Sue? **S.:** Hm ... widzimy most Tower. I oczywiście widzimy port londyński. **B.:** A także wspaniały widok z mostu Tower. **P.:** Nie twoja kolej, Barry. Znad rzeki i biedniejszych dzielnic jedziemy autobusem (*dosł.* bierzemy autobus) do City. Na rogu ulicy Threadneedle wysiadamy i dostrzegamy dziwny budynek bez okien. To jest ... Andy? **A.:** Budka telefoniczna? **P.:** Nonsens. Ogromny budynek – Bank Anglii. Czy możesz coś o nim powiedzieć? **A.:** O, tak! Jest to centrum finansów i biznesu. A obok można znaleźć małą uliczkę z herbaciarnią, w której Ellen była kelnerką ubiegłego lata. **P.:** Jako przewodnik jesteś zupełnie do niczego. Teraz zwracamy się na zachód. Jesteśmy w okolicy, która była dotkliwie zbombardowana (*dosł.* zniszczona) podczas wojny. Lecz budynek centralny był tylko lekko uszkodzony. To jest ... Jane? **J.**: Katedra św. Pawła zbudowana przez Christophera Wrena w XVII wieku. Piękny kościół w stylu klasycystycznym. **P.**: Dobrze. Spod (katedry) św. Pawła autobus wiezie (*dosł.* zabiera) nas z City ulicą Fleet, słynącą z ... Phil? **Phil:** Nie mam najmniejszego pojęcia ... **B.**: Z (mieszczących się tam) redakcji gazet. Dlatego ulica Fleet jest symbolem dziennikarstwa. **P.**: Autobus mija Sądy – ach, przepraszam, nie powinienem był tego mówić. To wy powinniście to powiedzieć. Mniejsza o to. Teraz kierujemy się na północ i zbliżamy do najsłynniejszego budynku w Londynie. Jest zwrócony frontem do (*dosł.* Jego front jest od) ulicy Great Russell. Jest tam wysoka brama, a za nią ... Zespół A? **E.**: Trawnik z uczoną kotką pośrodku. **B.**: Dlaczego „uczoną"? **E.**: Dlatego że należy do Muzeum Brytyjskiego i lubi wylegiwać się przed nim na słońcu. **P.**: Dajmy spokój kotu! Czy to wszystko, co możecie powiedzieć o Muzeum Brytyjskim? **E.**: Kotka należy do otoczenia (*dosł.* widoku), nie mogę jej pominąć. Poza tym jest bardzo charakterystyczna dla Londynu. Na siedem milionów mieszkańców w Londynie są prawie trzy miliony kotów. A Muzeum Brytyjskie? Ma najsłynniejsze zbiory zabytków sztuki greckiej, rzymskiej i egipskiej i jedną z najbogatszych bibliotek świata. Każdy turysta powinien zobaczyć jej dobrze znaną okrągłą czytelnię. **B.**: To tam zgubiłem swoje pióro zeszłej wiosny.

② True: 2., 3., 5., 7., 8., 10. Not true: 1., 4., 6., 9.
④ 1. eleventh 2. three hundred and sixty-four 3. sixteen seventy-five, seventeen ten 4. sixteen sixty-six 5. the year two thousand, twenty-five million 6. five hundred thousand, two million seven hundred thousand 7. o-one, six-o-seven, o-nine-one--two 8. three hundred and five
⑤ 1. was 2. was bombed 3. have had 4. have spent (*lub* we spent) 5. lost 6. I haven't seen 7. read 8. had
⑥ weakness – słabość, kindness – dobroć, hardness – twardość, sadness – smutek, stinginess – skąpstwo, softness – miękkość, loneliness – samotność, steadiness – solidność, lateness – późna pora, spóźnienie, silliness – głupota, politeness – uprzejmość, greediness – chciwość
⑦ 1. wood 2. stone 3. straw 4. iron 5. glass 6. flour 7. cotton 8. paper 9. fruit
⑧ 1. Ellen speaks French very well for she has spent all her life in France. 2. When I saw your brother last week, he had a cold. 3. We have lived in Oxford Street for two years. 4. In nineteen ninety-eight, in summer, we lived in the country for three weeks. 5. At last I have finished the exercise. 6. What shall we talk about? 7. It's up to you. 8. I don't follow you. What shall we do now? 9. We are facing the most famous building in London. 10. Our party is coming to an end.
⑨ Nie wymawiamy litery r w wyrazach: card, port, turn, tower, learn.

Kwiz o Londynie II   **50**

Peter: Teraz, panie i panowie, przejdziemy kilka ulic na północ i kiedy spojrzymy w górę, zobaczymy wielki blok ... Sue? **Sue:** Szczerze mówiąc, nie wiem, co masz na myśli. Większość bardzo wysokich budynków, wiesz, drapaczy chmur (= wieżowców), które widziałam, znajduje się (*dosł.* są) albo blisko Dworca Wiktorii, albo wzdłuż Embankment, albo na przedmieściach. **Jane:** Wstyd! Powinnaś pamiętać Uniwersytet Londyński, ogromny budynek. **P.:** Teraz chodźmy ulicą Charing Cross Road na plac Leicester, który jest ... Jane? **J.:** Światem teatrów. Nie jest on bardzo duży, ale cała dzielnica jest pełna kin, teatrów i restauracji. Patrzcie na światła, reklamy, na kolejkę ludzi przed tym teatrem. **P.:** Stąd (jest) tylko parę kroków na plac Piccadilly, gdzie można (*dosł.* możesz) zobaczyć ... Andy? **Andy:** Ogromną, jasną reklamę coca-coli. **Barry:** Znowu źle, łakomczuchu! Odwróć się plecami do reklamy, a zobaczysz najpopularniejszy posąg w Anglii, akurat na samym środku placu – figurę Erosa. **Ellen:** Jest pełna wdzięku, wydaje się poruszać. **Phil:** To już nie jest poruszanie się, wydaje się wzlatywać. **P.:** Nic dziwnego, że londyńczycy tak ją lubią. Teraz udajemy się (ulicą) Haymarket w kierunku innego słynnego placu – bardzo dużego, z bardzo wysoką kolumną pośrodku, miejsca wielkiej manifestacji przeciwko wyścigowi zbrojeń ... **Ph.:** Wiem, to całkiem łatwe. Masz na myśli plac Trafalgar z pomnikiem Nelsona pośrodku, brązowymi lwami u jego stóp, dużą ilością fontann i jeszcze większą ilością gołębi i szpaków. **P.:** No a budynki wokół placu? **Ph.:** Pamiętam tylko jakiś kościół od północy. Zawsze zapominam, co to jest. **B.:** Okropne! Powinieneś znać przynajmniej Galerię Narodową. Znana na całym świecie kolekcja obrazów najsłynniejszych artystów wszystkich narodów. Wstęp wolny, z wyjątkiem śród. **E.:** Czy (to) nie dosyć, Peter? Czy nie obejrzeliśmy już najsłynniejszych osobliwości (*dosł.* widoków) Londynu? **P.:** No, zespół B, zgadzacie się? **S.:** O, nie! Opuściliśmy gmachy Parlamentu nad Tamizą. Są one stosunkowo nowoczesne, zostały wybudowane w XIX wieku. Lecz położone są w ślicznym miejscu. Widok Parlamentu z Tamizą przed nim, z drzewami wzdłuż Embankment i z mostem Westminsterskim, stał się wizytówką miasta (*dosł.* reprezentatywnym widokiem miasta). **Ph.:** Nie powinniście zapominać o Opactwie Westminsterskim, wspaniałym przykładzie angielskiego gotyku. **B.:** Pozwólcie, że powiem więcej. Wewnątrz znajdziecie grobowce czy pomniki wielu wielkich Anglików. Między innymi Isaaka Newtona, Darwina, a w Kąciku Poetów – posąg Szekspira i grób Dickensa ... **P.:** Tak, masz absolutnie rację. Ale rzeczywiście robi się późno, kończmy nasz objazd. Rozpoczęliśmy od East Endu, przeszliśmy City i zawędrowaliśmy do West Endu. Przypuszczam, że turyści potrzebują odpoczynku. Co proponuje zespół A? **E.:** Szczyt Wieży Telecom. Widok jest wspaniały – to najwyżej ulokowana restauracja w Londynie. **A.:** Rzeczywiście, i ceny są też bardzo wysokie, nie możemy sobie na nie pozwolić. Myślę, że moglibyśmy coś przekąsić i restauracja z szybkimi daniami byłaby właściwym rozwiązaniem (*dosł.* właściwą rzeczą). **S.:** Zespół B może doradzić (*dosł.* postąpić) lepiej. Nasz przewodnik mógłby nas zabrać do Hyde Parku i w ten sposób moglibyśmy zobaczyć typowy angielski park, odpocząć na świeżym powietrzu i równie dobrze napić się tam herbaty. **P.:** Bardzo dobre zakończenie, Sue. No, zaraz zobaczę (= niech no spojrzę) ... Zespół A ma cztery punkty, zespół B – sześć punktów. Brawa dla zwycięskiej drużyny! Będą z was dobrzy przewodnicy. Kiedy nasi przyjaciele przyjadą do Londynu, będziecie mogli ich oprowadzać.

1. Sue has seen skyscrapers near Victoria Station, along the Embankment and in the suburbs. 2. She didn't remember the University of London. 3. Near Leicester Square we can see a lot of cinemas, theatres and restaurants. 4. The queue was standing in front of a theatre. 5. The statue of Eros is in Piccadilly Circus. 6. Ellen likes it very much. 7. In Trafalgar Square we can see the National Gallery. 8. In the middle of Trafalgar Square stands Nelson's Column. 9. Team A suggests a restaurant on the top of the Telecom Tower. 10. Team B won the quiz about London.

1. I've already spent a few days in London but I haven't yet seen the National Gallery. 2. I've always been interested in painting and I want to see the gallery tomorrow. 3. I can't go there early in the morning, i.e. before 10 am for then the gallery is still closed. 4. A friend of mine often goes there during the weekends. 5. She sees quite a lot of people there on Saturdays, and even larger crowds on Sundays. 6. You can see there the works of almost all European painters.

Był pewien stary człowiek, który zawołał: „Ha! Widzę młodego ptaszka w tym krzaku!" Kiedy zapytano: „Czy jest malutki?" Odparł: „Wcale nie. Jest cztery razy większy od krzaka".

1. talked 2. told 3. Tell 4. talked 5. talk 6. tell

1. let us 2. It is 3. You will 4. That is 5. Is that not 6. Have we not 7. must not 8. You are

1. Who 2. Who 3. Where 4. Which 5. When 6. Where 7. Who 8. How 9. What 10. Which

gentlemen, monument, monotonous, professional, famous, typical, British, collection, finance, waitress, whatever

Loty kosmiczne 51

Rick: Popatrz, wujku Andy, jaka zabawna książka. Jest o pierwszych ludziach na Księżycu i jest pełna błędów (*dosł.* wszystko jest źle). **Andy:** Co jest nie tak z tą książką? **R.:** Po pierwsze to, że ludzie lecą na Księżyc w pojeździe kosmicznym, który jest jak kula, a nie jak rakieta, a ja wiem, że prawdziwe pojazdy kosmiczne tak nie wyglądają. Potem czytam (*dosł.* książka mówi), że na Księżycu są ludzie, a raczej dziwaczne istoty i że są tam ogromne, dziwne kwiaty. **A.:** Pokaż (*dosł.* Pozwól, niech zobaczę) ... Kto napisał tę książkę? Ach tak, to „Pierwsi ludzie na Księżycu" Wellsa. Nic dziwnego, że jego wizja jest fantastyczna. Czy wiesz, kiedy ta książka została napisana? **R.:** Nie wiem ... może przed wojną? **A.:** W 1901 r. Czy Wells mylił się we wszystkim? Czy nie przewidział czegoś (*dosł.* coś z tych rzeczy), co się spełniło? **R.:** No, jego pierwszy obraz powierzchni (Księżyca) jest w porządku, jest bardzo podobny do tego, który przekazali astronauci. Ponadto ci dwaj mężczyźni w książce odkrywają, że nic nie ważą w podróży z Ziemi na Księżyc: nie ma ciążenia w ich pojeździe. **Steve:** (*wchodząc z ogrodu*) Rick, twój sąsiad, Bob, przyszedł pokazać ci swój hełm kosmiczny do zabawy. Weź go do ogrodu i tam się bawcie. *Rick wybiega z pokoju.* **A.:** Rozmawialiśmy o lotach kosmicznych. Wiesz, (ja) uważam, że to wszystko jest zdumiewające, fantastyczne, ale czasem myślę, że za dużo kosztuje. Czy wyniki są warte tych astronomicznych sum wydanych na badania w przestrzeni? **S.**: To są badania, jak (sam) mówisz, a w przypadku nauki (*dosł.* we wszystkich sprawach nauki) nie możemy przewidzieć wszystkich rezultatów. W gruncie rzeczy dzięki tym statkom kosmicznym, satelitom i tym podobnym, naukowcy dowiedzieli się wiele nie tylko o Księżycu i gwiazdach, ale i o atmosferze wokół Ziemi. Satelity stosowane są w łączności, w telewizji ... **A.**: Tak, zapomniałem o tym wszystkim. **S.**: I pamiętaj, że jest wiele satelitów meteorologicznych, które ostrzegają nas przed huraganami zbliżającymi się znad oceanów. To oszczędza życie (ludzi) i pieniądze. **A.**: Ale czy ludzie muszą ryzykować życie? Czy nie moglibyśmy wysyłać tylko sputników, satelitów, sond kosmicznych i rakiet bez pasażerów? **S.**: Cóż, myślę, że człowiek zawsze jest mądrzejszy od komputera, który sam wyprodukował. Inteligentna osoba może rozwiązać zupełnie nowe problemy – maszyna nie może. Astronauci i naukowcy dokonali wielu odkryć w technice, medycynie, fizyce. **A.**: Ale pomyśl: ryzykować własne życie! **S.**: Czy pierwsi lotnicy w pierwszych samolotach myśleli o ryzyku? A (przecież) jestem pewien, że uważasz, iż (*dosł.* ty sądzisz, że) podróżowanie samolotem jest rzeczą normalną, naturalną. **A.**: Jest trochę prawdy w tym, co mówisz. *Nagle słyszą krzyki i płacz chłopców w ogrodzie. Steve wybiega, żeby zobaczyć, co się stało. Po chwili wraca.* **S.**: To tylko zderzenie dwóch rakiet. Statek kosmiczny Ricka zderzył się ze statkiem Boba. Orbitowali za blisko siebie i tory ich lotów skrzyżowały się koło furtki ogrodu. **A.**: Mam nadzieję, że nikt się nie zranił? **S.**: (*śmiejąc się*) Nic poważnego. Tylko kilka siniaków. Astronauci wylądowali szybko (*dosł.* mieli szybkie lądowanie). Mama zajmie się ich siniakami i pocieszy ich lodami.

❷ 1. Herbert George Wells has written the book. 2. Rick talks about the book. 3. The book was written in nineteen hundred and one. 4. The picture of the moon is wrong. 5. Wells wrote about gravitation in the spacecraft. 6. Steve was in the garden. 7. Research in space has got many results from space flights. 8. Satellites are useful in our everyday life. 9. We can't have space flights without any risk. 10. Travelling by plane is a normal thing in our times.
❸ 1. were 2. had been written 3. seemed 4. didn't weigh 5. wanted 6. cost 7. were 8. had learnt (*lub* learnt)
❹ 1. There was somebody ... 2. ... said something ... 3. The young neighbour likes ... 4. Rick's father hears some noise ... 5. The trajectories ... meet. 6. There was some trouble ... 7. Mum will give the boys something ... 8. There's something ...
❺ Tekst w języku angielskim znajduje się w lekcji 44.

52 Nauka języków bez wysiłku

Andy: Kiedy zadzwoniłeś do mnie ze stacji, wspomniałeś coś o dziwnym eksperymencie, który przeprowadziłeś (*dosł.* zrobiłeś) w zeszłym miesiącu. Teraz masz czas wszystko nam (o tym) opowiedzieć. **Steve:** Dobrze. Chodzi o to, że zawsze chciałem dobrze mówić po włosku, ale nie mogłem się zmusić do regularnej nauki (*dosł.* uczenia się go regularnie). Miesiąc temu postanowiłem uczyć się włoskiego bez wysiłku. **A.**: A co to jest za metoda „bez wysiłku"? Ja sam chciałbym ją poznać. **S.**: Mówiono mi, że można nauczyć się języka po prostu słuchając lekcji z magnetofonu lub w telewizji, kilka razy w tygodniu, wtedy, kiedy się zasypia. **A.**: To brzmi nieźle. **Matt:** Słyszałem o tym w fabryce, gdzie produkują radia. **S.**: Widocznie coś pokręciłem (*dosł.* zrobiłem coś źle). Margaret robiła to, o co ją prosiłem. To znaczy, kiedy już byłem w łóżku i miałem zasnąć, (zwykle) włączała telewizor. Widzisz, ja mam bardzo dobrą pamięć, a więc po trzech tygodniach regularnego słuchania lekcji powinienem był poprawić swoją znajomość włoskiego – ale tak się nie stało (= nie poprawiłem). **Matt:** Dlaczego? Co się stało? **S.**: To bardzo dziwne. Po prostu nie mogę powiedzieć po włosku więcej niż kilka słów. Zaczynam dobrze, a potem, jakoś, chce mi się spać i zaczynam gadać o sporcie ... ale po angielsku. Nie wiem dlaczego. Po kilku słowach po włosku mówię o meczach tenisowych, golfie, boksie, lekkiej atletyce, skokach, biegach ... ale po angielsku. W końcu zasypiam. **Matt:** Może to były lekcje dla klubów sportowych? O czym były te lekcje? **S.**: Skąd ja mogę wiedzieć? Zasypiam, kiedy cichy głos zaczyna mówić. Margaret powinna wiedzieć. **Margaret:** Dlaczego ja? Wychodzę z pokoju z chwilą, gdy włącza się telewizor. Wiecie, to bardzo zabawne. Zwykle Rick mówi dużo o sędziach, wynikach, rozgrywkach, on się pasjonuje piłką nożną, ale nie Steve. **A.**: Zobaczmy, jak on to robi. Powiedz coś po włosku, Steve. **S.**: (*siadając w fotelu*) Posłuchajcie tylko (*po włosku*): „Panie i panowie, dobranoc wszystkim ...". *Zamyka oczy.* (*po angielsku*) „A teraz (oto) najświeższe wiadomości sportowe: Henry Brown wygrał dziś piąty etap wyścigu dookoła Wielkiej Brytanii, sto czternaście mil z Glasgow do ... (*mamrocze coś*). Był bohaterem etapu oderwawszy się od peletonu po 76 milach. Drugie miejsce zajął (*Steve mamrocze na wpół śpiąc*) ... niewiele ponad pół minuty za swym kolegą z drużyny, usiłując zachować żółtą koszulkę lidera (wyścigu) ..." **M.**: Teraz rozumiem, jak to się dzieje. Dźwięk włoskiego usypia go. Ale dlaczego mówi o sporcie przez sen? *Steve budzi się.* **Matt:** Zdaje mi się, że mogę rozwiązać ten problem. O której zaczynają się lekcje? **M.**: Wpół do jedenastej. **S.**: Nie, kwadrans po dziesiątej. **M.**: Ależ kazałeś mi włączyć telewizor o wpół do jedenastej i ja tak robiłam przez cały czas. **Matt:** To wszystko wyjaśnia. Steve słyszał regularnie sam koniec lekcji włoskiego, a potem następny punkt programu. **A.**: Skrót wiadomości sportowych, oczywiście. Szkoda, że to po angielsku. **S.**: Jedyna dobra rzecz (w tym), że nauczyłem się chodzić spać regularnie. Teraz mogę spać jak suseł (*dosł.* jak kłoda). **Matt:** Ale powinieneś wiedzieć, że nauka przez sen to nie jest tylko „ucz się podczas spania". Co wieczór, zanim pójdziesz spać, musisz pracować nad (swoim) włoskim w normalny sposób, około godziny ... **S.**: Co? Godzinę dziennie? To nie dla mnie ... To nie jest „bez wysiłku". Myślę, że znajdę atrakcyjną młodą Włoszkę, która nie umie mówić po angielsku i będę się z nią spotykał regularnie. **M.**: Świetny pomysł. Poszukam jakiegoś miłego młodego Włocha i on nauczy mnie języka (włoskiego). **S.**: Nie, to mi się nie podoba, Margaret. Myślę, że oboje zapiszemy się do normalnej szkoły językowej. **M.**: I będziemy rozmawiać ze sobą po włosku. **A.**: Mam wrażenie, że oboje sobie z nas żartujecie!

Magnetofon jest bardzo pożyteczną rzeczą, kiedy uczysz się angielskiego. Możesz nagrać lekcje z telewizji, opowiadania, konwersacje ludzi, których angielszczyzna jest doskonała. Możesz też słuchać własnego głosu i zauważyć swoje najczęstsze błędy. Magnetofon w domu powinien być dużą pomocą w ćwiczeniu ucha i poprawianiu wymowy.

② 1. Yes, he does. 2. No, he doesn't. 3. No, he hasn't. 4. Yes, she did. 5. Yes, he did. 6. Yes, it is. 7. No, it hasn't. 8. Yes, he does. 9. No, he can't. 10. Yes, she should. 11. Yes, he does. 12. No, they didn't.

③ 1. teacher 2. sprinter 3. helper 4. winner 5. writer 6. Londoner 7. waitress 8. learner

④ 1. Tell me, please, when the astronauts orbited the earth. 2. I'd like to know who the first woman astronaut was. 3. Ask them why Steve and Margaret did the funny experiment. 4. Is it true that a tape recorder is a great help in learning languages? 5. Do you know who the first men on the moon were? 6. You must tell him why space flights are useful. 7. I'm not sure if Andy believes in learning languages the easy way.

⑤ necessary – potrzebny, spoiled – zepsuty, happy – szczęśliwy, possible – możliwy, personal – osobisty, usual – zwykły, friendly – przyjazny; miły, reliable – solidny, na którym można polegać, polite – uprzejmy, perfect – doskonały

⑥ 1. Do you want me to finish the job for you? 2. Do you want me to learn the poem by heart? 3. Do you want me to study Spanish? 4. Do you want me to wash up after lunch? 5. Do you want me to take a job in this factory? 6. Do you want me to answer all the questions? 7. Do you want me to queue for the tickets? 8. Do you want me to show them my collection of Polish stamps?

⑦ 1. I'm learning to play the piano but I see no results (*lub* I don't see any results). 2. Let's learn regularly. 3. Why don't you use a tape recorder? 4. I can't, I have no tape recorder. 5. Ask Ellen, she'll lend you hers. 6. You must work hard to learn to swim. 7. Don't stop in front of every shop window. 8. The boys pretended to be spacecrafts. 9. Their trajectories met near the garden gate and the boys hurt themselves. 10. They put on space helmets and admired each other.

53   Wyścigi chartów

Ellen: Bądź tak uprzejmy i zobacz w programie, co jest teraz w telewizji. **Barry:** Chwileczkę. Jest za pięć ósma. Niech no popatrzę ... godzina ósma ... sport, wyścigi chartów. **E.:** Dobrze. *Barry włącza telewizor.* **E.:** Nigdy nie byłam na wyścigach psów. Nie mamy ich w naszym kraju. **B.:** Ja byłem kilka razy. To dość interesujące. Wyścigi są u nas (*dosł.* w naszym kraju) bardzo popularne. Zwykle są (na nich) tłumy ludzi. **E.:** Oczywiście głównie mężczyźni. Czy stawiałeś kiedyś na psy (*dosł.* robiłeś jakieś zakłady)? **B.:** Postawiłem raz czy dwa na jakiegoś psa, lecz nie miałem szczęścia. Przegrałem trochę pieniędzy w obu wypadkach. *Na ekranie telewizyjnym atrakcyjna młoda spikerka mówi kilka słów i znika z ekranu. Zamiast niej pojawia się ogromny stadion.* **B.:** Patrz. Widać kryte trybuny. Tor jest oświetlony tak, że można wszystko doskonale widzieć. **E.:** Gdzie są „zawodnicy",

to znaczy psy? **B.**: Patrz, idą dookoła stadionu dość wolno, prowadzone przez
opiekunów. Każdy pies ma „wdzianko" innego koloru. **E.**: Widzę numery na
„wdziankach", są wystarczająco duże. **B.**: Teraz psy są gotowe do startu. Uważaj
na zająca. Wpadnie jak błyskawica z drugiej strony stadionu. **E.**: Zając? Jakie (to)
okrutne! **B.**: Nie bądź niemądra. Sztuczny (*dosł.* Mechaniczny) zając ... O, oto on,
sunie bardzo szybko po szynie. **E.**: Psy ruszyły. Czy one myślą, że to prawdziwy
zając? **B.**: Nie wiem. Zapytaj je. W każdym razie pędzą za nim jak szalone (*dosł.*
jak piekło), a nigdy go nie złapią, biedactwa. **E.**: To są śliczne charty. Muszą być
w doskonałej formie. **B.**: Weterynarz bada je przed każdym wyścigiem. Taki jest
przepis. Patrz, jak ludzie krzyczą, wszyscy wstają, tacy podekscytowani ... **E.**:
Pierwszy bieg się skończył. Ale nie można jeszcze powiedzieć, który pies zwyciężył – dwa psy przybiegły (*dosł.* przyszły) razem, nr 3 i nr 1. Co zrobi sędzia? **B.**:
Przy linii mety wszystkich wyścigów znajdują się specjalne kamery. Taka kamera pokaże najmniejszą różnicę pomiędzy biegnącymi. Nawet jeżeli jest to tylko
pół nosa. Widzisz? Pokazują zdjęcie. **E.**: Tak, widzę. Ostatecznie zwyciężył nr 3.
Teraz imię zwycięzcy jest podawane (*dosł.* ogłaszane) przez głośniki. **B.**: Czy będziemy oglądać następne biegi? **E.**: O, tak! Popatrzmy. To dla mnie zupełnie nowa rzecz i widzę, że to mi się podoba (*dosł.* znajduję to interesującym). *Ellen
i Barry, oboje usadawiają się wygodnie na kanapie przed telewizorem, aby obejrzeć resztę programu.*

Praca spikerów telewizyjnych nie jest łatwa. Muszą mieć dobrą pamięć, mówić
bardzo wyraźnie, wiedzieć, jak się wymawia wiele obcojęzycznych nazw. Muszą
mieć przyjemną twarz (= powierzchowność), miły uśmiech. Nie powinni nigdy zapominać, że stale występują przed ogromną publicznością. Powinni być mile wi-
dzianymi „gośćmi" w naszych domach.

1. A greyhound is a kind of dog. 2. I have never seen a greyhound race. 3. I have
got a television set (*lub* I have no television set). 4. The greyhound race was at
eight o'clock. 5. Ellen can see the track very well. 6. She can see the difference
between the dogs. 7. The dogs have numbers on their coats. 8. They never catch
the hare. 9. The vet examines the dogs before each race. 10. The camera shows
the finish. 11. Number three has won.

1. is ringing 2. rings 3. is looking up 4. rains 5. go 6. is sitting 7. show 8. glides
9. sits 10. is playing

1. d) 2. e) 3. f) 4. c) 5. b) 6. a)

1. His brother ... his friends. 2. My uncle ... he says they annoy him ... 3. Mr
Green's brothers are in his room. 4. The boy ... 5. He'll ...

1. ninety-four thousand 2. nineteen thirty-seven, forty-eight 3. three thousand five
hundred and sixty 4. four thousand four hundred and eight 5. two hundred
6. nineteen fifty, six hundred and twenty-three

No, dotarłem nareszcie do końca książki. Jako że jestem pracowitym uczniem,
wyszukałem wszystkie nowe wyrazy, napisałem wszystkie ćwiczenia w spe-
cjalnym zeszycie, choć czasami kusiło mnie, żeby napisać te łatwiejsze

w książce. Podobają mi się historyjki w książce, podobają mi się nawet ćwiczenia. Podoba mi się i mój nauczyciel. A kto jest (*dosł.* był) moim nauczycielem?
Ja sam oczywiście. Cóż, jako nauczyciel muszę sobie powtarzać (*dosł.* mówić),
że mam nie zapomnieć tego, czego się nauczyłem. Muszę nadal doskonalić
swój angielski.

SŁOWNIK ANGIELSKO-POLSKI

a [ə, *akcentowany* ej] *przedimek nieokreślony przed spółgłoskami*
A1 [ˌej ˈuɑn] pierwszorzędny, fajny
abbey [ˈæby] opactwo
a bit [ə ˈbyt] trochę
able [ejbl] zdolny
about [əˈbaut] o; około
above [əˈbaw] nad, ponad
abroad [əˈbrɔːd] za granicą
abstract [ˈæbstrækt] abstrakcyjny
accept [əkˈsept] przyjąć
accident [ˈæksydənt] wypadek
accommodation [əˌkoməˈdejszn] lokum, zakwaterowanie
acquaintance [əˈkuejntəns] znajomość; znajomy
across [əˈkros] w poprzek, na krzyż; przez, poprzez
act [ækt] działać
action [ækszn] działanie
active [ˈæktyw] aktywny, czynny
actress [ˈæktrys] aktorka
actual [ˈækczuəl] rzeczywisty, prawdziwy
add [æd] dodać
additional [əˈdysznl] dodatkowy
address [əˈdres] adres; adresować
admire [ədˈmajə] podziwiać
admirer [ədˈmajərə] wielbiciel
adorn [əˈdɔːrn] przybrać, udekorować
advance [ədˈdwɑːns] postęp; posuwanie się naprzód
adventure [əˈdwenczə] przygoda
advertise [ˈædwətajz] ogłaszać; robić reklamę, reklamować
advertisement [ədˈwəːtysmənt] reklama; ogłoszenie
advisable [ədˈwajzəbl] wskazany, polecany
aerial [ˈeəriəl] antena
aeroplane [ˈeərəplejn] samolot

a few [ə ˈfjuː] kilka, kilkoro, parę
afford [əˈfɔːd] pozwolić sobie na (coś)
afraid of [əˈfrejd əw] przerażony, bojący się (czegoś)
after [ˈɑːftə] po
afternoon [ˌɑːftəˈnuːn] popołudnie
again [əˈgen] znów
against [əˈgenst] *lub* [əˈgejnst] przeciw, przeciwko; na tle
age [ejdż] wiek
ago [əˈgou] temu (*w zwrotach:* rok temu, dawno temu)
agree [əˈgriː] zgadzać się
agricultural [ˌægryˈkalczərəl] rolniczy
ah [ɑː] o!
air [eə] powietrze
airman [ˈeəmən] lotnik
alarm clock [əˈlɑːm klok] budzik
Alice [ˈælys] *imię żeńskie*
alike [əˈlajk] podobny, jednakowy
a little [ə ˈlytl] trochę
all [ɔːl] wszystko, wszystek, wszyscy
all over [ˌɔːl ˈouwə] wszędzie
allow [əˈlau] pozwolić
all right [ˌɔːl ˈrajt] w porządku, dobrze
almost [ˈɔːlmoust] prawie
alone [əˈloun] sam, samotny
along [əˈloŋ] wzdłuż
alongside [əˈloŋ ˌsajd] obok, wzdłuż
a lot [ə ˈlot] bardzo
a lot of [ə ˈlot əw] dużo, mnóstwo
alphabet [ˈælfəbyt] alfabet
already [ɔːlˈredy] już
also [ˈɔːlsou] także, również
although [ɔːlˈðou] chociaż
always [ˈɔːluəz] *lub* [ˈɔːluejz] zawsze
am [ˌejˈem] = **ante meridiem** [ˌænty məˈrydiəm] przed południem
am [əm, *akcentowany* æm] *1. os. lp czasownika* **to be**
amazing [əˈmejzyŋ] zadziwiający

America [ə'merykə] Ameryka
American [ə'merykən] amerykański
among [ə'maŋ] wśród, pośród
an [ən, *akcentowany* æn] *przedimek nieokreślony przed samogłoskami*
and [ənd, ən, *akcentowany* ænd] i; a
Andy ['ændy] *imię męskie*
angry ['æŋgry] zły, zagniewany
animal ['ænyməl] zwierzę
Ann [æn] *imię żeńskie*
Anne [æn] *imię żeńskie*
announce [ə'nauns] ogłosić
announcer [ə'naunsə] spiker radiowy, spiker telewizyjny
annoy [ə'noj] drażnić, irytować
another [ə'naðə] inny, inna; jeszcze jedna
answer ['a:nsə] odpowiedź; odpowiadać
antiquities [æn'tyk^{u}ytyz] zabytki sztuki starożytnej
any ['eny] jakiś, jakikolwiek; żaden
anybody ['enybody] ktoś, ktokolwiek
anyhow ['enyhau] jakoś; bądź co bądź
anyone ['eny^{u}an] ktoś, ktokolwiek
anything ['enyθyŋ] coś, cokolwiek
anyway ['eny^{u}ej] w każdym razie
anywhere ['eny^{u}eə] nigdzie (*w przeczeniach*), gdzieś (*w pytaniach*)
appear [ə'piə] ukazać się, pojawić się
appendix [ə'pendyks] dodatek (do książki)
apple [æpl] jabłko
apple tart [ˌæpl 'ta:t] szarlotka
April ['ejprəl] kwiecień
apron [ejprn] fartuszek
are [ə, *akcentowany* a:] 2. *os. lp oraz 1., 2. i 3. os. lm czasownika* **to be**
aren't [a:nt] = **are not**
arm [a:m] ramię
armaments ['a:məmənts] zbrojenia
armaments race ['a:məmənts rejs] wyścig zbrojeń

armchair ['a:mczeə] fotel
arrest [ə'rest] aresztować
arrive [ə'rajw] przybyć
artist ['a:tyst] artysta
as [əz, *akcentowany* æz] jak; jako; ponieważ; podczas gdy, kiedy
as ... as ... [əz ... əz ...] tak ... jak ...
ask [a:sk] pytać; prosić
asleep [ə'sli:p] we śnie
association [əˌsousy'ejszn] stowarzyszenie; skojarzenie; wspomnienie
as soon as [əz 'su:n əz] skoro tylko, jak tylko
astronaut ['æstrono:t] astronauta, kosmonauta
astronomical [ˌæstrə'nomykl] astronomiczny
at [ət, *akcentowany* æt] przy; w
ate *zob.* **eat**
at first [ət 'fə:st] najpierw, początkowo
athletics [æθ'letyks] lekkoatletyka
at home [ət 'houm] w domu; w kraju
the Atlantic [ðy ət'læntyk] Atlantyk, Ocean Atlantycki
atmosphere ['ætməsfiə] atmosfera
at night [ət 'najt] w nocy
atomic [ə'tomyk] atomowy
at once [ət '^{u}ans] od razu
attendant [ə'tendənt] osoba obsługująca; osoba dozorująca; opiekun
attention [ə'tenszn] uwaga
attract [ə'trækt] przyciągać, wabić
attractive [ə'træktyw] atrakcyjny, efektowny, pociągający
August ['o:gəst] sierpień
aunt [a:nt] ciotka, ciocia
Australian [o'strejljən] Australijczyk, Australijka; australijski
autumn ['o:təm] jesień
available [ə'wejləbl] dostępny
avoid [ə'wojd] unikać
away [ə'^{u}ej] z dala
awful ['o:ful] straszny
axe [æks] siekiera

baby ['bejby] niemowlę, małe dziecko
back [bæk] plecy, grzbiet; z powrotem; popierać; obstawiać
bacon ['bejkən] bekon
bad [bæd] zły, niedobry
badly ['bædly] źle, dotkliwie; *pot.* bardzo, strasznie
bag [bæg] torba; worek
bagpiper ['bægpajpə] kobziarz
balcony ['bælkəny] balkon
ball [bo:l] piłka
ballpoint pen [,bo:lpojnt 'pen] długopis
banana [bə'na:nə] banan
band [bænd] orkiestra, zespół
bank [bæŋk] bank; brzeg rzeki
bar [ba:] bar; kostka, kawałek; zablokować (*np. drogę*), zatarasować (*np. przejście*), zagrodzić
barber ['ba:bə] fryzjer męski
bark [ba:k] szczekać
Barry ['bæry] *imię męskie*
basket ['ba:skyt] kosz
bath [ba:θ] kąpiel; wanna
bathe [bejð] kąpać się, pływać
bathing suit ['bejðyŋ su:t] *lub* ['bejðyŋ sju:t] kostium kąpielowy
bathroom ['ba:θru:m] łazienka
battle [bætl] bitwa
be [by, *akcentowany* bi:] (was [ᵘəz, *akcentowany* ᵘoz], were [ᵘə, *akcentowany* ᵘə:], been [byn, *akcentowany* bi:n]) być; *także czasownik posiłkowy*
be off [,by 'of] odejść; odjechać
beach [bi:cz] plaża
bean [bi:n] fasola
bean soup ['bi:n ,su:p] zupa fasolowa
bear [beə] niedźwiedź
bear [beə] (bore [bo:], borne [bo:n]) znosić; rodzić
beast [bi:st] zwierzę, bydlę
beautiful ['bju:təful] piękny
beauty ['bju:ty] piękność; piękno
beauty spot ['bju:ty spot] piękna miejscowość, piękne okolice

became *zob.* become
because [by'ko:z] ponieważ
become [by'kam] (became [by'kejm], become [by'kam]) stać się
bed [bed] łóżko
bedroom ['bedru:m] sypialnia
beef [bi:f] wołowina
been *zob.* be
beer [biə] piwo
before [by'fo:] przed
beg [beg] prosić, błagać, żebrać
begin [by'gyn] (began [by'gæn], begun [by'gan]) rozpoczynać
beginner [by'gynə] początkujący
begun *zob.* begin
behind [by'hajnd] za, z tyłu
believe [by'li:w] wierzyć
bell [bel] dzwon, dzwonek
belong [by'loŋ] należeć
bench [bencz] ławka
bend [bend] (bent, bent [bent]) pochylać (się), zginać (się)
Benham ['benəm] *nazwa miejscowości*
bent *zob.* bend
beside [by'sajd] obok
besides [by'sajdz] ponadto
best [best] najlepszy
bet [bet] zakład (o coś)
bet [bet] (bet, bet [bet]) założyć się
better ['betə] lepszy; lepiej
betting ['betyŋ] zakładanie się (o coś)
between [by'tᵘi:n] między
bicycle ['bajsykl] rower
big [byg] duży
bill [byl] rachunek
Binkie ['bynky] *imię psa*
bird [bə:d] ptak
birthday ['bə:θdej] urodziny
bit [byt] kawałek
bite [bajt] (bit [byt], bitten [bytn]) gryźć
black [blæk] czarny
blew *zob.* blow
block [blok] blok
bloke [blouk] facet

bloom [blu:m] kwiat; rozkwitać
blossom ['blosəm] rozkwitać
blow [blou] (**blew** [blu:], **blown**
[bloun]) dąć, dmuchać
blue [blu:] niebieski
bluish ['blu:ysz] niebieskawy
board [bo:d] pokład
boat [bout] łódź, okręt
Bob [bob] *zdrobniała forma imienia*
Robert ['robət]
body ['body] ciało
boil [bojl] gotować
boiled [bojld] gotowany
bomb [bom] bombardować
Bonzo ['bonzou] *imię psa*
book [buk] książka
bookcase ['bukkejs] regał na książki,
biblioteczka
booking hall ['bukyŋ ˌho:l] hol z kasami
booking office ['bukyŋ ˌofys] kasa biletowa
bookish ['bukysz] książkowy; sztuczny
bookshop ['bukszop] księgarnia
border ['bo:də] brzeg, obramowanie;
szlak
bore *zob.* **bear**
bore [bo:] nudzić
boring ['bo:ryŋ] nudny
born [bo:n] urodzony
borne *zob.* **bear**
borrow ['borou] pożyczyć (od kogoś)
both [bouθ] obaj, obie, oboje, oba; zarówno
both ... and ... [bouθ ... ənd ...] i ...,
i ..., zarówno ..., jak i ...
bother ['boðə] sprawiać kłopot, przeszkadzać
bottle [botl] butelka
bought *zob.* **buy**
bow [bau] ukłon; ukłonić się
bowl [boul] wazon; czara, miska
box [boks] pudełko
boxing ['boksyŋ] boks
boy [boj] chłopiec

boyfriend ['bojfrend] sympatia, chłopak
boyish ['bojysz] chłopięcy
bread [bred] chleb
break [brejk] przerwa
break [brejk] (**broke** [brouk], **broken**
['broukən]) łamać
break away [ˌbrejk ə'uej] oderwać się
breakfast ['brekfəst] śniadanie
breed [bri:d] rasa
breed [bri:d] (**bred, bred** [bred]) hodować, wychować
brick [bryk] cegła
bridge [brydż] most
bright [brajt] jasny; żywy, bystry
brighten ['brajtn] rozjaśnić się
bring [bryŋ] (**brought, brought**
[bro:t]) przynieść, przynosić
british ['brytysz] brytyjski
broad [bro:d] szeroki
broadcast ['bro:dka:st] (**broadcast,
broadcast** ['bro:dka:st]) nadawać
przez radio
broke *zob.* **break**
broken *zob.* **break**
bronze [bronz] brąz, spiż
brother ['braðə] brat
brother-in-law ['braðərynˌlo:] szwagier
brought *zob.* **bring**
brown [braun] brązowy
bruise [bru:z] siniak
brush [brasz] szczotka, pędzel; szczotkować; wyszczotkować; umyć
build [byld] (**built, built** [bylt]) budować
building ['byldyŋ] budynek
built *zob.* **build**
built-in [ˌbylt'yn] wbudowany
bull [bul] byk
bunch [bancz] wiązka, pęczek
burn [bə:n] (**burnt, burnt** [bə:nt]) palić (się)
burst [bə:st] (**burst, burst** [bə:st]) wybuchnąć

bury ['bery] pogrzebać, pochować
bus [bas] autobus
bush [busz] krzak
busily ['byzyly] pilnie
business ['byznys] sprawa; interes,
biznes
businessman ['byznysmən] biznesmen, człowiek interesu, handlowiec
busy ['byzy] zajęty
but [bət, *akcentowany* bat] ale, lecz
butcher ['buczə] rzeźnik
butter ['batə] masło
buy [baj] (**bought, bought** [bo:t]) kupować
by [baj] przy; przez
by day [baj 'dej] w dzień
bye [baj] do zobaczenia!, cześć! (*na
pożegnanie*)
bye-bye [,baj 'baj] do zobaczenia!, pa,
pa!
by heart [,baj 'ha:t] na pamięć

café ['kæfej] kawiarnia
cake [kejk] ciastko, ciasto
Caledonian [,kæly'dounjən] kaledoński
call [ko:l] rozmowa telefoniczna; wołać; nazywać
call on [,ko:l 'on] odwiedzić, zajść
do
Cambridge ['kejmbrydż] *miasto w Anglii*
came *zob.* **come**
camera ['kæmərə] aparat fotograficzny; kamera (wideo)
can [kən, *akcentowany* kæn] (**could**
[kəd, *akcentowany* kud]) *czasownik
wyrażający umiejętność, możliwość,
pozwolenie, prośbę lub prawdopodobieństwo*
canal [kə'næl] kanał (*sztuczny*)
cannot ['kænot] *lub* **can't** [ka:nt] *forma przecząca od* **can**
canoe [kə'nu:] czółno, kajak

can't [ka:nt] = **cannot**
cap [kæp] czapka
capital ['kæpytl] stolica
capital letter [,kæpytl 'letə] duża litera
car [ka:] samochód, auto
card [ka:d] karta
care for ['keə fə] dbać o
careful ['keəful] uważny, troskliwy,
staranny
carefully ['keəfly] uważnie, troskliwie,
starannie
carpet ['ka:pyt] dywan
carriage ['kærydż] wagon
carry ['kæry] nieść
carry away [,kæry ə'ʷej] unieść;
uprowadzić
case [kejs] przypadek, wypadek; sprawa
castle [ka:sl] zamek
cat [kæt] kot
catch [kæcz] (**caught, caught** [ko:t])
chwytać, łapać
catch hold of [,kæcz 'hould əw]
chwycić
caught *zob.* **catch**
cautious ['ko:szəs] ostrożny, przezorny
cautiously ['ko:szəsly] ostrożnie, prze-
zornie
CD [,si: 'di:] = **compact disc**
[,kompækt 'dysk] płyta kompaktowa
ceiling ['si:lyŋ] sufit
cellar ['selə] piwnica
centipede ['sentypi:d] stonoga
centre ['sentə] centrum
century ['senczəry] wiek, stulecie
cereal ['siəriəl] płatki śniadaniowe
certainly ['sə:tnly] oczywiście, na
pewno, z pewnością
chair [czeə] krzesło
championship ['czæmpjənszyp] mi-
strzostwo, mistrzostwa
change [czejndż] zmiana; reszta (drobne pieniądze); zmieniać; przebierać
się
charm [cza:m] czar; zaklęcie

charming ['czɑ:myŋ] czarujący
charmingly ['czɑ:myŋly] czarująco
chat [czæt] gawędzić
chatter ['czætə] gadanie; pogawędka
cheerfully ['cziəfəly] wesoło, pogodnie
cheerio [ˌcziəry'ou] cześć!, do zobaczenia!
cheers [cziəz] hurra!, brawo!
cheese [czi:z] ser
chemist ['kemyst] aptekarz; chemik
chemist's (shop) ['kemysts (szop)] apteka
chess [czes] szachy
chest [czest] pierś, klatka piersiowa
child [czajld] dziecko
childish ['czajldysz] dziecinny
children ['czyldrən] dzieci
chimney ['czymny] komin
China ['czajnə] Chiny
Chinese [ˌczaj'ni:z] chiński
chocolate ['czoklyt] czekolada; czekoladka
choose [czu:z] (**chose** [czouz], **chosen** ['czouzn]) wybierać
christen [krysn] chrzcić, nadawać imię
christian [krysczn] chrześcijański
church [czə:cz] kościół
cider ['sajdə] cydr, jabłecznik
cigarette [ˌsygə'ret] papieros
cinema ['synymə] kino
circle [sə:kl] koło, okrąg
circus ['sə:kəs] okrągły plac; cyrk
city ['syty] miasto; **the City** centrum finansowe Londynu
clan [klæn] klan, ród
class [klɑ:s] klasa; lekcja; kurs
classes ['klɑ:syz] kurs, ćwiczenia, zajęcia
classical ['klæsykəl] klasyczny; klasycystyczny
clean [kli:n] czysty
clear [kliə] przejrzysty, jasny; przejaśnić się
clear soup ['kliə ˌsu:p] rosół

clever ['klewə] sprytny; zdolny, zręczny
climate ['klajmyt] klimat
climb [klajm] wspinać się
  climb down [ˌklajm 'daun] schodzić, zejść z pewnej wysokości
clock [klok] zegar
close [klouz] zamykać
close to ['klous tə] bliski (czemuś); blisko (czegoś)
clothes [klouðz] odzież, ubranie
cloud [klaud] chmura
cloudy ['klaudy] pochmurny
club [klab] klub
coach [koucz] autokar; powóz; trener
coal [koul] węgiel
coat [kout] płaszcz
cock [kok] kogut
coffee ['kofy] kawa
coin [kojn] moneta
coke [kouk] pot. coca-cola, kola
cold [kould] zimny; zimno, na zimno; przeziębienie
coldly ['kouldly] zimno
collar ['kolə] kołnierz
collection [kə'lekszn] zbiór
college ['kolydż] szkoła pomaturalna; uczelnia
collide [kə'lajd] zderzyć się
collision [kə'lyżn] zderzenie
colloquial [kə'loukᵘiəl] potoczny
colour ['kalə] kolor; barwić
colourful ['kaləful] kolorowy
column ['koləm] kolumna
combination [ˌkomby'nejszn] kombinacja
come [kam] (**came** [kejm], **come** [kam]) przyjść
  come across [ˌkam ə'kros] natrafić na, spotkać
  come back [ˌkam 'bæk] wrócić
  come in [ˌkam 'yn] wejść
  come out [ˌkam 'aut] wyjść
  come up [ˌkam 'ap] podejść
comfort ['kamfət] pocieszać

comfortable ['kʌmftəbl] wygodny
comment ['kɔmənt] komentarz; komentować
commerce ['kɔmə:s] handel
commercial [kə'mə:szl] handlowy
common ['kɔmən] wspólny; pospolity
communication [kə,mju:ny'kejszn] komunikacja, łączność
company ['kʌmpəny] towarzystwo
comparatively [kəm'pærətywly] stosunkowo
compare [kəm'peə] porównać
comparison [kəm'pærysn] porównanie
competitor [kəm'petytə] zawodnik
complain [kəm'plejn] skarżyć się, narzekać
compliment ['kɔmplymənt] komplement
computer [kəm'pju:tə] komputer
concert ['kɔnsət] koncert
condition [kən'dyszn] warunek, kondycja
conductor [kən'daktə] dyrygent
congratulate [kən'græczulejt] winszować; gratulować
connect [kə'nekt] łączyć
consist of [kən'syst əw] składać się z
control [kən'troul] kontrolować, regulować
conversation [,kɔnwə'sejszn] rozmowa
cook [kuk] gotować, kucharzyć
cooking ['kukyŋ] gotowanie; kuchnia (sposób przyrządzania potraw)
copy ['kɔpy] przepisywać, przepisać
corn [kɔ:n] zboże, kukurydza
corner ['kɔ:nə] kąt; róg; zakątek
Cornwall ['kɔ:nuəl] Kornwalia
corporation [,kɔ:pə'rejszn] korporacja
correct [kə'rekt] dokładny, poprawny; poprawiać
correspondence [,kɔrə'spondəns] korespondencja

cost [kɔst] (cost, cost [kɔst]) kosztować
cosy ['kouzy] przytulny
cottage ['kɔtydż] domek letniskowy na wsi lub za miastem, chata
cotton [kɔtn] bawełna
couch [kaucz] kanapa
cough [kɔf] kaszel; kasłać
could zob. can
couldn't [kudnt] = could not
count [kaunt] liczyć
counter ['kauntə] kontuar, lada; okienko (w urzędzie)
country ['kʌntry] wieś; kraj
country place ['kʌntry ,plejs] własność ziemska, posiadłość na wsi
couple [kʌpl] para; kilka
courage ['kʌrydż] odwaga
courageous [kə'rejdżəs] odważny
Court of Justice [,kɔ:t əw 'dżastys] sąd
courtyard ['kɔ:tja:d] podwórze
cover ['kʌwə] nakrycie; przykryć
cow [kau] krowa
cracker ['krækə] krakers
crane [krejn] żuraw; dźwig
cream [kri:m] krem; śmietana, śmietanka
create [kry'ejt] tworzyć
creature ['kri:czə] stworzenie
cricket ['krykyt] krykiet
crisps [krysps] chrupki
cross [krɔs] przekroczyć; skrzyżować
crowd [kraud] tłum
crowded ['kraudyd] zatłoczony
cruel ['kru:əl] okrutny
cry [kraj] krzyczeć; płakać
cry out [,kraj 'aut] wykrzyknąć
cup [kʌp] filiżanka
cupboard ['kʌbəd] szafa; szafka
curtain [kə:tn] firanka; zasłona; kurtyna
cushion [kuszn] poduszka ozdobna
cut [kʌt] (cut, cut [kʌt]) ciąć, krajać
cycle [sajkl] jechać na rowerze

dad [dæd] tata
daddy ['dædy] tatuś
daffodil ['dæfədyl] żonkil
daisy ['dejzy] stokrotka
damage ['dæmydż] uszkodzić, zniszczyć
dance [dɑːns] taniec; tańczyć
dancer ['dɑːnsə] tancerz
dark [dɑːk] ciemny
darken ['dɑːkən] ściemniać się
darling ['dɑːlyŋ] kochanie
date [dejt] data; randka; daktyl
daughter ['dɔːtə] córka
day [dej] dzień
dead [ded] zmarły, nieżywy
deaf [def] głuchy
deafen [defn] ogłuszać, ogłuszyć
dear [diə] drogi, droga
December [dy'sembə] grudzień
decent [diːsnt] przyzwoity
decide [dy'sajd] decydować (się)
decision [dy'syżn] decyzja
deck [dek] pokład (statku)
deep [diːp] głęboki
define [dy'fajn] określić
definition [ˌdefy'nyszn] definicja
degree [dy'griː] stopień
delicate ['delykyt] delikatny
delicious [dy'lyszəs] pyszny, smakowity
delight [dy'lajt] uciecha, przyjemność
delightful [dy'lajtful] rozkoszny, cudowny
dentist ['dentyst] dentysta, dentystka
department [dy'pɑːtmənt] oddział, wydział
departure [dy'pɑːczə] odjazd
depth [depθ] głębokość, głębia
desk [desk] kasa; biurko
dessert [dy'zəːt] deser
destroy [dy'stroj] niszczyć
destruction [dy'strakszn] zniszczenie
devoid [dy'wojd] pozbawiony
Devon [dewn] *hrabstwo w Wielkiej Brytanii*

dictionary ['dykszənry] słownik
did *zob.* **do**
didn't [dydnt] = **did not**
die [daj] umierać
died [dajd] zmarły
die out [ˌdaj 'aut] wymierać, ginąć
diet ['dajət] dieta
difference ['dyfrəns] różnica
different ['dyfrənt] różny, odmienny
difficult ['dyfykəlt] trudny
difficulty ['dyfyklty] trudność
dig [dyg] kopać (*np. dół*)
diligent ['dylydżənt] pilny, pracowity
diligently ['dylydżəntly] pilnie, pracowicie
dimension [daj'menszn] wymiar
dine [dajn] jeść obiad
dine out [ˌdajn 'aut] jeść obiad poza domem
dining room ['dajnyŋ ruːm] jadalnia
dinner ['dynə] obiad
direction [dy'rekszn] kierunek
dirtily ['dəːtyly] brudno
dirty ['dəːty] brudny
discover [dy'skawə] odkryć
discovery [dy'skawəry] odkrycie; wynalazek
district ['dystrykt] dzielnica
disturb [dy'stəːb] przeszkadzać
divide [dy'wajd] dzielić
do [du, də, *akcentowany* duː] (**did** [dyd], **done** [dan]) robić, czynić; *także czasownik posiłkowy*
doctor ['doktə] doktor, lekarz
does [dəz, *akcentowany* daz] *3. os. lp czasownika* **to do**
doesn't [daznt] = **does not**
dog [dog] pies
doll [dol] lalka
dome [doum] kopuła
domestic [də'mestyk] domowy
done *zob.* **do**
don't [dount] = **do not**
door [dɔː] drzwi
doorway ['dɔːᵘej] wejście, drzwi

double [dabl] podwójny
down [daun] w dół
downstairs [ˌdaun'steəz] na dole,
  w dół po schodach
drank *zob.* **drink**
draw [dro:] (**drew** [dru:], **drawn**
  [dro:n]) rysować; ciągnąć
drawer [dro:] szuflada
drawn *zob.* **draw**
dream [dri:m] sen, marzenie senne
dress [dres] suknia, sukienka; ubranie;
  ubierać się
dressing gown ['dresyŋ gaun] szlafrok
dressing table ['dresyŋ ˌtejbl] toaletka
drew *zob.* **draw**
drink [dryŋk] (**drank** [dræŋk], **drunk**
  [draŋk]) pić
  drink up [ˌdryŋk 'ap] wypić, dopić
drive [drajw] (**drove** [drouw], **driven**
  [drywn] jechać; kierować pojazdem
drop [drop] upuścić
drove *zob.* **drive**
drunk *zob.* **drink**
dry [draj] suchy; suszyć
duck [dak] kaczka
duke [dju:k] książę; **Duke** *imię psa*
dull [dal] nudny; bezbarwny
during ['djuəryŋ] podczas
Dutch [dacz] holenderski
dying ['dajyŋ] umierający

each [i:cz] każdy (z osobna)
each other [ˌi:cz 'aðə] jeden drugiego,
  nawzajem
Ealing ['i:lyŋ] *nazwa dzielnicy Londynu*
ear [iə] ucho
early ['ə:ly] wczesny; wcześnie
earth [ə:θ] Ziemia, ziemia
easily ['i:zyly] łatwo, z łatwością
east [i:st] wschód (*strona świata*)
easy ['i:zy] łatwy
eat [i:t] (**ate** [et] *lub* [ejt], **eaten** [i:tn])
  jeść
economical [ˌi:kə'nomykl] oszczędny,
  gospodarny

Edinburgh ['edynbərə] Edynburg
  (*stolica Szkocji*)
education [ˌedju'kejszn] wykształcenie
effect [y'fekt] efekt, skutek
egg [eg] jajko
Egypt ['i:dżypt] Egipt
Egyptian [y'dżypszn] egipski
eight [ejt] osiem
eighteen [ˌej'ti:n] osiemnaście
eighteenth [ˌej'ti:nθ] osiemnasty
eighth [ejtθ] ósmy
eightieth ['ejtyəθ] osiemdziesiąty
eighty ['ejty] osiemdziesiąt
either ['ajðə] *z przeczeniem* także nie,
  ani
either ... or ... ['ajðə ... o: ...] albo
  ..., albo ...
elder ['eldə] starszy (w rodzinie)
elderly ['eldəly] starszy
eldest ['eldyst] najstarszy (w rodzinie)
electric fire [yˌlektryk 'fajə] piecyk
  (kominek) elektryczny
elephant ['elyfənt] słoń
eleven [y'lewn] jedenaście
eleventh [y'lewnθ] jedenasty
Ellen ['elən] *imię żeńskie*
else [els] inny; jeszcze (w złożeniach)
embankment [ym'bæŋkmənt] nabrzeże
empty ['empty] pusty
encourage [yn'karydż] zachęcać, zachęcić, ośmielać, ośmielić
end [end] koniec; kończyć
energetic [ˌenə'dżetyk] energiczny
energetically [ˌenə'dżetykly] energicznie
engaged [yn'gejdżd] zajęty; zaręczony
engagement [yn'gejdżmənt] zaręczyny
engine ['endżyn] maszyna, motor; lokomotywa
engineer [ˌendży'niə] inżynier
engineering [ˌendży'niəryŋ] inżynieria
England ['yŋglənd] Anglia
English ['yŋglysz] angielski
  the English [ðy 'yŋglysz] Anglicy

Englishman [ˈynglyszmən] Anglik
Englishmen [ˈynglyszmən] Anglicy
Englishwoman [ˈyŋglyszᵘumən] Angielka
enjoy [ynˈdżoj] rozkoszować się, cieszyć się (czymś)
enough [yˈnaf] dosyć, dość
enquiries [ynˈkᵘajəryz] informacja (punkt informacyjny)
enquiry [ynˈkᵘajəry] zapytanie, dowiadywanie się
enter [ˈentə] wejść
entrance [ˈentrəns] wejście
envelope [ˈenwyloup] koperta
environment [ynˈwajrənmənt] środowisko
Eros [ˈiəros] *lub* [ˈeros] Eros
escalator [ˈeskəlejtə] schody ruchome
especially [yˈspeszly] szczególnie
essay [ˈesej] szkic, wypracowanie
essay [eˈsej] próbować
etc. [et ˈsetrə] = **et cetera** i tak dalej
Europe [ˈjuərəp] Europa
European [ˌjuərəˈpiən] europejski
even [ˈiːwən] nawet
evening [ˈiːwnyŋ] wieczór
ever [ˈewə] kiedyś, kiedykolwiek
every [ˈewry] każdy
everybody [ˈewrybody] każdy
everyday [ˈewrydej] codzienny, co dzień
everyone [ˈewryᵘan] każdy
everything [ˈewryθyŋ] wszystko
everywhere [ˈewryᵘeə] wszędzie
exact [ygˈzækt] dokładny
exam [ygˈzæm] *lub* [egˈzæm], **examination** [ygˌzæmyˈnejszn] *lub* [egˌzæmyˈnejszn] egzamin
examine [ygˈzæmyn] *lub* [egˈzæmyn] badać; egzaminować
example [ygˈzɑːmpl] *lub* [egˈzɑːmpl] przykład
exceedingly [ykˈsiːdyŋly] *lub* [ekˈsiːdyŋly] niezmiernie
excellent [ˈeksələnt] znakomity

except [ykˈsept] *lub* [ekˈsept] z wyjątkiem
exception [ykˈsepszn] *lub* [ekˈsepszn] wyjątek
excited [ykˈsajtyd] *lub* [ekˈsajtyd] podniecony, podekscytowany
excitedly [ykˈsajtydly] *lub* [ekˈsajtydly] w podnieceniu
exclaim [ykˈsklejm] *lub* [ekˈsklejm] wykrzyknąć
excuse [ykˈskjuːz] *lub* [ekˈskjuːz] wybaczyć
exercise [ˈeksəsajz] ćwiczenie
exercise book [ˈeksəsajz ˌbuk] zeszyt
exit [ˈeksyt] wyjście (*z kina, teatru itp.*)
exotic [ygˈzotyk] *lub* [egˈzotyk] egzotyczny
expect [ykˈspekt] *lub* [ekˈspekt] spodziewać się
experiment [ykˈsperymənt] *lub* [ekˈsperymənt] eksperyment, doświadczenie
explain [ykˈsplejn] *lub* [ekˈsplejn] wyjaśnić
extremely [ykˈstriːmly] *lub* [ekˈstriːmly] niezmiernie
eye [aj] oko

face [fejs] twarz; stać przodem do, stać przed; stawić czoło
fact [fækt] fakt
factory [ˈfæktəry] fabryka
fair [feə] piękny; jasnowłosy
faithful [ˈfejθfəl] wierny
faithfully [ˈfejθfəly] wiernie
fall [foːl] (**fell** [fel], **fallen** [ˈfoːlən]) upaść
  fall in/into [ˌfoːl ˈyn/ˈyntə] wpaść
  fall out [ˌfoːl ˈaut] wypaść
family [ˈfæmyly] rodzina
famous [ˈfejməs] sławny, słynny
fan [fæn] fan, kibic, miłośnik, zwolennik
fantastic [fænˈtæstyk] fantastyczny

far [fɑ:] daleki; daleko
fare [feə] opłata za przejazd
farewell [ˌfeəˈᵘel] pożegnanie
farm [fɑ:m] farma, gospodarstwo rolne
farther [ˈfɑ:ðə] dalszy; dalej
fascinating [ˈfæsynejtyŋ] fascynujący
fashion [fæszn] moda
fast [fɑ:st] szybki; szybko
fast food [ˌfɑ:st ˈfu:d] fast food
fat [fæt] gruby; tłusty
father [ˈfɑ:ðə] ojciec
fault [fo:lt] błąd; wina
favourite [ˈfejwryt] ulubiony
February [ˈfebruəry] luty
fed up [ˌfed ˈap] znudzony
feel [fi:l] (**felt, felt** [felt]) czuć, odczuwać
feeling [ˈfi:lyŋ] uczucie
feet [fi:t] stopy
fell *zob.* **fall**
fellow [ˈfelou] facet, człowiek
felt *zob.* **feel**
female [ˈfi:mejl] płci żeńskiej
fence [fens] płot
ferment [fəˈment] fermentować
fetch [fecz] przynieść
few [fju:] mało, niewielu
fiancé [fyˈonsej] narzeczony
fiancée [fyˈonsej] narzeczona
field [fi:ld] pole; peleton
fifteen [ˌfyf ˈti:n] piętnaście
fifteenth [ˌfyfˈti:nθ] piętnasty
fifth [fyfθ] piąty
fiftieth [ˈfyftyəθ] pięćdziesiąty
fifty [ˈfyfty] pięćdziesiąt
fight [fajt] (**fought, fought** [fo:t]) walczyć
figuratively [ˈfygərətywly] w przenośni
fill [fyl] napełnić
film [fylm] film
film star [ˈfylm stɑ:] gwiazda filmowa
final [fajnl] końcowy; ostateczny
finally [ˈfajnəly] w końcu

finance [ˈfajnæns] finanse
find [fajnd] (**found, found** [faund]) znaleźć
find out [ˌfajnd ˈaut] dowiedzieć się, wyszukać
fine [fajn] piękny
finger [ˈfyŋgə] palec
finish [ˈfynysz] kończyć
fiord [fjo:d] fiord
fire [ˈfajə] ogień
fireplace [ˈfajəplejs] kominek
first [fə:st] pierwszy; po pierwsze, po raz pierwszy; najpierw
first-rate [ˌfə:stˈrejt] pierwszorzędny
fish [fysz] ryba
fit [fyt] odpowiedni, w dobrej formie
five [fajw] pięć
flag [flæg] flaga
flash [flæsz] błysk
flat [flæt] płaski; na płasko
fleet [fli:t] flota
Fleet Street [ˈfli:t stri:t] *nazwa ulicy w Londynie, centrum dziennikarstwa*
flew *zob.* **fly**
flight [flajt] lot
flirt [flə:t] flirtować
flock [flok] stado (owiec)
floodlit [ˈfladlyt] oświetlony reflektorami, zalany światłem
floor [flo:] podłoga; piętro (*jeśli mówimy, na którym piętrze jesteśmy*)
flour [ˈflauə] mąka
flow [flou] płynąć
flower [ˈflauə] kwiat
flown *zob.* **fly**
fly [flaj] (**flew** [flu:], **flown** [floun]) lecieć, latać
fog [fog] mgła
foggy [ˈfogy] mglisty
follow [ˈfolou] iść za, następować po
fond of [ˈfond əw] rozmiłowany w
food [fu:d] jedzenie, żywność, pożywienie
fool [fu:l] głupiec
foot [fut] stopa

football ['futbo:l] piłka nożna
for [fə przed spółgłoskami, fər *przed samogłoskami, akcentowany* fo: *przed spółgłoskami*, fo:r *przed samogłoskami*] dla, na, do; ponieważ, bo
foreign ['forən] zagraniczny
foreigner ['forənə] cudzoziemiec
foresee [fo:'si:] przewidywać
forget [fə'get] (**forgot** [fə'got], **forgotten** [fə'gotn]) zapominać
for instance [fər 'ynstəns] na przykład
fork [fo:k] widelec
formal ['fo:məl] formalny, oficjalny
formally ['fo:məly] formalnie, oficjalnie
former ['fo:mə] poprzedni
Forth [fo:θ] *rzeka w Szkocji*
fortieth ['fo:tyəθ] czterdziesty
fortnight ['fo:tnajt] dwa tygodnie
fortress ['fo:trys] forteca
forty ['fo:ty] czterdzieści
fought *zob.* **fight**
found *zob.* **find**
fountain ['fauntyn] fontanna
four [fo:] cztery
fourteen [,fo:'ti:n] czternaście
fourteenth [,fo:'ti:nθ] czternasty
fourth [fo:θ] czwarty
fox [foks] lis
France [fra:ns] Francja
free [fri:] wolny
French [frencz] francuski
Frenchman ['frenczmən] Francuz
French windows [,frencz 'ʷyndouz] drzwi przeszklone, *tzw.* francuskie okno
Friday ['frajdej] *lub* ['frajdy] piątek
friend [frend] przyjaciel, przyjaciółka
friendly ['frendly] przyjacielski, przyjazny
from [frəm, *akcentowany* from] z; od
front [frant] front, przód
fruit [fru:t] owoc
full [ful] pełny
fun [fan] uciecha, zabawa

funnel [fanl] komin (statku)
funny ['fany] zabawny
fur [fə:] futro
furious ['fjuəriəs] wściekły
furiously ['fjuəriəsly] wściekle
furniture ['fə:nyczə] umeblowanie, meble
future ['fju:czə] przyszłość

gaily ['gejly] wesoło
gallery ['gæləry] galeria
game [gejm] gra
garage ['gæra:ż] garaż
garden [ga:dn] ogród
gardening ['ga:dnyŋ] ogrodnictwo, uprawianie ogrodu
gas [gæs] gaz
gate [gejt] furtka; brama
gather ['gæðə] zbierać
gave *zob.* **give**
gay [gej] wesoły
geese [gi:s] gęsi
general ['dżenrəl] ogólny
generally ['dżenrəly] w ogóle; ogólnie
gentleman ['dżentlmən] dżentelmen, wytworny mężczyzna
geography [dży'ogrəfy] geografia
German ['dża:mən] niemiecki
get [get] (**got, got** [got]) dostać się
  get back [,get 'bæk] wrócić
  get in [,get 'yn] wsiąść
  get into [,get 'yntə] wejść
  get mixed [,get 'mykst] mylić się, plątać
  get out [,get 'aut] wysiąść
  get over [,get 'ouwə] przezwyciężyć
  get ready [,get 'redy] przygotować się
  get up [,get 'ap] wstawać
  get used to [,get 'ju:st tə] przyzwyczaić się
girl [gə:l] dziewczyna, dziewczynka
girlfriend ['gə:lfrend] sympatia, dziewczyna
give [gyw] (**gave** [gejw], **given** [gywn]) dawać

give up [ˌgyw 'ap] zrezygnować, zaprzestać
glad [glæd] zadowolony
Glasgow ['glɑːzgou] *miasto w zachodniej Szkocji*
glass [glɑːs] szkło; szklanka
glazed [glejzd] oszklony; emaliowany
glide [glɑjd] sunąć
glorious ['gloːryəs] wspaniały; chlubny
glove [glʌw] rękawiczka
glow [glou] jasność, poświata
go [gou] **(went** [ᵘent], **gone** [gon]) iść; jechać; chodzić
go away [ˌgou ə'ᵘej] odejść; odjechać; wyjechać
go back [ˌgou 'bæk] wrócić
go in/into [ˌgou 'yn/yntə] wejść do
go on [ˌgou 'on] kontynuować, robić coś dalej
go out [ˌgou 'aut] wyjść
go round ['gou ˌraund] obejść; zwiedzić
golf [golf] golf
gone *zob.* **go**
good [gud] dobry
good afternoon [gud ˌɑːftə 'nuːn] dzień dobry (*po południu*)
goodbye [ˌgud'bɑj] do widzenia
good-looking [ˌgud'lukyŋ] ładny, przystojny
good morning [ˌgud 'moːnyŋ] dzień dobry
good night [ˌgud 'nɑjt] dobranoc
goods [gudz] towar, towary
goose [guːs] gęś
gorge [goːdż] wąwóz
gosh [gosz] o rety!
gossip ['gosyp] plotka; plotkować
got *zob.* **get**
Gothic ['goθyk] gotycki
government ['gʌwnmənt] rząd
graceful ['grejsful] wdzięczny, pełen wdzięku; zgrabny
grain [grejn] ziarno, zboże

grammar ['græmə] gramatyka
grass [grɑːs] trawa
grave [grejw] grób
gravitation [ˌgræwy'tejszn] grawitacja, ciążenie
great [grejt] wielki
Great Britain [ˌgrejt 'brytən] Wielka Brytania
greedy ['griːdy] chciwy; łakomy
Greek [griːk] grecki
green [griːn] zielony
greet [griːt] pozdrawiać, powitać
grew *zob.* **grow**
grey [grej] szary
greyhound ['grejhaund] chart
grin [gryn] uśmiech; uśmiechać się, szczerzyć zęby w uśmiechu
grocer ['grousə] właściciel sklepu spożywczego
grocer's ['grousəz] sklep spożywczy
ground floor [ˌgraund 'floː] parter
group [gruːp] grupa
grow [grou] **(grew** [gruː], **grown** [groun]) rosnąć; hodować
grown up [ˌgroun 'ap] dorosły
guard [gɑːd] strażnik; konduktor (*w pociągu*)
guess [ges] zgadywać
guest [gest] gość
guesthouse ['gesthaus] pensjonat
guide [gɑjd] przewodnik; kierować (*kogoś*)
guy [gɑj] facet, gość

had *zob.* **have**
hadn't [hædnt] = **had not**
hair [heə] włosy; sierść (*rzeczownik niepoliczalny, używany w lp*)
half [hɑːf] pół, połowa
hall [hoːl] przedpokój, hol; sala
halves [hɑːwz] połowy, połówki
hammer ['hæmə] młotek
hand [hænd] ręka; podać, wręczyć
handbag ['hændbæg] torebka damska
handbook ['hændbuk] podręcznik

handkerchief ['hæŋkəczyf] chustka do nosa

hand round [hænd 'raund] częstować

handsome ['hænsəm] przystojny

hang [hæŋ] (**hung, hung** [haŋ]) wisieć; wieszać (kogoś – *regularny*)

happen ['hæpən] zdarzyć się

happiness ['hæpynəs] szczęście

happy ['hæpy] zadowolony, szczęśliwy

hard [ha:d] twardy; twardo, na twardo; pilnie; ciężko

hardly ['ha:dly] z trudnością, ledwo

hard-working [ˌha:d'ᵘə:kyŋ] pracowity

hare [heə] zając

has [həz, *akcentowany* hæz] *3. os. lp czasownika* **to have**

hasn't [hæznt] = **has not**

hat [hæt] kapelusz

hate [hejt] nienawidzić

have [həw, *akcentowany* hæw] (**had, had** [həd, *akcentowany* hæd]) mieć; *także czasownik posiłkowy*

haven't [hæwnt] = **have not**

have to ['hæw tə] musieć

Haymarket ['hejma:kyt] *nazwa ulicy w Londynie*

he [hy, *akcentowany* hi:] on

head [hed] głowa

head for ['hed fə] kierować się do

headache ['hedejk] ból głowy

heading ['hedyŋ] nagłówek

health [helθ] zdrowie

hear [hiə] (**heard, heard** [hə:d]) słyszeć

heart [ha:t] serce

heather ['heðə] wrzos

heaven [hewn] niebo

heavily ['hewyly] ciężko

heavy ['hewy] ciężki

he'd [hyd, *akcentowany* hi:d] = **he had**; = **he would**

hedge [hedż] żywopłot

held *zob.* **hold**

Helen ['helən] *imię żeńskie*

hell [hel] piekło

he'll [hyl, *akcentowany* hi:l] = **he will**

hello [hə'lou] cześć!, serwus! (*na powitanie*)

helmet ['helmyt] hełm

help [help] pomagać

hen [hen] kura

her [hə, *akcentowany* hə:] jej

here [hiə] tutaj

hero ['hiərou] bohater

herring ['heryŋ] śledź

hers [hə:z] jej (*nigdy przed rzeczownikiem*)

herself [hə'self, *akcentowany* hə:'self] ona sama; się

he's [hyz, *akcentowany* hi:z] = **he has**; = **he is**

hesitate ['hezytejt] wahać się

hi [haj] cześć! (*na powitanie*)

hide [hajd] (**hid** [hyd], **hidden** ['hydn]) chować, kryć

high [haj] wysoki; wysoko

highlands ['hajləndz] tereny górzyste

the Highlands [ðə 'hajləndz] *górzyste tereny w północnej Szkocji*

highly ['hajly] wysoce

hiker ['hajkə] turysta pieszy

hill [hyl] pagórek, góra

himself [hym'self] on sam; się

his [hyz] jego

historical [hy'storykl] historyczny

history ['hystry] historia

hit [hyt] (**hit, hit** [hyt]) uderzyć; trafić

hobby ['hoby] hobby, konik, ulubione zajęcie

hockey ['hoky] hokej

hold [hould] (**held, held** [held]) trzymać

holiday ['holədej] święto; wakacje

Holland ['holənd] Holandia

Holyrood Palace [ˌholyru:d 'pælys] *nazwa pałacu królewskiego w Edynburgu*

home [houm] dom rodzinny

honest ['onyst] uczciwy

honestly ['onystly] uczciwie
hope [houp] nadzieja; mieć nadzieję
horse [ho:s] koń
hospital ['hospytl] szpital
hostel ['hostəl] gospoda; dom studencki; schronisko
hot [hot] gorący; gorąco
hotel [hou'tel] hotel
hour ['auə] godzina
house [haus] dom
housewife ['hausᵘajf] gospodyni domowa
how [hau] jak
huge [hju:dż] ogromny
hung zob. hang
human ['hju:mən] ludzki
humour ['hju:mə] humor
hundred ['handrəd] sto
hundredth ['handrədθ] setny
hungry ['haŋgry] głodny
hunt [hant] polować
hunting ['hantyŋ] polowanie
hurricane ['harykən] lub ['harykejn] huragan
hurried ['haryd] pośpieszny (np. ruch ręki)
hurry ['hary] pośpiech; śpieszyć się
hurry away [,hary ə'ᵘej] oddalać się pośpiesznie
harry up [,hary 'ap] pospieszyć się
hurt ['hə:t] (hurt, hurt ['hə:t]) zranić się, skaleczyć się
husband ['hazbənd] mąż
hush [hasz] (cicho) sza!
Hyde Park [,hajd 'pa:k] nazwa parku w Londynie

I [aj] ja
Ian ['i:ən] imię męskie
ice cream [,ajs 'kri:m] lody
I'd [ajd] = I had; = I would
idea [aj'diə] pomysł, idea
i.e. [,aj 'i:] = id est to jest
if [yf] czy; jeżeli, jeśli, kiedy, jak, gdyby

ill [yl] chory
I'll [ajl] = I will; = I shall
illustrate ['yləstrejt] ilustrować
I'm [ajm] = I am
immediately [y'mi:diətly] natychmiast
imperative [ym'perətyw] rozkazujący
important [ym'po:tənt] ważny
imposing [ym'pouzyŋ] imponujący
impossible [ym'posybl] niemożliwy
improve [ym'pru:w] poprawić się; poprawić, polepszyć
in [yn] w, na
in advance [yn əd'wa:ns] wcześniej, z góry
inch [yncz] cal
indeed [yn'di:d] naprawdę, rzeczywiście
independence [,yndy'pendəns] niezależność
independent [,yndy'pendənt] niezależny
Indian ['yndjən] indyjski, hinduski
indirect [,yndə'rekt] pośredni
industry ['yndəstry] przemysł
in front of [yn 'front əw] przed, z przodu
inhabitant [yn'hæbytənt] mieszkaniec
ink [yŋk] atrament
inn [yn] zajazd, gospoda
in order to [yn 'o:də tə] aby; po to, żeby
inside [,yn'sajd] wnętrze; wewnątrz; w środku
in spite of [yn 'spajt əw] pomimo
instance ['ynstəns] przykład
instead of [yn'sted əw] zamiast
instructive [yn'straktyw] pouczający
intelligent [yn'telydżənt] inteligentny
interested in ['yntrəstyd yn] zainteresowany (czymś)
interesting ['yntrəstyŋ] interesujący
interfere [,yntə'fiə] wtrącać się, przeszkadzać
into ['yntə przed spółgłoskami, 'yntu przed samogłoskami, akcentowany 'yntu:] do (do środka, do wewnątrz), w

introduce [ˌyntrəˈdju:s] przedstawiać (kogoś komuś)
invention [ynˈwenszn] wynalazek
Inverness [ˌynwəˈnes] *miasto w północnej Szkocji*
invitation [ˌynwyˈtejszn] zaproszenie
invite [ynˈwajt] zaprosić
Ireland [ˈajələnd] Irlandia
Irishman [ˈajryszmən] Irlandczyk
iron [ˈajən] żelazo
is [yz] *3. os. lp czasownika* to be
island [ˈajlənd] wyspa
isn't [yznt] = **is not**
it [yt] to, ono
Italian [yˈtæljən] włoski
Italy [ˈytəly] Włochy
item [ˈajtəm] pozycja, punkt
its [yts] jego (*rodzaj nijaki*)
it's [yts] = **it has**; = **it is**
itself [ytˈself] ono samo; się
I've [ajw] = **I have**

jacket [ˈdżækyt] marynarka; bluza; kurtka
jam [dżæm] dżem
Jane [dżejn] *imię żeńskie*
January [ˈdżenjuəry] styczeń
jar [dża:] słoik
jazz [dżæz] jazz
jersey [ˈdżə:zy] koszulka sportowa; sweter; dżersej
Joan [dżoun] *imię żeńskie*
job [dżob] zajęcie, praca
John [dżon] *imię męskie*
Johnson [dżonsn] *nazwisko*
the Johnsons [ðə ˈdżonsnz] państwo Johnsonowie
join [dżojn] dołączyć się, przystąpić do
Jones [dżounz] *nazwisko*
joy [dżoj] radość
judge [dżadż] sędzia; sądzić
jug [dżag] dzbanek
juice [dżu:s] sok
Julia [ˈdżu:ljə] *imię żeńskie*

July [dżuˈlaj] lipiec
jump [dżamp] skakać, skoczyć
jump out [ˌdżamp ˈaut] wyskoczyć
June [dżu:n] czerwiec
just [dżast] akurat, właśnie

keen [ki:n] gorliwy
keep [ki:p] (**kept, kept** [kept]) trzymać
keep away [ˌki:p əˈⁱᵘej] trzymać się z daleka
keep up [ˌki:p ˈap] podtrzymywać
Kensington Gardens [ˌkenzyŋtən ˈga:dnz] *nazwa parku w Londynie*
kept *zob.* **keep**
kettle [ketl] czajnik
kid [kyd] dziecko
kill [kyl] zabić
kilt [kylt] kilt (*spódnica tradycyjnie noszona przez Szkotów; podobna spódnica noszona przez kobiety*)
kind [kajnd] gatunek, rodzaj; uprzejmy, dobry
kind-hearted [ˌkajndˈha:tyd] dobry, poczciwy, życzliwy
kindness [ˈkajndnys] uprzejmość, grzeczność
king [kyŋ] król
kiss [kys] pocałunek; całować
kitchen [ˈkyczən] kuchnia
knee [ni:] kolano
knew *zob.* **know**
knife [najf] (*lm* **knives** [najwz]) nóż
knob [nob] gałka (*np. przy drzwiach*)
knock [nok] pukanie
knock at [ˈnok ət] pukać do
know [nou] (**knew** [nju:], **known** [noun]) wiedzieć; znać
knowledge [ˈnolydż] wiedza
known *zob.* **know**

lad [læd] chłopiec, chłopak
ladies [ˈlejdyz] panie
lady [ˈlejdy] pani
lain *zob.* **lie**
lake [lejk] jezioro

lamb [læm] jagnię; jagnięcina
the lamented [ðə lə'mentyd] (osoba) opłakiwana
lamp [læmp] lampa
lampshade ['læmpszejd] abażur
land [lænd] ziemia, ląd; lądować
landscape ['lændskejp] krajobraz
lane [lejn] dróżka, ścieżka
language ['læŋgʷydż] język, mowa
large [la:dż] duży
last [la:st] ostatni
last night [ˌla:st 'najt] wczoraj wieczorem
late [lejt] późno
latest ['lejtyst] ostatni, najświeższy
the latter [ðə 'lætə] ten drugi (z dwóch)
laugh [la:f] śmiać się
laughter ['la:ftə] śmiech
law [lo:] prawo
lawn [lo:n] trawnik
lay [lej] (**laid, laid** [lejd]) położyć
lay zob. **lie**
lazy ['lejzy] leniwy
lead [li:d] (**led, led** [led]) prowadzić, kierować
leadership ['li:dəszyp] przewodnictwo, prowadzenie
leaf [li:f] liść
leaflet ['li:flət] ulotka, broszura (informacyjna)
learn [lə:n] (regularny **learned, learned** [lə:nd], nieregularny **learnt, learnt** [lə:nt]) uczyć się
learned ['lə:nd] uczony
learnt zob. **learn**
least [li:st] najmniejszy; najmniej
leave [li:w] urlop
leave [li:w] (**left, left** [left]) opuścić, pozostawić
leaves [li:wz] liście
lecture ['lekczə] wykład
led zob. **lead**
left [left] lewy
left zob. **leave**

leg [leg] noga
legal ['li:gəl] prawny
Leicester Square ['lestə ˌskʷeə] plac w Londynie
lemon ['lemən] cytryna
lemonade [ˌlemə'nejd] lemoniada
lend [lend] (**lent, lent** [lent]) pożyczać (komuś)
less [les] mniej
lesser ['lesə] mniejszy
lesson [lesn] lekcja
let [let] (**let, let** [let]) pozwolić, puścić
letter ['letə] list; litera
letterbox ['letəboks] skrzynka na listy
level ['lewəl] poziom
library ['lajbrəry] biblioteka
lie [laj] kłamać
lie [laj] (**lay** [lej], **lain** [lejn]) leżeć
life [lajf] życie
lifeboat ['lajfbout] łódź ratunkowa
lift [lyft] winda
light [lajt] jasny; jasno; światło
light [lajt] (regularny **lighted, lighted** ['lajtyd], nieregularny **lit, lit** [lyt]) zapalać; oświetlać
like [lajk] lubić; podobnie do, tak jak
lily of the valley [ˌlyly əw ðə 'wæly] konwalia
limerick ['lyməryk] limeryk
line [lajn] linia
linen ['lynyn] płótno
liner ['lajnə] statek pasażerski
lingerie ['lænżəry] bielizna damska
lion ['lajən] lew
Lisa ['lajzə] imię żeńskie
listen [lysn] słuchać, przysłuchiwać się
lit zob. **light**; oświetlony
little [lytl] mały; mało
live [lyw] mieszkać; żyć
lives [lajwz] życie (lm od **life**)
load [loud] ładunek; załadować
loaf [louf] bochenek
loch [loh] lub [lok] jezioro (w nazwach jezior w Szkocji)

lock [lok] zamek (*w drzwiach*); zamknąć na klucz

log [log] kłoda

London ['landən] Londyn

Londoner ['landənə] londyńczyk

lonely ['lounly] samotny

long [loŋ] długi

look [luk] wyglądać; patrzeć

look after [ˌluk 'a:ftə] doglądać, dbać o

look at [ˌluk 'æt] patrzeć na

look for ['luk fə] szukać

look over [ˌluk 'ouwə] przeglądać

look round [ˌluk 'raund] rozglądać się

look up [ˌluk 'ap] wyszukać

lorry ['lory] ciężarówka

lose [lu:z] (**lost, lost** [lost]) gubić, tracić

loss [los] strata

loud [laud] głośny; głośno

loudspeaker [ˌlaud'spi:kə] głośnik

lounge [laundż] salon

love [law] miłość; kochać, lubić

lovely ['lawly] śliczny

low [lou] niski; nisko

lowlands ['louləndz] niziny

luckily ['lakyly] szczęśliwie, na szczęście

lucky ['laky] szczęśliwy, mający szczęście

luggage ['lagydż] bagaż

lunar ['lu:nə] księżycowy

lunch [lancz] lunch, posiłek południowy

Lynn [lyn] *nazwa miejscowości*

machine [mə'szi:n] maszyna

mackintosh ['mækyntosz] płaszcz przeciwdeszczowy (= nieprzemakalny)

madam ['mædəm] pani (*w zwrocie:* proszę pani *itp.*)

made *zob.* **make**

magazine ['mægəzi:n] czasopismo ilustrowane

magnificent [mæg'nyfysənt] wspaniały

main [mejn] główny

mainly ['mejnly] głównie

make [mejk] (**made, made** [mejd]) robić; tworzyć, wytwarzać, produkować

make up [ˌmejk 'ap] malować się

male [mejl] płci męskiej, męski

man [mæn] mężczyzna, człowiek

manager ['mænydżə] kierownik, dyrektor

many ['meny] dużo; wiele; wielu; liczni

map [mæp] mapa

March [ma:cz] marzec

march [ma:cz] maszerować

Margaret ['ma:gərət] *imię żeńskie*

marmalade ['ma:məlejd] dżem (z owoców cytrusowych, np. pomarańczowy)

married ['mæryd] żonaty; zamężna

marry ['mæry] poślubić; ożenić się; wyjść za mąż

Mars [ma:s] (planeta) Mars

master ['ma:stə] pan (*właściciel psa*)

match [mæcz] mecz; zapałka

mate [mejt] towarzysz, kolega

material [mə'tiərjəl] materialny

mathematics [ˌmæθy'mætyks] matematyka

Matt [mæt] *imię męskie*

matter ['mætə] materia; rzecz; sprawa

May [mej] maj

may [mej] (**might** [majt]) *czasownik wyrażający pozwolenie, możliwość lub prawdopodobieństwo*

maybe ['mejby] (być) może, możliwe

me [my, *akcentowany* mi:] mnie, mi

meadow ['medou] łąka

meal [mi:l] posiłek

mean [mi:n] (**meant, meant** [ment]) znaczyć, mieć na myśli

meat [mi:t] mięso

mechanical [my'kænykl] mechaniczny, sztuczny

medicine ['medsyn] lekarstwo

medium ['mi:djəm] średni

meet [mi:t] (**met, met** [met]) spotykać, spotkać

meeting place ['mi:tyŋ ‚plejs] miejsce spotkania
member ['membə] członek
memory ['meməry] pamięć
mend [mend] naprawiać
Merchant Navy [‚mə:czənt 'nejwy] flota handlowa
mess [mes] nieporządek, bałagan
met *zob.* **meet**
mice [mαjs] myszy
Michael [mαjkl] *imię męskie*
microphone ['mαjkrəfoun] mikrofon
middle [mydl] środek
midnight ['mydnαjt] północ (*dwunasta w nocy*)
might *zob.* **may**
mightn't [mαjtnt] = **might not**
mike [mαjk] (*skrót*) mikrofon
mile [mαjl] mila (=1609 m)
milk [mylk] mleko
million ['myljən] milion
mind [mαjnd] umysł; rozum; myśl; zważać na, zwracać uwagę na
mine [mαjn] mój, moja, moje (*nigdy przed rzeczownikiem*)
mint [mynt] mięta
minute ['mynyt] minuta
mirror ['myrə] lustro
miss, Miss (*przed nazwiskiem*) [mys] panna
miss [mys] spóźnić się; chybić; stracić okazję; tęsknić
mistake [my'stejk] pomyłka, błąd
mistress ['mystrys] pani (*właścicielka psa*)
misunderstanding [‚mysαndə-'stændyŋ] nieporozumienie
mix [myks] mieszać
modern [modn] nowoczesny
moment ['moumənt] moment, chwila
Monday ['mαndej] *lub* ['mαndy] poniedziałek
money ['mαny] pieniądze (*pojęcie ogólne stosowane w lp*)
monotonous [mə'notənəs] monotonny

monster ['monstə] potwór
month [mαnθ] miesiąc
monument ['monjumənt] pomnik
moon [mu:n] Księżyc, księżyc
more [mo:] więcej, bardziej
morning ['mo:nyŋ] rano
most [moust] najwięcej, najbardziej
mother ['mα:ðə] matka
motion [mouszn] ruch; wniosek (*na zebraniu*)
motor ['moutə] motor, silnik
motorbike ['moutəbαjk] motocykl
motorboat ['moutəbout] motorówka
mount [mαunt] wsiąść (*np. na rower*)
mountain ['mαuntyn] góra
mouse [mαus] mysz
mouth [mαuθ] usta; pysk (*rzeczownik niepoliczalny używany w lp*)
move [mu:w] poruszać się
movement ['mu:wmənt] ruch
Mr ['mystə] pan (*skrót używany przed nazwiskiem*)
Mrs ['mysyz] pani (*skrót używany przed nazwiskiem*)
much [mαcz] dużo
mum [mαm] mama
mumble [mαmbl] mamrotać
mummy ['mαmy] mamusia
museum [mju:'ziəm] muzeum
music ['mju:zyk] muzyka
musical ['mju:zykl] muzyczny
must [məst, *akcentowany* mαst] *czasownik wyrażający konieczność*
mustn't [mαstn] = **must not**
my [mαj] mój, moja, moje
myself [mαj'self] ja sam; się

nail [nejl] gwóźdź
name [nejm] imię
narrow ['nærou] wąski
nation [nejszn] naród; państwo
national ['næsznəl] narodowy
natural ['næczrəl] naturalny
natural science [‚næczrəl 'sαjəns] nauki przyrodnicze

navy ['nejwy] marynarka wojenna
near [niə] blisko, koło
nearby ['niəbaj] w pobliżu
necessary ['nesysəry] potrzebny
neck [nek] szyja, kark
need [ni:d] potrzeba; potrzebować
neighbour ['nejbə] sąsiad, sąsiadka
neither ... nor ... ['najðə ... no: ...] ani ..., ani ...
nephew ['nefju:] siostrzeniec, bratanek
the Netherlands [ðə 'neðələndz] Holandia, Niderlandy
never ['newə] nigdy
never mind [,newə 'majnd] mniejsza o to, drobnostka
new [nju:] nowy
news [nju:z] (rzeczownik niepoliczalny, występujący tylko w lp) wiadomość; wiadomości
newspaper ['nju:s,pejpə] gazeta
next [nekst] następny
next to ['nekst tə] obok
nice [najs] miły, przyjemny
night [najt] noc
nine [najn] dziewięć
nineteen [,najn'ti:n] dziewiętnaście
nineteenth [,najn'ti:nθ] dziewiętnasty
ninetieth [,najntyəθ] dziewięćdziesiąty
ninety ['najnty] dziewięćdziesiąt
ninth [najnθ] dziewiąty
no [nou] nie (występujące samodzielnie); żaden
no ['nambə] = number numer
nobody ['noubədy] nikt
noise [nojz] hałas
noisy ['nojzy] hałaśliwy
nonsense ['nonsəns] nonsens
non-smoking [,non 'smoukyŋ] niepalący, dla niepalących
noon [nu:n] południe (godzina dwunasta)
nor [no:] też nie; ani
normal ['no:məl] normalny
north [no:θ] północ (strona świata)

Northern Ireland [,no:ðən 'ajələnd] Irlandia Północna
Norway ['no:ᵘej] Norwegia
nose [nouz] nos
not [not] nie (występujące po czasowniku)
not as ... as ... [not əz ... əz ...] nie tak ... jak ...
note [nout] notatka
nothing ['naθyŋ] nic
notice ['noutys] zauważyć
novel [nowl] powieść
November [nə'wembə] listopad
now [nau] teraz
nowadays ['nauədejz] obecnie
nuisance [nju:sns] kłopot; rzecz dokuczliwa
number ['nambə] liczba, cyfra
nurse [nə:s] pielęgniarka
nursery ['nə:sry] pokój dziecinny
nut [nat] orzech

oblige [ə'blajdż] zobowiązać
obliging [ə'blajdżyŋ] uprzejmy, usłużny
observation [,obzə'wejszn] obserwacja
observe [əb'zə:w] obserwować
occupy ['okjupaj] zajmować
ocean [ouszn] ocean
o'clock [ə'klok] godzina (w zwrotach, np. 5 o'clock godzina piąta)
October [ok'toubə] październik
of [əw, akcentowany ow] z; ze; od; na; tłumaczony również przez dopełniacz
of course [əw 'ko:s] oczywiście
off [of] precz; z dala
office ['ofys] biuro, urząd
officer ['ofysə] oficer; urzędnik
official [ə'fyszl] urzędnik
often [ofn] często
oh [ou] o!, och!, ach!
OK [,ou'kej] dobrze, w porządku
old [ould] stary
old-fashioned [,ould'fæsznd] staroświecki

omission [ə'myszn] opuszczenie
omit [ə'myt] opuścić
omitted [ə'mytyd] opuszczony
on [on] na
once [ᵁans] raz, pewnego razu
one [ᵁan] raz; jeden; *zaimek nieokreślony*
onion ['anjən] cebula
only ['ounly] tylko; jedyny
open ['oupən] otwierać
opposite ['opəzyt] przeciwny; naprzeciwko
or [o:] czy; albo, lub
orange ['oryndż] pomarańcza
orbit ['o:byt] orbitować
orchestra ['o:kystrə] orkiestra
order ['o:də] zamówienie; zamówić
other ['aðə] inny
ought [o:t] *czasownik wyrażający powinność, obowiązek*
oughtn't [o:tnt] = **ought not**
our ['auə] nasz
ours ['auəz] nasz, nasza, nasze (*nigdy przed rzeczownikiem*)
ourselves [auə'selwz] my sami; się
out [aut] poza, na zewnątrz
outside [ˌaut'sajd] poza, na zewnątrz
over ['ouwə] nad, ponad
overcoat ['ouwəkout] płaszcz
own [oun] własny
owner ['ounə] właściciel
ox [oks] wół

packet ['pækyt] paczka
page [pejdż] strona (w książce)
paid *zob.* **pay**
paint [pejnt] malować, pomalować
painter ['pejntə] malarz
painting ['pejntyŋ] obraz; malowanie
pair [peə] para
pal [pæl] kolega, kumpel
palace ['pælys] pałac
pale [pejl] blady, jasny (*o kolorach*)
pantry ['pæntry] spiżarnia
paper ['pejpə] papier; gazeta

parcel [pa:sl] paczka
pardon [pa:dn] przebaczenie; przebaczać
parents ['peərənts] rodzice
park [pa:k] park
parliament ['pa:ləmənt] parlament
part [pa:t] część; udział
participle ['pa:tysypl] imiesłów
particular [pə'tykjulə] szczególny
party ['pa:ty] grupa, towarzystwo; przyjęcie
pass [pa:s] zdać
passenger ['pæsyndżə] pasażer
passive ['pæsyw] bierny
past [pa:st] po
past participle [ˌpa:st 'pa:tysypl] imiesłów czasu przeszłego, imiesłów bierny
path [pa:θ] ścieżka
Paul [po:l] *imię męskie*
pavement ['pejwmənt] chodnik, trotuar
pay [pej] (**paid, paid** [pejd]) płacić
pea [pi:] groch; zielony groszek
peace [pi:s] pokój, spokój
peaceful ['pi:sful] spokojny
pear [peə] gruszka
peculiar [py'kju:liə] szczególny, właściwy (*czemuś*); dziwny
pen [pen] pióro; wieczne pióro
pencil [pensl] ołówek
penny ['peny] pens
people [pi:pl] ludzie
perfect ['pə:fykt] doskonały
perfectly ['pə:fyktly] doskonale
perhaps [pə'hæps] może
person [pə:sn] osoba
personal ['pə:snəl] osobisty
personally ['pə:snəly] osobiście
persuade [pə'sᵁejd] przekonać; wytłumaczyć
Peter ['pi:tə] *imię męskie*
petrol ['petrəl] benzyna
petrol station ['petrəl ˌstejszn] stacja benzynowa
Phil [fyl] *imię męskie*

phone [foun] telefon; telefonować
phone call ['foun ko:l] rozmowa telefoniczna
phonetic [fə'netyk] fonetyczny
photo ['foutou], **photograph** ['foutəgra:f] fotografia, zdjęcie
physical education [ˌfyzykl ˌedju-'kejszn] wychowanie fizyczne
physician [fy'zyszn] lekarz
physics ['fyzyks] fizyka
pianist ['pi:ənyst] pianista
piano [py'ænou] fortepian
Piccadilly [ˌpykə'dyly] *nazwa ulicy i placu w Londynie*
pick up [ˌpyk 'ap] zbierać
picture ['pykczə] obraz
picturesque [ˌpykczə'resk] malowniczy
piece [pi:s] kawałek
pig [pyg] świnia
pigeon [pydżn] gołąb
pile [pajl] stos
pill [pyl] pigułka
pink [pyŋk] różowy
pipe [pajp] fajka
pity ['pyty] litość
place [plejs] miejsce
place oneself [ˌplejs ᵘan'self] usiąść, ulokować się, usadowić się
plain [plejn] zwyczajny; bez desenia, gładki
plane [plejn] samolot
planet ['plænyt] planeta
plastic ['plæstyk] z plastiku, plastikowy
plate [plejt] talerz
platform ['pætfo:m] peron; podwyższenie
play [plej] bawić się; grać
pleasant [pleznt] przyjemny
please [pli:z] podobać się; proszę
pleased with ['pli:zd ᵘyð] zadowolony z
pleasure ['pleżə] przyjemność
plum [plam] śliwka

plump [plamp] pulchny
pm [ˌpi:'em] = **post meridiem** [ˌpoust mə'rydiəm] po południu
pocket ['pokyt] kieszeń
poem ['pouym] poemat, wiersz
poet ['pouyt] poeta
point [pojnt] punkt; wskazywać
Poland ['poulənd] Polska
Pole [poul] Polak
policeman [pə'li:smən] policjant
Polish ['poulysz] polski
polite [pə'lajt] grzeczny, uprzejmy
politeness [pə'lajtnəs] uprzejmość
poodle [pu:dl] pudel
pool [pu:l] basen; pool (*odmiana bilarda*)
poor [puə] biedny
pop [pop] *pot.* pop, popularny
popular ['popjulə] popularny
porridge ['porydż] owsianka
port [po:t] port
possible ['posəbl] możliwy
post [poust] wysłać pocztą
postcard ['poustka:d] pocztówka
post office ['poust ˌofys] urząd pocztowy, poczta
pot [pot] naczynie; garnek; dzbanek
potato [pə'tejtou] ziemniak, kartofel
pound [paund] funt (= 100 pensów)
pour [po:] lać, polać, nalewać
pour in [ˌpo:r 'yn] nalać
power ['pauə] moc, siła
practically ['præktykly] faktycznie; prawie zupełnie
pram [præm] wózek dziecięcy
preceding [pry'si:dyŋ] poprzedzający
prefer [prə'fə:] woleć, preferować
present [preznt] prezent, dar
president ['prezydənt] prezydent
press [pres] prasa
pretend [pry'tend] udawać
pretty ['pryty] ładny; dosyć, dość
price [prajs] cena
prime [prajm] rozkwit, pełnia, najlepsza część czegoś, szczyt

prime minister [ˌprajm ˈmynystə] premier
primrose [ˈprymrouz] pierwiosnek
Princes Street [ˈprynsyz striːt] *nazwa ulicy w Edynburgu*
principle [ˈprynsəpl] zasada; podstawa
prison [pryzn] więzienie
probe [proub] sonda
problem [ˈprobləm] problem
proceed [prəˈsiːd] postępować, posuwać się naprzód
produce [prəˈdjuːs] wytwarzać
profession [prəˈfeszn] zawód, zajęcie
professor [prəˈfesə] profesor
programme [ˈprougræm] program
promise [ˈpromys] obiecywać
pronounce [prəˈnauns] wymawiać
pronunciation [prəˌnansyˈejszn] wymowa
properly [ˈpropəly] dobrze, prawidłowo
propose [prəˈpouz] proponować
protest [prəˈtest] protestować
PS [ˌpiː ˈes] = **postscript** [ˈpousskrypt] postscriptum
pull [pul] ciągnąć
  pull up [ˌpul ˈap] zatrzymać, zahamować
punctuation [ˌpaŋkczuˈejszn] interpunkcja, przestankowanie
purple [pəːpl] fioletowy; purpurowy
push [pusz] pchać
pussy [ˈpusy] kotek, kicia, kiciuś
put [put] (**put, put** [put]) kłaść
  put in/into [ˌput ˈyn/ˈyntə] wkładać do
  put off [ˌput ˈof] odkładać
  put on [ˌput ˈon] włożyć, zakładać, ubierać się
  put up with [ˌput ˈap ᵘyð] znosić cierpliwie, pogodzić się z (czymś)
pyjamas [pəˈdżaːməz] piżama

quality [ˈkᵘolyty] gatunek, jakość
quarrel [kᵘorl] kłótnia

quarter [ˈkᵘoːtə] kwadrans
queer [kᵘiə] dziwny
question [ˈkᵘesczən] pytanie
queue [kjuː] ogonek, kolejka; stać w kolejce
quick [kᵘyk] szybki
quickly [ˈkᵘykly] szybko
quiet [ˈkᵘajət] spokojny
quite [kᵘajt] zupełnie, całkiem; dość
quiz [kᵘyz] kwiz, zgadywanka
quizmaster [ˈkᵘyzmaːstə] osoba prowadząca kwiz

rabbit [ˈræbyt] królik
race [rejs] bieg, wyścig; ścigać się
radio [ˈrejdiou] radio
rail [rejl] szyna
railway [ˈrejlᵘej] kolej
rain [rejn] deszcz; padać
raincoat [ˈrejnkout] płaszcz przeciwdeszczowy (= nieprzemakalny)
raise [rejz] podnieść
ran *zob.* **run**
rang *zob.* **ring**
rather [ˈraːðə] raczej
reach [riːcz] dosięgnąć; dojść
read [riːd] (**read, read** [red]) czytać
reader [ˈriːdə] czytelnik
reading room [ˈriːdyŋ ruːm] czytelnia
ready [ˈredy] gotowy
ready-made [ˌredyˈmejd] gotowy (*o posiłku*)
real [riəl] rzeczywisty, prawdziwy
really [ˈriəly] rzeczywiście, naprawdę
reckless [ˈreklys] nierozważny, ryzykowny
recklessly [ˈreklysly] nierozważnie, ryzykownie
recommend [ˌrekəˈmend] zalecać, zalecić
record [ˈrekoːd] płyta
record [ryˈkoːd] zapisywać, utrwalać, nagrywać
record player [ˈrekoːd plejə] gramofon

red [red] czerwony
referee [ˌrefəˈriː] sędzia sportowy (*zwłaszcza piłkarski*)
refer to [ryˈfɔː tə] odnosić się
reflection [ryˈflekszn] odbicie
refreshment [ryˈfreszmənt] przekąska
regard [ryˈgɑːd] wzgląd
regards [ryˈgɑːdz] ukłony, pozdrowienia
regular [ˈregjulə] regularny
relation [ryˈlejszn] stosunek (*zależność*), relacja
reliable [ryˈlajəbl] solidny, niezawodny
remain [ryˈmejn] pozostać
remember [ryˈmembə] pamiętać
remind of [ryˈmajnd əw] przypominać (komuś o czymś)
reply [ryˈplaj] odrzec, odpowiedzieć
representative (of) [ˌrepryˈzentətyw (əw)] przedstawiciel; reprezentacyjny, charakterystyczny (dla)
require [ryˈkʰuajə] wymagać
research [ryˈsɔːcz] badania, praca naukowa
rest [rest] odpoczynek; odpoczywać, wypoczywać
restaurant [ˈrestəront] *lub* [ˈrestərõ], [ˈrestərɑːnt], [ˈrestərənt] restauracja
result [ryˈzalt] wynik
resume [ryˈzjuːm] rozpocząć na nowo
retain [ryˈtejn] utrzymać, zatrzymać
return [ryˈtɔːn] wracać, wrócić
rhyme [rajm] wierszyk, wiersz; rym
rich [rycz] bogaty
Rick [ryk] *zdrobniała forma imienia* Richard [ˈryczəd]
ride [rajd] przejażdżka
ride [rajd] (rode [roud], ridden [rydn]) jechać, jeździć (konno, na rowerze *itp.*), przejechać się
rider [ˈrajdə] jeździec
ridiculous [ryˈdykjuləs] śmieszny
Riga [ˈriːgə] *lub* [ˈrajgə] Ryga
right [rajt] słuszny; prawy, właściwy; akurat, dokładnie

ring [ryŋ] (rang [ræŋ], rung [raŋ]) dzwonić
ring up [ˌryŋ ˈap] zadzwonić, zatelefonować
rise [rajz] wznosić się
risk [rysk] ryzykować, narażać
river [ˈrywə] rzeka
riverside [ˈrywəsajd] brzeg rzeki
road [roud] droga
roadway [ˈroudʰej] jezdnia
roast beef [ˈroust biːf] pieczeń wołowa, rostbef
Robert [ˈrobət] *imię męskie*
rock [rok] skała, kamień
rocket [ˈrokyt] rakieta
rode *zob.* ride
roll [roul] bułka
Roman [ˈroumən] rzymski
Rome [roum] Rzym
roof [ruːf] dach
room [ruːm] pokój, pomieszczenie; miejsce (*tylko w lp*)
rose [rouz] róża
rough [raf] szorstki; niespokojny, wzburzony (*o morzu*)
round [raund] okrągły; dookoła
roundup [ˈraundap] skrót (wiadomości)
row [rou] szereg
royal [ˈrojəl] królewski
rub [rab] wycierać, pocierać
rubber [ˈrabə] guma
rude [ruːd] niegrzeczny, ordynarny
rug [rag] mata
rule [ruːl] zasada, prawidło, reguła
run [ran] (ran [ræn], run [ran]) biec, biegać
run after [ˌran ˈɑːftə] biec za, gonić
run away [ˌran əˈʰej] uciekać
run up [ˌran ˈap] wbiec (po schodach)
rung *zob.* ring
runner [ˈranə] biegacz, zawodnik wyścigów
rural [ˈruərəl] wiejski

rush [rasz] pędzić, gnać
Russian [raszn] rosyjski
Ruth [ru:θ] *imię żeńskie*

sad [sæd] smutny
safe [sejf] bezpieczny
said *zob.* **say**
sail [sejl] żeglować, płynąć
sailor ['sejlə] marynarz
saint [sejnt] święty
salad ['sæləd] sałatka
the same [ðə sejm] ten sam
sand [sænd] piasek
sandwich ['sæn^{u}ydż] kanapka
sang *zob.* **sing**
sank *zob.* **sink**
sash window ['sæsz ˌ^{u}yndou] okno zasuwane pionowo
sat *zob.* **sit**
satellite ['sætəlajt] satelita
Saturday ['sætədej] *lub* ['sætədy] sobota
sauce [so:s] sos
save [sejw] uratować; oszczędzać
saw *zob.* **see**
say [sej] (**said, said** [sed]) mówić, powiedzieć, rzec
scare [skeə] wystraszyć
scarf [ska:f] (*lm* **scarves** [ska:vz]) apaszka, chustka, szalik
scatter ['skætə] rozrzucić; rozsypać się
scene [si:n] scena
scent [sent] zapach; perfumy
school [sku:l] szkoła
science ['sajəns] nauka
science fiction [ˌsajəns 'fykszn] fantastycznonaukowy; fantastyka naukowa
scone [skoun] *lub* [skon] *rodzaj ciastka*
Scotch [skocz] szkocki
Scotland ['skotlənd] Szkocja
Scotsman ['skotsmən] Szkot
Scottish ['skotysz] szkocki
screen [skri:n] ekran

screw [skru:] śrubka
screwdriver ['skru:ˌdrajwə] śrubokręt
sea [si:] morze
search [sə:cz] przeszukiwać, rewidować
seaside ['si:sajd] brzeg morza, wybrzeże
seat [si:t] miejsce siedzące
second ['sekənd] drugi; popierać (*np. wniosek*)
secret ['si:kryt] tajemnica, sekret
secretary ['sekrətəry] sekretarz, sekretarka
see [si:] (**saw** [so:], **seen** [si:n]) widzieć, zobaczyć
seem [si:m] wydawać się
seen *zob.* **see**
seldom ['seldom] rzadko
self-service [ˌself'sə:wys] samoobsługa
sell [sel] (**sold, sold** [sould]) sprzedawać
send [send] (**sent, sent** [sent]) wysyłać, posyłać
sensation [sen'sejszn] uczucie
sense [sens] sens; poczucie, zmysł
sentence ['sentəns] zdanie
September [sep'tembə] wrzesień
set [set] zestaw, komplet; nastawić
settee [se'ti:] kanapa, sofa
setter ['setə] seter
settle [setl] usadowić się, umieścić się
seven [sewn] siedem
seventeen [ˌsewn'ti:n] siedemnaście
seventh [sewnθ] siódmy
seventieth ['sewntyəθ] siedemdziesiąty
seventy ['sewnty] siedemdziesiąt
several ['sewrəl] kilka, parę
several times [ˌsewrəl 'tajmz] kilka razy, wiele razy
severely [sy'wiəly] okrutnie, dotkliwie
shade [szejd] cień
shall [szəl, *akcentowany* szæl] (**should** [szəd, *akcentowany* szud]) *czasownik wyrażający przyszłość (tylko 1. os. lp i lm)*

shame [szejm] wstyd

shan't [szant] = **shall not**

sharp [szɑ:p] ostry

shave [szejw] golić się

she [szy, *akcentowany* szi:] ona

she'd [szyd, *akcentowany* szi:d] = **she
had**; = **she would**

sheep [szi:p] owca (*lm* **sheep**)

shelf [szelf] półka

she'll [szyl, *akcentowany* szi:l] = **she
will**

shelves [szelwz] półki

she's [szyz, *akcentowany* szi:z] = **she
has**; = **she is**

shine [szajn] (**shone, shone** [szon])
świecić, błyszczeć

ship [szyp] statek, okręt

shipyard ['szypjɑ:d] stocznia

shock [szok] wstrząs, szok; wstrząsać,
szokować

shoe [szu:] but

shoe brush ['szu: brasz] szczotka do
butów

shone *zob.* **shine**

shoot [szu:t] (**shot, shot** [szot]) strze-
lać

shop [szop] sklep; warsztat

shop assistant ['szop əsystənt] ekspedient, sprzedawca

shopping ['szopyŋ] kupowanie, zakupy

shore [szo:] brzeg morza (*lub* jeziora)

short [szo:t] krótki; niski

short story [,szo:t 'story] nowela

should *zob.* **shall**; *także forma używana do wyrażania obowiązku, ko-
nieczności, rady oraz trybu warunkowego*

shouldn't [szudnt] = **should not**

shout [szaut] wykrzykiwać

show [szou] widowisko, przedstawienie; wystawa

show [szou] (**showed** [szoud], **shown**
[szoun]) pokazać

shriek [szri:k] krzyk, wrzask; krzyczeć, wrzeszczeć

shut [szat] (**shut, shut** [szat]) zamykać

side [sajd] bok, strona

sideboard ['sajdbo:d] kredens

sight [sajt] widok

sightseeing ['sajtsi:yŋ] zwiedzanie

silence ['sajləns] cisza

silly ['syly] głupi

simple ['sympl] prosty, zwykły

simply ['symply] po prostu

since [syns] od, od czasu gdy, od kiedy; ponieważ

sincerely [syn'siəly] szczerze

sing [syŋ] (**sang** [sæŋ], **sung** [saŋ])
śpiewać

single [syŋgl] (bilet) w jedną stronę

sink [syŋk] zlew

sink [syŋk] (**sank** [sæŋk], **sunk** [saŋk])
zanurzyć się, zatopić; zagłębić się

sip [syp] pić małymi łykami, popijać

sir, Sir [sə:] pan (*również tytuł szlachecki*); proszę pana

sister ['systə] siostra

sit [syt] (**sat, sat** [sæt]) siedzieć

sit down [,syt 'daun] usiąść, siadać

situated ['syczuejtyd] *lub* ['sytjuejtyd]
położony

situation [,syczu'ejszn] *lub* [,sytju-
'ejszn] sytuacja, położenie

six [syks] sześć

sixteen [,syks'ti:n] szesnaście

sixteenth [,syks'ti:nθ] szesnasty

sixth [syksθ] szósty

sixtieth ['sykstyəθ] sześćdziesiąty

sixty ['syksty] sześćdziesiąt

size [sajz] rozmiar, wielkość

ski [ski:] narty; jeździć na nartach

skirt [skə:t] spódnica

sky [skaj] niebo

skyscraper ['skajskrejpə] wieżowiec,
drapacz chmur

sleep [sli:p] sen

sleep [sli:p] (**slept, slept** [slept]) spać

sleeve [sli:w] rękaw

slept *zob.* **sleep**

slide [slajd] (**slid, slid** [slyd]) suwać
się, zsuwać się
slightly ['slajtly] lekko, nieznacznie
slim [slym] szczupły, wysmukły
slip [slyp] wsunąć się
slope [sloup] stok, pochyłość
slot machine ['slot mə‚szi:n] automat
(*na monety*)
slow [slou] powolny; wolno
small [smo:l] mały
smart [sma:t] elegancki
smell [smel] wąchać, powąchać
smile [smajl] uśmiech; uśmiechać się,
uśmiechnąć się
Smith [smyθ] *nazwisko*
smoke [smouk] palić, zapalić
smooth [smu:ð] gładki
snack [snæk] przekąska
snack bar ['snæk ba:] bufet, bar
z przekąskami
snow [snou] śnieg
so [sou] więc, a więc, przeto
soap [soup] mydło
society [sə'sajəty] towarzystwo
(*organizacja*)
soda water ['soudə ᵘo:tə] woda sodowa
sofa ['soufə] kanapa, tapczan
soft [soft] miękki; na miękko; cichy
soft drink ['soft dryŋk] napój bezalkoholowy
sold *zob.* **sell**
soldier ['souldżə] żołnierz; żołnierzyk
(*zabawka*)
Solomon Grundy ['soləmən 'grandy]
postać z wierszyka dla dzieci
solve [solw] rozwiązywać (*np. problem*)
some [sam] kilka; trochę; jakiś; niektórzy
somebody ['sambədy] ktoś
somehow ['samhau] jakoś
someone ['samᵘan] ktoś
something ['samθyŋ] coś, cokolwiek
sometimes ['samtajmz] czasami, niekiedy

somewhere ['samᵘeə] gdzieś
son [san] syn
song [soŋ] piosenka
soon [su:n] wkrótce
sore [so:] chory, bolący
sorry ['sory] zmartwiony
sound [saund] dźwięk
soup [su:p] zupa
south [sauθ] południe (*strona świata*)
space [spejs] przestrzeń
spacecraft ['spejskra:ft] pojazd kosmiczny
spade [spejd] łopata
Spain [spejn] Hiszpania
Spaniard ['spænjəd] Hiszpan
Spanish ['spænysz] hiszpański
spare [speə] zapasowy; gościnny (*np.
pokój*)
spat *zob.* **spit**
speak [spi:k] (**spoke** [spouk], **spoken**
['spoukən]) mówić
special [speszl] specjalny
speed [spi:d] prędkość, szybkość
spell [spel] (**spelt, spelt** [spelt]) literować, przeliterować, mówić tak jak
się pisze, pisać poprawnie
spelling ['spelyŋ] literowanie, pisownia
spelt *zob.* **spell**
spend [spend] (**spent, spent** [spent])
spędzać (*czas*); wydawać (*pieniądze*)
spit [spyt] (**spat, spat** [spæt]) pluć
splash [splæsz] plusk, chlapnięcie;
pluskać, chlapać
splendid ['splendyd] wspaniały
spoil [spojl] psuć
spoke *zob.* **speak**
spoken *zob.* **speak**
spoon [spu:n] łyżka
sport [spo:t] sport
spot [spot] plama; miejsce
spring [spryŋ] wiosna
sprint [sprynt] sprint
sputnik ['sputnyk] sputnik
square [skᵘeə] kwadrat; prostokątny

plac, ulica ze skwerem i/lub zielenią pośrodku; kwadratowy

squeeze [sk^{u}i:z] gnieść, zgnieść; ściskać

St [sənt] = **saint** święty

St [stri:t] = **street** ulica

St Paul's Cathedral [sənt 'po:lz kə'θi:drəl] katedra św. Pawła

stadium ['stejdiəm] stadion

stage [stejdż] etap, faza; scena (*w teatrze*)

staircase ['steəkejs] klatka schodowa

stairs [steəz] schody (*lm*)

stamp [stæmp] znaczek pocztowy

stand [stænd] (**stood, stood** [stud]) stać

stands [stændz] trybuny

star [sta:] gwiazda

starling ['sta:lyŋ] szpak

start [sta:t] zaczynać

station [stejszn] stacja, dworzec

statue ['stæczu:] *lub* ['stætju:] posąg, statua, pomnik

stay [stej] pobyt; przebywać, pozostawać

steadily ['stedyly] równo, miarowo

steady ['stedy] równy, regularny

steal [sti:l] (**stole** [stoul], **stolen** ['stoulən]) kraść

steel [sti:l] stal

step [step] stopień, schodek; krok; stąpać, zrobić krok

stereo ['steriəu] stereo, odtwarzacz stereo(foniczny)

stern [stə:n] surowy

sternly ['stə:nly] surowo

Steve [sti:w] *imię męskie*

stick [styk] kij, laska; przykleić

still [styl] jeszcze, nadal

stingy ['styndży] skąpy

stocking ['stokyŋ] pończocha

stole *zob.* **steal**

stolen *zob.* **steal**

stone [stoun] kamień

stood *zob.* **stand**

stop [stop] zatrzymać

store [sto:] dom handlowy, dom towarowy

storey ['sto:ry] piętro (*jeśli mówimy, ile jest kondygnacji*)

storm [sto:m] burza

story ['sto:ry] opowiadanie

stove [stouw] piec; kuchenka gazowa

straight [strejt] prosty; prosto, wprost

strange [strejndż] dziwny, niezwykły; obcy

strangely ['strejndżly] dziwnie; obco

stranger ['strejndżə] obcy, nieznajomy

straw [stro:] słoma; słomka

street [stri:t] ulica

strike [strajk] (**struck, struck** [strak]) uderzyć

string [stryŋ] sznurek

stroll [stroul] spacerować, przechadzać się, iść pomału

strong [stroŋ] mocny

struck *zob.* **strike**

structure ['strakczə] budowla, struktura

student ['stju:dənt] student, uczeń

study ['stady] gabinet; studiować

stumble [stambl] potknąć się

style [stajl] styl

subject ['sabdżykt] temat; podmiot

suburb ['sabə:b] przedmieście

such [sacz] taki, taka, takie, tacy, takie

sudden [sadn] nagły

suddenly ['sadnly] nagle

Sue [su:] *imię żeńskie*

sugar ['szugə] cukier

sugar bowl ['szugə boul] cukierniczka

suggest [sə'dżest] zaproponować, podsunąć myśl

suit [sju:t] *lub* [su:t] garnitur, kostium damski; pasować, być dobranym do

suitcase ['sju:tkejs] *lub* ['su:tkejs] walizka

sum [sam] suma

summer ['samə] lato

sun [san] słońce

sunbathe ['sanbejð] opalać się

sunburnt ['sʌnbə:nt] spieczony słońcem

Sunday ['sʌndej] *lub* ['sʌndy] niedziela

sung *zob.* **sing**

sunglasses ['sʌngla:syz] okulary przeciwsłoneczne

sunk *zob.* **sink**

sunny ['sʌny] słoneczny

sunshade ['sʌnszejd] parasolka (od słońca)

sunshine ['sʌnszajn] światło słoneczne; radość

superstition [ˌsju:pə'styszn] *lub* [ˌsu:pə'styszn] przesąd

supper ['sʌpə] kolacja

suppose [sə'pouz] przypuszczać

sure [szuə] pewny; z pewnością

surface ['sə:fys] powierzchnia

surprise [sə'prajz] niespodzianka

surprised [sə'prajzd] zdumiony

swam *zob.* **swim**

sweater ['sᵘetə] sweter

Swede [sᵘi:d] Szwed, Szwedka

Sweden [sᵘi:dn] Szwecja

sweet [sᵘi:t] słodki; miły

sweets [sᵘi:ts] słodycze

swim [sᵘym] kąpiel (w morzu), pływanie

swim [sᵘym] (**swam** [sᵘæm], **swum** [sᵘam]) pływać

switch off [ˌsᵘycz 'of] wyłączyć

switch on [ˌsᵘycz 'on] włączyć (radio, telewizor, światło)

swum *zob.* **swim**

symbol ['symbəl] symbol

synonym ['synənym] synonim

system ['systym] system, układ

table [tejbl] stół

tail [tejl] ogon

tailor ['tejlə] krawiec

take [tejk] (**took** [tuk], **taken** ['tejkən]) brać, wziąć; jeść

take down [ˌtejk 'daun] zdejmować, zdjąć (coś skądś)

take off [ˌtejk 'of] zdejmować, zdjąć (ubranie)

take out [ˌtejk 'aut] wyjmować, wyjąć

take part in [ˌtejk 'pa:t yn] brać udział w

takeaway ['tejkəᵘej] restauracja/sklep z daniami na wynos; danie na wynos

taken *zob.* **take**

tale [tejl] opowieść

talk [to:k] rozmawiać

tall [to:l] wysoki

tap [tæp] kran

tape [tejp] taśma

tape recorder ['tejp ryˌko:də] magnetofon

tartan ['ta:tən] tartan (*szkocki materiał w kratę*)

taste [tejst] próbować

the Tatra Mountains [ðə 'ta:tra: 'mauntynz] Tatry

taught *zob.* **teach**

tea [ti:] herbata; podwieczorek

teach [ti:cz] (**taught, taught** [to:t]) uczyć

teacher ['ti:czə] nauczyciel, nauczycielka

team [ti:m] zespół, drużyna, grupa

team-mate ['ti:mmejt] zawodnik tej samej drużyny

teapot ['ti:pot] dzbanek do herbaty

tear [teə] (**tore** [to:], **torn** [to:n]) drzeć

tearoom ['ti:ru:m] herbaciarnia

teaspoonful ['ti:spu:nful] łyżeczka czegoś, pełna łyżeczka

technical ['teknykəl] techniczny, inżynierski

technology [tek'nolədży] technologia, technika

teddy bear ['tedy beə] miś (*zabawka*)

teenager ['ti:nejdżə] nastolatek

teeth [ti:θ] zęby

Telecom ['telykom] *nazwa wieży telekomunikacyjnej*

telephone ['telyfoun] telefon

television ['telywyżn] telewizja

tell [tel] (**told, told** [tould]) mówić, powiedzieć, opowiadać, opowiedzieć; kazać

tempt [tempt] kusić

temptation [temp'tejszn] pokusa

ten [ten] dziesięć

tennis ['tenys] tenis

tenth [tenθ] dziesiąty

terrier ['teriə] terier

terrified ['teryfajd] przerażony

test [test] próba, test; wypróbować

test match ['test mæcz] rozgrywka

the Thames [ðə temz] Tamiza

than [ðən, *akcentowany* ðæn] niż, aniżeli

thank [θæŋk] dziękować

thanks [θæŋks] dzięki!

that [ðət, *akcentowany* ðæt] ten, ta, to

that [ðæt] tamten, tamta, tamto; to

that [ðət] który, jaki; że

that's [ðəts, *akcentowany* ðæts] = **that is**

the [ðə *przed spółgłoskami*, ðə *przed samogłoskami, akcentowany* ði:] *przedimek określony*

theatre ['θiətə] teatr

their [ðeə] ich

theirs [ðeəz] ich (*nigdy przed rzeczownikiem*)

them [ðəm, *akcentowany* ðem] ich, je, im

themselves [ðəm'selwz] oni sami; się

then [ðen] wtedy, potem; w takim razie; a więc

there [ðə, *akcentowany* ðeə] tam

there'll [ðəl, *akcentowany* ðeəl] = **there will**

there's [ðəz, *akcentowany* ðeəz] = **there is**

these [ði:z] ci, te (*lm od* **this**)

they [ðej] oni, one

they'd [ðejd] = **they had**; = **they would**

they'll [ðejl] = **they will**

they're [ðeə] = **they are**

they've [ðejw] = **they have**

thick [θyk] gruby (*np. o zeszycie*)

thief [θi:f] (*lm* **thieves** [θi:wz]) złodziej

thin [θyn] chudy

thing [θyŋ] rzecz

think [θyŋk] (**thought, thought** [θo:t]) myśleć

third [θə:d] trzeci

thirsty ['θə:sty] spragniony

thirteen [,θə:'ti:n] trzynaście

thirteenth [,θə:'ti:nθ] trzynasty

thirtieth ['θə:tyəθ] trzydziesty

thirty ['θə:ty] trzydzieści

this [ðys] to; ten, ta, to

thorough ['θarə] gruntowny

thoroughly ['θarəly] gruntownie

those [ðouz] tamci, tamte (*lm od* **that**)

though [ðou] chociaż

thought [θo:t] myśl

thought *zob.* **think**

thousand ['θauzənd] tysiąc

Threadneedle St [,θred'ni:dl stri:t] *nazwa ulicy w Londynie*

three [θri:] trzy

three-dimensional [,θri: daj'mensznəl] trójwymiarowy

threw *zob.* **throw**

thrill [θryl] dreszczyk

thriller ['θrylə] dreszczowiec

throat [θrout] gardło

through [θru:] przez; na wylot

throw [θrou] (**threw** [θru:], **thrown** [θroun]) rzucać

thumb [θam] kciuk

Thursday ['θə:zdej] *lub* ['θə:zdy] czwartek

ticket ['tykyt] bilet

tidy ['tajdy] porządny

tidy up [,tajdy 'ap] sprzątnąć, uporządkować

tie [taj] krawat; wiązać

tiger ['tajgə] tygrys

tights [tajts] rajstopy

till [tyl] do, aż do

time [tajm] czas; raz (*np.* następnym razem)

tin [tyn] puszka

tired ['tajəd] zmęczony

to [tə *przed spółgłoskami*, tu *przed samogłoskami, akcentowany* tu:] do; *także nieprzetłumaczalny wyraz występujący przed bezokolicznikiem*

toast [toust] grzanka, tost

toaster ['toustə] opiekacz, toster

today [tə'dej] dzisiaj

together [tə'geðə] razem

toilet ['tojlyt] toaleta

told *zob.* **tell**

tomato [tə'mætou] pomidor

tomb [tu:m] grobowiec

tomorrow [tə'morou] jutro

too [tu:] także, również; zbyt, zanadto

took *zob.* **take**

tooth [tu:θ] ząb

top [top] szczyt, górna część

tore *zob.* **tear**

torn *zob.* **tear**

touch [tacz] dotykać

tour [tuə] objeżdżać; podróż; zwiedzanie

Tour of Britain [,tuər əw 'brytn] *wyścig dookoła Wielkiej Brytanii*

towel ['tauəl] ręcznik

tower ['tauə] wieża

town [taun] miasto

toy [toj] zabawka

track [træk] tor

trade [trejd] handel

traffic ['træfyk] ruch uliczny

traffic lights ['træfyk lajts] sygnalizacja świetlna

train [trejn] pociąg; ćwiczyć, trenować

trajectory [trə'dżektəry] tor lotu

translate [træns'lejt] tłumaczyć, przekładać (tekst)

translate into [træns'lejt 'yntə] tłumaczyć na

translation [træns'lejszn] tłumaczenie

transmit [trənz'myt] przekazywać

travel [træwl] podróż; podróżować

tree [tri:] drzewo

tremendous [try'mendəs] ogromny

trick [tryk] sztuczka, chwyt, podstęp

trip [tryp] wycieczka, podróż

trouble [trabl] kłopot

trousers ['trauzəz] spodnie

true [tru:] prawdziwy

trunk [traŋk] kufer

truth [tru:θ] prawda

try [traj] próbować

tube [tju:b] kolej podziemna, metro; tubka

Tuesday ['tju:zdej] *lub* ['tju:zdy] wtorek

tunnel [tanl] tunel

turn [tə:n] kolej, kolejność; obrócić

turn away [,tə:n ə'uej] odwrócić się

turn on [,tə:n 'on] odkręcić (kran), włączyć (radio)

turn red [,tə:n 'red] zaczerwienić się

TV [,ti: 'wi:] = **television** telewizja

twelfth [tuelfθ] dwunasty

twelve [tuelw] dwanaście

twentieth ['tuentyəθ] dwudziesty

twenty ['tuenty] dwadzieścia

twenty-first [,tuenty'fə:st] dwudziesty pierwszy

twenty-one [,tuenty'uan] dwadzieścia jeden

twenty-second [,tuenty'sekənd] dwudziesty drugi

twenty-third [,tuenty'θə:d] dwudziesty trzeci

twenty-three [,tuenty'θri:] dwadzieścia trzy

twenty-two [,tuenty'tu:] dwadzieścia dwa

twice [tuajs] dwa razy

twinkle [tuyŋkl] błysk, migotanie

two [tu:] dwa

type [tajp] rodzaj, typ

typical ['typykl] typowy

typically ['typykly] typowo

the U.K., the UK [ðə ju: 'kej] = **the United Kingdom** [ðə ju'najtyd 'kyŋdəm] Zjednoczone Królestwo (Wielkiej Brytanii i Irlandii Północnej)

umbrella [am'brelə] parasol

uncle [aŋkl] wuj, stryj

uncommon [an'komən] niezwykły

uncommonly [an'komənly] niezwykle

under ['andə] pod

underground ['andəgraund] kolej podziemna, metro; podziemny

underneath [,andə'ni:θ] pod spodem, pod

understand [,andə'stænd] (**understood, understood** [,andə'stud]) rozumieć

unfortunate [an'fo:czənət] nieszczęsny

unfortunately [an'fo:czənətly] na nieszczęście, niestety

unhappy [an'hæpy] nieszczęśliwy

the United States [ðə ju,najtyd 'stejts] Stany Zjednoczone

university [,ju:ny'wə:syty] uniwersytet

unknown [,an'noun] nieznany

unlike [,an'lajk] niepodobny do

untidy [an'tajdy] nieporządny

untill [an'tyl] aż do, do

up [ap] w górę, do góry

upper ['apə] górny

upstairs [,ap'steəz] na górze; na górę (po schodach)

us [əs, *akcentowany* as] nas, nam

the USA [ðə ,ju: es 'ej] USA

use [ju:s] użytek, użycie

use [ju:z] używać, wykorzystać

useful ['ju:sful] pożyteczny

usual ['ju:żuəl] zwykły

usually ['ju:żuəly] zwykle, zazwyczaj

utensils [ju'tenslz] przybory

vain [wejn] próżny

Val [wæl] *imię żeńskie*

vanish ['wænysz] zniknąć, znikać

various ['weəriəs] różny

vegetable ['wedżtəbl] warzywo, jarzyna

verb [wə:b] czasownik

very ['wery] bardzo

vet [wet] = **veterinary** ['wetərənəry] weterynarz

Victoria Station [wyk'to:riə 'stejszn] Dworzec Wiktorii (*w Londynie*)

view [wju:] widok

violent ['wajələnt] gwałtowny

violently ['wajələntly] gwałtownie

VIP [,wi: aj 'pi:] = **Very Important Person** bardzo ważna osobistość, VIP

visit ['wyzyt] wizyta; zwiedzać, odwiedzać

the Vistula [ðə 'wystjulə] Wisła

vocabulary [wə'kæbjulэry] słownictwo

voice [wojs] głos

wait [ᵘejt] czekać

waiter ['ᵘejtə] kelner

waiting room ['ᵘejtyŋ ru:m] poczekalnia

waitress ['ᵘejtrys] kelnerka

wake [ᵘejk] (**woke** [ᵘouk], **waked** [ᵘejkt]) budzić

wake up [,ᵘejk 'ap] obudzić się, przebudzić się

waked *zob.* **wake**

Wales [ᵘejlz] Walia

walk [ᵘo:k] chodzić, spacerować

walk back [,ᵘo:k 'bæk] wracać pieszo

wall [ᵘo:l] ściana; mur

wallpaper ['ᵘo:lpejpə] tapeta

wander ['ᵘondə] wędrować

want [ᵘont] chcieć; potrzebować

war [ᵘo:] wojna

wardrobe ['ᵘo:droub] garderoba, szafa na ubranie

warm [ᵘo:m] ciepły

warn [ᵘo:n] ostrzegać

was *zob.* **be**

wash [ᵁosz] myć (się); prać

washbasin ['ᵁoszbejsn] umywalka

wash up [‚ᵁosz 'ap] zmywać (naczynia)

wasn't [ᵁoznt] = **was not**

waste [ᵁejst] marnować, trwonić

watch [ᵁocz] zegarek; obserwować, oglądać; pilnować

water ['ᵁotə] woda

wave [ᵁejw] machać ręką

way [ᵁej] droga, sposób

WC [‚dablju: 'si:] = **water closet** ['ᵁo:tə ‚klozyt] WC, toaleta

we [ᵁy, *akcentowany* ᵁi:] my

weak [ᵁi:k] słaby

wear [ᵁeə] (**wore** [ᵁo:], **worn** [ᵁo:n]) nosić (na sobie)

weather ['ᵁeðə] pogoda

we'd [ᵁyd, *akcentowany* ᵁi:d] = **we had**; = **we would**

Wednesday ['ᵁenzdej] *lub* ['ᵁenzdy] środa

week [ᵁi:k] tydzień

weekend [‚ᵁi:k'end] koniec tygodnia; weekend

weekly ['ᵁi:kly] cotygodniowy; tygodnik

weigh [ᵁej] ważyć

weight [ᵁejt] waga

welcome ['ᵁelkəm] mile widziany

well [ᵁel] dobrze; no, więc

we'll [ᵁyl, *akcentowany* ᵁi:l] = **we will**; = **we shall**

well-known [ᵁel'noun] dobrze znany

Welsh [ᵁelsz] walijski

went *zob.* **go**

were *zob.* **be**

we're [ᵁyə] = **we are**

weren't [ᵁə:nt] = **were not**

west [ᵁest] zachód (*strona świata*)

the West Country [ðə ‚ᵁest 'kantry] *zachodnia część Anglii*

wet [ᵁet] mokry

we've [ᵁyw, *akcentowany* ᵁi:w] = **we have**

what [ᵁot] co

what's [ᵁots] = **what is**

whatever [ᵁot'ewə] cokolwiek

wheel [ᵁi:l] koło; kierownica

when [ᵁen] kiedy

whenever [ᵁen'ewə] kiedy tylko, kiedykolwiek

where [ᵁeə] gdzie

whether ['ᵁeðə] czy

which [ᵁycz] który, która, które

while [ᵁajl] chwila; podczas gdy

whisky ['ᵁysky] whisky, wódka szkocka

whistle ['ᵁysl] gwizdać

white [ᵁajt] biały

who [hu, *akcentowany* hu:] kto

whole [houl] cały, całkowity

who's [hu:z] = **who is**

whose [hu:z] którego, czyj

why [ᵁaj] dlaczego

wife [ᵁajf] żona

wild [ᵁajld] dziki

wildly ['ᵁajldly] dziki

will [ᵁyl] (**would** [ᵁəd, *akcentowany* ᵁud] *czasownik wyrażający przyszłość, obietnicę, sytuację, która nie ulegnie zmianie*

win [ᵁyn] (**won, won** [ᵁan]) wygrać, zdobyć

wind [ᵁynd] wiatr

wind [ᵁajnd] (**wound, wound** [ᵁaund]) wić się; nakręcać

window ['ᵁyndou] okno

windy ['ᵁyndy] wietrzny; wietrzno, wietrznie

wine [ᵁajn] wino

winner ['ᵁynə] zwycięzca

winter ['ᵁyntə] zima

wish [ᵁysz] życzyć

with [ᵁyð] z (kimś *lub* czymś), za pomocą

without [ᵁyð'aut] bez

wives [ᵁajwz] żony

woke *zob.* **wake**

woman ['ᵁumən] kobieta

women ['ᵁymyn] kobiety

won *zob.* **win**
wonder [ˈᵘandə] cud; zastanawiać się; być ciekawym
wonderful [ˈᵘandəfəl] cudowny
won't [ᵘount] = **will not**
wood [ᵘud] drzewo, drewno; drewniany
wooden [ᵘudn] drewniany
woof [ᵘuf] hau (*wyraz naśladujący szczekanie psa*)
woollen [ˈᵘulən] wełniany
word [ᵘə:d] słowo
wore *zob.* **wear**
work [ᵘə:k] praca; pracować
worker [ˈᵘə:kə] pracownik, robotnik
world [ᵘə:ld] świat
worn *zob.* **wear**
worry [ˈᵘary] martwić się
worse [ᵘə:s] gorszy; gorzej; bardziej chory
worth [ᵘə:θ] wart
would *zob.* **will**; *forma używana do wyrażania trybu warunkowego*
wouldn't [ᵘudnt] = **would not**
wound *zob.* **wind**
wounded [ˈᵘundyd] ranny, zraniony
wow [ᵘau] *pot.* niesamowite!, niewiarygodne!, ale super!
write [rajt] (**wrote** [rout], **written** [rytn]) pisać
writer [ˈrajtə] pisarz
written *zob.* **write**

wrong [roŋ] zło; zły, niewłaściwy
wrote *zob.* **write**

yard [ja:d] jard (*miara długości, około 91 cm*)
year [jiə] *lub* [jə:] rok
yellow [ˈjelou] żółty
yes [jes] tak
yesterday [ˈjestədej] *lub* [ˈjestədy] wczoraj
yet [jet] jednak; jeszcze (*w zdaniach przeczących*)
you [ju, jə, *akcentowany* ju:] ty; wy
you'd [jud, *akcentowany* ju:d] = **you had**; = **you would**
you'll [jul, *akcentowany* ju:l] = **you will**
young [jaŋ] młody
young lady [ˌjaŋ ˈlejdy] panna, dziewczyna; młoda dama
your [jə, *akcentowany* jo:] twój, twoja, twoje; wasz, wasza, wasze
you're [jo:] *lub* [ju:] = **you are**
yours [jo:z] twój; wasz; pański (*nigdy przed rzeczownikiem*)
yourself [jo:ˈself] ty sam; się
yourselves [jo:ˈselwz] wy sami; się
youth [ju:θ] młodość
you've [juw, ju:w] = **you have**
yummy [ˈjamy] *pot.* pyszny

zebra crossing [ˌzi:brə ˈkrosyŋ] przejście dla pieszych, pasy, zebra
zoo [zu:] zoo, ogród zoologiczny